# RONDO 9/10

Herausgeber

Michael Christoph
Christian Crämer

Autorinnen und Autoren

Dr. Daniela Bartels
Sebastian Burton
Michael Christoph
Christian Crämer
Annemarie Kistemann-Grashof
Stefan Lindner
Dominik Mühe
Felix Oeser
Dr. Jens Renger
Jossif Schmidt
Felix Theuner
Eva-Maria Tralle
Helmut Wegerif

Notensatz

Susanne Höppner

Illustrationen

Benjamin König


Mildenberger

# Inhalt

## *Noten- und Pausenwerte*

| Zählzeiten 1 + 2 + 3 + 4 + | Notenzeichen | Notenwerte | Pausenzeichen | Pausenwerte |
|---|---|---|---|---|
| | 𝅝 | Ganze Note | 𝄻 | Ganze Pause |
| | 𝅗𝅥. | punktierte Halbe Note | 𝄼. | punktierte Halbe Pause |
| | 𝅗𝅥 | Halbe Note | 𝄼 | Halbe Pause |
| | ♩. | punktierte Viertelnote | 𝄽. | punktierte Viertelpause |
| | ♩ | Viertelnote | 𝄽 | Viertelpause |
| | ♪. | punktierte Achtelnote | 𝄾. | punktierte Achtelpause |
| | ♪ | Achtelnote | 𝄾 | Achtelpause |
| | 𝅘𝅥𝅯 | Sechzehntelnote | 𝄿 | Sechzehntelpause |

## *Versetzungszeichen*

♯

**Kreuz-Vorzeichen: -is**
erhöht eine Note
um einen Halbton

♭

**Be-Vorzeichen: -es, -as, b**
erniedrigt eine Note
um einen Halbton

♮

**Auflösungszeichen**
hebt ein Kreuz- oder B-Vorzeichen
für eine Note wieder auf

## *Dynamikzeichen*

| Italienischer Begriff | Schreibweise | Bedeutung für das Musizieren |
|---|---|---|
| fortissimo | *ff* | sehr laut |
| forte | *f* | laut |
| mezzoforte | *mf* | halblaut |
| mezzopiano | *mp* | halbleise |
| piano | *p* | leise |
| pianissimo | *pp* | sehr leise |
| crescendo | *cresc.* < | lauter werdend |
| decrescendo | *decresc. oder dim.* > | leiser werdend |
| (s)forzato | *sf* / *sfz* / *fz* | plötzlich betont, akzentuiert |

Zu RONDO 9/10 gehören:

| | | |
|---|---|---|
| • Schülerbuch | | 9702-80 |
| | Digital-Lizenz, 15 Monate | 9702-807 |
| • Arbeitsheft 9 | | 9702-81 |
| • Arbeitsheft 10 | | 9702-82 |
| • Handbuch inkl. Folien als PDF auf CD-ROM | | 9702-83 |
| • Der Unterrichtsgestalter – RONDO | Test-Lizenz, 3 Monate | 9702-8373 |
| | Digital-Lizenz, 120 Monate | 9702-837 |
| | 12 x Digital-Lizenz, 120 Monate | 9702-8372 |
| • Kopiervorlagen | | 9702-84 |
| | Digital-Lizenz, 120 Monate | 9702-847 |
| | Print & Digital | 9702-8474 |
| • Lieder und Musikstücke, 5 CDs (CD A, B, C, D, E) | | 9702-86 |
| • Instrumental-Arrangements , 2 CDs (CD 1, 2) | | 9702-87 |

A 1 bedeutet: Hörbeispiel Nr. 1 auf CD A

**Wichtige Begriffe** in den Informations- und Aufgabentexten sind **fett** gedruckt.

Schwierige Wörter oder neue musikalische Fachbegriffe sind mit einem W (W wie Musikwissen) gekennzeichnet und werden im Lexikon in Kapitel 20 näher erklärt.

Bei Aufgaben mit diesem Zeichen soll die Internetseite www.mildenberger-verlag.de/9702-80 aufgerufen werden. Dort finden sich Links, die helfen, die Aufgaben zu lösen.

In den **Wissen-kompakt**-Kästen werden musikalische Begriffe oder Zusammenhänge erklärt, die bereits erworbene Kenntnisse auffrischen oder als Hintergrundinformation dienen.

**Kein Verbrauchsmaterial**

Dieses Buch ist zur Wiederverwendung gedacht.
Bitte nicht hineinschreiben.

**Bestell-Nr. 9702-80 · ISBN 978-3-619-97280-7**


www.mildenberger-verlag.de
E-Mail: info@mildenberger-verlag.de
Auflage 4 3 2 1
Jahr 2024 2023 2022 2021



Redaktion: Dr. Mirja Piltz
Grafik: Mildenberger Verlag GmbH
Illustrationen: Benjamin König, 83104 Tuntenhausen
Notensatz: Susanne Höppner, 23992 Neukloster
Druck: aprinta Druck GmbH, 86650 Wemding
Gedruckt auf umweltfreundlichem Papier.

## 11. Musik und Markt



## 12. Jazz und Blues – grenzenlos



## 13. Popmusik – Geschichte und Entwicklungen



## 14. Songwriting



## 15. Musikgeschichte III



## 16. Musik und Bewegung



## 17. Musik und Szene



## 18. Mit dem Klavier durch die Musikgeschichte



## 19. So wird's gemacht



## 20. Musikwissen

# My Friend – ein Song zum Singen und Improvisieren

A 1

„Musik ist die gemeinsame Sprache der Menschheit", schrieb der US-amerikanische Dichter Henry Wadsworth Longfellow (1807 – 1882). Und wirklich: Zu allen Zeiten haben Menschen miteinander musiziert, vor allem gesungen. Im gemeinsamen Singen brachten sie ihre Gefühle zum Ausdruck, erlebten aber auch die Verbundenheit miteinander. Der Flow beim gemeinsamen Singen lässt alle Unterschiede bis hin zu Herkunft und Sprache verschwinden. Singen verbindet.

## My Friend

*Text: nach Albert Camus Melodie: Annemarie Kistemann-Grashof*

Der Song lässt sich auf verschiedene Arten begleiten, die auch untereinander kombiniert werden können.

## Begleitstimmen

### Rhythmuspatterns

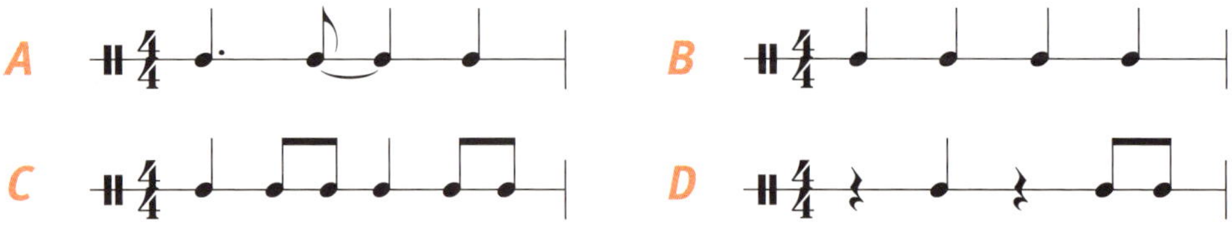


1. Hört (A 1) und singt den Song „My Friend".
2. Übt die Rhythmuspatterns A bis D ein und spielt sie mit Bodypercussion oder Rhythmusinstrumenten zum Song.
3. Entwickelt ein Arrangement, indem ihr die Rhythmuspatterns auf verschiedene Gruppen verteilt und Einsätze genau festlegt.

### Harmonische Begleitstimmen mit langgezogenem Vokal

### Rhythmisierung mit Scat-Silben

### Rhythmisierung mit Textpatterns

Elemente wie Scat-Silben und Textpatterns können beim gemeinsamen Singen und Musizieren oft spontan verändert werden. Dabei dienen die Töne der harmonischen Begleitstimmen als Gerüst.

Es sollte darauf geachtet werden, den Kontakt zu den anderen Singenden und Musizierenden zu halten, um den gemeinsamen Grundschlag nicht zu verlieren. Als Gruppenaufstellung eignet sich am besten ein Halbkreis um das Begleitinstrument herum, sodass alle immer miteinander Blickkontakt halten und aufeinander reagieren können.

**4** Übt die beiden harmonischen Begleitstimmen vokal und auch mithilfe von Instrumenten ein.

**5** Erarbeitet die Rhythmisierung mit Scat-Silben und erfindet weitere Begleitungen mit eigenen Scat-Silben.

**6** Erarbeitet die Rhythmisierung mit Textpatterns und erfindet weitere.

**7** Singt den Song und improvisiert dazu neue Begleitformen und -kombinationen. Wiederholt den Song dabei, sooft ihr mögt.

# Bodypercussion

Das Wort **Percussion** wird als Sammelbezeichnung für alle Schlaginstrumente benutzt. Es stammt vom lateinischen Verb percutere (schlagen) ab. Bei der Bodypercussion erzeugt man mit dem eigenen Körper perkussive Geräusche.

## Kanon

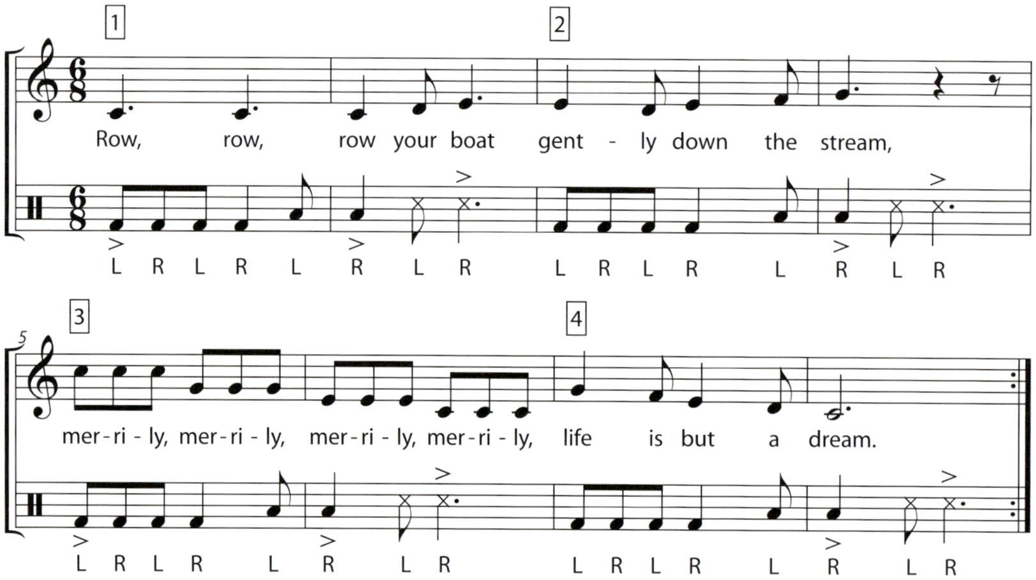


*Text und Melodie: aus England*

## ... im 5/4-Takt

L = linke Hand, R = rechte Hand,
B = beide Hände

*Text und Melodie: aus England  Arrangement: Stefan Lindner*

**1** Übt zuerst die Bodypercussion ohne Gesang ein. Stampft den Grundschlag leise mit den Füßen dazu. Kombiniert dann die Bodypercussion mit dem Gesang und tragt beides unisono[W] oder im Kanon vor.

**2** Spielt zunächst den Grundschlag des 5/4-Taktes mit den Fingerspitzen eurer rechten Hand auf die Handfläche der linken Hand. Singt nun den Kanon im 5/4-Takt dazu. Wenn ihr die Melodie in der neuen Taktart verinnerlicht habt, übt die Bodypercussion dazu ein und tragt beides unisono oder im Kanon vor.

**3** Erfindet selbst eine Percussion-Begleitung zu diesem Kanon und notiert sie so genau, dass andere sie nachspielen können. Versucht dabei auch, neue Percussion-Geräusche zu finden.

# Vocal Percussion

A 2–6

Auch mit der Stimme bzw. dem Sprechapparat können Schlaginstrumente imitiert werden. Diese Technik wird Vocal Percussion genannt. Durch Mikrofonverstärkung wird der Klang intensiv und laut genug. Im Folgenden wird gezeigt, wie man vier Schlagzeug-Instrumente mit Sprachsilben imitieren kann, um daraus Begleitpatterns zusammenzusetzen.

## Schlaginstrumente imitieren

| | 1. Bass Drum | 2. Snare Drum | 3. Hi-Hat | 4. Becken |
|---|---|---|---|---|
| Notation: |  | | | |
| Sprachsilbe: | dm | k | ts | ksch |
| Hinweis: | „m" mit tiefem Ton | kräftig | Mund nach Sprachsilbe schnell öffnen | langes „sch" |

## Drei Patterns für den 4/4-Takt

**Grundpattern** **Erweiterung 1** **Erweiterung 2**

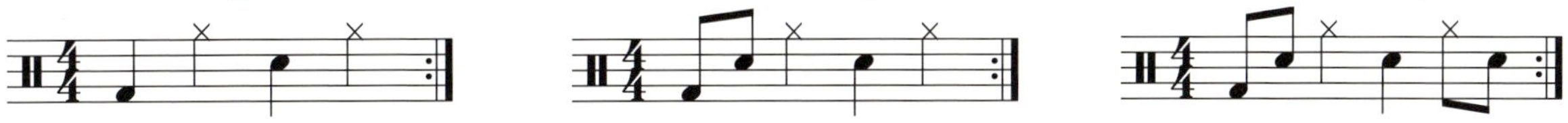


## Gangsta's Paradise

*Text und Melodie: Stevie Wonder, Artis jr. Ivey, Doug Rasheed, Lawrence Sanders Arrangement: Stefan Lindner*

**1** Hört verschiedene Möglichkeiten der Vocal-Percussion-Technik (A 2).

**2** Hört jedes der drei Vocal-Percussion-Patterns (A 3 – 5) und übt es im Loop (→ S. 165) ein.

**3** Hört den Song „Gangsta's Paradise" von Coolio (A 6) und übt Rap und Gesang anhand des Leadsheets ein. Spielt dann eine Vocal-Percussion-Begleitung dazu: Verwendet das „Grundpattern" für das Intro sowie für die Teile A und C, das Pattern „Erweiterung 1" für Teil B und das Pattern „Erweiterung 2" für Teil D. Findet (z. B. bei Übergängen zu neuen Formteilen) geeignete Einsatzmöglichkeiten für das „ksch"-Geräusch (Becken) oder erfindet eigene Pattern-Variationen.

# Handclapping

A 7

## Claves

Viele Rhythmen der heutigen Jazz- und Popmusik stammen aus der lateinamerikanischen Musikwelt. Am bekanntesten sind die Claves, benannt nach dem Instrument, auf dem sie ursprünglich gespielt wurden. Claves sind rhythmische Figuren, die sich ständig wiederholen. Es gibt eintaktige Claves oder zweitaktige Claves (z. B. die Son-Clave → S. 88).

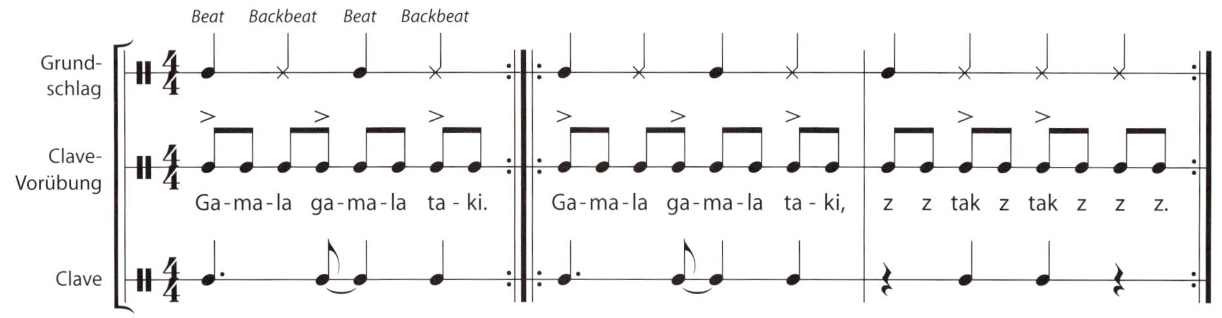


## Chan Chan, Ausschnitt

*Text und Melodie: Maximo Francisco, Repilado Munoz Arrangement: Stefan Lindner*

**1** Spielt zunächst den Grundschlag der eintaktigen Clave mit beiden Händen auf den Oberschenkeln: den Beat (Zählzeit 1 und 3) mit der Faust, den Backbeat (Zählzeit 2 und 4) mit der flachen Hand. Sprecht dann die eintaktige Clave dazu (Vorübung 1). Wenn es sicher klappt, probiert das Ganze mit der Son-Clave.

**2** Teilt die Klasse in zwei Gruppen: Eine Gruppe spielt den Grundschlag mit beiden Händen auf den Oberschenkeln und spricht die Clave-Vorübung dazu, die andere Gruppe klatscht abwechselnd mit linker und rechter Hand die Vorübung oder die reine Clave auf den Oberschenkeln.

**3** Hört den Song „Chan Chan" im Original (A 7) und übt den im Leadsheet dargestellten Ausschnitt ein. Klatscht dazu erst die eintaktige Clave und dann die Son-Clave.

# Junkpercussion

Mit leeren Flaschen, Verpackungen, Rohren oder auch Eimern lassen sich mit geringem Aufwand und niedrigen Kosten Rhythmusinstrumente herstellen, mit denen man interessante klangliche Effekte erzielen kann.

## Der Flaschenkanon

Um den „Flaschenkanon" musizieren zu können, empfiehlt es sich, Flaschen aus festem Kunststoff zu verwenden. Am besten nimmt man Pfandflaschen, die in unterschiedlichen Größen angeboten werden und daher auch unterschiedliche Klangfarben erzeugen können.

**Vorbereitung:** Die Flasche wird knapp über dem Flaschenboden abgesägt. Der dabei entstehende Rand wird mit Schmirgelpapier geglättet. Um einen guten Klang zu erhalten, sollte der Flaschendeckel nicht abgeschraubt werden.

**Spielweise:** Jeder hält eine präparierte Flasche mit der rechten Hand oben am Flaschenhals. Geschlagen wird die Flasche auf das rechte und linke Knie, auf die rechte und linke Schulter und gegen den linken Handballen. In der zweiten Zeile des Kanons wird auf die Zählzeiten 2, 3 und 4 entweder der Text gesprochen oder es erfolgt eine Pause.

**Kanon**

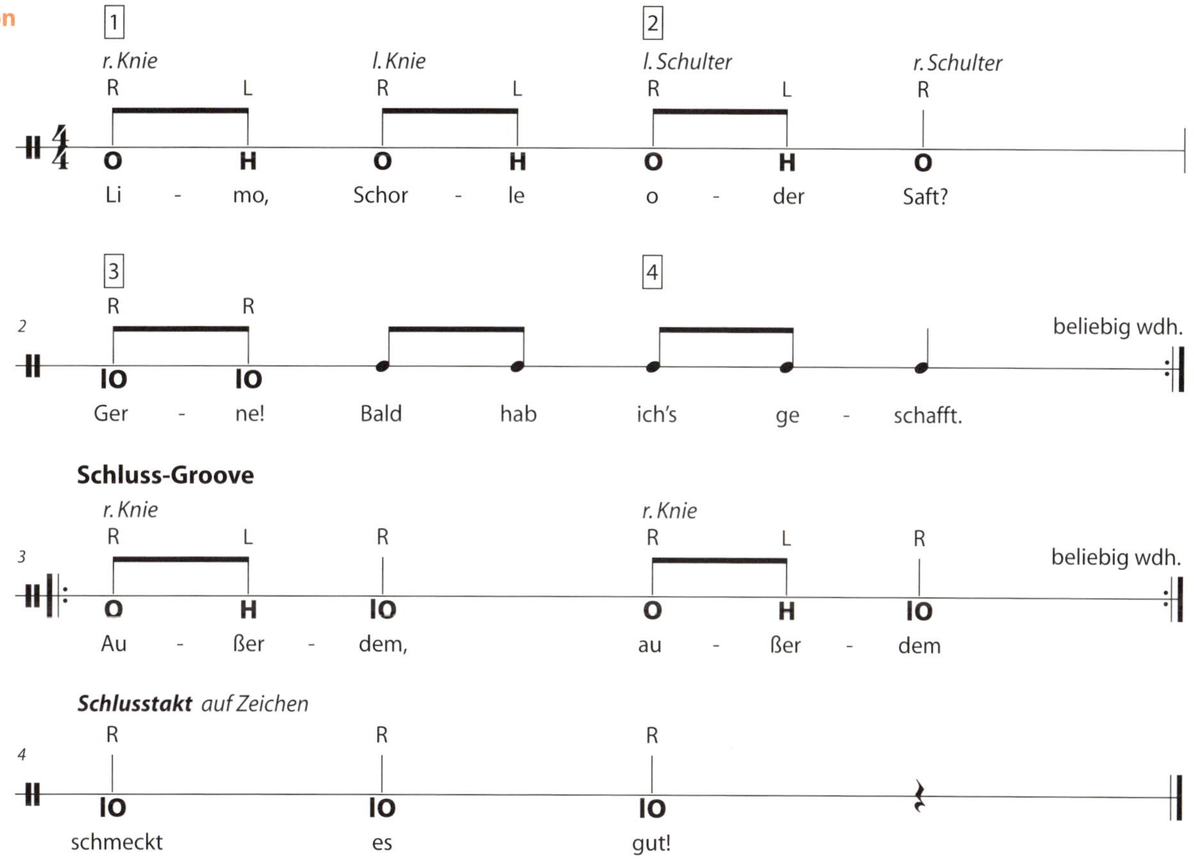


*Text und Rhythmus: Ulrich Moritz*

R = rechte Hand
L = linke Hand

O = Flasche gegen Knie oder Schulter trommeln
H = mit der leeren linken Hand auf den Oberschenkel patschen
IO = Flasche gegen den linken Handballen trommeln

1. Fertigt zu Hause oder gemeinsam in der Klasse eine Rhythmusflasche wie oben beschrieben an. Experimentiert dabei mit unterschiedlichen Flaschengrößen und Flaschenformen.
2. Sprecht zunächst den Text des „Flaschenkanons" gemeinsam im Rhythmus zu einem Grundschlag, den einer von euch auf einem Rhythmusinstrument oder auf seiner Rhythmusflasche vorgibt.
3. Spielt dann den Kanon einstimmig und beachtet dabei die vorgegebene Spielweise. Linkshänder haben die Flasche in der linken Hand. Sprecht den Text dazu.
4. Teilt euch in vier Gruppen und spielt den Kanon vierstimmig. Gegen Ende spielen alle auf ein vereinbartes Zeichen den Schluss-Groove und anschließend auf ein zweites Zeichen den Schlusstakt.
5. Gestaltet einen eigenen Flaschenkanon mit neuer Rhythmik, anderer Spielweise und eigenem Text.

# Fly Me To The Moon – ein Klassen-Arrangement

A 8

## Bodypercussion und Vocal Percussion

## Instrumentalpatterns

Nach jedem halben Takt wechselt die Harmonie, wobei der Grundton jeweils eine Quinte abwärts fällt (**Quintfallsequenz**). Gut erkennbar ist dies bei der E-Bass-Stimme, die abwechselnd eine Quinte abwärts fällt und eine Quarte aufwärts (= Quinte abwärts) steigt. Durch diese harmonische Progression wiederholt sich jedes Pattern taktweise und beginnt dabei jeweils einen Ton tiefer.

**1** Übt die vier Patterns des Warm-ups alle gemeinsam als Vocal Percussion oder Bodypercussion ein.

**2** Bildet vier Gruppen und tragt die Patterns vierstimmig vor. Stampft den Grundschlag dazu.

**3** Übertragt die Rhythmen der 4 Patterns auf die Instrumentalpatterns: Hört die Instrumentalpatterns (A 8) und übt sie ein. Spielt sie im Loop und verändert sie durch Experimentieren.

A 9

## Leadsheet: Fly Me To The Moon

*Text und Melodie: Bart Howard*

## Mögliche Abwandlungen der Instrumentalpatterns für den B-Teil des Leadsheets

### Spielfiguren umgekehrt

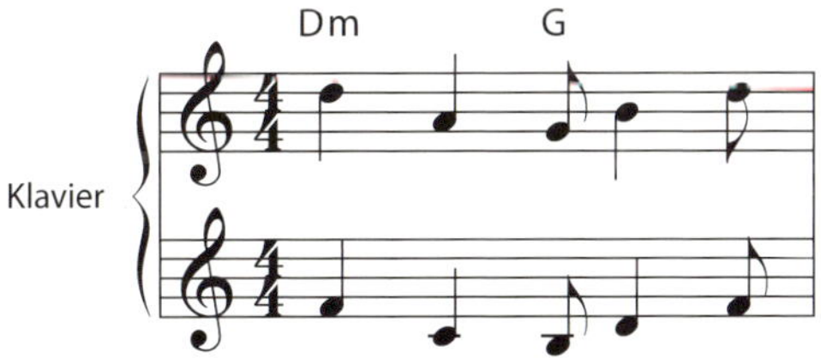


### Spielfiguren vereinfacht

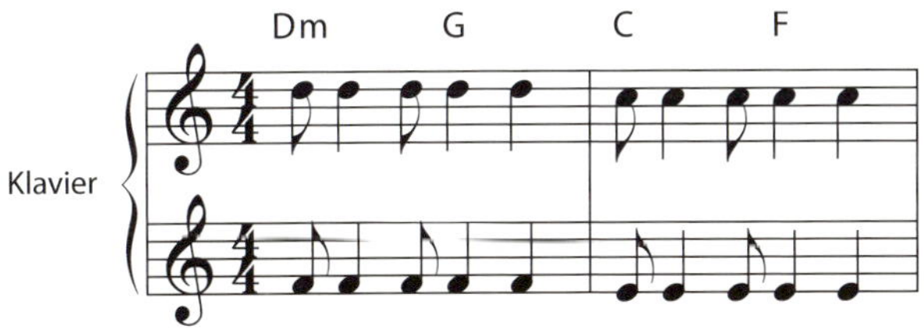


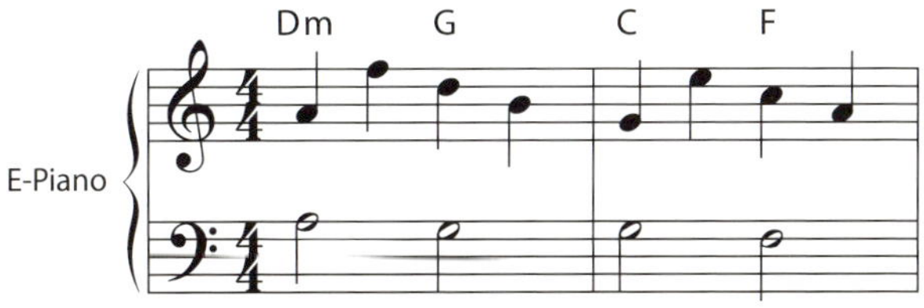


**4** Hört den Song „Fly Me To The Moon" (A 9) und entwickelt aus den Instrumentalpatterns ein Arrangement dazu: Orientiert euch dabei am Songtext und den Akkordsymbolen des Leadsheets. Begleitet den A-Teil komplett mit den Patterns, die ihr schon eingeübt habt. Auch die Harmonien des B-Teils sind schon bekannt, allerdings treten sie in anderer Abfolge auf als im A-Teil. Wendet die bekannten Patterns auf den B-Teil an, indem ihr sie z. B. wie oben notiert abwandelt.

**5** Gestaltet ein viertaktiges Intro, mit dem ihr das Stück beginnen lasst, bevor der Gesang einsetzt.

**6** Findet weitere Möglichkeiten, um im B-Teil für Abwechslung zu sorgen (z. B. erweitertes Schlagzeugpattern, neue Spielfiguren).

# Gesangstechniken in der populären Musik

A 10–15

In den vielen Stilrichtungen der populären Musik gibt es nicht genau die eine Gesangstechnik. Im Gegensatz zur Klassik, wo die Singenden meist nur die Vermittler der Musik sind und das Werk im Mittelpunkt steht, stehen bei populärer Musik oftmals die Künstlerinnen und Künstler oder Bands im Mittelpunkt. In den verschiedenen Genres nutzen Sängerinnen und Sänger eigene Techniken, um einen individuellen Klang zu erzeugen. Die Stimme benötigt dafür vor allem einen hohen Wiedererkennungswert, damit man im Radio, in der Online-Playlist oder im Café sofort erkennt, wer da gerade singt. Viele erzielen einen individuellen Klang, indem sie z. B. besonders hoch, tief, rau, weich, zart, hart, kräftig oder zurückhaltend singen.

## Der Gesangsstil – Alleinstellungsmerkmal und Wiedererkennungswert

Die folgenden Sängerinnen und Sänger haben besondere Stimmen mit einem hohen Wiedererkennungswert.

**Lady Gaga**

**Henning May von AnnenMayKantereit**

**Prince**

**Billie Eilish**

**Adele**

**Sam Smith**

**1** Hört die Gesangsausschnitte (A 10–15) und besprecht die Charakteristika der jeweiligen Stimmen.

**2** Überlegt zuerst allein und dann zu zweit, welche Stimmeigenschaften euch besonders gut gefallen, was euch weniger gefällt und wie ihr gerne singen würdet.

## Gute Ausbildung und regelmäßiges Training = gesunde Stimme

Für einen angenehmen Stimmklang und eine gesunde Stimme braucht man eine gute Ausbildung und regelmäßiges Training. Jeder Mensch hat ganz individuelle anatomische Gegebenheiten im Mund- und Rachenraum, weshalb manche höher, tiefer, kräftiger oder sanfter singen können als andere. Man sollte vor allem darauf achten, wo die eigenen Grenzen liegen. Umso trainierter eine Stimme ist, desto mehr Möglichkeiten hat man, auf unterschiedliche Art und Weise zu singen, ohne seiner Stimme dabei zu schaden. Wendet man z. B. zu viel Druck im Kehlkopf an oder nutzt man die Luft beim Singen nicht richtig, kann man seine Stimmbänder schädigen. Deshalb ist es auch wichtig, beim Singen auf den Körper zu hören: Kratzt es im Hals oder tut etwas weh, dann sollte man aufpassen und erstmal nicht weitersingen. Die Sängerin Adele z. B. musste einmal eine Konzert-Tournee unterbrechen, damit sich ihre Stimmbänder wieder erholen konnten. Um die Stimme für den Gesang von populärer Musik zu trainieren, empfiehlt sich das folgende Stimm-Warm-up.

## Stimm-Warm-up

**Schritt 1: Körper aufwärmen**

Unsere Stimme hängt mit dem ganzen Körper zusammen, deshalb ist es wichtig, dass die Muskulatur zum Singen locker, entspannt und aufgewärmt ist. Eine aufrechte, gerade Haltung und gedehnte Muskeln lassen einen freier singen.

*Körper mit den Händen abklopfen*

*Schnell stampfen und stehen bleiben für einen festen Stand*

**Schritt 2: Atmung aktivieren**

Beim populären Gesang braucht man viel Luft, um verschiedene Techniken aktivieren zu können. Bei den Übungen kann man eine Hand zwischen Bauchnabel und Brustbein legen und beobachten, wie das Zwerchfell aktiv wird.

*Luft einfallen lassen, nicht aktiv einatmen*

*Ball 3-mal dribbeln und werfen, dazu auf „f – f – f – ffffff" ausatmen*

**Schritt 3: Stimme aktivieren**

Wichtig ist, die Stimme langsam und vorsichtig zu aktivieren. Man sollte in dieser Phase nur leise Töne singen, die in einer angenehmen Lage sind (nicht zu hoch oder zu tief). Durch Schwingungen werden die Ränder der Stimmbänder aktiviert.

*Die Melodie als Kanon zunächst auf „mhh" und anschließend auf die Vokale „a", „e", „i", „o" und „u" singen; einen gemeinsamen Klang erreichen und verschiedene Mundstellungen ausprobieren*

**Schritt 4: Stimme und Technik trainieren**

Man kann verschiedene Übungen nutzen, um einzelne Aspekte der Stimme zu trainieren. Dabei kann man einen Fokus auf Höhe oder Tiefe legen oder an einem bestimmten Klangideal arbeiten.

*Das Singen von verschiedenen Zusatztönen üben, die besonders häufig in der populären Musik vorkommen*

**3** Führt die vier Schritte des Stimm-Warm-ups durch und macht die Übungen dazu. Singt die Sing-Übungen in verschiedenen Tonhöhen so lange, wie ihr euch dabei wohlfühlt.

**4** Überlegt, warum Profi-Sängerinnen wie Adele trotzdem Probleme mit ihrer Stimme bekommen können.

**5** Stellt euch mithilfe der 4 Schritte ein eigenes Stimm-Warm-up zusammen und führt es gemeinsam durch.

# Sealed With A Kiss – ein Lovesong

„Sealed With A Kiss" ist ein Song, der in anschaulichen Bildern davon erzählt, wie zwei Menschen auch in Zeiten der Trennung einander verbunden bleiben – bis sie sich wiedersehen. Der Song wurde 1960 in den USA veröffentlicht, erlangte wegen seiner eingängigen und gut singbaren Melodie hohe Popularität und wurde seither in viele Sprachen übersetzt.

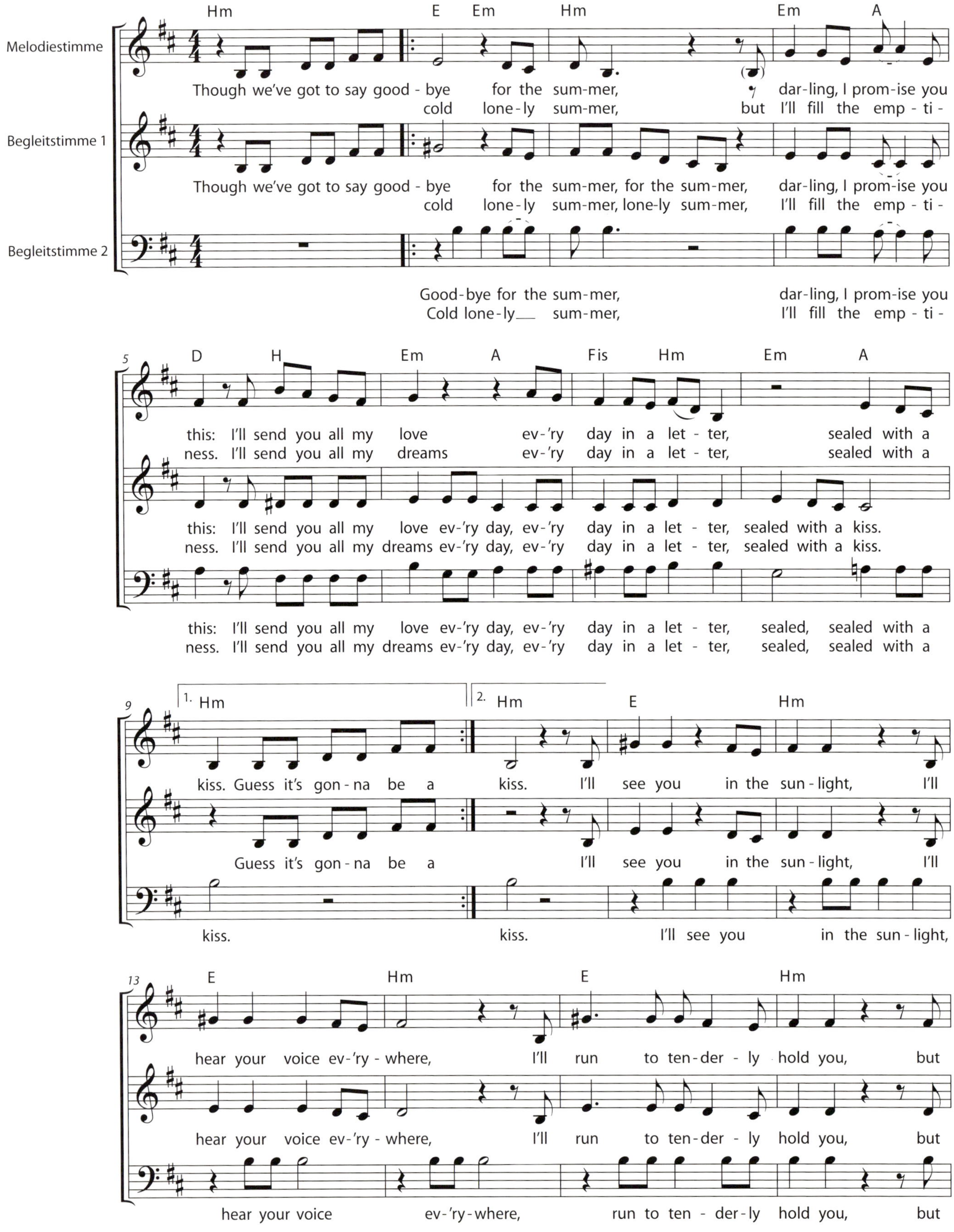

A 16

*Text: Peter Udell Melodie: Gary Geld*
*Begleitstimmen: Annemarie Kistemann-Grashof*

1. Hört den Song „Sealed With A Kiss" (A 16), singt die Melodiestimme und tauscht euch über den Textinhalt aus.
2. Übt die Begleitstimmen zunächst einzeln und dann zusammen ein. Singt den Song zuletzt dreistimmig.
3. Der Song hat die Form A – B – A'. Schaut euch das Notenbild genau an, stellt fest, wo jeweils die Formteile beginnen und beschreibt die Gemeinsamkeiten und Unterschiede der Teile.
4. Untersucht das Verhältnis von Wort und Ton, insbesondere in den Takten 10/11, 17/18 und 28. Erläutert, wie die Musik den Textinhalt beschreibt.
5. Erklärt, was an diesem Song „romantisch" genannt werden könnte.

# Coldplay: Clocks

A 17

## Coldplay – eine Pop-Band der Superlative

Die Mitglieder der Band Coldplay lernten sich während des Studiums kennen und gründeten die Band im Jahr 1996. Mit ihrem zweiten Album „A Rush Of Blood In The Head“ (2002) wurde Coldplay international erfolgreich. Auf diesem Album ist auch der Song „Clocks“ erschienen. Seitdem gilt Coldplay als eine der Supergruppen der 2000er-Jahre mit über 80 Millionen verkauften Tonträgern. Sänger **Chris Martin** trat auch schon mit vielen anderen Künstlern auf, darunter Kanye West, Avicii und Jay-Z. Er ist damit einer der kommerziell erfolgreichsten Popstars.

*Coldplay bei einem Konzert in Paris 2017*

## „Clocks“ – ein Song als Meilenstein

Charakteristisch für den Song „Clocks“ ist sein **ostinates**[W] **Klaviermotiv aus gebrochenen Dreiklängen**. Ein solches wiederkehrendes und eingängiges Motiv[W] wird als **Hook** (→ S. 160) bezeichnet. Mit diesem Klaviermotiv traten erstmals bei Coldplay Synthesizer in den Vordergrund. Damit hatte sich der Stil der Band deutlich gewandelt. In späteren Songs griff die Band immer wieder auf Ideen aus „Clocks“ zurück.

## Die Pop-Clave als rhythmisches Gerüst

Wie vielen Popsongs liegt auch dem Song „Clocks“ ein Rhythmuspattern zugrunde, das als „Pop-Clave“ bezeichnet wird. Es ist identisch mit dem ersten Teil der kubanischen Son-Clave (→ S. 88). Die Achtelnoten eines 4/4-Takts werden in zwei Dreiergruppen und eine Zweiergruppe unterteilt, sodass auf den Zählzeiten 1, 2+ und 4 Betonungen entstehen (→ S. 8).

**Pop-Clave**

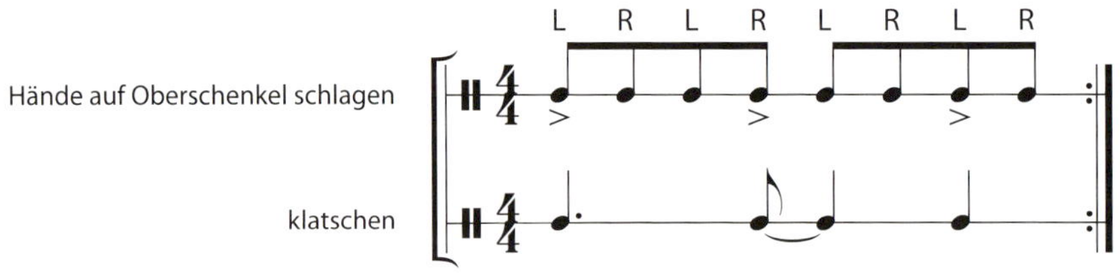


## Clocks

The lights go out and I can't be saved
Tides that I tried to swim against
Have brought me down upon my knees
Oh I beg, I beg and plead, singing

Come out of things unsaid
Shoot an apple off my head and a
Trouble that can't be named
A tiger's waiting to be tamed, singing

You are
You are

Confusion never stops
Closing walls and ticking clocks
Gonna come back and take you home
I could not stop that you now know, singing

Come out upon my seas
Cursed missed opportunities
Am I a part of the cure?
Or am I part of the disease? Singing
…

*Guy R. Berryman, Jonathan M. Buckland, William Champion, Christopher A. J. Martin*

1. Hört den Song „Clocks“ (A 17) und spielt als Warm-up dazu die Pop-Clave.
2. Erklärt, warum dieser Song für die Entwicklung der Band Coldplay bedeutsam war.
3. Singt den Songtext zur CD (A 17) und spielt dazu die Pop-Clave-Rhythmen. Teilt euch dafür gegebenenfalls in verschiedene Gruppen auf.

A 17

## „Clocks“ als Klassen-Arrangement

### Hinweise zum Spielen mit Playalong

Die Aufnahme von „Clocks“ kann man als Playalong nutzen, um die Hook zu üben. Dafür wird der Song abgespielt, während die verschiedenen Patterns zur Erarbeitung der Hook ausgeführt werden. Fast der gesamte Song (mit Ausnahme der Bridge) basiert auf einer viertaktigen Akkordfolge. Die Hook besteht aus gebrochenen Akkorden, die nach einem festen rhythmischen Schema gespielt werden. Dabei fällt auf, dass die jeweils höchsten Töne eines Dreiklangs auf den Schlägen der „Pop-Clave“ liegen. Beim Spielen zum Playalong kann zwischen verschiedenen Patterns gewechselt werden. Da sich die Akkordfolge als ostinato[W] wiederholt, kann man auch wieder einsteigen, wenn das Spiel unterbrochen wurde.

### Patterns zur Erarbeitung der Hook von „Clocks“

### Instrumentalstimmen für die Klassenband

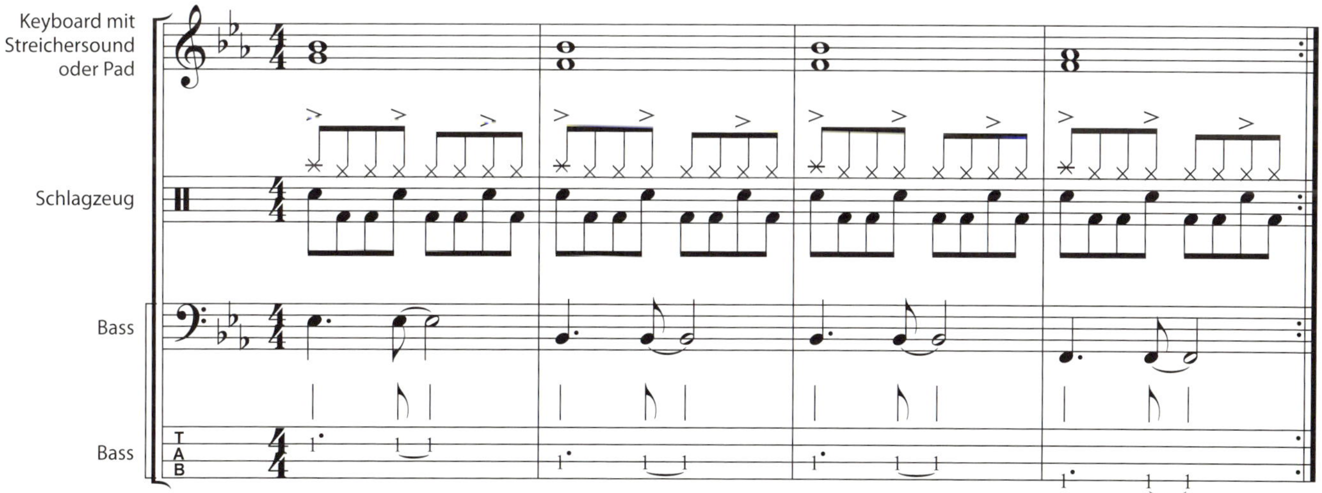


*Guy R. Berryman, Jonathan M. Buckland, William Champion, Christopher A. J. Martin*
*Arrangement: Michael Christoph*

**4** Vergleicht die Patterns Keyboard 1, Keyboard 2 und Keyboard 3 mit der Original-Hook und benennt Gemeinsamkeiten.

**5** Erarbeitet euch diese 3 Patterns auf einem Keyboard oder Klavier. Übt mit einem Partner, der zu eurem jeweiligen Pattern einen Rhythmus der Pop-Clave klatscht.

**6** Spielt alle Stimmen nacheinander und zusammen zur CD (A 17).

**7** Übt die zusätzlichen Stimmen ein und präsentiert den Song als Klassenband.

# Andreas Bourani: Auf uns

Für Andreas Bourani war die Karriere als Musiker zwar nicht direkt vorgezeichnet, aber schon zu Schulzeiten wirkte er in seiner Heimatstadt Augsburg an Opernaufführungen mit. Mit dem Song „Auf uns" landete Bourani dann seinen ersten Nummer-eins-Hit in Deutschland und lieferte damit gleichzeitig die offizielle Fußballhymne zur WM 2014. Der Song verkaufte sich über eine Million Mal und gehört damit zu den meistverkauften Singles in Deutschland. Trotz Bouranis großen Erfolgs und dem Umstand, dass „Auf uns" damals zu Hochzeiten bis zu 2 300-mal pro Woche im Radio lief, konnte er sich laut eigener Aussage bisher kaum daran gewöhnen, seine Stimme im Radio zu hören.

A 18

*Text und Melodie: Andreas Bourani, Julius Hartog, Thomas Olbrich*

In dem Song „Auf uns" werden unter anderem die Akkorde $A^{sus4}$, $Em^7$ und $Hm^7$ benutzt. Was sich hinter der Abkürzung „sus4" verbirgt, wird im Buch auf Seite 20 erklärt. Bei den anderen beiden Klängen handelt es sich um sogenannte Septakkorde, bei denen zusätzlich zu Grundton, Terz und Quinte noch die Septime gespielt wird. Bei $Dm^7$ z. B. sind das der Grundton d, die Terz f, die Quinte a und die Septime c. Da also vier Töne in diesem Akkord erklingen, spricht man auch von einem Vierklang.

**1** Hört den Song „Auf uns" (A 18) und klärt zunächst den formalen Ablauf.

**2** Übt den Song zur CD (A 18) oder mithilfe von Klavier oder Gitarre ein. Verteilt die zwei Stimmen im Outro auf zwei Gruppen.

**3** Erstellt einen eigenen Ablauf des Songs, in welchem alle gemeinsam den Chorus und das Outro singen, die Strophen, der Pre-Chorus und die Bridge jedoch von unterschiedlichen Sängern oder Sängergruppen vorgetragen werden. Übt diesen Ablauf und präsentiert das Ergebnis vor der Klasse.

# The Hanging Tree

A 19

*Jennifer Lawrence in ihrer Rolle als Katniss Everdeen vor Anhängern der Rebellion*

Der Song „The Hanging Tree" erlangte internationale Bekanntheit durch den Film „Mockingjay Part 1", dem dritten der vier „Tribute von Panem"-Filme. Die eingängige Melodie wird von der Hauptdarstellerin Jennifer Lawrence in ihrer Rolle als Katniss Everdeen zunächst nur beiläufig gesungen. Die Melodie entwickelt sich im weiteren Verlauf der Handlung aber zu einer Art Hymne für die Rebellion, von der im Film erzählt wird (→ Kap. 5). Die vierte Strophe des Songs wird dabei von den Anführern dieser Rebellion umgedichtet, sodass an die Stelle der ursprünglich düster klingenden Zeile „Wear a necklace of rope" (Trage einen Henkersstrick) die etwas hoffnungsvollere Version „Wear a necklace of hope" (Trage eine Halskette der Hoffnung) tritt.

*Text und Melodie: Wesley K. Schultz, Jeremy C. Fraites, Suzanne M. Collins*

In der Begleitung des Songs „The Hanging Tree" erklingt unter anderem der Akkord $H^{sus4}$. Der Zusatz „sus4" bedeutet, dass anstelle der in einem Dreiklang üblichen Terz eine Quarte gespielt wird. Die Terz muss also sozusagen „aussetzen" (auf Englisch: to suspend) und wird durch die Quarte ersetzt.

**1** Lest den Informationstext und hört den Song „The Hanging Tree" (A 19). Untersucht am Notenbild, aufgrund welcher Merkmale sich dieser Song als Hymne einer Rebellion eignet.

**2** Hört den Song „The Hanging Tree" (A 19) und findet heraus, wie oft welche Strophe gesungen wird.

**3** Übt den Song mit Unterstützung von Gitarre oder Klavier ein.

## Bodypercussion zum Song

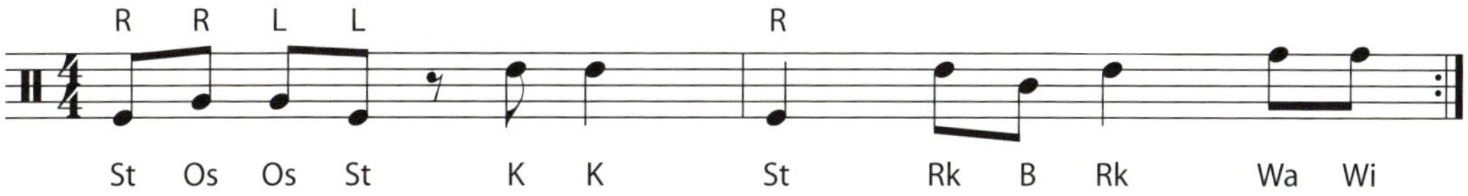


R = rechts
L = links
St = stampfen
Os = auf den Oberschenkel patschen
K = klatschen

Rk = mit dem Handrücken der rechten Hand vor der Brust in die linke Hand klatschen
B = auf die Brust patschen
Wa = mit den Handrücken beider Hände über die Oberschenkel nach außen wischen
Wi = mit den Handflächen beider Hände über die Oberschenkel nach innen wischen

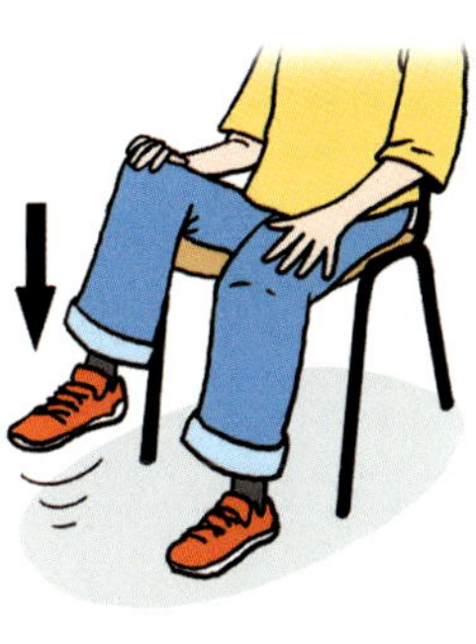
rechts stampfen

rechts patschen

links patschen

links stampfen

2 x klatschen

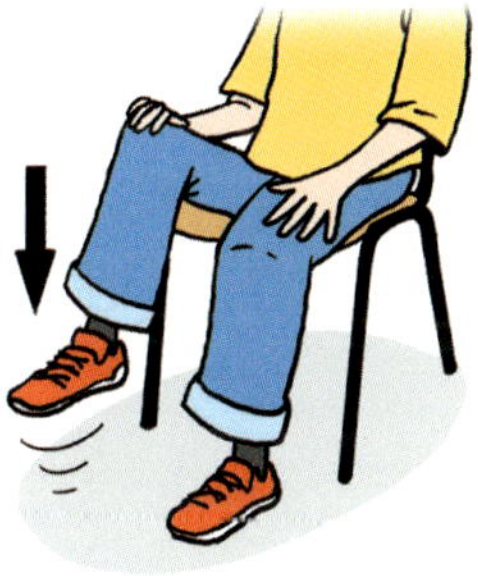
rechts stampfen

mit rechts in links klatschen

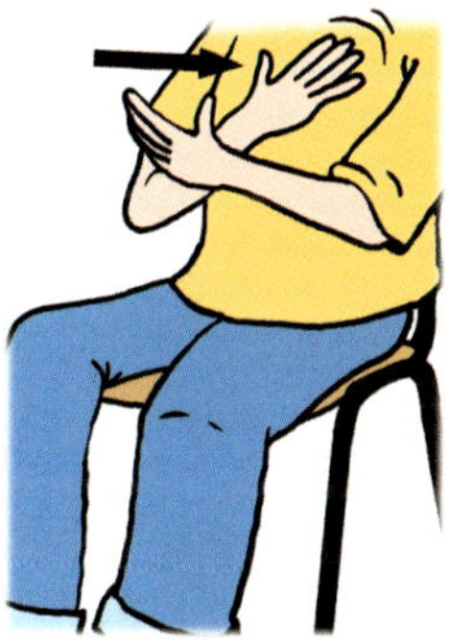
rechts auf Brust patschen

mit rechts in links klatschen

nach außen und innen wischen

## Gestaltungsvorschläge für einen Ablauf

Es kommen nach und nach mehr Sänger dazu.

Bodypercussion als Begleitung

Alle singen.

nur Bodypercussion

Ein Sänger singt allein.

Alle summen die Melodie auf „mmh“.

**4** Übt die Bodypercussion ein und sprecht dazu den Songtext im Melodierhythmus.

**5** Bildet Gruppen und erstellt mithilfe der Gestaltungsvorschläge und eigener Ideen einen Ablauf des Songs aus Bodypercussion und Gesang. Verteilt dabei Gesang und Bodypercussion auf Sänger und Bodypercussion-Spieler. Oder musiziert alles gemeinsam, indem jeder singt und gleichzeitig die Bodypercussion spielt. Präsentiert eure Ergebnisse vor der gesamten Klasse.

# Come On, Let's Play A Melody!

A 20, 21

„Come On, Let's Play A Melody!" ist ein kurzes, eingängiges Musikstück, das mithilfe des Textes schnell eingeübt und auf Malletinstrumenten[W] oder Keyboards leicht mit der ganzen Klasse musiziert werden kann. Der Text kann nach dem Einüben auf Sänger und Malletspieler aufgeteilt werden oder in reinen Instrumentalgruppen auch wieder wegfallen. Zudem bietet das Stück eine gute Möglichkeit, Synkopen praktisch zu erfahren, indem das Metrum[W] dazu geklatscht oder gestampft wird.

## Melodie

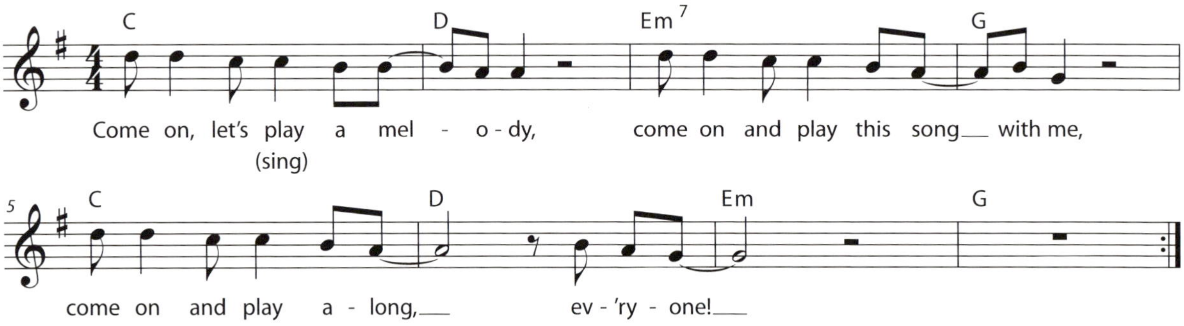


*Text und Melodie: Sebastian Burton*

## Mögliche Arrangement-Bausteine

Solo-Malletspieler

Alle Melodie-instrumente

Sänger und Malletspieler

Alle Sänger

Alle Keyboards

Alle Mallet-instrumente

Malletspieler singen Melodie mit

?

**1** Erarbeitet euch das Stück „Come On, Let's Play A Melody!", indem ihr gemeinsam die Melodiestimme im Rhythmus sprecht und singt, zur Melodie das Metrum klatscht oder stampft oder die Melodie mit einer eigenen Bodypercussion (→ S. 6) begleitet.

**2** Übt die Melodie anschließend auf Malletinstrumenten oder Keyboards ein. Nutzt hierfür auch die CD (A 20 bzw. A 21).

**3** Musiziert das Stück zur CD (A 21). Überlegt euch mithilfe der vorgegebenen oder eigener Arrangement-Bausteine zuerst in kleinen Gruppen einen Ablaufplan. Fügt dann eure Gruppenergebnisse mit der ganzen Klasse zu einem Gesamtarrangement zusammen.

A 21

Der Begleitsatz zum Stück ist für sich genommen ebenfalls schnell eingeübt und kann mit der ganzen Klasse musiziert oder auf eine kleine Begleitband aufgeteilt werden. Es sollte auf ein rhythmisch korrektes Zusammenspiel mit der Melodiestimme und auf den rechtzeitigen Übergang in den Schluss geachtet werden.

Wenn die Bassstimme von einem E-Bass gespielt wird, kann die Bass-Tabulatur helfen. Diese ist mit ihren vier Linien ein Abbild eines viersaitigen Basses. Die oberste Linie stellt die G-Saite dar. Darunter kommt die D-Saite, dann die A-Saite und die E-Saite, wobei die G-Saite die dünnste und die E-Saite die dickste Saite ist. Die Ziffern zeigen an, in welchem Bund auf dem Griffbrett der Ton gespielt wird. Eine 0 bedeutet, dass die Saite „leer" erklingt, also ohne zu greifen gezupft wird.

## Begleitung

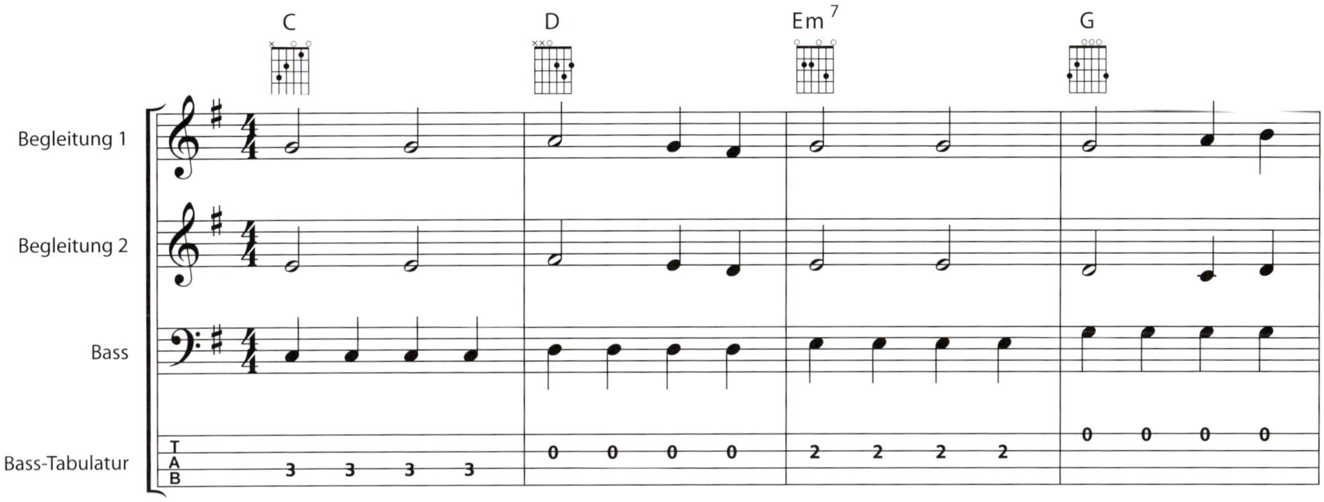


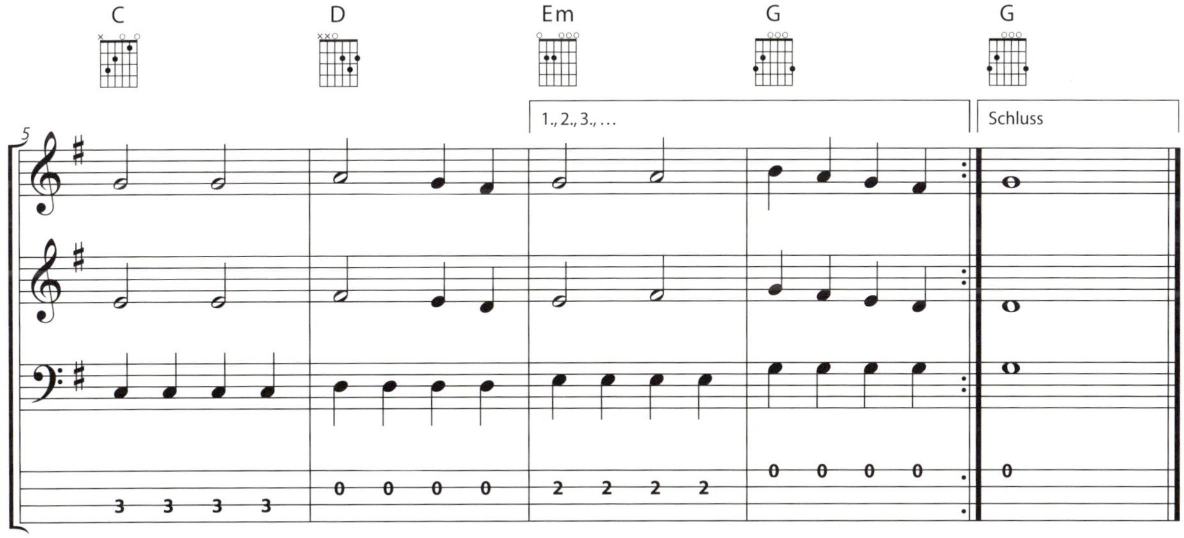


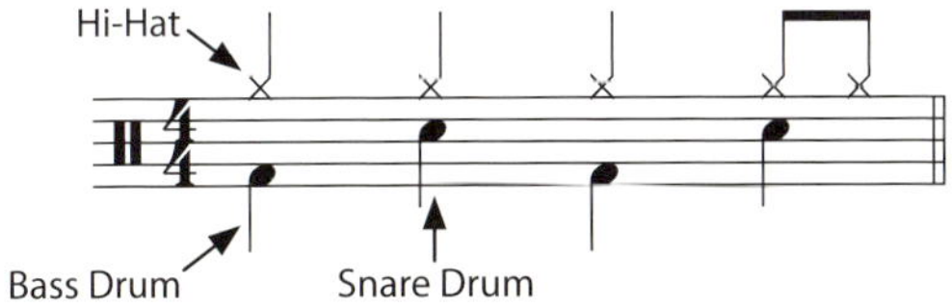


Ein Schlagzeug kann durchgehend den hier abgebildeten Rhythmus spielen. Die geschlossene Hi-Hat kann auch ein Schüler allein spielen, während Bass Drum und Snare Drum von jemand anderem übernommen werden. Anstelle von Bass Drum und Snare Drum kann auch eine Cajón eingesetzt werden.

**4** Übt die Begleitung ein. Nutzt Stabspiele oder Keyboards für die Begleitstimmen 1 und 2 und einen E-Bass, Bassklangstäbe oder ein Klavier für die Bassstimme. Musiziert Melodie und Begleitung dann gemeinsam und nutzt auch die CD (A 21).

**5** Erstellt in Gruppen ein eigenes Arrangement des Stücks und haltet den Ablaufplan hierfür schriftlich fest. Übt euer Arrangement ein und präsentiert es euch gegenseitig vor der Klasse. Gebt einander anschließend konstruktives Feedback (→ S. 213).

# Ensemblemusizieren

Ensemblemusizieren in der Klasse funktioniert dann am besten, wenn es jede und jeder einzelne in der Klasse schafft, alle Stimmen eines Arrangements beim Spielen mitzudenken und mitzuhören. Deshalb sollte man die Partitur eines Musikstücks vor sich haben, damit man beim Musizieren möglichst alles mitverfolgen kann, was gespielt wird.

## The Beatles: Here Comes The Sun

A 22, 23

*Text und Melodie: George Harrison   Arrangement: Jens Renger*

Ein Ensemblestück sollte in Etappen erarbeitet werden: Die wichtigsten Stimmen werden nacheinander mit der ganzen Klasse durchgearbeitet und dann zur Klavierbegleitung musiziert. Am Ende teilt man die Stimmen zwar unter sich auf, aber alle sind außerdem aufgefordert, auch zu hören und ggf. zu korrigieren, was die anderen machen.

**1** Übt Verse und Chorus des Songs „Here Comes The Sun" von den Beatles ein, indem ihr die Melodie sowie die Sprache und den Rhythmus des Songtextes erarbeitet. Setzt auch die Mehrstimmigkeit an den zwei- und dreistimmigen Stellen (Takt 13, 20 – 28, 33) um.

**2** Bildet zwei Gruppen und teilt die beiden Keyboardstimmen unter euch auf. Übt dann die Keyboardstimmen ein und achtet dabei auf den Rhythmus, die richtigen Töne und präzise Einsätze.

**3** Stellt für das selbstständige Klassenmusizieren eine Klassenband mit 3 Personen (E-Bass, Schlagzeug und Klavier) zusammen, die den Chor und die drei Begleitstimmen ergänzen. Hört den Originalsong „Here Comes The Sun" von den Beatles (A 22) und findet heraus, in welchem Takt der Schlagzeuger einsetzt. Verabredet, wer und wie viele von euch den Gesang übernehmen und die Begleitstimmen spielen, übt das Klassen-Arrangement zusammen ein und spielt es auch zur CD (A 23).

# Apologize

OneRepublic

OneRepublic ist eine US-amerikanische Band um den Frontman und Songwriter Ryan Tedder. Ihren Song „Apologize" veröffentlichte die Band 2006. Musikproduzent und Rapper Timbaland wurde darauf aufmerksam: Ihm war klar, dass dies ein Hit werden würde. Um den Erfolg des Songs noch zu beschleunigen, produzierte er seine eigene Version und verhalf der Band damit zum internationalen Durchbruch.

Timbaland

A 24, 25

*Text und Melodie: Ryan B. Tedder Arrangement: Sebastian Burton*

Der Song „Apologize" ist ein typischer Four-Chord-Song[W]. Dabei erscheinen zwei der vier im Song verwendeten Akkorde auf den ersten Blick ein wenig ungewöhnlich: $B^6$ und C/E. $B^6$ ist ein B-Dur-Akkord, bei dem anstatt der Quinte (f) die Sexte (g) erklingt. C/E ist ein sogenannter Slash-Akkord (slash= Schrägstrich). Das bedeutet, dass ein C-Dur-Akkord gespielt wird, als tiefster Ton aber nicht – wie normalerweise – der Grundton c, sondern ein e erklingt.

Da den gesamten Song hindurch immer die gleichen vier Akkorde auf vier Takte verteilt erklingen, müssen die Musiker in der Begleitung nur aufpassen, wie oft sie ihren Part spielen. Wer aussetzt, kann leicht nach vier Takten wieder einsteigen, und wer pausieren will, wartet einfach, bis die Akkordfolge am Ende angelangt ist. Die Instrumente der Rhythmusgruppe können sich hieran orientieren und je nach vereinbartem Ablauf in den unterschiedlichen Abschnitten des Songs musizieren oder pausieren.

## Rhythmusgruppe

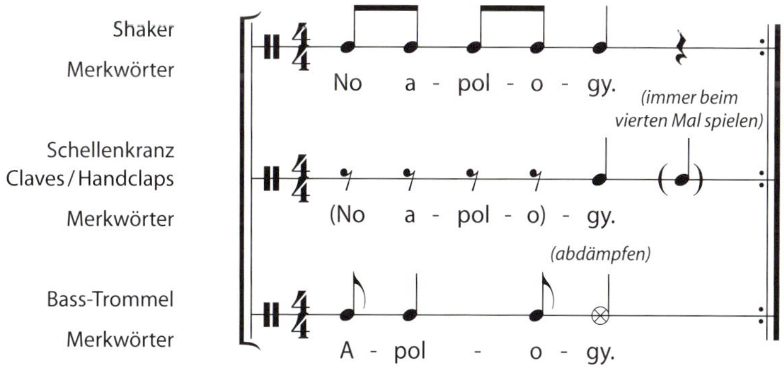


**1** Hört den Song in der Version von Timbaland (A 24) und vergleicht die Aufnahme mit dem Notenbild. Achtet auf die Stellen, an denen Gesangseinwürfe erklingen, die im Notenbild nicht zu finden sind. Überlegt, ob ihr diese Einwürfe mitsingen wollt, und singt den Song zur CD (A 24).

**2** Übt die Rhythmen der Rhythmusgruppe zunächst mithilfe der Merkwörter ein. Übertragt die Rhythmen dann auf Instrumente und musiziert sie zum Song. Teilt euch dafür in Gesang und Begleitung auf.

**3** Erstellt einen Ablaufplan zum Song und musiziert diesen gemeinsam auf Instrumenten eurer Wahl.

**4** Hört die Originalversion des Songs (A 25) und vergleicht sie mit der Variante von Timbaland (A 24). Arbeitet dabei Gemeinsamkeiten und Unterschiede im Hinblick auf die verwendeten Instrumente und deren Einsatz in den verschiedenen Abschnitten des Songs heraus. Welche Version ist eurer Meinung nach die bessere? Begründet eure Entscheidung.

# Barock – Concerto grosso

## Barockmusik

Der Barock wird auch als **Zeitalter des konzertierenden Stils** bezeichnet. Zu Beginn des 18. Jahrhunderts entstand eine große Fülle von Musikstücken, die als Instrumentalkonzert mit einem oder mehreren Solisten gestaltet sind und **Concerto grosso** genannt werden. Alle berühmten Musiker dieser Zeit, wie z. B. Johann Sebastian Bach, Georg Friedrich Händel, Arcangelo Corelli oder Antonio Vivaldi, haben solche Instrumentalkonzerte komponiert, von denen einige heute noch regelmäßig aufgeführt werden.

## Die vier Jahreszeiten, L'Autunno, 3. Satz, 1. Ritornell

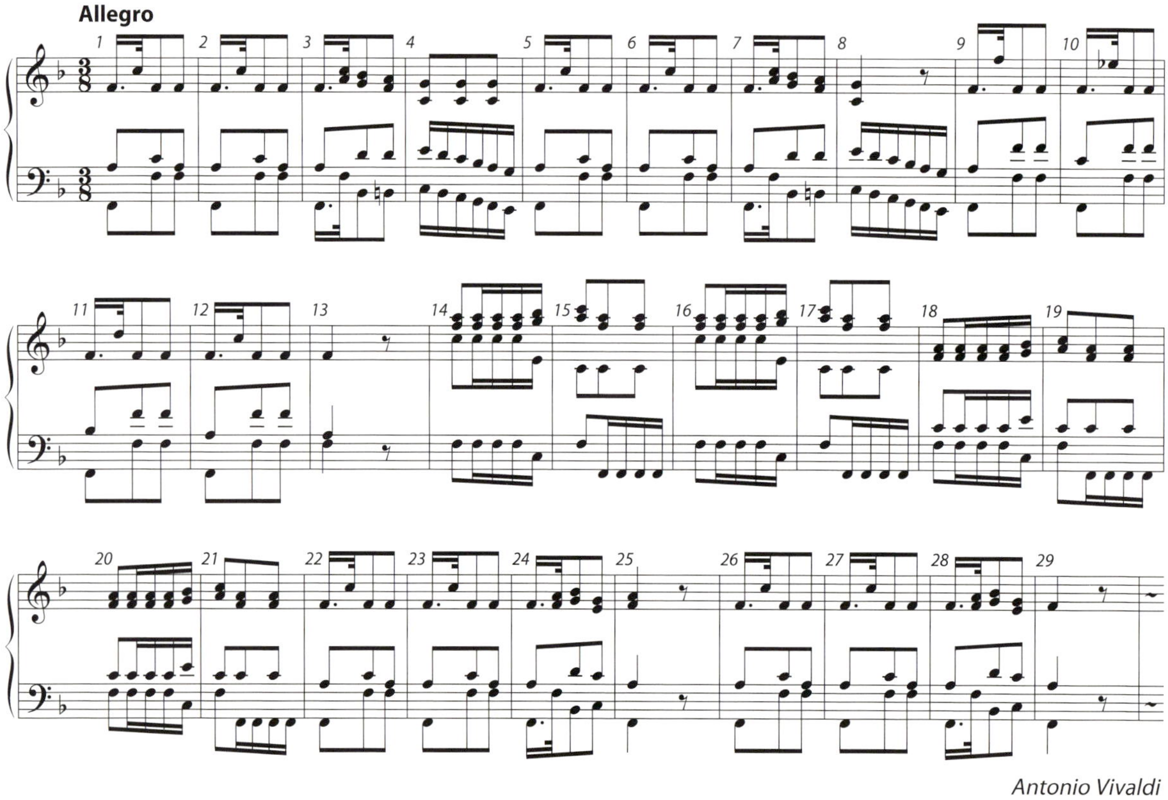


*Antonio Vivaldi*

A 26

## Was heißt „Konzertieren“?

**Konzertieren** ist eine spezielle Art des Musizierens, in dem ein „Gegeneinander im Miteinander“ der Aktionen zu beobachten ist. Alle Musiker wirken zusammen im mehrmals wiederkehrenden **Tutti-Teil (Ritornell)**. Gleichzeitig tritt jedoch immer wieder ein Solist aus dem Ensemble hervor und hebt sich durch sein technisch brillantes Spiel in besonderer Weise von den übrigen Musikern ab, die in diesen **Solo-Teilen (Episoden)** entweder pausieren oder den Solisten leise begleiten. Manchmal sind es auch mehrere Solisten, die miteinander „wetteifern“, also in gewisser Weise „gegeneinander“ spielen.

## Konzertsatzform

Die Form vieler **Konzertsätze** ist geprägt von zahlreichen Wechseln zwischen Ritornell und Episode. Das Überraschende und Unvorhersehbare dabei sind Anzahl, Länge und Ausgestaltung der einzelnen Abschnitte. Im 3. Satz des Violinkonzertes „L'Autunno“ (Der Herbst) aus den „Vier Jahreszeiten“ von Antonio Vivaldi kehrt das vom Orchester gespielte Ritornell immer wieder, jedoch nie genauso wie beim ersten Mal. Dazwischen wird es abgelöst von teilweise kurzen, teilweise langen und abwechslungsreich gestalteten Episoden der Solo-Violine.

**L'Autunno, 3. Satz, Ritornelle und Episoden**

| | | |
|---|---|---|
| **1** | **Tutti** |  |
| **A** | **Solo** |  |
| **2** | **Tutti** |  |
| **B** | **Solo** | 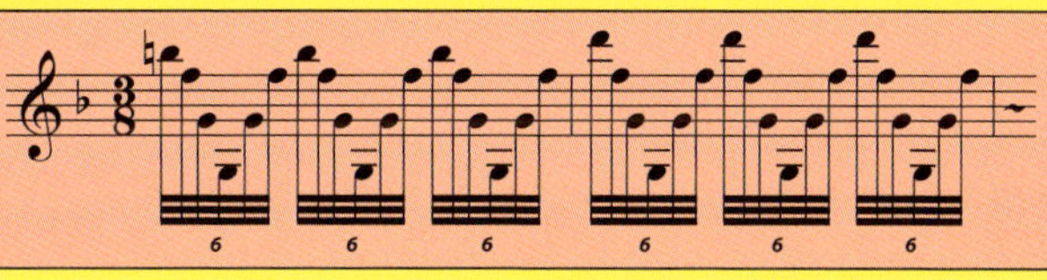 |
| **3** | **Tutti** |  |
| | **?** | |
| **?** | **Solo** |  |
| **?** | **Tutti** |  |

*Antonio Vivaldi*

**1** Benennt charakteristische Merkmale des Konzertierens (Besetzung, Aufstellung, Haltung der Musiker usw.), die auf dem Bild zu sehen sind.

**2** Lest die Informationstexte auf dieser Seite, hört den 3. Satz aus Antonio Vivaldis Concerto grosso „L'Autunno“ mehrmals und benennt die Anzahl der Ritornelle (A 26).

**3** Hört den Anfang des 3. Satzes (A 26) und achtet vor allem auf die Gestaltung des 1. Ritornells. Verfolgt das Ritornell Takt für Takt am Notenbild und überlegt euch, aus wie vielen Teilen es besteht.

**4** Hört noch einmal den gesamten 3. Satz (A 26). Arbeitet die Unterschiede zwischen den verschiedenen Ritornellen heraus und haltet sie in einem Tafelbild fest.

**5** Hört den 3. Satz erneut (A 26) und achtet diesmal auf die Rolle der Solo-Violine. Erörtert, auf welche Weise der Solist in den Episoden versucht, besonders hervorzutreten und das Publikum zu beeindrucken.

# Barock – Concerto grosso

## Musik und Inhalt im Concerto grosso

In manchen Musikstücken werden mit dem Konzertieren konkrete Inhalte ausgedrückt. Die Verbindung zu diesen Inhalten stellten Komponisten durch Überschriften, gesungene Texte oder beigefügte **Programme** her. In der Barockzeit wurden z. B. Naturereignisse dargestellt oder religiöse Glaubensinhalte veranschaulicht. Die Musik klingt dann ein bisschen so, als würden Instrumente die Rollen von handelnden Personen übernehmen, die in einen Dialog, einen Wettstreit oder eine Verfolgungsjagd verstrickt sind oder die ein Gebet oder eine Liebesszene darstellen.

Um den inhaltlichen Zusammenhang des Konzertierens in seiner Musik zu verdeutlichen, verfasste Antonio Vivaldi zu den Violinkonzerten des Zyklus „Die vier Jahreszeiten" Sonette und schrieb diese Verse sogar in die Noten hinein. So kann man den inhaltlichen Vorgang, den Vivaldi in der Musik ausgestaltet hat, genau nachvollziehen. Zu den Inhalten, die Vivaldi in seinen Konzerten darstellt, zählen z. B. Gewitterstürme, Vogelgesang, eine Jagd und eine Tanzszene.

## Eine „Jagd" im konzertierenden Stil

Dem 3. Satz des Violinkonzerts „L'Autunno" liegen die beiden **Terzette** (Vers 9-14) des **Sonetts** „L'Autunno" zugrunde, in denen der Verlauf einer Jagd beschrieben wird. Der Aufbruch der Jäger im Morgengrauen wird im 1. Ritornell geschildert, während der dramatische Verlauf der Jagd vor allem in den Episoden musikalisch ausgestaltet wird. Das **Konzertieren** übernimmt dabei verschiedene **Funktionen**: Es unterstützt und untermalt die im Gedicht geschilderten Aktionen, sorgt für Spannung und weckt Gefühle.

### Antonio Vivaldi: L'Autunno

1. Satz
Allegro

Der Bauer bezeugt mit Tänzen und Liedern
seine Freude über die glücklich eingebrachte Ernte.
Und von dem Saft der Rebe sind viele beschwingt.
Sie beenden mit Schlaf ihr Freudenfest.

2. Satz
Adagio molto

Jeder verzichtet auf Tänze und Lieder.
Milde Luft umschmeichelt,
und die Jahreszeit lädt ein
zum süßen Genuss eines sehr süßen Schlafes.

**3. Satz**
**Allegro**

**Jäger in der Morgenfrühe ziehen zur Jagd**
**mit Hörnern und Flinten und Hunden.**
**Es flieht das Wild, und sie verfolgen die Spur;**

**schon verängstigt und matt vom großen Lärm**
**der Flinten und Hunde droht ihm Verwundung.**
**Von der Flucht erschöpft, aber auch besiegt, verendet das Wild.**

*Übersetzung: Werner Braun*

Die Gestaltung der letzten Episode aus dem 3. Satz enthält viele Varianten und Brüche: Mal spielt die Solo-Violine allein, begleitet nur vom leisen Basso Continuo. Mal kommt es zu einem Konzertieren, das einem heftigen Wettstreit zwischen der Tutti-Gruppe (Violine I, Violine II, Viola, Basso Continuo) und der Solo-Violine gleicht. Auffällig ist auch der plötzliche Wechsel des Tongeschlechts (von F-Dur nach f-Moll) kurz vor Ende der Episode. Es ist offensichtlich, dass die vielen interessanten Gestaltungsideen etwas mit dem Inhalt des Gedichts zu tun haben.

**6** Informiert euch in den Informationstexten über den Zusammenhang von Musik und Inhalt in Violinkonzerten von Vivaldi.

**7** Studiert den Inhalt des Sonetts „L'Autunno" und diskutiert, welche im Gedicht dargestellten Merkmale die Musik unterstützen und veranschaulichen kann.

A 27

## L'Autunno, 3. Satz, letzte Episode

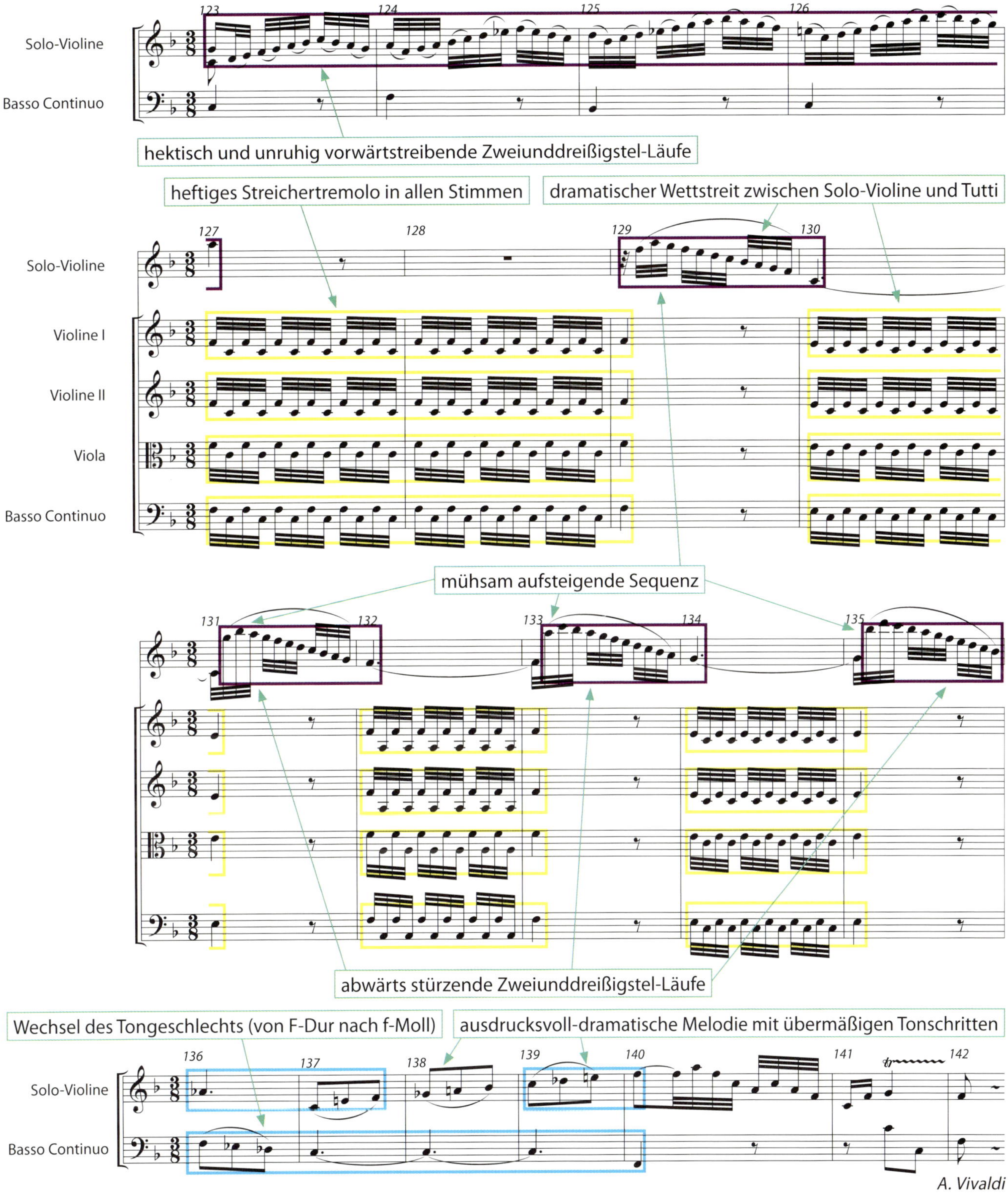


**8** Hört die letzte Episode aus dem 3. Satz des Violinkonzerts „L'Autunno" von Vivaldi (A 27) und achtet dabei auf die markierten Stellen im Notenbild.

**9** Überprüft die Analysehinweise des Notenbilds, klärt die Fachbegriffe und besprecht, was die jeweiligen musikalischen Besonderheiten der Stelle ausmachen.

**10** Interpretiert das Notenbild, indem ihr die Hinweise zu Vivaldis Sonett in Beziehung setzt.

**11** Diskutiert eure Interpretationen und fasst sie in einem Tafelbild zusammen.

# Klassik – Sonatensatz als Klangrede

## Den Aufbau einer „Klangrede[W]" hören und verstehen

Pausen und Schlüsse in der Musik der Klassik, die im 18. Jahrhundert **„Einschnitte"** genannt wurden, können sehr ähnlich sein, wirken aber – wenn man genau hinhört – unterschiedlich und haben auch unterschiedliche Funktionen: Sie können einen Abschnitt mit einem formbildenden Ganzschluss[W] beenden, eine Frage stellen, ein neues musikalisches Thema ankündigen oder ein Spannungsmoment (rhetorische Pause) beinhalten.

Solche Einschnitte, durch die Komponisten im 18. Jahrhundert ihre **„Klangrede"** gegliedert haben, befinden sich auch an den farbig markierten Stellen im Allegro aus Wolfgang Amadeus Mozarts Bläser-Divertimento. Ein typischer Ablauf einer solchen Klangrede in der Instrumentalmusik wird als Sonatensatz bezeichnet.

## Bläser-Divertimento Nr. 4 in F-Dur, KV 439b, Allegro

*Wolfgang Amadeus Mozart*

T = Tonika D = Dominante S = Subdominante Sp = Subdominantparallele

A 28

## „leise“ und „laut“ gliedern eine Klangrede

In der Musik der Klassik haben „leise“ und „laut“ die Aufgabe, den Inhalt zu strukturieren und dadurch dem Hörer das Verständnis zu erleichtern. Laute und leise Passagen erscheinen in Kombination mit den Einschnitten als hörbare Formteile einer Klangrede. Dadurch wird es möglich, die wesentlichen Abschnitte im 1.Teil (Exposition) eines Sonatensatzes, **1. Thema – Überleitung – 2. Thema**, hörend voneinander zu unterscheiden und so zu einer schlüssig begründeten Gliederung der Musik zu gelangen.

## Charakterwechsel in der Exposition

Sehr häufig gibt es einen Charakterwechsel in der Mitte des 1. Teils eines Sonatensatzes. Dieser Charakterwechsel wird im folgenden Schaubild mit zwei Farben verdeutlicht. Charakterwechsel bedeutet, dass die Musik ihren „Ton“ ändert. Sie klingt anders als vorher, weil sie mithilfe einer **neuen Melodie** und einer **neuen Tonart** ein anderes Gesicht erhält.

Besonders auffällig ist dieser Unterschied, wenn ein Musikstück in Moll beginnt und dann nach Dur wechselt, wie das z. B. in der Sinfonischen Dichtung „**Die Moldau**“ von Bedřich Smetana (→ S. 36ff.) der Fall ist. Bei Musikstücken in Moll kommt also neben den Einschnitten, dem dynamischen Kontrast zwischen „laut“ und „leise“ und dem Charakterwechsel noch ein weiteres Strukturierungsmerkmal der Klangrede hinzu: das **Tongeschlecht**. Während das 1. Thema in einer Molltonart steht, erklingt das 2. Thema in der parallelen Durtonart. Durch den Charakterwechsel zwischen dem traurig-dramatischen 1. Thema in e-Moll und dem fröhlich-festlichen 2. Thema in G-Dur im 1. Teil der Sinfonischen Dichtung „Die Moldau“ wird die Gliederung der musikalischen Form deutlich.

## 1. Teil (Exposition) eines Sonatensatzes

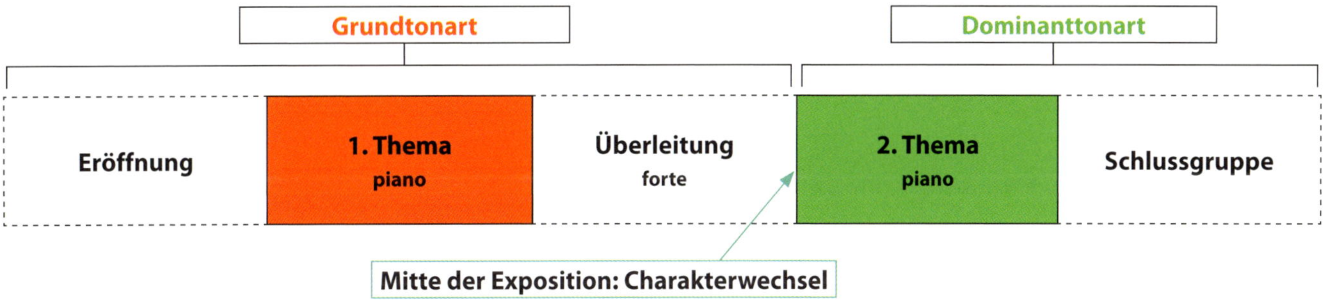


## Ähnliche Formprinzipien bei Sonate und Sinfonie

Sonaten- und Sinfoniesätze folgen ähnlichen Formprinzipien. Die oben erläuterten Strukturmerkmale, die man in der Gliederung der Klangrede des Allegro aus Mozarts Bläser-Divertimento entdecken kann, lassen sich so ähnlich auch in Sinfoniesätzen wiederfinden, wie z. B. dem Allegro moderato aus Mozarts Sinfonie in A-Dur (→ S. 34).

Die Länge der einzelnen Abschnitte kann in einer Sinfonie jedoch um ein Vielfaches erweitert sein. Daher fällt es zunächst schwer, die Übersicht zu behalten und zu erkennen, dass sich die Architektur des Sinfoniesatzes von der eines Sonatensatzes nicht wesentlich unterscheidet. Vor allem die dynamischen Kontraste zwischen „laut“ und „leise“ werden in einer Sinfonie einfallsreich ausgestaltet, sodass ihre formbildende Funktion manchmal nicht mehr so klar hervortritt wie in einem kurzen Sonatensatz.

1 Hört den Anfang des Allegro aus dem Bläser-Divertimento von Mozart (A 28) mehrmals und verfolgt dabei das Notenbild. Diskutiert, welche der sieben Einschnitte A bis G eine öffnende, vorbereitende und abschließende Funktion haben.

2 Überlegt, welcher der sieben Einschnitte die Mitte der Exposition markiert, das 2. Thema ankündigt und damit eine vorbereitende Funktion besitzt. Bestimmt diesen Einschnitt und begründet eure Auswahl.

3 Geht dann von der Mitte der Exposition aus und arbeitet das oben dargestellte Formmodell (1. Thema – Überleitung – 2. Thema) unter Berücksichtigung der Einschnitte und der Dynamik „laut“ und „leise“ aus dem Notenbild heraus.

4 Überprüft euren ersten Höreindruck hinsichtlich der Funktion der sieben Einschnitte im Notenbild. Begründet, ob und inwieweit dieser Höreindruck korrigiert werden muss.

# Klassik – Sonatensatz als Klangrede

## Sinfonie in A-Dur, KV 201, 1. Satz

A 29

*Wolfgang Amadeus Mozart*

**5** Hört den Anfang des 1. Satzes aus Mozarts Sinfonie in A-Dur (A 29) und verfolgt dabei das Notenbild. Überprüft die Schlusswirkung der markierten Einschnitte und diskutiert, welchen Abschnitt der Exposition sie jeweils abschließen.

**6** Arbeitet nun das bekannte Formmodell des Sonatensatzes aus dem Notenbild heraus. Nutzt dafür alle bekannten Strukturierungshilfen: die farbig markierten Einschnitte, die Dynamik „laut" und „leise" und den Charakterwechsel zwischen 1. Thema (A-Dur) und 2. Thema (E-Dur).

**7** Findet heraus, welche Abschnitte der Exposition des 1. Satzes aus Mozarts Sinfonie in A-Dur im Notenbild fehlen.

# Romantik – sinfonische Dichtung

*Ferdinand Engelmüller: Moldau (1902)*

## Von der Klangrede[w] zur Tondichtung

Die Musik der Romantik übernimmt die Prinzipien der Klangrede aus dem Zeitalter der Klassik (→ S. 32ff.) und schärft gleichzeitig ihr inhaltliches Profil. So entsteht nicht nur ein klar strukturiertes, sondern auch ein charakteristisches Musikstück, das wie ein romantisches Gedicht mal etwas **Stimmungsvoll-Poetisches**, mal etwas **Wunderbar-Märchenhaftes** mitzuteilen hat.

Musik kann zwar immer noch wie ein Sonatensatz komponiert sein, wird jetzt aber als „**Tondichtung**" verstanden. Daher passen Struktur-Begriffe wie **1. Thema – Überleitung – 2. Thema** nicht mehr richtig, sie wirken leer und irgendwie mechanisch und unpoetisch. Sie werden durch Überschriften ergänzt und konkretisiert, damit Inhalt und Ausdruck eines musikalischen Abschnitts verständlich erscheinen. Solche Überschriften werden von den Komponisten manchmal sogar in die Noten hineingeschrieben, wie es z. B. Bedřich Smetana in seiner **sinfonischen Dichtung** „Die Moldau" getan hat.

## Überschriften in der sinfonischen Dichtung „Die Moldau"

Wälder – Jagd

Die zweite Quelle der Moldau

Der breite Strom der Moldau

Ländliche Hochzeit

Die erste Quelle der Moldau

## Notenbeispiele aus der Exposition der „Moldau"

### Beispiel A

### Beispiel B

A 30 – 34

### Beispiel C: Der breite Strom der Moldau

### Beispiel D

### Beispiel E

*Bedřich Smetana*

**1** Erklärt den Begriff „Tondichtung".

**2** Hört mehrmals die Exposition der „Moldau" von Bedřich Smetana (A 30 – 34). Verfolgt dabei die Notenbeispiele und ordnet dann die Überschriften den Notenbeispielen zu. Hinweis: Notenbeispiel C hat schon eine Überschrift.

**3** Untersucht die Form der Exposition, indem ihr Hörbeispiele (A 30 – 34) und Notenbeispiele in Beziehung zum Formmodell der Sonatensatzform (→ S. 33) setzt. Findet Argumente, durch die ihr eure Zuordnung zu den Begriffen Eröffnung – Thema 1 – Überleitung – Thema 2 begründen könnt.

# Romantik – sinfonische Dichtung

A 30–34

## Was ist ein Hörprotokoll?

In einem Hörprotokoll wird die Wirkung von Musik angemessen beschrieben. Ein gelungenes Hörprotokoll knüpft an charakteristische musikalische Details eines Musikstücks an, nutzt ausdrucksvolle Sprache und entwickelt treffende inhaltliche Ideen. Es wird also ein kreatives Schreibprodukt aus Beobachtung, Sprache und Fantasie gestaltet. Dafür sind Vorbereitungen hilfreich, in denen stichpunktartig festgelegt wird, was geschrieben und wie es ausgedrückt werden soll.

## Ablaufplan eines Hörprotokolls

1. Gut hörbare **musikalische Details** sammeln.
2. Nach Adjektiven suchen, die den Charakter der Musik **ausdrucksvoll** in Worte fassen.
3. Aus der Liste der unten abgebildeten **inhaltlichen Ideen** diejenigen aussuchen, die zu den Überschriften der **Notenbeispiele** passen und eigene Ideen ergänzen.
4. Einen Text schreiben, in dem man die Beobachtungen, Begriffe und Ideen zu einem schlüssigen Gesamteindruck verbindet.

## Beispiel: Hörprotokoll für das Notenbeispiel C

### Musikalische Details

- volksliedhaft einfache, gesangliche Melodie
- Tongeschlecht Moll
- „sprudelnde Wassermusik" der fließenden Sechzehntel-Begleitung
- …

### Ausdrucksvolle Sprache

- ernst, stolz
- erhaben, majestätisch
- ruhig
- …

### Inhaltliche Ideen

Der Fluss als Teil einer idealen Landschaft, die …

- Gemeinschaftsgefühl und Heimatliebe weckt,
- Naturverbundenheit thematisiert,
- Geborgenheit ausstahlt,
- Erinnerungen weckt,
- Orientierung stiftet und zur Selbstbesinnung anregt,
- Erholung verspricht,
- von der Entfremdung in der gesellschaftlichen Realität ablenkt,
- …

### Beispiel für eine Einleitung

Die volksliedhaft einfache, gesangliche Melodie, die von den Holzbläsern und ersten Violinen in gemäßigtem Tempo vorgetragen wird, wirkt ruhig und ernst. Sie ruft das Bild eines majestätisch fließenden Stromes hervor, das Naturverbundenheit ausstrahlt und Heimatgefühle weckt …

## Checkliste für ein Hörprotokoll

- aspektreiche Beschreibung des Höreindrucks
- zahlreiche detaillierte Bezüge zum Notenbeispiel
- gelungene Schilderung der Wirkung musikalischer Elemente auf den Hörer durch treffende Wortwahl
- kreative Einfälle zur Ausgestaltung des Inhalts der Tondichtung
- eindringliche sprachliche Umsetzung inhaltlicher Ideen

**4** Verdeutlicht den **poetischen Charakter** einer **Tondichtung**, indem ihr eines der Notenbeispiele aus der Exposition der „Moldau" (→ S. 36, 37) auswählt und euren Höreindruck (A 30–34) in einem Hörprotokoll genau beschreibt. Geht dabei sowohl auf Einzelheiten der Musik (z. B. Stimmung, Dynamik, Instrumentation, Melodie, Tongeschlecht) als auch auf den in der Überschrift ausgedrückten poetischen Inhalt ein.

**5** Tauscht euch nach Fertigstellung der Hörprotokolle über eure Ergebnisse aus. Bemüht euch dabei um ein begründetes Lob oder macht Vorschläge für Korrekturen und Ergänzungen. Nutzt die Checkliste für euer Feedback.

*Die heutige Altstadt von Český Krumlov in der Moldauschleife*

*Egon Schiele: Landschaft bei Krumau (1916)*

*Bedřich Smetana (1824 – 1884)*

## Bedřich Smetana – ein tschechischer Nationalkomponist

Bedřich Smetana ist ein Komponist der Romantik. Sein bekanntestes Werk ist die sinfonische Dichtung „Die Moldau" (Vltava) aus dem Zyklus „Mein Vaterland" (Má Vlast). Smetana erlernte spät die tschechische Sprache und änderte seinen ursprünglichen Vornamen Friedrich bewusst in die tschechische Namensform Bedřich. Er galt als Gründer der tschechischen Nationalmusik und fühlte sich auch so.

Die sinfonische Dichtung „Die Moldau" ist inspiriert von persönlichen Naturerlebnissen, von denen Smetana in seinem Tagebuch berichtet. Er hat sowohl eine der Quellen als auch die St.-Johann-Stromschnellen der Moldau besucht, über die er schreibt: „Hohes Wasser, der Anblick der Landschaft herrlich und großartig". Es scheint sich in seiner Tondichtung aber weniger um ein persönliches, sondern vor allem um ein in der Gesellschaft fest verankertes Naturerlebnis zu drehen. Im 19. Jahrhundert begannen sich auch die Tschechen aufgrund ihrer gemeinsamen Kultur und Sprache als eigenständige Nation zu begreifen. So verkörpert „Die Moldau" eine eigenständige nationale tschechische Geschichte.

*Egon Schiele (1890 – 1918)*

## Egon Schiele – ein anderer Blick auf die Moldau

Egon Schiele ist ein österreichischer Maler des Expressionismus und eine radikale Persönlichkeit der Malerei der Moderne im Wien der Jahrhundertwende. Er wollte in seinen Kunstwerken bewusst nicht Schönheit darstellen, sondern interessierte sich für Seelenzustände wie Depression und Angst, die er in seinen Kunstwerken zum Ausdruck bringen wollte.

Er hat sich – wie Smetana – auch mit der Landschaft Tschechiens beschäftigt und zahlreiche Gemälde des kleinen Städtchens Krumau gestaltet, durch das die Moldau fließt, die auf fast allen seinen Landschaftsbildern zu erkennen ist. Seine Bilder stehen jedoch in einem deutlichen Kontrast zur Tondichtung Smetanas. Obwohl Krumau die Heimat seiner Mutter ist, ist die Stadt für den Maler ein Sinnbild für eine sterbende, tote Welt. So entsteht ein Bild von Heimat, das sich deutlich von dem Smetanas unterscheidet.

**6** Vergleicht das Foto der Stadt Český Krumlov mit dem Gemälde von Egon Schiele.

**7** Arbeitet anhand der Informationstexte Unterschiede zwischen den inhaltlichen Ideen heraus, die Smetana und Schiele mit der Landschaft der Moldau verbinden.

**8** Stellt im Gespräch Überlegungen an, wie es in der Auffassung von Wirklichkeit zu einem so großen Unterschied zwischen zwei Künstlern kommen kann.

**9** Diskutiert, welche Darstellung eurer Meinung nach der Wahrheit näherkommt. Begründet euren Standpunkt.

# Mit MIDI-Files arbeiten

Möchte man Instrumentalaufnahmen mithilfe eines Computers erstellen, gibt es dafür zwei Möglichkeiten: Die Aufnahmen können über eine MIDI-Schnittstelle oder über ein Mikrofon[W] als Audioaufnahme erstellt werden. Für beide Verfahren ist eine Soundkarte[W] erforderlich. Will man mit einem MIDI-Gerät arbeiten, muss die Soundkarte dafür geeignet sein.

## General MIDI

Der Begriff **MIDI** steht für **M**usical **I**nstrument **D**igital **I**nterface. Das ist ein Standard, der instrumentale Klänge festlegt, die mit MIDI-fähigen Instrumenten einheitlich wiedergegeben werden. Diesen Standard nennt man **GM** (General MIDI). Meist nutzt man dafür ein MIDI-fähiges Keyboard. Es gibt aber auch andere Einspielgeräte, wie MIDI-Blasinstrumente oder MIDI-fähige E-Gitarren. Der Signalweg verläuft vom Einspielkeyboard über ein MIDI-Kabel zur Soundkarte und von dort in den Computer, wo das Signal verarbeitet wird. Mit einem USB-Kabel kann man das Einspielkeyboard auch direkt mit dem Computer verbinden.

*MIDI-Kabel mit Stecker*

**Darstellung des Signalwegs vom Einspielkeyboard bis zu den Lautsprechern**

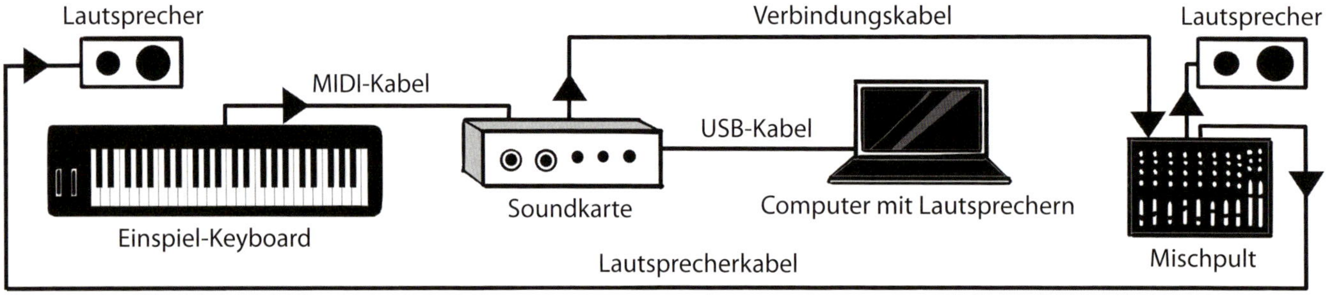


## Die Arbeit mit MIDI-Files

Für die Arbeit mit MIDI-Files (MIDI-Dateien) ist eine bestimmte **Software** erforderlich, die MIDI-Files verarbeiten kann. Der große Vorteil bei der Arbeit mit MIDI-Files liegt in der Flexibilität für eine Nachbearbeitung und Fehlerkorrektur am Computer. MIDI-Files sind Steuerdaten, die in ein Audiosignal umgewandelt werden müssen. Bezüglich der Parameter[W] hat man einen Zugriff auf eine Auswahl von 128 Instrumenten, Tonhöhen, Klangdauern, Anschlagsstärken und Tonmodulationen, wie z. B. Pitchbending[W] und Vibrato. Man kann ausgewählte Teile der eingespielten Stimme kopieren, transponieren oder im Tempo verändern. Spielfehler lassen sich leicht korrigieren, ohne dass die gesamte Aufnahme wiederholt werden muss.

## Zur Unterscheidung zwischen MIDI-Aufnahmen und Audioaufnahmen

Bei einer MIDI-Aufnahme werden die Töne elektronisch mithilfe von Synthesizern erzeugt. Die Datengröße ist sehr klein, sodass es zu sehr geringen zeitlichen Verzögerungen (Latenzen) beim Einspielen kommt. Bei einer Audio-Aufnahme werden die Instrumente oder die Stimmen mit einem Mikrofon aufgenommen, in der Soundkarte digitalisiert und anschließend am Computer bearbeitet. Auch hierbei sind die Latenzen gering.

## Virtuelle Instrumente und MIDI

Durch das Aufnehmen von einzelnen Tönen eines bestimmten Instruments (**sampeln**) können diese Töne über MIDI-Befehle auf eine Tastatur gelegt und beliebig abgerufen und gespielt werden. Die einzelnen Töne werden hierbei also nicht künstlich mit einem Synthesizer erzeugt, sondern Ton für Ton eingespielt und in einer Datenbank abgelegt. Die so erzeugte Musik klingt natürlicher und authentischer, da die Töne als Audiosignal auf einem realen Instrument erzeugt und aufgenommen oder gesampelt wurden. Dieses Verfahren benötigt jedoch eine hohe Rechenleistung für den Computer und verursacht erheblich höhere Latenzen. Der Arbeitsspeicher sollte mindestens 16 GB groß und der Computer mit einer SSD-Festplatte[W] ausgerüstet sein, um Ausfälle zu vermeiden und störungsfrei arbeiten zu können.

1. Untersucht die Keyboards in eurem Musikraum und findet heraus, ob diese MIDI-fähig sind.
2. Probiert aus, wie ihr die Keyboards zum Einspielen von Musik auf einen Computer nutzen könnt.
3. Bildet Kleingruppen und besprecht den Signalweg vom Einspielkeyboard bis zu den Lautsprechern. Findet auch heraus, welche Arten von Verbindungskabeln hierfür erforderlich sind.

# Eine Audioaufnahme erstellen

## Raumausstattung

Für die Produktion von Audioaufnahmen in der Schule eignen sich am besten zwei Räume, die mit einer Trennscheibe verbunden sind. Der größere Raum ist das Aufnahmestudio, der kleinere Raum ist der Regieraum.

Beide Räume sollten akustisch so eingerichtet sein, dass ein Arbeiten ohne störende Nebengeräusche und Reflexionen möglich ist. Hilfreich hierfür sind Vorhänge, die während der Aufnahmen die Fenster und glatten Wände abdecken, und ein Teppichboden, um Trittgeräusche zu dämmen. Hilfreich für Gesangs- und Sprachaufnahmen ist der Einsatz eines Popschutzes und eines Absorbers, der um das Mikrofon herum angebracht wird.

Ein **Popschutz** hat die Aufgabe, Explosivlaute wie das betonte Aussprechen der Buchstaben P, B, K, G, D und T abzudämpfen, um Verzerrungen und Übersteuerungen bei der Aufnahme zu vermeiden. Der **Absorber** schützt das Mikrofon während der Aufnahme vor störenden Geräuschen und Reflexionen.

## Wissen kompakt

Mit dem frei verfügbaren **Sequenzer-Programm** „Audacity" lassen sich Audioaufnahmen auf einem Computer erstellen. Man kann Audioaufnahmen importieren, bearbeiten, Effekte einfügen, abmischen und als WAV-Datei exportieren. MIDI-Files können zwar importiert, aber nicht bearbeitet oder erstellt werden.

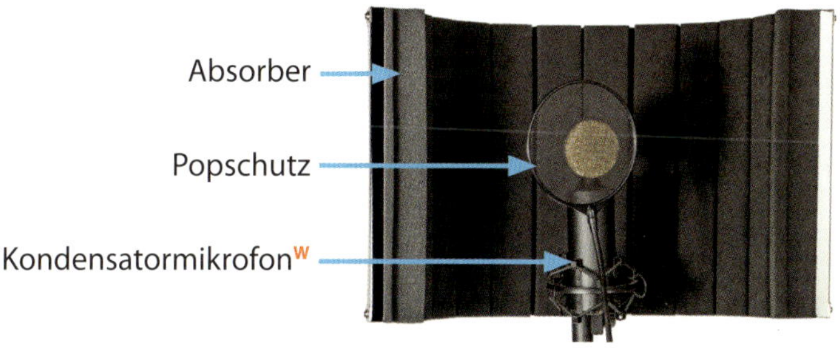

*Mikrofon mit Popschutz und Absorber*

## Mikrofontypen

Für die Aufnahme im Tonstudio sind Kondensatormikrofone besonders geeignet. Gegenüber einem dynamischen Mikrofon[W] zeichnen sie sich durch einen besseren Frequenzgang und ein transparenteres Klangbild aus. Kondensatormikrofone benötigen eine Phantomspeisung[W], die von fast allen Mischpulten zur Verfügung gestellt wird.

## Mehrspuraufnahmen

Für die Produktion eines eigenen Musikstücks, in dem mehrere Instrumente und Gesangsstimmen eingespielt werden sollen, empfiehlt sich die Aufnahmetechnik im Playback-Verfahren: Zuerst wird die Rhythmusspur zu einem Grundbeat aufgenommen. Das kann ein Schlagzeug zu einem Metronom-Klick sein oder eine zuvor erstellte MIDI-Rhythmusspur. Die Festlegung eines Tempos ist wichtig, um anschließende Verarbeitungsschritte wie Tonschnitte und Mixing-Prozesse zu ermöglichen. Allen Instrumental- und Vokalstimmen muss ein einheitliches Tempo zugrunde gelegt werden. Bei jeder neuen Aufnahme hört der Musiker mit einem geschlossenen Kopfhörer die bereits aufgenommenen Tonspuren und spielt oder singt eine eigene Tonspur dazu ein. Singen oder spielen mehrere Musiker gleichzeitig zum Playback, sollte ein Kopfhörerverstärker verwendet werden, bei dem jeder Musiker die Lautstärke des Playbacks individuell nach seinen Bedürfnissen einstellen kann.

## Längsschnitt eines Studios mit Regieraum

**1** Verbindet ein Aufnahmestudio mit einem Regieraum anhand von USB-, Firewire-, Cinch- und XLR-Kabeln, wie oben dargestellt. Verwendet dazu Computer, Soundkarte, zwei Monitorboxen, Kopfhörerverstärker und geschlossene Kopfhörer, ein Mikrofon mit Mikrofonständer, Popschutz und ggf. noch einen Absorber.

**2** Sucht euch im Internet ein Playback zu einem Song eurer Wahl, importiert die Datei in ein euch zur Verfügung stehendes Sequenzer-Programm und erstellt daraus eine Aufnahme mit einer Sängerin aus eurer Klasse.

# Mixing

## Projekteinstellungen

Wenn in einem Projekt MIDI-Spuren zusammen mit Audio-Spuren verarbeiten werden sollen, wandelt man die MIDI-Spuren in Audio-Spuren um. Dadurch sind dann alle Tonspuren im gleichen WAV-Format abgebildet.

Im Bereich der Projekteinstellungen muss man sich für eine Sample[W]-Rate und eine Bit-Auflösung entscheiden. Empfehlenswert sind für die Sample-Rate 44,1 kHz und für die Bit-Auflösung 24 oder 32 Bit.

### Wissen kompakt

Die **Sample-Rate** bezeichnet die schnelle Folge der Messungen für die Umwandlung eines akustischen Audiosignals in ein digitales Signal. Die Anzahl dieser Messungen bezeichnet man als Sample-Rate. Für eine CD sind das 44 100 Messungen pro Sekunde.

### Bit-Auflösung

Dieser Wert bezeichnet in der Tontechnik das Sampleformat und bestimmt den Umfang der Dynamik des digitalisierten Tonsignals. Mit einer höheren Bit-Auflösung steigt die Qualität einer digitalen Aufnahme, da die Abstufungen der Messungen feiner abgebildet werden können. Für den Vorgang des Mixing ist daher eine Bit-Auflösung von 24 oder besser 32 Bit vorteilhaft.

## Arbeitsschritte für das Mixing

1. Bevor mit dem Mischen der aufgenommenen Stimmen begonnen werden kann, sollte jede Stimme einzeln abgehört werden. Störgeräusche oder Fehler können so besser erkannt und korrigiert werden. Dafür muss im Mischpult des Sequenzer-Programms die Solo-Taste aktiviert werden, oder die anderen Tonspuren, die nicht hörbar sein sollen, müssen mit der „Mute"-Taste auf „Stumm" gestellt werden.
2. Ist das Audiosignal zu leise aufgenommen worden, wird die ausgewählte Tonspur **normalisiert**. Bei diesem Vorgang wird die Aussteuerungsreserve ausgeschöpft, ohne dass die Aufnahme übersteuert wird.
3. Jede Tonspur wird dann mit einem **Kompressor** bearbeitet. Beim Vorgang der Kompression werden die Pegelspitzen abgeschnitten, wodurch das gesamte Signal lauter ausgesteuert und verdichtet wird.
4. Anschließend wird die Klangreglung für jede Tonspur mit dem **Equalizer** durchgeführt. Damit werden störende Frequenzen herausgefiltert und schwache Frequenzbereiche angehoben. Das Ziel ist ein möglichst transparentes Klangergebnis. Jedes Instrument hat einen eigenen Frequenzbereich, der bei diesem Vorgang berücksichtigt werden sollte.
5. Die Panoramareglung ermöglicht die Erzeugung eines räumlichen Klangbilds. Es gibt hierfür die Einteilung in: links – halblinks – Mitte – halbrechts – rechts. Tief klingende Instrumente werden in die Mitte gesetzt, da diese schwer räumlich zu orten sind.

### Darstellung eines Kompressors

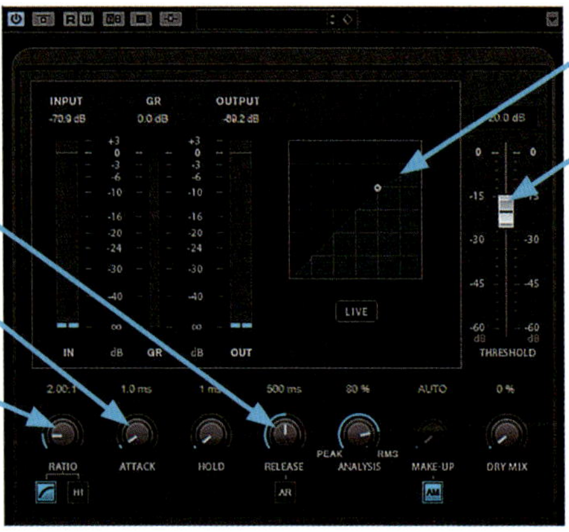


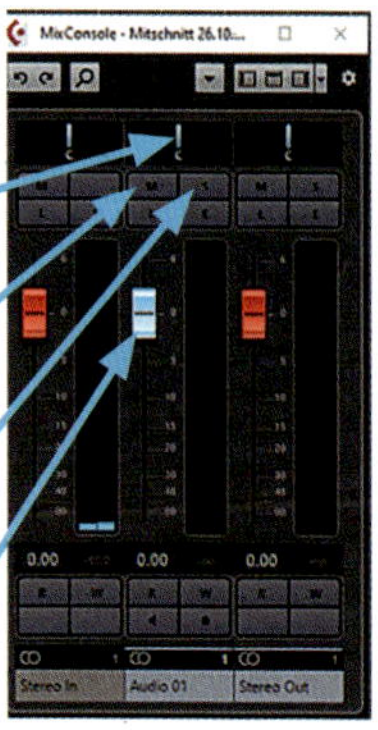


### Parameter eines Kompressors

**Threshold**: bestimmt, ab welcher Lautstärke der Kompressor zu arbeiten beginnt

**Ratio**: bestimmt die Stärke der Kompression

**Attack**: bestimmt, ab wann der Kompressor zu arbeiten beginnt, gemessen in Millisekunden

**Release**: regelt die Rücklaufgeschwindigkeit des Kompressors

## *Die Arbeit mit dem Equalizer*

Um störende Frequenzen besser heraushören zu können, analysiert man eine Tonspur in unterschiedlichen Frequenzbereichen. Dazu erhöht man in einer spitzen Kurve die unterschiedlichen Frequenzen, während man die zu bearbeitende Spur abhört. Die Kurve wird dabei durch alle Frequenzen geschoben. Die jetzt herausgehörten störenden Frequenzen werden anschließend wieder abgesenkt. Der hier abgebildete Equalizer ermöglicht die Anhebung oder Absenkung von bis zu acht Frequenzbereichen.

### Herausfiltern von störenden Frequenzen durch Anhebung des Frequenzbereichs

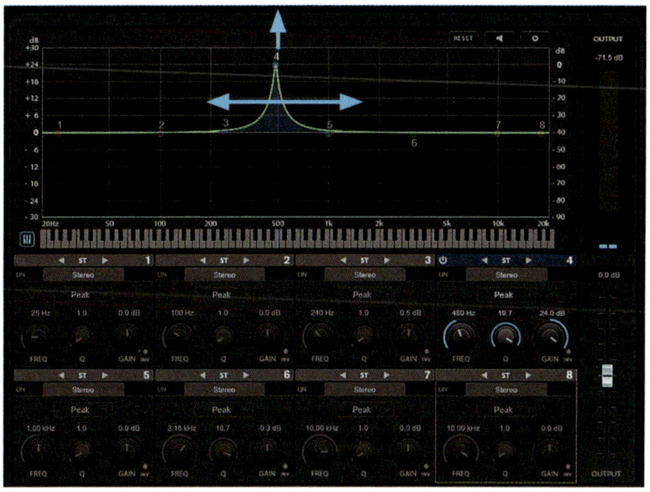

### Absenkung des störenden Frequenzbereichs

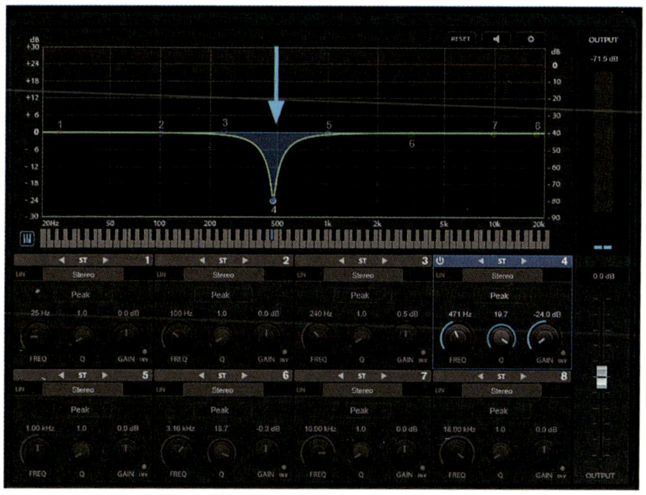

### Absenkung und Anhebung von acht Frequenzbereichen einer Tonspur

Empfehlenswert ist es, zuerst mit dem Absenken störender Frequenzen zu beginnen, bevor Frequenzbereiche angehoben werden. Für jeden Frequenzbereich gibt es drei Regler:

**FREQ** regelt den Frequenzbereich gemessen in Hertz.

**Q** regelt die Breite der Kurve und damit die Breite des Frequenzbereichs.

**Gain** regelt die Intensität der Anhebung oder Absenkung des ausgewählten Frequenzbereichs.

Frequenzeinstellung FREQ

Kurveneinstellung Q

Intensität der Einstellung Gain

1. Lest die Texte über Sample-Rate und Bit-Auflösung und erklärt in eigenen Worten den Unterschied zwischen diesen beiden Verfahren. Recherchiert hierfür auch im Internet.
2. Vergleicht die Bedienungselemente des hier beschriebenen Kompressors und Equalizers mit den Einstellmöglichkeiten eines euch zur Verfügung stehenden Sequenzer-Programms oder mit dem Kompressor und dem Equalizer von „Audacity".
3. Lest die Texte zum Equalizer und besprecht die Vorgehensweise für den Einsatz eines Equalizers.
4. Importiert eine selbst erstellte Audiodatei in das euch zur Verfügung stehende Sequenzer-Programm und experimentiert mit den vorhandenen Einstellungen. Beschreibt anschließend die entstandenen akustischen Veränderungen.

# Umgang mit Effekten

## Hall und Echo

Die am häufigsten verwendeten Effekte sind Hall und Echo. In Sequenzer-Programmen findet man oft die englischen Bezeichnungen **Reverb** für Hall und **Delay** für Echo. Der Hall gibt dem Klang Raum und Tiefe. Beim Echo wird das Ursprungssignal wiederholt.

Alle verwendeten Effekte unterteilen sich in zwei unterschiedliche Typen: Man unterscheidet **Insert-Effekte** und **Send-Effekte**. Insert-Effekte beziehen sich auf nur jeweils eine Tonspur. Equalizer (→ S. 42, 43) sollten als Insert-Effekte für jede Tonspur einzeln angewandt werden. Send-Effekte können für alle Spuren mit unterschiedlicher Stärke eingesetzt werden. Reverb und Delay sind typische Send-Effekte.

## Wichtige Hall-Einstellungen

Für die Einstellung eines synthetischen Halls gibt es folgende Steuerelemente:

**Pre-Delay** bestimmt die Zeitverzögerung, die durch die Größe des Raums entsteht.

**Reverb Time** regelt die Hallzeit und ist an der Hallfahne erkennbar.

**Size** setzt die Größe des Raums fest.

**Diffusion** bestimmt die Oberfläche der Reflexionsfläche und beeinflusst damit den Klangcharakter.

**Width** regelt die Stereobreite.

**Mix** regelt das Verhältnis von Originalsignal und Effektsignal.

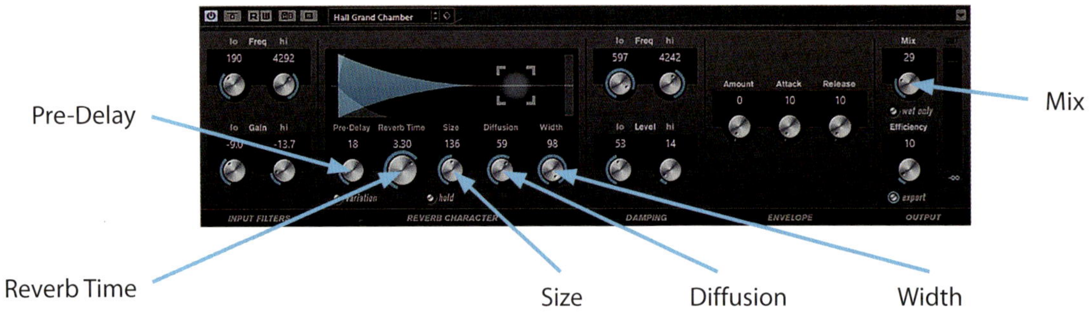


## Faltungshall

Beim Faltungshall wird im Gegensatz zum synthetischen Hall die Akustik eines real existierenden Raums mit einem Testsignal und einem Stereomikrofon gemessen. Der Begriff Faltung bezeichnet hierbei ein mathematisches Berechnungsverfahren: Die Halleigenschaften eines Raums werden dabei ermittelt und auf die eigene getätigte Aufnahme übertragen. Dieses Verfahren ermöglicht es, die Halleigenschaften bekannter Konzerthäuser oder Kirchen für eigene Produktionen zu nutzen. Bei diesem Verfahren sollte aber die benötigte hohe Rechenleistung des Computers beachtet werden. Nachträgliche Veränderungen wie die oben beschriebenen Hall-Einstellungen sind hierbei nicht möglich.

Abhören des Testsignals

Einstellung der Reverb Time

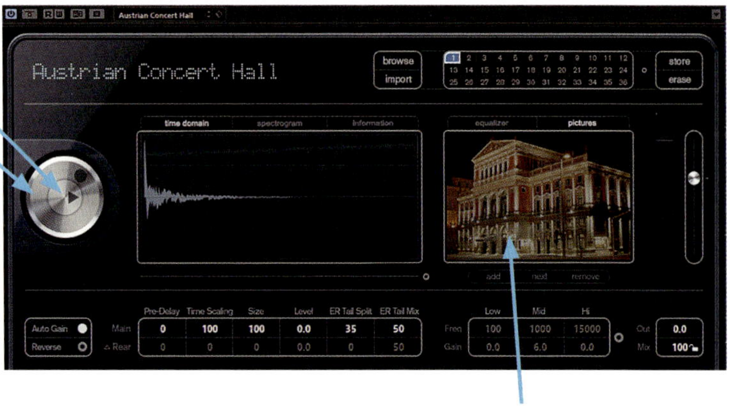


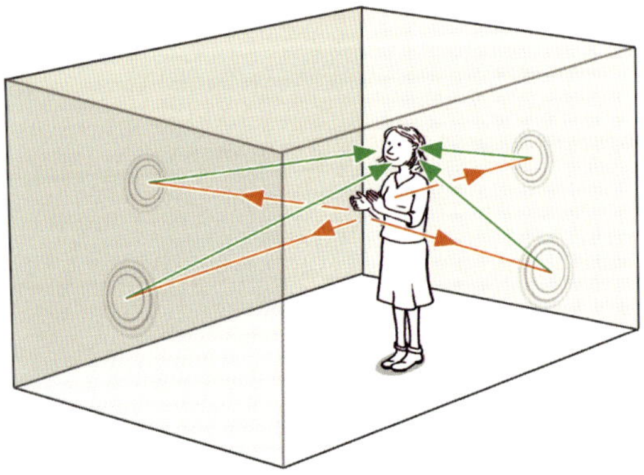

Hall erzeugen in einem real existierenden Raum

Eine Konzerthalle, in der die Akustik gemessen und als Faltungshall berechnet wurde

## Delay

Der englische Begriff „delay“ lässt sich mit dem Wort „Verzögerung“ übersetzen. Die ersten Delay-Geräte waren Band-Echo-Geräte. Diese Geräte waren mit einem Aufnahmekopf, einem Löschkopf und mehreren Wiedergabeköpfen in unterschiedlichen Abständen versehen. Über diese Tonköpfe lief eine Bandschleife, die das Echo erzeugte. Durch Veränderung der Laufgeschwindigkeit konnte man die zeitliche Aufeinanderfolge der Wiederholungen verändern.

### Wissen kompakt

Ein **Tonbandgerät** besteht aus einem Aufnahmekopf, einem Wiedergabekopf und einem Löschkopf. Aufgezeichnet wird das Tonsignal auf Tonband, einem mit Eisenoxid beschichteten Kunststoffband. Durch Magnetisierung der Beschichtung wird das Tonsignal abgespeichert.

## Wichtige Echo-Einstellungen

**Delay** stellt die zeitliche Verzögerung in Millisekunden ein. Musikalisch gesehen ist es besser, die Einstellung nach dem Tempo und ausgewählten Notenwerten vorzunehmen, in denen das Echo erfolgen soll. In der folgenden Abbildung erfolgt das Echo in Zweiunddreißigstel-Noten. Der **sync**-Knopf muss hierfür aktiviert werden.

**Feedback** bestimmt die Anzahl der Wiederholungen.

**Filter** ermöglichen ein Absenken (Lo-Filter) oder Anheben (Hi-Filter) der jeweiligen Frequenzbereiche. Auch hier müssen diese Einstellmöglichkeiten aktiviert werden.

**Mix** steuert die Pegelverhältnisse zwischen dem Original- und dem Effektsignal.

## Arbeiten mit Presets

Presets sind Voreinstellungen der Effekte. Hier ist die Einstellung „Empty Hall“ aktiviert. Für die Arbeit mit Presets kann unter den angebotenen Effekten eine Auswahl getroffen werden, die den eigenen Vorstellungen am ehesten entspricht. Presets erleichtern damit die eigentlichen Anwendungen der Effekte. Anschließend lassen sich die Einstellungen aber noch modifizieren.

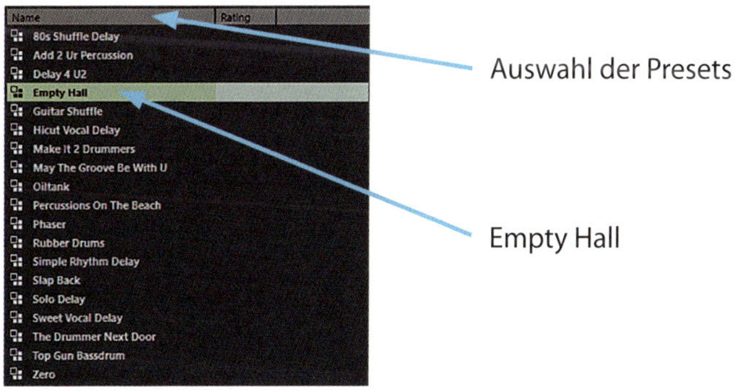


**1** Hört die Hörbeispiele A 35–38 und äußert Vermutungen, an welchem Ort die Aufnahmen entstanden sein könnten: A = in einem Tunnel, B = in einem Aufnahmestudio, C = in einer Konzerthalle, D = in einer Kirche.

**2** Informiert euch im Internet über frühere Verfahren, einen Hall zu erzeugen (Federhall, Plattenhall, Aufnahmen in Hallräumen).

**3** Lest die Informationstexte auf Seite 44 und beschreibt die Unterschiede zwischen einem synthetischen Hall und einem Faltungshall. Nennt die Vor- und Nachteile beider Effekte.

**4** Probiert die Effekte Reverb (Hall) und Delay (Echo) mit einem Sequenzer-Programm eurer Wahl aus. Wählt hierfür ein Schlagzeugsample aus.

# Noten schreiben mit dem Computer: MuseScore

## MuseScore

Das im Internet kostenlos erhältliche Programm „MuseScore" ermöglicht das Notenschreiben und Komponieren am Computer. Viele Funktionen und Arbeitsabläufe sind denen bekannter kommerzieller Programme sehr ähnlich. Die Handhabung und Bedienung entspricht weitestgehend professionellen Notenschreibprogrammen. Alles, was man in „MuseScore" schreibt, ist auch sofort hörbar und ermöglicht eine simultane Kontrolle.

## 1. Bevor es richtig losgeht

Nach der Installation des Programms erscheint die Startseite. Von hier aus hat man den Zugriff zu allen Bedienungselementen. Zusätzlich befinden sich zwei Links auf der Oberfläche zu einem Onlinekurs und zu einer sehr umfangreichen Onlinecommunity mit vielen Noten und Partituren.

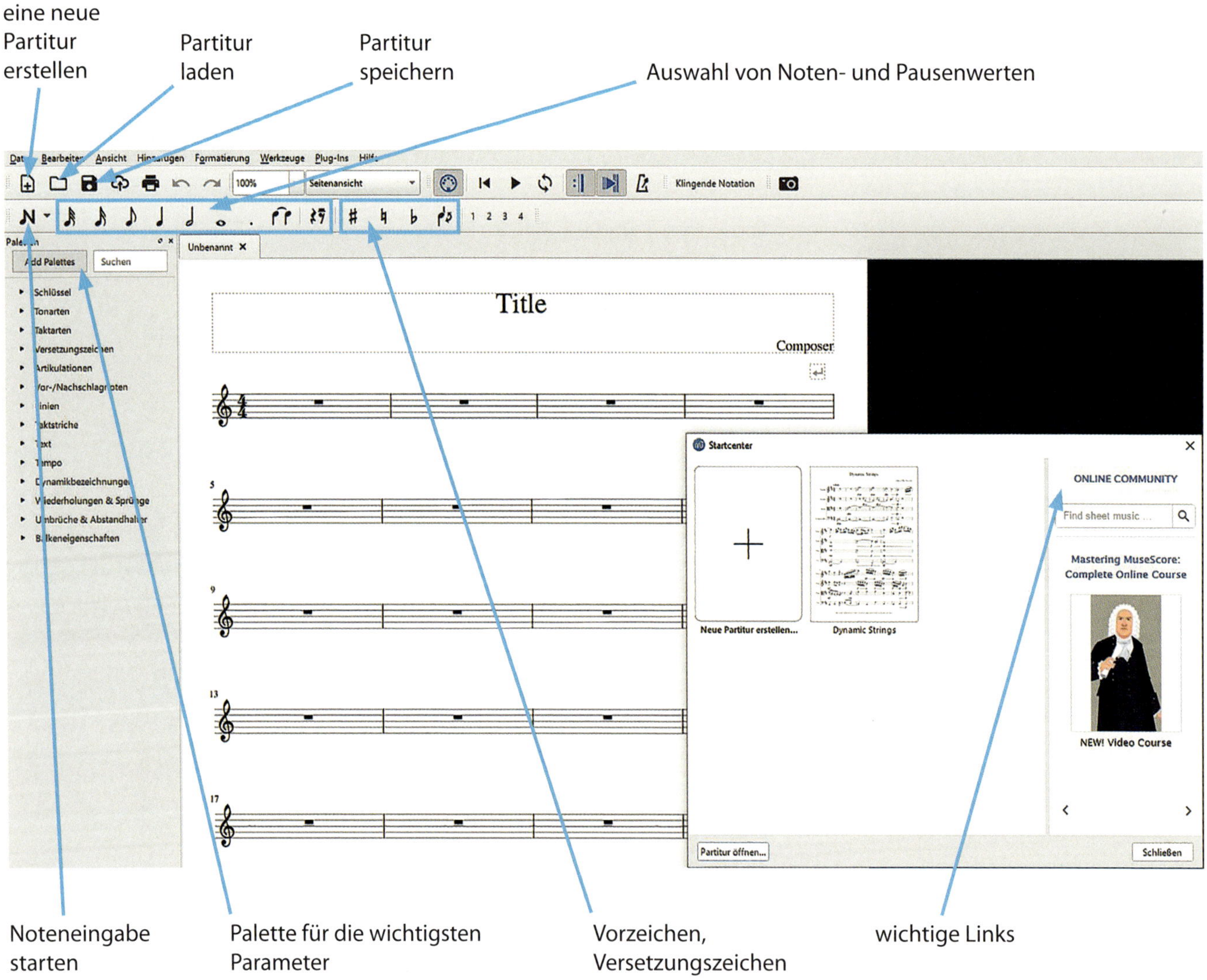


## 2. Voreinstellungen

Bevor man mit dem Notenschreiben beginnt, sind folgende Voreinstellungen wichtig:
- Einen Titel (optional: Untertitel, Komponist, Texter, Urheberrechtsangaben) anlegen
- Einen Notenschlüssel auswählen
- Eine Tonart auswählen
- Eine Taktart auswählen
- Instrumente auswählen

Im Bereich „Eine neue Partitur erstellen" gibt es noch weitere Dinge auszuwählen und auszufüllen. Sämtliche Angaben können nachträglich ergänzt oder verändert werden.

## 3. Noten eingeben

Bevor die Noteneingabe erfolgt, sollte der Notenwert festgelegt werden. Es gibt drei Möglichkeiten, Noten ins Notensystem einzufügen: mit der **Maus**, mit der **Tastatur** oder über ein **MIDI-Keyboard** per USB-Anschluss oder MIDI-Anschluss. Empfehlenswert ist die Eingabe über die Tastatur, wobei zu beachten ist, dass der Ton h mit der Taste b eingegeben werden muss. Befindet sich der eingegebene Ton in einer unerwünschten Oktavlage, kann das einfach mit der Tastenkombination **Strg-Taste** + **Pfeiltaste** korrigiert werden, nachdem der entsprechende Ton eingegeben wurde.

## 4. Strophentexte einfügen

Für die Erstellung eines Strophentextes navigiert man über die Eingabefelder „Hinzufügen" → „Text" → „Liedtext". Über die Leertaste springt der Cursor automatisch zur jeweils nächsten Note. Silben, die über mehrere Noten gesungen werden, können mit der Minustaste eingegeben werden.

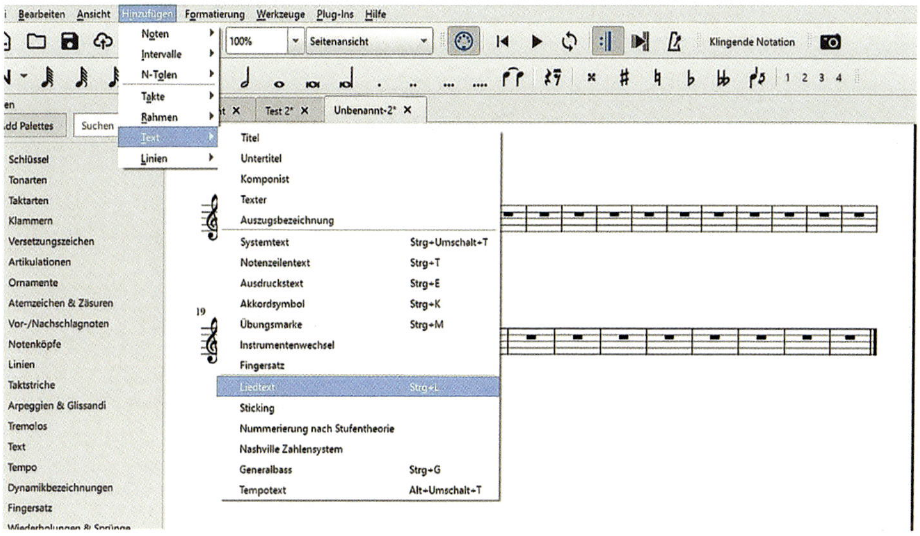


### Beispiel A

Auf den Seiten 26 und 27 sind die Noten des Four-Chord-Songs[W] „Apologize" abgebildet. Bei dem folgenden Beispiel A handelt es sich ebenfalls um eine Vorlage für einen Four-Chord-Song, der in C-Dur komponiert und gestaltet werden kann.

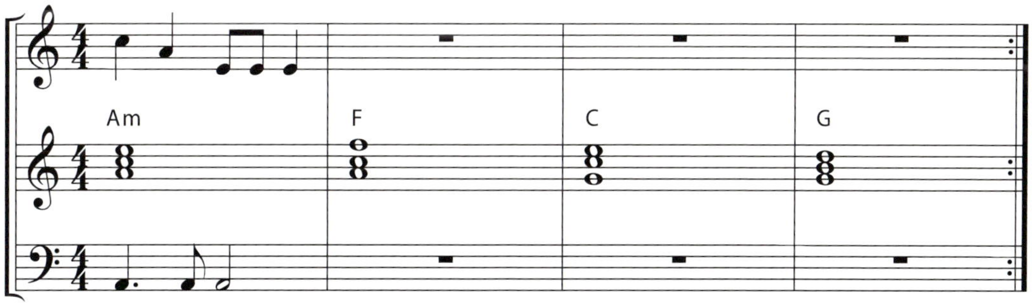


1. Ladet euch das kostenfreie Notenschreibprogramm „MuseScore" herunter. Öffnet dann das Programm und übertragt die Noten von Beispiel A in eine neue Partitur.
2. Komponiert eine Bassstimme passend zu den vier vorgegebenen Akkorden, indem ihr die Grundtöne der Akkorde rhythmisiert und eure Komposition in die Partitur schreibt.
3. Erfindet eine Melodie, indem ihr die einzelnen Töne der Akkorde nutzt, und tragt auch diese in die Partitur ein.
4. Fügt der Melodie einen Text hinzu. Orientiert euch hierfür an Kapitel 14.
5. Vergleicht eure Ergebnisse miteinander und analysiert sie in der Klasse. Begründet eure Entscheidungen für eure Melodie- und Textgestaltung. Spielt euch die unterschiedlichen Kompositionen gegenseitig vor.

# Noten schreiben mit dem Computer: MuseScore

## 5. Eine Rhythmusstimme notieren

Um einen Rhythmus zu notieren, geht man wie folgt vor:
- Eine neue Partitur erstellen
- Rhythmusinstrumente auswählen
- Z. B. unter „Schlagwerk – ungestimmt" die Klanghölzer auswählen
- Um für die Elemente des Schlagzeugs die entsprechenden Tonzuweisungen besser zu erkennen, für die Ansicht eine Klaviatur auswählen

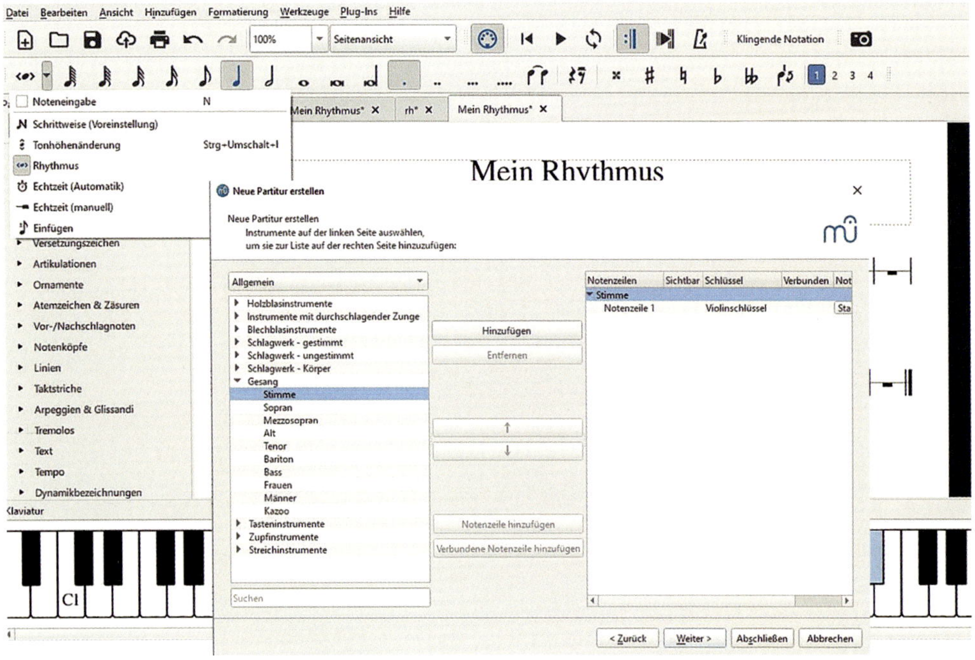


- Rechts neben der Noteneingabe das Fenster öffnen, in dem man unterschiedliche Eingabeformate auswählen kann
- Um unterschiedliche Instrumente eingeben zu können, den Bereich „Rhythmus" auswählen
- Den gewünschten Notenwert auswählen
- Mit der **n-Taste** in den Noteneingabemodus wechseln
- Mithilfe der Klaviatur die Noten für die Klanghölzerstimme eingeben (die blaue Klaviertaste kennzeichnet den Ton für Klanghölzer)

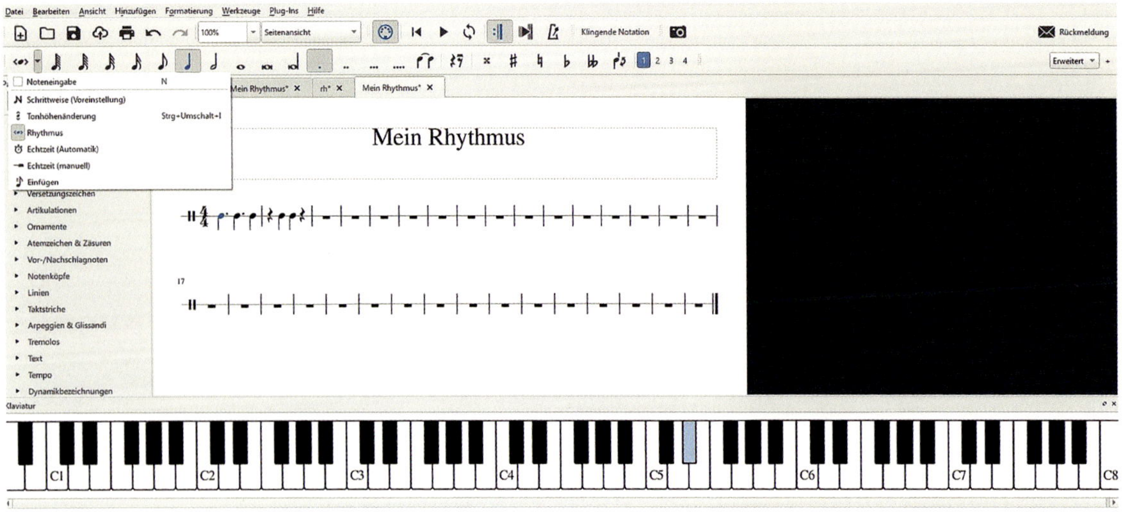

### Beispiel B

Für den hier abgebildeten Rhythmus wurden die Töne mit der Klaviatur editiert (eingegeben). Wenn ein MIDI-Keyboard zur Verfügung steht, ist es einfacher, die einzelnen Töne über eine reale Klaviertastatur einzugeben. Bei der Instrumentenwahl wurde ein Schlagzeug mit der Notation im Notensystem gewählt. Die blaue Taste ist die Taste, mit der man die einzelnen Klänge ansteuern kann.

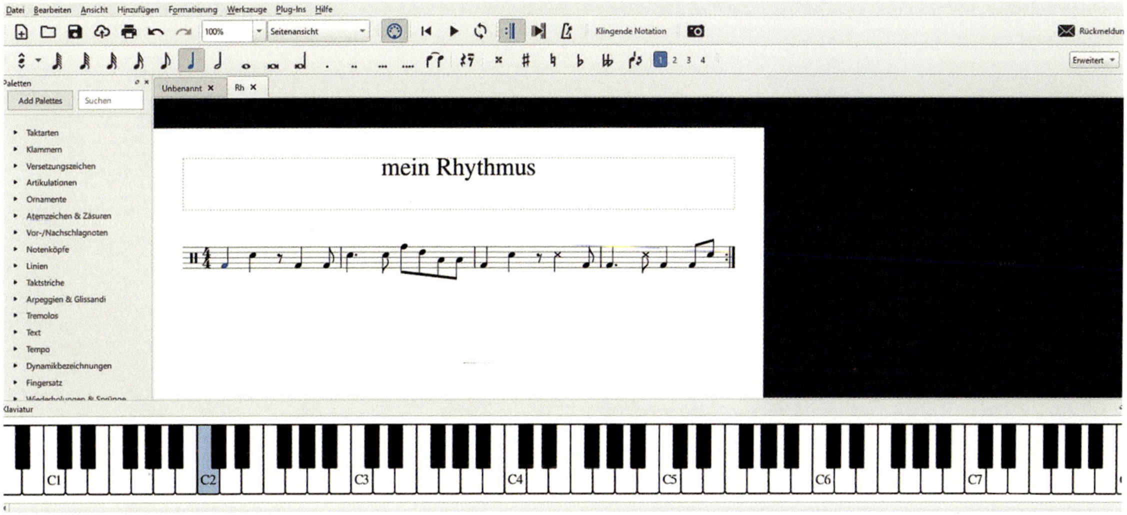


### Shortcuts, die wichtigsten Tastenkürzel

Um das Arbeiten mit „MuseScore" zu erleichtern, sind hier die wichtigsten Tastenkürzel zusammengefasst:

- Noteneingabe = N-Taste
- Melodie eingeben = Anfangston editieren mit Strg+l
- Akkordsymbole einfügen = zugewiesenen Ton editieren mit Strg+k
- Takte kopieren = Takt auswählen und editieren mit Strg+c, Zieltakt wählen und Takt einfügen mit Strg+v
- Zeilenumbruch = Taktstrich markieren mit der Entertaste
- Haltebogen = nach Eingabe beider Töne ersten Ton markieren und +-Taste drücken
- Note verschieben = Note editieren und mit der Pfeiltaste verschieben

### Mit Zahlenfeldern editieren

1 = Notenwert 1/64

2 = Notenwert 1/32

3 = Notenwert 1/16

4 = Notenwert 1/8

5 = Notenwert 1/4

6 = Notenwert 1/2

7 = Notenwert 1/1

0 = zusätzlichen Takt einfügen

## *6. Importieren und Exportieren*

Über „Datei öffnen" kann man MIDI-Files in „MuseScore" importieren und als Notation verarbeiten. Über „Datei-Export" kann man seine Noten in viele unterschiedliche Formate exportieren. Der Export im XML-Format ermöglicht es, die Noten in andere Notenschreibprogramme zu exportieren.

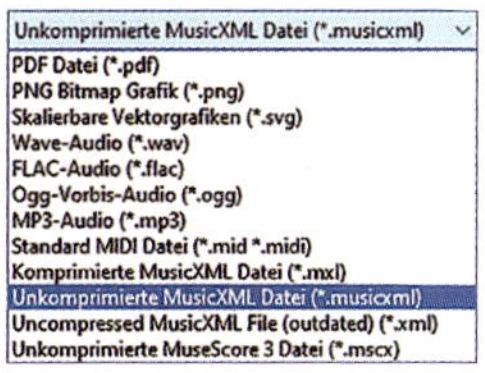


**6** Übertragt den Rhythmus von Beispiel B in eine neue Partitur. Helft euch bei Fragen untereinander und schaut ins Tutorial des Programms.

**7** Ergänzt euren Four-Chord-Song[W] von Beispiel A (→ S. 47) mit einer selbst komponierten Schlagzeugstimme.

**8** Schreibt eine Keyboardbegleitung für den Song „Apologize" (→ S. 26, 27), singt den Song und spielt die Begleitung dazu.

**9** Exportiert eure Ergebnisse von Beispiel A und B als MIDI-Datei und in ein MP3-Format und spielt sie euch gegenseitig auf dem Smartphone vor.

**10** Wertet eure Ergebnisse aus und besprecht Bedienungshinweise und Verbesserungsmöglichkeiten.

**11** Probiert unterschiedliche Exportmöglichkeiten von „MuseScore" mit euren selbst erstellten Noten aus.

**12** Importiert eine freie MIDI-Datei aus dem Internet und bearbeitet diese mit „MuseScore".

# Musik und Bild

A 39–42

## Musik und Bild – ein ungleiches Paar

Bildende Kunst und Musik haben auf den ersten Blick mehr Unterschiede als Gemeinsamkeiten: Die eine Kunstform richtet sich an die Augen, die andere an die Ohren. Ein Bild lässt sich jederzeit als Ganzes oder im Detail betrachten. Wenn Musik erklingt, hört man immer nur den gerade ertönenden Ausschnitt. Bilder sind greifbare Gegenstände. Musik existiert hingegen nur, wenn sie erklingt, und selbst dann nur als Schallwellen in der Luft.

Trotzdem – oder vielleicht auch gerade wegen all dieser Gegensätze – ergänzen sich Musik und Bild beim Aufeinandertreffen häufig ganz wunderbar.

## Painting the music – Male die Musik

Beim Gestalten eines Bildes zu Musik gibt es zwei mögliche Herangehensweisen, die aber immer auch miteinander kombiniert werden können: Einerseits kann beim Malen eines Bildes die allgemeine **Stimmung der Musik** aufgegriffen werden. So kann z. B. ein Bild zu einer bedrohlich klingenden Orchestermusik mit anderen Farben und Formen gestaltet werden als ein Bild zu einem fröhlichen wirkenden Klavierstück. Bei dieser Herangehensweise steht vor allem die Frage im Vordergrund, wie die jeweilige **Musik als Ganzes** wirkt.

Ein anderer Ansatz ist es, bestimmte **musikalische Merkmale** im Verlauf eines Stücks malerisch abzubilden. Dabei kann man sich auf einzelne Aspekte wie Lautstärke, Form, Tonhöhe und Tonlänge oder Bewegungen der Musik konzentrieren. Ebenso ist es möglich, mehrere dieser Merkmale gleichzeitig im Bild festzuhalten. Der **Verlauf der Musik** spielt hierbei eine große Rolle. Bilder, die auf diese Weise entstehen, werden deshalb häufig ähnlich wie Notenschrift von links nach rechts gelesen.

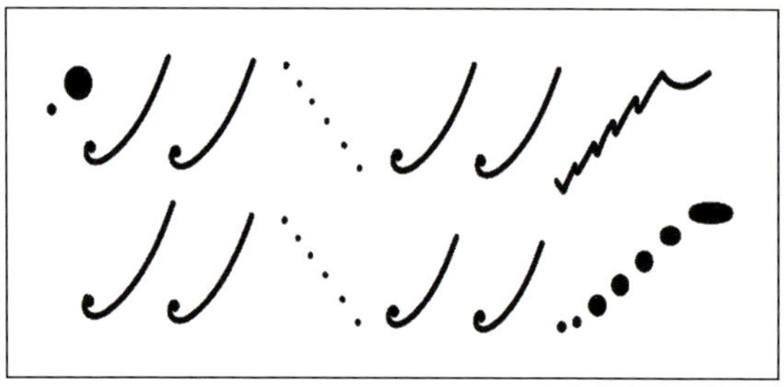

*Grafische Darstellung des Anfangs der Tritsch-Tratsch-Polka von Johann Strauss (Sohn)*

## Mögliches Vorgehen für die grafische Darstellung eines Musikbeispiels

- Die Musik zunächst mindestens einmal komplett und anschließend abschnittsweise mehrmals hören
- Gemeinsam mit einem Partner oder in kleinen Gruppen Ideen sammeln, wie die Stimmung oder die musikalischen Merkmale auf dem Papier abgebildet werden könnten
- Während der ersten Hördurchläufe zunächst nur Entwürfe skizzieren, in weiteren Hördurchläufen die Skizzen dann verfeinern oder verändern
- Wenn man erstmal keine besonderen Ideen hat, die Malweise der Musik anpassen (z. B. schnelle, unruhige Zeichenbewegungen bei schneller, unruhiger Musik) und daraus etwas entwickeln
- Die Farbwahl der Musik anpassen (z. B. helle, freundliche Farben bei fröhlicher Musik)

## Impulse zum Reflektieren der Ergebnisse

- Ist eine generelle Zusammengehörigkeit von Bild und Musik erkennbar?
- An welchen grafischen Gestaltungen im Bild ist die Musik besonders gut erkennbar? Warum?
- Könnte eine Schülerin oder ein Schüler aus einer anderen Klasse das Bild der richtigen Musik zuordnen? Warum?

**1** Hört drei Hörbeispiele (A 39–41) und wählt eines davon aus. Gestaltet ein Bild dazu, mit dem ihr versucht, die Stimmung der Musik sichtbar zu machen. Vergleicht die Ergebnisse in Gruppen. Wählt mindestens ein Bild pro Gruppe aus, das eurer Meinung nach besonders gut zur Musik passt, und präsentiert es vor der Klasse. Begründet eure Auswahl.

**2** Hört den Anfang der Tritsch-Tratsch-Polka von Johann Strauss (Sohn) (A 42) und verfolgt dabei die grafische Darstellung der ersten Takte. Benennt die musikalischen Merkmale, die in der grafischen Darstellung abgebildet werden. Hört das Stück erneut (A 42) und entwerft eigene Skizzen für den weiteren Verlauf. Vergleicht anschließend eure Ergebnisse.

## Bilder in Soundscapes verwandeln

Der Begriff „Soundscape" leitet sich vom englischen Wort „landscape" (Landschaft) ab und kann sinngemäß mit **Klanglandschaft** übersetzt werden. Gemeint ist damit die klingende Umgebung eines Ortes.

Beim Erstellen einer Klanglandschaft zu einem Bild sollte man zunächst überlegen, welche Geräusche in der Abbildung vorstellbar sind. Sind die Ideen dazu erst einmal gesammelt, muss man entscheiden: Sollen die Geräusche, vergleichbar mit dem Vorgehen in der Musique concrète[W], vom „Tonband" kommen oder live mit experimentellen Klangerzeugern musikalisch umgesetzt werden? In beiden Fällen ist es von Vorteil, danach Abfolge und Übergänge der Geräusche sinnvoll zu planen.

*Caspar David Friedrich: Der Abend (1821)*

*Carl Spitzweg: Gnom, Eisenbahn betrachtend (1848)*

## Bilder vertonen

Der Maler Wassily Kandinsky gab einigen seiner Gemälde Namen, die an Musik erinnern, wie z. B. „Komposition XIII" oder „Improvisation 26". Seine Bilder als Vorlage für eine Vertonung heranzuziehen, ist also naheliegend.

Wichtig dabei ist, im Voraus Formen und Farben z. B. bestimmten Klängen und Instrumenten zuzuordnen. Interpretiert man das Bild als eine Art Notenbild, muss man auch überlegen, ob es von links nach rechts, von oben nach unten oder von den Rändern zum Zentrum hin „gelesen" und entsprechend vertont wird. Auch ist es möglich, sich mit der Vertonung nur auf bestimmte Bildabschnitte zu beschränken.

*Wassily Kandinsky: Komposition XIII (1923)*

**3** Erstellt eine Klanglandschaft zu dem Gemälde „Der Abend" von Caspar David Friedrich oder „Gnom, Eisenbahn betrachtend" von Carl Spitzweg. Nutzt hierfür entweder eure Smartphones oder experimentelle Klangerzeuger. Präsentiert das Ergebnis vor der Klasse. Lasst euch im Anschluss Rückmeldung geben.

**4** Vertont das Gemälde „Komposition XIII" von Wassily Kandinsky. Erstellt hierfür ein Vertonungskonzept hinsichtlich der Zuordnung der Bildelemente zu Klängen und Instrumenten und der „Leserichtung". Nutzt auch experimentelle Klangerzeuger und ungewöhnliche Spielweisen auf den Instrumenten. Präsentiert eure Ergebnisse zunächst ohne weitere Erläuterungen vor der Klasse, die sich das Vertonungskonzept erschließen und es mit eigenen Worten beschreiben soll. Erläutert danach euer Konzept und musiziert die Vertonung zur Verdeutlichung dann noch einmal.

# Musik und Stummfilm

## Die Stummfilmzeit

Die Zeit von 1895 bis 1927 wird als Stummfilmzeit bezeichnet, obwohl die Filmveranstaltungen in dieser Zeit keineswegs stumm waren und bereits die erste Filmvorführung mit Musik begleitet wurde. Stumm waren zu dieser Zeit nur die Filme. Das lag daran, dass es technisch noch nicht möglich war, Bild und Ton genau zeitgleich von ein und demselben Gerät abzuspielen. Kinomusikern kam deshalb die wichtige Aufgabe zu, Ersatz für Geräusche und Sprachmelodie der stummen Bilder zu liefern. Die Örtlichkeiten, an denen Kino zu dieser Zeit stattfand, hatten einen großen Einfluss auf die Musikbegleitung. Die Stummfilmzeit wird deshalb nach Aufführungsort der Filme in vier verschiedene Abschnitte unterteilt.

## 1. Die neueste Sensation im Varieté

In der Zeit von 1895 bis etwa 1900 wurden Filme als Sensationen in Varietétheatern im Rahmen des bestehenden Programms aus Artistik, Tanz, Musik und mehr vorgeführt. Musikalisch begleitet wurden die Filme dabei vom hauseigenen Orchester mit häufig wahllos zusammengestellter Musik. Als das neue Medium Film langsam seinen Sensationswert verlor, rutschten die Filmvorführungen meistens ans Ende des Programms. Sie leiteten damit den Aufbruch der Zuschauer aus der Show ein. Daraus folgend wurde auch der musikalischen Begleitung zunehmend weniger Beachtung geschenkt. In Nachmittagsvorstellungen wurde teilweise sogar komplett darauf verzichtet. Den Musikern sollte hierdurch eine längere Pause vor der Abendvorstellung ermöglicht werden.

*Vorstellung im Varietétheater „Wintergarten" in Berlin, um 1900*

*Blick in die Spielhalle eines Penny Arcade in New Orleans, ca. 1910*

## 2. In Spielhallen abgewandert

In den Jahren von 1900 bis 1905 hatte der Film seine Anziehungskraft verloren und konnte nicht mehr als Sensation im Rahmen von Varietéaufführungen dienen. Als Folge dessen wurde er dort kaum noch gezeigt und wanderte z. B. in den USA in die sogenannten Penny Arcades. Das waren öffentliche Treffpunkte, die mit Münzspielautomaten ausgestattet waren. Diese Penny Arcades boten oftmals die einzige Möglichkeit, eine Filmvorstellung zu besuchen. Gezeigt wurden die Filme in Neben- und Hinterzimmern oder in notdürftig durch Vorhänge abgetrennten Bereichen. Entsprechend gering war auch die Rolle, die die Musik dabei spielte: Entweder fiel sie komplett weg oder die Filme wurden vom ständigen Gedudel eines Spielautomaten begleitet.

## 3. Läden werden zu Kinos: Die Nickelodeon-Periode

Von 1905 bis 1910 schossen in den USA die sogenannten Nickelodeons aus dem Boden. Das waren zu Kinos umgebaute Läden, die bis zu 60 Vorstellungen pro Tag anboten. Die Bezeichnung „Nickelodeon" kam daher, dass die bis zu 30-minütigen Vorstellungen nur einen Nickel (5 Cents) kosteten. Das häufigste Instrument zur Begleitung der Filme war zu dieser Zeit das Klavier. Dabei war der Pianist häufig auch für Gesang sowie die Imitation von Tierstimmen oder anderen Geräuschen zuständig. In einigen Nickelodeons wurde er dabei von einem sogenannten Trap Drummer unterstützt, dessen Aufgabe die Nachahmung von Geräuschen war. Soweit zum Film tatsächlich auch musiziert wurde, erklangen überwiegend Ragtimes sowie Volkslieder und andere populäre Musik. Die Qualität der Live-Musik war dabei von Ort zu Ort stark unterschiedlich. So wird z. B. auch davon berichtet, dass einige Nickelodeon-Besitzer aufgrund ihrer schlechten Erfahrungen mit unfähigen Pianisten lieber völlig auf Live-Musik verzichteten. Der Wunsch nach Verbesserung der musikalischen Begleitung kam erst kurz vor Ende dieser Periode auf: Im Jahr 1909 veröffentlichte eine große Filmproduktionsfirma erstmals musikalische Empfehlungen für die Begleitung neu anlaufender Filme.

*Blick in den Eingangsbereich eines Nickelodeons in Pittsburgh, ca. 1905*

A 43

## 4. In Kinopalästen zu neuem Glanz

*Das 1911 im englischen Harwich eröffnete „Electric Palace" ist eines der ältesten Kinos weltweit.*

Bis 1910 wurden Filme oft in völliger Stille gezeigt und nur Filmrollenwechsel oder Filmrisse wurden mit Zwischenspielmusik überbrückt. Wenn jedoch Musik zum Film erklang, war diese entweder wahllos ausgesucht und mit beliebigen Filmszenen gekoppelt, oder sie vertonte konkrete musikalische Aktionen im Bild. Wurde also im Film eine Geige gespielt, dann spielte auch ein Violinist oder eine passende Tonkonserve erklang. Dass ein Film kontinuierlich mit Musik unterlegt war, kam jedoch kaum vor.

Ab 1910 änderte sich dies jedoch: Nach und nach wurde eine kontinuierliche Musikbegleitung von Filmen zum Standard. Zudem wurde sich zunehmend darum bemüht, dass die Musik besser zum Inhalt der Filmszenen passte. Versucht wurde dies mithilfe sogenannter **Kinotheken** und **Cue Sheets**. Erstere erschienen ab 1914 und waren Notensammlungen, die zu häufig vorkommenden Filmsituationen und -stimmungen passten. Die ab 1915 regelmäßig herausgegebenen Cue Sheets hingegen machten Vorschläge für passende Musik zu Szenen eines konkreten Films.

Der gestiegene Anspruch an die Kinomusik fiel zeitlich mit der Entstehung der ersten „echten" **Kinotheater** zusammen, die extra zur Vorführung von Filmen gebaut wurden. Die größten dieser luxuriösen Kinopaläste boten Platz für bis zu 6 000 Zuschauer, ein 110 Personen starkes Orchester, einen großen Chor, Gesangssolisten und manchmal auch eine eigens eingebaute Kinoorgel.

*Der Stummfilm „The Great Train Robbery" ist einer der ersten Western. Über 100 Jahre nach seinem Erscheinen wurde dem Film sogar mit einer eigenen Briefmarke ein Denkmal gesetzt.*

### Historische Stummfilme im Internet

Filme aus den vier Zeitabschnitten der Stummfilmzeit kann man heutzutage in verschiedenen Internetarchiven suchen, anschauen (streamen) und teilweise auch frei herunterladen (downloaden). Ein berühmtes Beispiel ist der Stummfilm „The Great Train Robbery" von Edwin S. Porter aus dem Jahre 1903. Auch beliebt sind z. B. die Werke von Charlie Chaplin, der mit Filmen wie „The Kid" große Erfolge beim Publikum feierte.

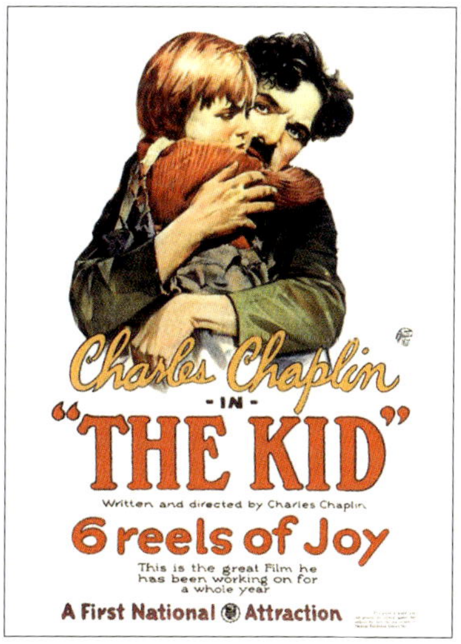


*Werbeplakat für den Stummfilm „The Kid" von 1921*

**1** Verschafft euch einen Überblick über die Entwicklung von Film und Musik in der Stummfilmzeit: Teilt die Informationstexte untereinander auf und arbeitet jeweils die wichtigsten Informationen in Stichpunkten heraus. Vergleicht eure Ergebnisse und erstellt gemeinsam einen Zeitstrahl, den ihr anschließend vor der Klasse präsentiert.

**2** Recherchiert im Internet nach Stummfilmen. Ordnet die Filme den verschiedenen Zeitabschnitten zu und diskutiert, wie diese historisch korrekt musikalisch begleitet werden müssten.

**3** Wählt gemeinsam einen Stummfilm aus und schaut ihn ausschnittsweise mehrmals an. Verzichtet beim ersten Mal auf eine Musikbegleitung. Unterlegt den Film beim zweiten Mal mit einem Ragtime (A 43). Verwendet beim dritten Mal selbstgewählte Musik. Diskutiert die unterschiedliche Wirkung und begründet, welche Filmaufführung euch am besten gefallen hat.

# Die Entstehung des Tonfilms

A 44, B 1, 2

*Mit diesem Kinetofon von 1895 konnte ein etwa 20 Sekunden langer Film angeschaut und mittels zweier Ohr-Schläuche auch angehört werden.*

## Vom Kinetofon zum Lichttonverfahren

Der Tonfilm begann sich fast zeitgleich mit dem Stummfilm (→ S. 52, 53) zu entwickeln. Allerdings konnte er sich anfangs noch nicht durchsetzen, da Erfindungen wie das Kinetofon nicht für ein Massenpublikum geeignet waren. Zudem war die Tonqualität nicht gut genug und die Technik noch nicht so weit, um Bild und Ton exakt gleichzeitig miteinander aufzunehmen und abzuspielen.

Erst mit dem 1921 vorgestellten Lichttonverfahren begann sich der Tonfilm durchzusetzen und verdrängte den Stummfilm zunehmend. Ab 1930 wurden praktisch alle Filme mit Ton hergestellt.

## Die Folgen der Verdrängung des Stummfilms

Eine Folge aus dem Aufstieg des Tonfilms war, dass sehr viele Kinomusiker ihre Arbeit verloren. Gleichzeitig wurden ab Ende der 1920er-Jahre auch fähige Filmmusikkomponisten gesucht. Diese stammten überwiegend aus Europa und waren aufgrund der damaligen politischen Umstände in die USA ausgewandert. Sie waren vor allem jüdischer oder osteuropäischer Abstammung, verfügten über eine äußerst solide musikalische Ausbildung und bereicherten so mit ihrem Können die Entwicklung des noch jungen Tonfilms. Musikalisch orientierten sie sich dabei vor allem an der sinfonischen Musik des 19. Jahrhunderts.

## Der Vater der Filmmusik

Als einer der einflussreichsten Filmmusikkomponisten des frühen Tonfilms gilt Max Steiner. Der Österreicher kam 1929 nach Hollywood. In ersten erfolgreichen Tonfilmen wie „The Jazz Singer" wurde Musik außerhalb der Filmhandlung äußerst skeptisch aufgenommen. Höchstens zur Untermalung des Vorspanns und Abspanns wurde sie von den Filmproduzenten geduldet. Max Steiner warb jedoch dafür, Filme verstärkt mit passender Musik zu unterlegen und trug damit wesentlich zum Erfolg des Tonfilms bei. Seine Musik zu „King Kong" aus dem Jahre 1933 begleitete z. B. nahezu 75 Prozent der Filmhandlung. Er passte die Musik hierfür an die Aktionen im Film an und ordnete Personen bestimmte musikalische Motive[W] zu. Steiner gilt damit als Begründer der deskriptiven Technik und der Leitmotivtechnik (→ S. 59) im Film.

*Werbeplakat zum Film „The Jazz Singer" von 1927*

*Werbeplakat zu „King Kong" aus dem Jahre 1933*

## Andere Musikrichtungen ziehen in den Tonfilm ein

Bis in die späten 1940er-Jahre wurde Filmmusik vor allem durch jene orchestrale Musik geprägt, die in erster Linie an der Musik des 19. Jahrhunderts orientiert war. Erst ab den 1950er-Jahren bedienten sich die Filmmusikkomponisten zunehmend auch an anderer Musik. Zunächst fand der Jazz seinen Weg in die Filmmusik, später folgten Rock, Pop, Folklore oder auch experimentelle Klänge der Neuen Musik (→ Kap. 15). Heutzutage werden verschiedenste musikalische Einflüsse miteinander kombiniert. Neben Einspielungen echter Musiker erklingen auch künstliche Instrumente vom Computer, und es werden verschiedenste Möglichkeiten der Klangbearbeitung genutzt.

1. Erstellt einen Zeitstrahl zur Entwicklung von Tonfilm und Filmmusik. Nutzt hierfür die Informationstexte und recherchiert auch weitere Informationen. Präsentiert eure Ergebnisse vor der Klasse.
2. Informiert euch im Internet über das Kinetofon und seinen Vorgänger, das Kinetoskop. Überlegt gemeinsam, warum sich diese Technik nicht durchsetzen konnte.
3. Recherchiert im Internet zu Leben und Musik von Max Steiner. Haltet eure Ergebnisse in Stichpunkten fest und präsentiert sie in einem Kurzvortrag vor der Klasse. Beantwortet dabei auch die Frage, ob Steiner zu Recht als „Vater der Filmmusik" bezeichnet wird.
4. Hört drei Hörbeispiele (A 44, B 1, 2) und ordnet sie zeitlich ein. Begründet eure Entscheidungen.

# Funktionen der Filmmusik

Filmmusik wird auch als **funktionale Musik** bezeichnet. Das liegt daran, dass sie stets bestimmte Funktionen im Zusammenhang mit einem Film übernimmt. Diese Funktionen können sehr vielfältig sein und werden in verschiedene Kategorien eingeteilt. Eine bestimmte Musik kann dabei auch unterschiedliche Funktionen erfüllen.

Eine erste Unterscheidung ergibt sich aus der Frage, ob eine Musik direkt etwas mit einem bestimmten Film zu tun hat oder ob ihre Aufgaben eher außerhalb des Films liegen. Im ersten Fall wird dies Funktionen im engeren Sinne genannt, im zweiten Fall bezeichnet man es als Metafunktionen.

Um herauszubekommen, welche Funktionen eine Musik hat, hilft es zu fragen, welche Aufgabe die Musik übernimmt oder welche Absicht hinter ihrem Einsatz steckt.

## Funktionen im engeren Sinne

Hierzu gehören alle Funktionen der Filmmusik, die mit einem konkreten Film zu tun haben. Dabei werden verschiedene Funktionen unterschieden, von denen drei im Folgenden vorgestellt werden:

Eine **dramaturgische Funktion** nimmt solche Musik ein, die die Stimmung einer Filmszene abbildet oder den jeweiligen Ausdruck in wechselnden Filmszenen verstärkt.

Wird Filmmusik hingegen so eingesetzt, dass sie Schnitte im Film verdeckt oder besonders betont, dann übernimmt sie eine **strukturelle Funktion**.

Eine **persuasive Funktion** („überredende" Funktion) hat Musik vor allem aufgrund ihrer starken emotionalen Wirkung. Hier ist es die Aufgabe der Filmmusik, die Distanz zum Geschehen zu mindern und es dem Zuschauer zu ermöglichen, sich emotional in die Filmhandlung einzufühlen. Die Musik „überzeugt" den Zuschauer sozusagen, sich auf das Filmerlebnis einzulassen.

## Metafunktionen

Im Kino erklingen die berühmten fanfarenartigen Klänge zum Logo der Filmproduktionsfirma. Das Publikum wird ruhiger und jeder weiß: Gleich beginnt der Film. Die Musik, die dies auslöst, gehört zwar nicht direkt zum Film, hat aber dennoch eine Funktion. Weil der Zuschauer gedanklich auf den Film vorbereitet wird, kann man von einer **psychologischen Metafunktion** sprechen.

Eine sogenannte **ökonomische Metafunktion** liegt vor, wenn z. B. **Titelsongs** bereits vor dem Erscheinen eines Films veröffentlicht werden und auf diese Weise für den Film werben. Umgedreht kann es auch vorkommen, dass z. B. in Fernsehserien längere Abschnitte für das Abspielen eines kompletten Songs freigehalten werden. Plattenfirmen bezahlen häufig hohe Summen, um ihre Musik dort unterzubringen und auf diese Weise Werbung für einen ihrer Künstler zu machen. Auch wenn Filmmusik getrennt vom Film als **Soundtrack** auf CD oder digital vermarktet wird, hat die Musik eine Metafunktion.

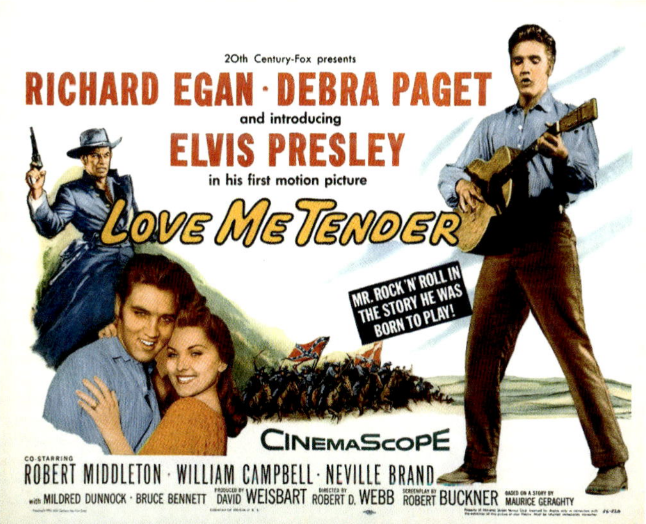


*Der Film „Love Me Tender" (1956) mit Elvis Presley verdankt seinen Namen dem gleichnamigen Titelsong.*

*Das Album zum Film „The Bodyguard" aus dem Jahre 1992 gilt bis heute als der meistverkaufte Soundtrack aller Zeiten.*

**1** Bildet zwei Gruppen und lest die Informationstexte zu den verschiedenen Funktionen der Filmmusik. Haltet eure Ergebnisse stichpunktartig fest und tragt diese im Anschluss zusammen.

**2** Recherchiert verschiedene Filmszenen und ordnet die Musik den hier vorgestellten Funktionen zu. Präsentiert die Ergebnisse vor der Klasse und begründet eure Entscheidungen.

# Filmmusik untersuchen – Grundlagen

## *Die verschiedenen Filmebenen*

Sieht man eine Filmszene zum ersten Mal, nimmt man die dazugehörige Filmmusik oft gar nicht bewusst wahr. Dies liegt daran, dass man sich eher auf Dialoge und Bewegungen im Bild konzentriert.

Um Filmmusik im Zusammenhang mit einer Filmszene genauer untersuchen zu können, hilft es deshalb, den entsprechenden Filmausschnitt mehrmals anzusehen. Jedes Mal kann dann versucht werden, die Aufmerksamkeit auf etwas anderes zu lenken. Dafür ist es wichtig zu wissen, auf welche Ebene des Films gerade geachtet werden soll. Denn Filme sprechen sowohl die Augen als auch die Ohren an. Alles, was man in Filmen wahrnimmt, wird deshalb in **Bildebene** und **Tonebene** eingeteilt. Um das Gehörte noch besser unterteilen zu können, wird die Tonebene zusätzlich in drei weitere Ebenen unterschieden: die **Sprach-**, die **Geräusch-** und die **Musikebene**.

Beim Untersuchen von Filmmusik spielt die Musik eine zentrale Rolle. Allerdings dürfen auch die anderen beiden Tonebenen nie ganz außer Acht gelassen werden.

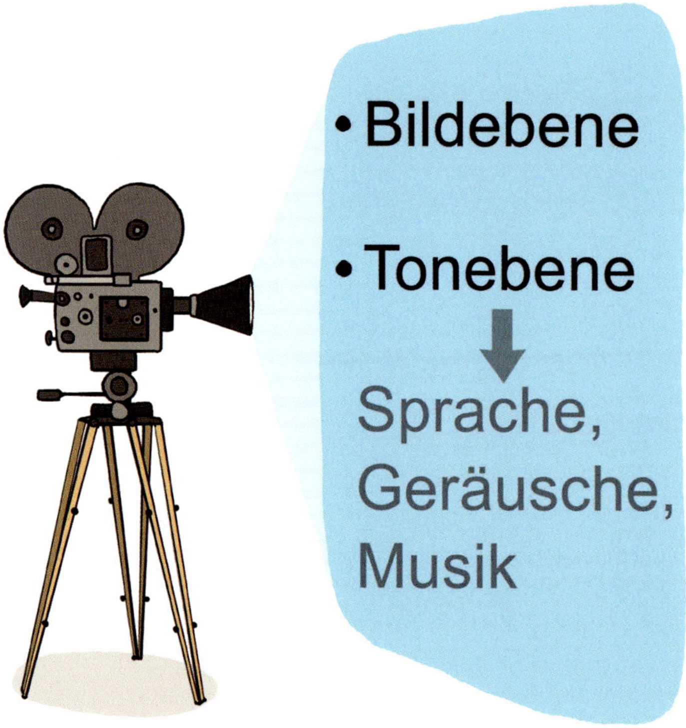


## *Bildton und Fremdton*

*Filmplakat zu „Die Welle" aus dem Jahre 2008*

Egal ob Sprache, Geräusch oder Musik – alles was im Film zu hören ist, tritt entweder als Bildton oder Fremdton auf.

Unter **Bildton** versteht man alles im Film Hörbare, das direkt zu den Geschehnissen im Bild, also zur Handlung gehört. Als Filmzuschauer geht man davon aus, dass alles, was als Bildton zu hören ist, auch von den Charakteren im Film gehört werden könnte. Das kann eine Band sein, die vor Publikum auftritt, aber genauso ein Radio, das in einer leeren Küche Musik spielt.

Ist die Quelle des Bildtons für den Zuschauer im Bild sichtbar, spricht man davon, dass sie **on-screen** ist. Wenn sie nicht im Bild sichtbar ist, man aber von ihrer Existenz im Rahmen der Handlung ausgehen kann, nennt man das **off-screen**. Ein Pianist, der in einer Bar musiziert und dabei im Bild zu sehen ist, gehört also zum Bildton und ist on-screen. Wenn der Pianist zwar noch zu hören ist, die Kamera aber z. B. zum Barkeeper schwenkt, gehört der Pianist noch zum Bildton, ist dann aber off-screen.

Im Gegensatz dazu gehört zum **Fremdton** alles Hörbare, das nicht direkt zur Handlung gehört, sondern diese zusätzlich kommentiert. Als Zuschauer nimmt man also an, dass die an der Filmhandlung Beteiligten den Fremdton nicht wahrnehmen können. Da der Fremdton nicht zur Filmhandlung gehört, ist er gleichzeitig auch immer off-screen.

Die Unterscheidung in Bildton und Fremdton ist nicht immer eindeutig und es kann fließende Übergänge zwischen beiden geben.

**1** Lest die Informationstexte und notiert euch zunächst, welche Filmebenen es gibt. Erklärt dann in Stichworten die Begriffe Bildton, Fremdton, on-screen und off-screen und gebt jeweils ein Beispiel dazu.

**2** Schaut euch den Anfang eines Films (z. B. „Die Welle" von Dennis Gansel) an. Haltet tabellarisch in Stichworten fest, was auf Bildebene und auf Tonebene passiert. Unterteilt die Tonebene dabei in Sprache, Geräusche und Musik. Überlegt dann, wie die Begriffe Bildton, Fremdton, on-screen und off-screen auf dieses Filmbeispiel angewendet werden können. Diskutiert die unterschiedliche Wirkung der Musik in den verschiedenen Abschnitten des Filmausschnitts. Präsentiert eure Ergebnisse.

**3** Sucht weitere kurze Filmszenen im Internet und erklärt an diesen den Einsatz von Bild- und Fremdton.

B 3–6

## Die Geräuschebene: Vom Trap-Drummer zum Sound Design

Geräusche werden in vielen Fällen nicht direkt während des Filmdrehs aufgenommen, sondern erst im Nachhinein hinzugefügt. In der Zeit des Stummfilms waren hierfür die Begleitmusiker, insbesondere der **Trap-Drummer**, zuständig.

Zusammen mit dem Tonfilm entwickelte sich später der Beruf des **Foley Artist** (Geräuschemacher). Dieser ist für die Erzeugung der Geräusche zuständig. Dabei kann auf alle möglichen Gegenstände zurückgegriffen werden, die den gewünschten Klangeffekt erzeugen: Der Flügelschlag eines Vogels wird mithilfe von in die Luft geschlagenen Handschuhen nachgemacht, oder Maisstärke, die in einem Lederbeutel zusammengedrückt wird, erzeugt das Geräusch von Schritten in frischem Schnee.

Im Gegensatz dazu wird beim **Sound Design** nur teilweise auf bereits vorhandene Geräusche zurückgegriffen. Stattdessen werden neue Klänge digital erzeugt oder auch aus verschiedenen anderen Geräuschen zusammengemischt. Ein Beispiel für einen bereits sehr alten Soundeffekt ist der sogenannte Wilhelmsschrei, der in zahllosen Filmen zum Einsatz kam. Für diesen Soundeffekt wurde der Schrei eines Menschen mit einem Adlerschrei zusammengefügt.

*Ein Foley Artist bei der Arbeit: Eine Bowlingkugel wird auf eine Steinplatte fallen gelassen.*

## Die Beziehung von Bildebene und Musikebene

Wenn Musik nicht Teil der Handlung ist, sondern als Fremdton die Geschehnisse im Bild kommentiert, kann dies auf verschiedene Art und Weise geschehen. Wie Bild und Musik dabei zueinander in Beziehung stehen, kann in den meisten Fällen mithilfe der drei Begriffe Paraphrasierung, Polarisierung und Kontrapunktierung beschrieben werden.

Wichtig ist, dabei immer zu berücksichtigen, dass sowohl Musik als auch Bildinhalte jeweils ihre eigene voneinander getrennte Stimmung bzw. eine jeweils eigene Wirkung haben. Treffen Bild und Musik dann aufeinander, ergibt sich daraus eine Gesamtwirkung, die von der ursprünglichen Stimmung abweichen kann.

## Ideen für neutral gehaltene Filmszenen

- Ein Schüler geht einen langen Flur entlang und ist dabei nur von hinten zu sehen.
- Eine geschlossene Tür ist zu sehen. Es wird angeklopft, die Türklinke wird heruntergedrückt und die Tür öffnet sich langsam. Es ist nicht zu sehen, wer oder was hinter der Tür ist.

## Wissen kompakt

### Paraphrasierung

Die Musik unterstreicht die Stimmung der Bildebene. So wird z. B. ein romantischer Bildinhalt mit romantischer Musik unterlegt oder eine spannungsreiche Verfolgungsjagd mit entsprechend spannender Musik.

### Polarisierung

Die Musik lenkt die neutralen oder mehrdeutigen Bildinhalte in eine bestimmte Richtung. Wird z. B. eine Holzhütte mitten in einem Wald gezeigt, kann je nach eingesetzter Musik die Filmszene idyllisch, gruselig oder auch romantisch wirken.

### Kontrapunktierung

Musik und Bildebene widersprechen sich in ihrer Stimmung. Eine actionreiche Kampfszene wird z. B. mit sanft klingender Kirchenmusik unterlegt.

**4** Schaut euch einen kurzen Filmausschnitt eurer Wahl ohne Ton an. Teilt euch in Gruppen auf und übernehmt die Rolle des Foley Artist: Überlegt dafür zunächst, welche Geräusche in dem Ausschnitt zu hören sein müssten. Experimentiert mit verschiedenen Klangerzeugern, um die fehlenden Geräusche zu ersetzen. Verteilt die Klangerzeuger auf unterschiedliche Gruppenmitglieder und übt die Live-Vertonung des Filmausschnitts. Präsentiert eure Ergebnisse vor der Klasse. Diskutiert im Anschluss, wie die Filmszene mit und ohne Geräuschvertonung auf euch wirkt.

**5** Hört den Wilhelmsschrei (B 3) und recherchiert im Internet ähnliche Sound-Beispiele. Stellt diese der Klasse vor. Überlegt, wie durch Sound Design neue Möglichkeiten zur Vertonung von Filmen entstanden sind.

**6** Hört drei Hörbeispiele (B 4–6) und diskutiert deren Wirkung auf euch.

**7** Dreht mit euren Smartphones eine kurze neutral gehaltene Filmszene. Unterlegt die Szene mit zwei verschiedenen Hörbeispielen (z. B. B 4–6) und präsentiert eure Ergebnisse vor der Klasse. Diskutiert die unterschiedlichen Wirkungen der Filmszene. Überlegt, welche Musik besser zur Szene passt, und begründet eure Entscheidungen.

# Filmmusik untersuchen – Filmmusiktechniken

## Filmmusiktechniken

Eine Filmmusiktechnik ist eine bestimmte Strategie oder Herangehensweise, mit der ein Komponist Filme vertont. Im Laufe der Zeit sind mehrere solcher Techniken entstanden. Am häufigsten verwendet werden die **deskriptive Technik** (auch **Underscoring** oder **Bildillustration** genannt), die **Mood-Technik** und die **Leitmotivtechnik**.

## Die deskriptive Technik

Wer kennt es nicht aus einem der letzten Actionfilme: eine wilde Verfolgungsjagd über den Dächern einer Großstadt. In der Musik hört man die gehetzten Schritte der Beteiligten. Untermalt von spannungsreichen Klängen wird der Held in die Enge getrieben. Der einzige Ausweg: ein Sprung auf das gegenüberliegende Häuserdach. Die Spannung in der Musik steigt, der Held nimmt Anlauf und springt ab. Er scheint in der Luft zu schweben, gleichzeitig verstummt die Musik bis auf einige leise, fast schon zerbrechlich wirkende hohe Töne. Das Publikum hält den Atem an. Wird er es schaffen? Mit triumphartiger Musik landet der Held auf der anderen Seite der Häuserkluft und kann seinen Gegnern erfolgreich entkommen.

*Im Film „Spider-Man" von 2002 mit Tobey Maguire als Peter Parker gehen Musik und Bild eine interessante Beziehung ein – insbesondere in der Szene, in der Peter zum ersten Mal seine neu erworbenen Superkräfte ausprobiert.*

So oder ähnlich sind Musik und Bild bei der deskriptiven (beschreibenden) Technik miteinander verbunden. Die Musik beschreibt und verdeutlicht die Handlung der Filmszene. Hierfür werden z. B. Bewegungen musikalisch unterstrichen oder Geräusche lautmalerisch nachgeahmt. Auch durch die Verwendung bestimmter Instrumente (z. B. Dudelsack = Schottland, Cembalo = Barock) können Ort oder Zeit einer Filmhandlung musikalisch veranschaulicht werden.

## Spezialfall Mickeymousing

Eine Extremform der deskriptiven Technik ist das **Mickeymousing**. Dies ist besonders häufig in Trickfilmen anzutreffen. Hier werden Bildinhalte und Musik nahezu haargenau aufeinander abgestimmt, was häufig eine komische Wirkung hat. Steigt z. B. eine Person eine Treppe hoch, ist in der Musik Stufe für Stufe eine steigende Melodie zu vernehmen. Fällt die Person die Treppe herunter, hört man den Aufprall auf dem Boden auch in der Musik. Komponisten schreiben also passgenaue Musik, die nahezu jede Aktion im Bild musikalisch umsetzt.

Einen umgekehrten Weg ist Charlie Chaplin in der Friseursalon-Szene in seinem Film „Der große Diktator" gegangen: Mit Johannes Brahms „Ungarischen Tanz Nr. 5" wählte er bereits existierende Musik und stimmte beim Filmdreh seine Bewegungen darauf ab.

*Filmplakat: Der große Diktator (1940)*

*Dominique Bretodeau findet im Film „Die fabelhafte Welt der Amélie" (2001) ein lang verloren geglaubtes Kästchen. Die dabei erklingende Musik vermittelt die Stimmung der Filmszene.*

## Die Mood-Technik

Bei der Mood-Technik geht es darum, auf musikalischem Weg eine Stimmung (engl.: mood) zu vermitteln. Die Musik ist dabei stärker in sich abgeschlossen und mehr oder weniger unabhängig von den einzelnen Bildinhalten einer Filmszene. Es wird versucht, mithilfe der Musik einen bestimmten Gefühlsausdruck zu vermitteln oder zu verdeutlichen.

Der deutlichste Unterschied zur deskriptiven Technik ist der, dass bei jener versucht wird, sichtbare oder emotionale Vorgänge und Entwicklungen im Bild musikalisch genauestens nachzuvollziehen. Bei der Mood-Technik hingegen geht es eher um die Vermittlung eines großen Gefühlsausdrucks, der sich höchstens in seiner Stärke ändert (z. B. indem die Musik lauter oder leiser wird).

B 7–10

## Die Leitmotivtechnik

Die Leitmotivtechnik zeichnet sich dadurch aus, dass ein musikalisches Motiv[W] oder Thema mit einer bestimmten Person, Situation oder einer Idee aus der Filmhandlung gekoppelt wird. Tritt z. B. der Bösewicht des Films auf, hört man auch sein Leitmotiv. Soll dann später in einer anderen Szene an den Bösewicht erinnert werden, genügt es, dass sein Leitmotiv erklingt. Leitmotive können im Laufe des Films auch verändert auftreten. Dies kann z. B. charakterliche Entwicklungen oder eine veränderte Grundstimmung verdeutlichen.

Ein sehr bekanntes Leitmotiv ist der „Imperial March" aus der Filmreihe „Star Wars". Dieser ist eng verbunden mit der Figur des Darth Vader, der in jungen Jahren von der guten Seite auf die dunkle Seite der Macht wechselt und erst kurz vor seinem Tod wieder auf den rechten Weg zurückfindet. Auch in seinem Leitmotiv ist diese Entwicklung hörbar.

A

*Der junge Anakin Skywalker mit seiner Mutter, bevor er seine Heimat verlässt und später zu Darth Vader wird*

B

*Darth Vader, nachdem er auf die dunkle Seite der Macht gewechselt ist*

C

*Darth Vader kurz vor seinem Tod, mit seinem Sohn Luke*

**The Imperial March, Klassen-Arrangement**

*John Williams Arrangement: Sebastian Burton*

**1** Haltet die wichtigsten Informationen zu den verschiedenen Filmmusiktechniken schriftlich fest. Nutzt dabei auch die vorgeschlagenen Filmszenen. Teilt euch dafür in Gruppen ein und tragt eure Ergebnisse im Anschluss zusammen.

**2** Musiziert den „Imperial March" auf Malletinstrumenten zur CD (B 7). Hört im Anschluss die Hörbeispiele 1 bis 3 (B 8–10) und ordnet sie den Bildern A, B und C zu. Begründet eure Zuordnung und erklärt genau, wie der „Imperial March" in den drei Hörbeispielen eingesetzt wurde.

**3** Schaut euch in kleinen Gruppen selbstgewählte kurze Filmszenen an. Überlegt gemeinsam, welche Filmmusiktechnik in der jeweiligen Szene verwendet wurde. Begründet eure Entscheidungen mithilfe genauer Beobachtungen zum Zusammenhang zwischen Musik und Bild. Präsentiert eure Ergebnisse vor der Klasse.

# Sounds like Hollywood – Filmszenen vertonen

## Filmmusik-Klischees und musikalische Parameter[W]

*Angriff auf Siedler im Western „Das war der Wilde Westen" von 1962*

Beim Vertonen von Filmszenen greifen Filmmusikkomponisten häufig auf **Klischees** zurück. Diese finden sich seit der Zeit des Stummfilms (→ S. 52, 53). War damals z. B. eine Todesszene zu sehen, hörte man vom begleitenden Pianisten eine mit der linken Hand gespielte Melodie in Moll. Gab es hingegen in einem Western einen Angriff durch indigene Ureinwohner, war dieser musikalisch mit trommelnden Achtelnoten im Bass verbunden.

Abgesehen von der Verwendung solcher Klischees gibt es auch grundsätzlichere Zusammenhänge zwischen der verwendeten Musik und ihrer Wirkung. Dabei kommt es ganz darauf an, welche **musikalischen Parameter** auf welche Art eingesetzt werden. In Untersuchungen wurde z. B. herausgefunden, dass Kompositionen in **Dur** eher glücklich und anmutig wirken, während solche in **Moll** hingegen meistens als traurig oder träumerisch wahrgenommen werden. Gleichzeitig erscheinen Musikstücke in schnellerem **Tempo** fröhlicher als langsame. Weitere Einflussfaktoren sind die **Tonhöhe**, in der Melodien oder Akkorde erklingen, die **Dynamik** und die Rhythmik, d. h. ob ein gleichmäßig fließender oder eher ein stockend klingender **Rhythmus** gewählt wird.

## Sounds like Hollywood – Filmmusik aus nur zwei Akkorden?

Der US-amerikanische Musikprofessor Scott Murphy behauptet, dass bereits zwei Akkorde genügen, um Filmmusik im Stile Hollywoods zu komponieren. Alles, was man dafür beherrschen muss, ist, Dur- und Moll-Akkorde auf dem Keyboard zu spielen (→ S. 220, 221) und den Tonhöhenabstand zwischen den Grundtönen der gespielten Akkorde passend zu wählen. So wird z. B. die Musik in einer Filmszene eher als traurig wahrgenommen, wenn erst ein Dur- und dann ein Moll-Akkord erklingt und der Moll-Akkord vier Halbtonschritte (HTS) über dem Dur-Akkord liegt. Natürlich wurde nicht jede bisherige Trauerszene mit genau dieser Akkordverbindung vertont. Aber es gibt eine gewisse Häufigkeit, mit der diese und andere Akkordverbindungen in entsprechenden Filmszenen Verwendung fanden. Die folgende Tabelle zeigt eine Auswahl solcher Akkordfolgen:

| | Erster Akkord | Von Grundton zu Grundton nach oben gezählt | Zweiter Akkord | Beispiel in Grundstellung[W] |
|---|---|---|---|---|
| Musik der Hauptfigur / des Helden | Dur | Große Sekunde / 2 HTS | Dur | C D 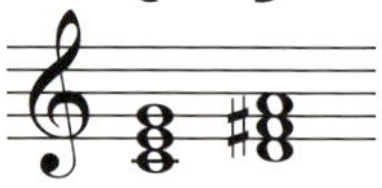 |
| Trauer, Verlust | Dur | Große Terz / 4 HTS | Moll | C Em 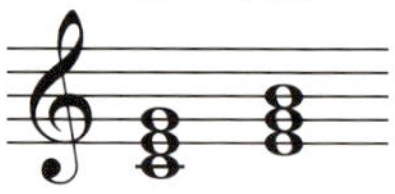 |
| Musik des Bösewichts | Moll | Kleine Sexte / 8 HTS | Moll | Em Cm 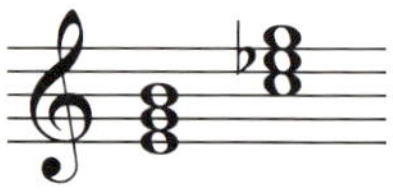 |
| Dramatische Ereignisse | Moll | Große Septime / 11 HTS | Dur | Cm H 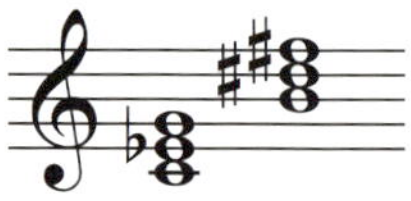 |

## Von den Akkorden zur Filmmusik

Der erste Schritt beim Komponieren einer Filmmusik kann nun sein, passend zu einer Filmszene eine bestimmte Akkordverbindung aus der Tabelle zu wählen. Im nächsten Schritt werden die Akkorde in ein konkretes Begleitpattern umgesetzt. Sie erklingen also nicht mehr nur in ihrer Grundstellung, sondern auch in verschiedenen Umkehrungen (→ S. 220), unterschiedlichen Tonhöhen und in einem konkreten Rhythmus. Auch die Anwendung der anderen musikalischen Parameter kann dabei große Wirkung haben. Wie dies aussehen könnte, wird in den folgenden Begleitpattern erklärt.

B 11 – 14

In **Begleitpattern 1** erklingt die erste Akkordverbindung aus der Tabelle. Durch den punktierten Rhythmus in Takt 1 und die in jedem Akkord gleichzeitig gespielten Töne erinnert die Musik an eine Fanfare oder einen Marsch. In seiner Grundstimmung lässt sich dieses Begleitpattern am ehesten als freundlich bis feierlich beschreiben.

**Begleitpattern 1**

**Begleitpattern 2**

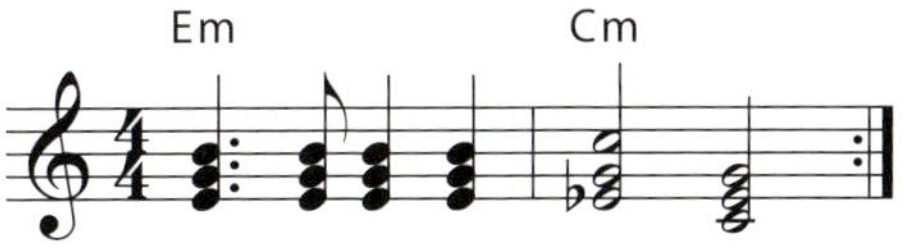


Der gleiche Rhythmus wirkt in Verbindung mit der dritten Akkordverbindung in **Begleitpattern 2** deutlich düsterer und bedrohlicher. Noch gesteigert werden kann dieser Gegensatz zwischen den beiden Beispielen, indem das erste Beispiel eine Oktave höher und das zweite Beispiel eine Oktave tiefer gespielt wird.

**Begleitpattern 3** benutzt die zweite Akkordverbindung. Die Akkordtöne erklingen nicht gleichzeitig, sondern nacheinander als Arpeggio[W] in der Oberstimme. In der Unterstimme wird ein d' als Durchgangston gespielt, um die beiden Grundtöne c' und e' miteinander zu verbinden. Wird das Tempo des Begleitpatterns nicht zu schnell gewählt, wirkt es im Vergleich zu den vorherigen Beispielen nicht ganz so voranschreitend und entschlossen, sondern eher nachdenklich bis traurig.

**Begleitpattern 3**

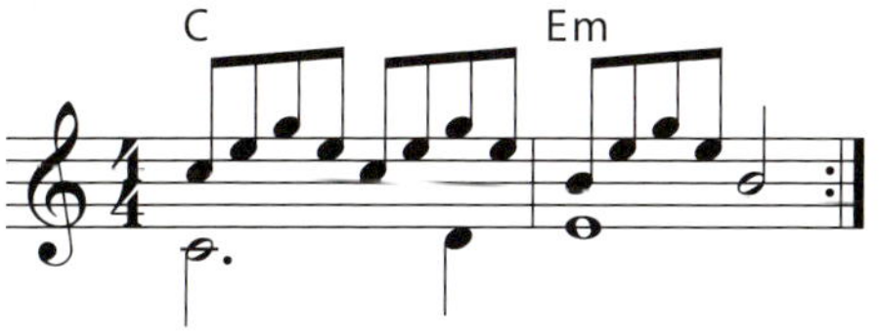


## *Der Liegeton-Trick*

Eine Schwierigkeit beim Vertonen einer Filmszene kann sein, dass die Filmmusik sehr abrupt startet und dies vom Zuschauer als störend wahrgenommen wird. Um das zu verhindern, hilft es, die Musik mit einem sehr leisen, zunächst kaum hörbaren Liegeton beginnen zu lassen. Dies kann z. B. ein mit Streichersound am Keyboard gespielter Ton sein. Mithilfe des Lautstärkereglers wird dieser dann nach und nach lauter gestellt, bis andere Instrumente einsetzen. Dieser Ton heißt Liegeton, weil er über eine längere Zeit „liegen bleibt" bzw. klingt. Es ist deshalb sinnvoll, einen Ton zu spielen, der auf jeden Fall im ersten und nach Möglichkeit auch im zweiten Akkord des Stücks vorkommt. So fügt er sich stimmig in den weiteren Verlauf der Musik ein und kann spätestens zum Ende der Musik wieder ausgeblendet werden.

## *Classroom Thrill*

Im Klassen-Arrangement „Classroom Thrill" wird die oben beschriebene Liegeton-Technik benutzt. Weiterhin werden die verschiedenen Töne der Akkorde auf unterschiedliche Instrumente aufgeteilt, um verschiedene rhythmische Ebenen miteinander kombinieren zu können. Erst im Zusammenspiel aller Beteiligten ergibt sich das Gesamtbild.

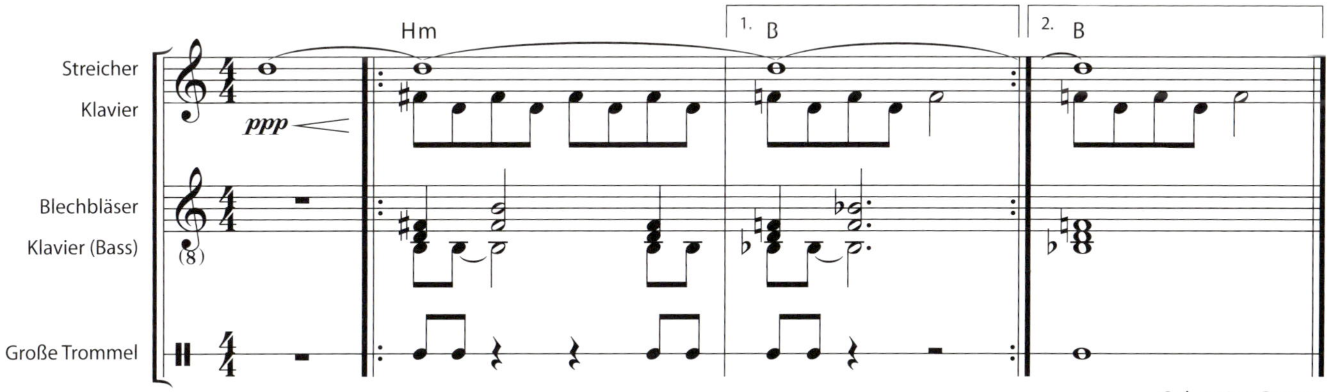


*Sebastian Burton*

**1** Informiert euch mithilfe der Texte über mögliche Mittel und Wege des Komponierens von Filmmusik.

**2** Musiziert die verschiedenen Akkordverbindungen aus der Tabelle auf Keyboards. Übertragt sie auf die Begleitpatterns (B 11 – 13) oder überlegt euch eigene Varianten. Nehmt anschließend Stellung zur Behauptung von Scott Murphy, dass zwei Akkorde für den Hollywood-Sound genügen würden.

**3** Musiziert das Stück „Classroom Thrill" (B 14). Erstellt dafür einen Ablaufplan. Überlegt euch dazu eine passende Szene. Teilt euch in Musizierende und Schauspielende auf und präsentiert beides gemeinsam vor der Klasse.

**4** Startet euer eigenes Filmmusik-Projekt: Dreht mithilfe eurer Smartphones eigene kurze Filme. Komponiert dazu passende Musik mithilfe der hier vorgestellten Ansätze. Nehmt eure Kompositionen auf. Fügt Film und Musik am Computer zusammen. Präsentiert das Ergebnis im Anschluss vor der Klasse.

# Musikfilme

*Ray Charles (1930 – 2004)*

## Ray Charles

Das Leben des Musikers Ray Charles schwankte von einem Extrem zum anderen: Geboren als Ray Charles Robinson, wuchs er in ärmlichen Verhältnissen auf. Als Kind musste er den Tod seines jüngeren Bruders miterleben, im Vorschulalter begann er zu erblinden und seine Mutter starb, noch bevor er 15 Jahre alt wurde.

Auf der anderen Seite konnte er in seiner mehr als ein halbes Jahrhundert andauernden Karriere als Musiker unzählige Chart-Erfolge und Auszeichnungen für sich verbuchen. Seine Version des Songs „Georgia On My Mind" wurde zur offiziellen Hymne des US-Staates Georgia ernannt. Er galt als begnadeter Rhythm-and-Blues-Musiker und als Pionier der Soulmusik.

## Der Film „Ray"

Im Film „Ray" aus dem Jahr 2004 wird Ray Charles' Leben in den Jahren zwischen 1930 und 1979 gezeigt. Der Musiker selbst begleitete die Entstehung des Films, konnte die Premiere jedoch nicht mehr erleben, da er nur wenige Monate zuvor verstarb.

## Hit The Road, Jack

Ray Charles war als Songwriter für seine Kompositionen berühmt. Aber nicht weniger erfolgreich war er darin, Stücke anderer Songwriter auf seine ganz eigene Weise zu interpretieren. Auch mit „Hit The Road, Jack" landete er einen riesigen Erfolg. Der Song ist deshalb nahezu untrennbar mit dem Namen Ray Charles verbunden. Im Text geht es dabei um den Streit zwischen einem Mann und einer Frau.

### Hit The Road, Jack, Chorus

Woah, woman, oh, woman,
don't treat me so mean,
you're the meanest old woman,
that I've ever seen.
I guess if you say so,
I'll have to pack my things and go.

That's right!
Hit the road, Jack,
and don't you …

Now, baby, listen, baby,
don't you treat me this-a way,
'cause I'll be back
on my feet some day.

Don't care if you do,
'cause it's understood.
You ain't got no money,
you just ain't no good.

Well, I guess if you say so
I'll have to pack my things and go.

That's right!
Hit the road, Jack,
and don't you …

Well.

Don't you come back no more.

Ah, what'd you say?

Don't you come back no more.

I didn't understand …

Don't you come back no more.

*Text und Melodie: Percy Mayfield*

## Musiker-Filmbiografien

Hauptdarsteller Jamie Foxx als Ray Charles in dem Film „Ray"

Neben „Ray" gibt es eine Vielzahl an Musikfilmen, die sich biografisch mit dem Leben real existierender Musikerinnen oder Musiker beschäftigen. In den letzten Jahren sind z. B. die Filme „Rocketman" (Elton John, → S. 168, 169), „Bohemian Rhapsody" (Queen, → S. 194, 195) oder „Straight Outta Compton" (Hip-Hop-Crew N.W.A.) erschienen. Gemeinsam haben solche musikalischen Biopics (Kurzform von „biographical picture": biografischer Spielfilm), dass sie alle mehr oder weniger realistisch Ausschnitte und Geschehnisse aus dem Leben der porträtierten Personen zeigen.

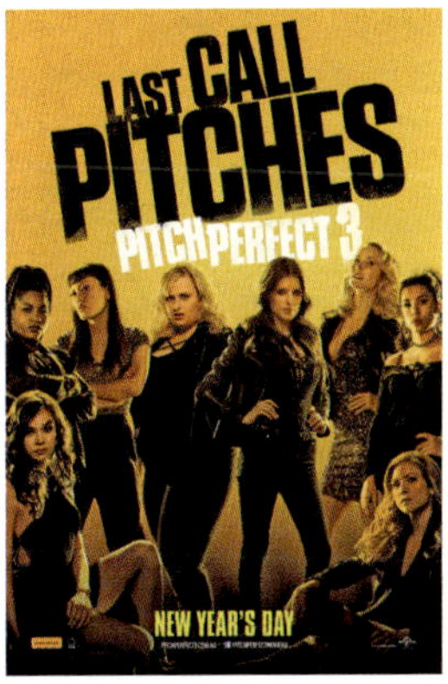


*„The Barden Bellas" aus Teil 3 der Pitch-Perfect-Filmreihe*

## Filme mit Musik als rotem Faden

Daneben gibt es aber auch zahlreiche Musikfilme, die anhand von fiktiven Charakteren ihre Geschichte erzählen. Die Musik von tatsächlich existierenden Künstlerinnen und Künstlern wird dabei häufig zu einem zentralen Bestandteil der Filmhandlung gemacht. Es wird aber auch gerne eine bestimmte Musikrichtung dafür ausgewählt. Im Film erklingt diese Musik dann insbesondere als Bildton (→ S. 56). So widmet sich z. B. die Musikkomödie „Yesterday" der Musik der Beatles, ohne dass die Band dabei selbst in Erscheinung tritt, während der Musicalfilm „La La Land" (→ S. 148, 149) Jazz zu einem zentralen Bestandteil der Handlung macht. Auch die „Pitch Perfect"-Filmreihe gehört zu dieser Art Musikfilm, wobei sich die Auftritte und Probensituationen der A-cappella[W]-Popgruppe „The Barden Bellas" als musikalischer roter Faden durch die Filme ziehen.

## Score – eine Geschichte der Filmmusik

*Filmplakat zu „Score"*

Ein wenig aus der Reihe dieser Musikfilme fällt die Dokumentation „Score". In dieser wird sich nicht auf das Leben eines einzelnen Komponisten oder einer Musikerin beschränkt. Vielmehr wird versucht, einen Überblick über die Geschichte der Filmmusik von den frühsten Anfängen bis hin zur Vertonung aktueller Filme zu geben. Hierfür kommen neben bekannten Größen der Filmmusik wie John Williams, Rachel Portman oder Hans Zimmer viele weitere Komponistinnen und Komponisten zu Wort. Sie geben Einblicke in ihre unterschiedlichen Arbeitsweisen und ihre Sicht auf Filmmusik. Der Film beschränkt sich zwar vor allem auf die Musik des Hollywoodkinos, bietet dabei aber eine Vielzahl anschaulicher Einblicke in die Filmmusikbranche und ermöglicht dabei auch den ein oder anderen Blick hinter die Kulissen.

**1** Singt „Hit The Road, Jack" zur CD (B 15). Verteilt dafür die zwei Rollen im Songtext auf zwei Gruppen. Überlegt euch anschließend in Kleingruppen zusätzlich zum Gesang eine szenische Gestaltung des Liedtextes. Präsentiert eure Ergebnisse zur CD (B 15).

**2** Schaut euch die „Hit The Road, Jack"-Szene im Film „Ray" an. Überlegt, ob die Einbettung des Songs in die Handlung des Films gelungen ist.

**3** Wählt eine der folgenden Aufgaben a) oder b):

a) Beschäftigt euch mit einem der Musiker aus den oben genannten Musiker-Filmbiografien. Schaut dazu den ausgewählten Film an. Vergleicht eure Ergebnisse mit der Darstellung im Film. Nehmt Stellung dazu, ob das Leben des Musikers im Film treffend dargestellt wurde.

b) Schaut euch einen selbstgewählten Musikfilm mit fiktiven Charakteren an. Arbeitet heraus, in welchen Situationen Musik innerhalb der Filmhandlung vorkommt. Überlegt gemeinsam, ob der Film auch ohne diesen Einsatz der Musik funktionieren würde.

**4** Haltet einen Kurzvortrag zu einem Filmmusikkomponisten oder einer Filmmusikkomponistin. Recherchiert dazu Informationen zu Leben und Werk der Person. Wählt hierfür entweder:

a) einen Komponisten oder eine Komponistin aus dem Film „Score" oder

b) eine selbst recherchierte Person, die außerhalb des Hollywoodkinos aktiv war oder ist.

# Heimat

B 16

Gegen Ende des 18. Jahrhunderts entwickelte sich die musikalische Epoche der Romantik. Die Künstlerinnen und Künstler dieser Zeit wollten sich von den antiken und klassischen Strukturen der vorangegangenen Epochen abgrenzen, indem sie sich mehr auf ihre eigene Kultur und Geschichte konzentrierten. Die Epoche hatte besondere Auswirkungen auf die bildenden Künste, auf die Literatur, die Musik und auf andere wissenschaftliche Gebiete. Künstlerinnen und Künstler ließen sich in dieser Zeit stark von ihren Gefühlen und ihrer Umwelt inspirieren. Viele Kompositionen lassen sich von Sagen, Mythen und leidenschaftlichen Erzählungen leiten und entfliehen damit gleichzeitig den misslichen Umständen der Gegenwart. Auch das Heimatgefühl steht oft im Mittelpunkt der Kompositionen aus dieser Zeit.

*Caspar David Friedrich: Der Wanderer über dem Nebelmeer (ca. 1818)*

*Edvard Grieg (1885)*

## Edvard Grieg und seine Sehnsucht nach der Heimat

Der Komponist Edvard Grieg wurde 1843 in der Stadt Bergen in Norwegen geboren. Bereits im Alter von 15 Jahren begann er sein Studium am Konservatorium in Leipzig und lebte anschließend in mehreren Orten in ganz Europa, zog aber 1866 zurück nach Norwegen. Viele seiner bekannten Kompositionen sind von Motiven seiner Heimat geprägt und tragen Titel, die von der norwegischen Landschaft inspiriert sind. Musikalisch orientierte er sich dabei stark an den Merkmalen der norwegischen Volksmusik und kombinierte diese mit den typischen Mitteln der Spätromantik. Für das Theaterstück „Peer Gynt" von Henrik Ibsen komponierte Grieg sein bekanntestes, gleichnamiges Werk. 1885 zog Grieg zurück nach Bergen in seine Villa Troldhaugen und wohnte dort bis zu seinem Lebensende 1907.

## Aus dem Volksleben

Edvard Grieg komponierte als Pianist viel mit und für Klavier und benannte seine Werke nach Orten und Ereignissen seines Lebens. Die drei Klavierstücke „Aus dem Volksleben" orientieren sich am alltäglichen Leben in seiner Heimat Norwegen. Dabei bauen alle drei Stücke („Auf den Bergen", „Norwegischer Brautzug im Vorüberziehen" und „Aus dem Karneval") auf kleinen **Motiven**[W] auf, die im Laufe der Stücke immer wieder in veränderter Form auftreten. Schließt man die Augen, kann man sich beim Hören gut die jeweiligen Landschaften und Bilder vorstellen.

### Auf den Bergen

*Edvard Grieg*

1. Hört das Klavierstück „Auf den Bergen" (B 16) mit geschlossenen Augen und stellt euch dabei eine Kulisse und eine Handlung vor. Besprecht dann zu zweit, welche Gedanken ihr hattet.
2. Spielt die ersten acht Takte des Stücks auf dem Klavier oder lasst sie euch vorspielen. Hört anschließend das Stück erneut (B 16) und schreibt auf, welche musikalischen Mittel (Rhythmus, Dynamik, Tempo) Grieg nutzt, um die Melodie zu verändern und weiterzuentwickeln.
3. Teilt euch in Gruppen auf und denkt euch ein Video zu dem Stück aus. Filmt euer Video für den Abschnitt des Stücks, der euch am besten gefällt, und präsentiert das Video der Klasse.

B 17

## Bodo Wartke: Das Land, in dem ich leben will

Der deutsche Klavierkabarettist Bodo Wartke nutzt seine Bekanntheit immer wieder, um die Aufmerksamkeit auf aktuelle politische und gesellschaftliche Themen zu lenken. Im Song „Das Land, in dem ich leben will" erzählt er, wie er sich eine bestmögliche Heimat vorstellt und welche Werte für ihn besonders wichtig sind.

*Klavierkabarettist Bodo Wartke*

### Das Land, in dem ich leben will, Ausschnitte

Ich hab' den Eindruck, dass das, was die ganze Welt
bislang in ihrem Innersten zusammenhält,
wenn wir nicht aufpassen, auseinanderfällt
wie bei einem Erdbeben,
selbst das, was man bisher für gegeben hält,
weswegen sich mir immer mehr die Frage stellt:
In was für einem Land auf dieser Welt
will ich eigentlich leben?

Im Land, in dem ich leben will, herrscht Demokratie
und statt skrupellosem Kapitalismus Gemeinwohl-Ökonomie.
Ein Land, das seine Ärmsten nicht noch zusätzlich sanktioniert
und das mit dem bedingungslosen
Grundeinkommen zumindest einmal ausprobiert. …

Denn im Land, in dem ich leben will, gehört jeder Mensch dazu,
egal, ob L oder G oder B oder T oder I oder Q,
wo weder Hautfarbe noch Herkunft über einen bestimmt,
sondern einzig und allein, wie man sich benimmt. …
Das Land, in dem ich leben will, wird regiert von einer Zunft,
die sich von Besonnenheit leiten lässt, von Anstand und Vernunft.
Menschen, die den Rechtsstaat und die Gewaltenteilung respektieren,
die sich nicht zum Alleinherrscher aufspielen und per Dekret regieren. …

Das Land, in dem ich leben will, ist vor so etwas gefeit,
denn es herrscht dort eine unabhängige Gerichtsbarkeit
mit Richtern, die sich gegen Korruption und Willkür positionieren,
und wo nicht dafür plädiert wird, die Todesstrafe wieder einzuführen. …

Im Land, in dem ich leben will, ist egal, was du bist,
ob Buddhist, Moslem, Jude, Christ oder Atheist,
weil sich selbstverständlich alle gegenseitig respektieren
und keiner versucht, den anderen zu missionieren. …

Im Land, in dem ich leben will, sind Frauen gleichgestellt,
d. h. für gleiche Arbeit kriegen sie das gleiche Geld.
Man behandelt sie grundsätzlich mit gebührendem Respekt,
sie werden weder genital verstümmelt noch
degradiert zum Sexobjekt. …

Das Land, in dem ich leben will, ist ein Land, in dem man,
ohne gleich im Knast zu landen, frei seine Meinung äußern kann,
wo man nicht mit dem Tod bedroht wird als Karikaturist,
als Lyriker, Satiriker oder kritischer Journalist. …

Im Land, in dem ich leben will, wird in Bildung investiert,
Kinder werden individuell gefördert und mit Wissen ausstaffiert
und eben nicht indoktriniert und mit Absicht dumm gehalten,
sondern in die Lage versetzt, dieses Land klug und weise mitzugestalten. …

Das Land, in dem ich leben will, hat aus der Geschichte gelernt
und ist keins, das sich von Mitgefühl und Menschlichkeit entfernt,
wo Holocaust und Klimawandel nicht geleugnet werden
und nicht diejenigen in der Mehrheit sind, die dieses Land gefährden.

Nein, in diesem Land ist man einander zugewandt,
statt Hass und Gewalt regier'n hier Herz und Verstand,
ein friedliches Land, das nicht hintenrum zuhauf
an andere Länder Waffen verkauft.

Ein Land, das tolerant ist, aber gleichzeitig auch ganz
klare Kante zeigt gegen jede Form von Intoleranz,
das bei Unrecht laut wird und bei Nationalstolz still.
Das ist mal ein Land, in dem ich leben will!

*Bodo Wartke*

**4** Hört den Song „Das Land, in dem ich leben will" von Bodo Wartke (B 17) und lest dabei den Songtext mit. Klärt unklare Begriffe. Diskutiert darüber, wie in diesem Song ein Heimatgefühl vermittelt wird.

**5** Hört den Song erneut (B 17) und findet heraus, welche musikalischen Mittel Bodo Wartke mit seinem Klavier nutzt, um bestimmte Textinhalte besonders hervorzuheben.

**6** Erfindet eine eigene Strophe, wie ihr euch das Land, in dem ihr leben wollt, vorstellt. Fokussiert euch dabei auf einen bestimmten gesellschaftlichen Aspekt.

# Nacht

B 18, 19

Ein prägendes Thema für **Charakterstücke** (→ S. 204ff.) ist die Nacht: Der Komponist Frédéric Chopin (1810 – 1849) perfektionierte die Nocturne als Gattung, bei der er Gesangslinien aus Oper und Kunstlied auf das Klavier übertrug. Entstanden ist die Gattung „Nocturne" aber schon im Barock und wurde als Instrumentalstück ohne einen festen Aufbau ähnlich wie eine Serenade[W] aufgeführt. Mithilfe der Mehrstimmigkeit der Stücke gelang es Chopin, eine verträumte, aber dennoch düstere und häufig schwermütige Stimmung zu vermitteln. Insgesamt 21 solcher Klavierstücke wurden von ihm komponiert. Sie galten als Vorbild für die Nocturnes in der Romantik, aber auch im Impressionismus bis hin zur aktuellen Popmusik. Der Pop-Musiker Billy Joel, der mit Songs wie „Piano Man" berühmt wurde, schrieb ebenfalls eine Nocturne.

*Vincent van Gogh: Die Sternennacht (1899)*

## Nocturne Nr. 19, Anfang

*Frédéric Chopin*

## Nocturne, Anfang

*Billy Joel*

**1** Hört die Anfänge der beiden Nocturnes (B 18, 19) und überlegt für euch, welches Stück euch besser gefällt. Welches Stück gibt das Gemälde „Die Sternennacht" von Vincent van Gogh musikalisch besser wieder und warum?

**2** Recherchiert im Internet zu Frédéric Chopin und Billy Joel und erstellt zwei Steckbriefe dieser Künstler.

**3** Betrachtet die Notenbilder und findet Gemeinsamkeiten und Unterschiede zwischen den beiden Nocturne-Anfängen. Überlegt, welche dieser Gemeinsamkeiten oder Unterschiede für den Klang des jeweiligen Anfangs relevant sind.

**4** Teilt euch in zwei Gruppen auf und übt den Anfang der Nocturne von Billy Joel auf dem Klavier ein: Die einen übernehmen die Melodiestimme, die anderen die Begleitstimme. Spielt den Nocturne-Anfang dann zu zweit.

B 20–24

## Die Nacht in der populären Musik

Jugendliche nachts bei einer Party mit DJ und Discokugel

In der populären Musik wird immer wieder auf die Nacht als Freiraum eingegangen. In der Nacht findet das gesellschaftliche Leben statt: Man geht gemeinsam aus, feiert, geht tanzen, auf Konzerte, in Nachtclubs oder Bars und vergisst dort für ein paar Stunden den Alltag. Davon handeln auch viele Songs in der Unterhaltungsmusik des 20. und 21. Jahrhunderts. Sie thematisieren das Nachtleben mit seiner Magie, seiner Freiheit und Unberührtheit, aber auch mit seinen Schattenseiten und greifen dabei häufig die Faszination für die Dunkelheit auf.

## Die Nacht ist nicht allein zum Schlafen da

Tanz auf dem Vulkan, Schlussszene

Der Schlager „Die Nacht ist nicht allein zum Schlafen da" von Theo Mackeben und Otto Ernst Hesse wurde für den Film „Tanz auf dem Vulkan" (1938) geschrieben und von Gustaf Gründgens gesungen. Der Film spielt im Jahre 1830 in Paris und handelt von einem Theaterschauspieler, der den ungeliebten französischen König Karl X. kritisiert und damit als führende Kraft der Julirevolution 1830 dargestellt wird. In der Schlussszene soll der Schauspieler hingerichtet werden. Er ist aber in der Bevölkerung mit seinem Lied so beliebt, dass diese ihn rettet.

Das Lied handelt von der Nacht, in der die Bevölkerung sich selbst verwirklichen und gegen die geltenden Regeln verstoßen kann. Die Nacht wird als Raum besungen, der zur freien Entfaltung offen ist, in dem man einfach nur Spaß haben kann, in dem aber auch Rebellionen entstehen können. Da der Film während der Zeit des Nationalsozialismus in Deutschland veröffentlicht wurde, sah man den Liedinhalt, der zur Rebellion gegen das bestehende Regime aufruft, kritisch: Er wurde bei der Veröffentlichung der Filmmusik auf Schallplatte gestrichen. Trotzdem wurde das Lied schnell bekannt und u. a. von den Comedian Harmonists, Udo Lindenberg und Max Raabe gecovert.

## Facetten der Nacht in der Popmusik

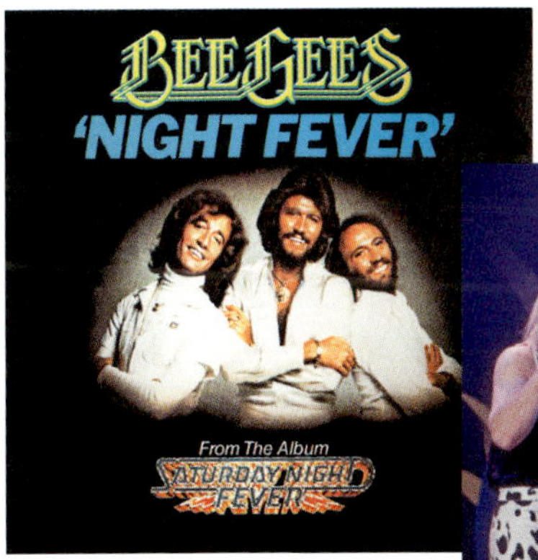


Bee Gees: Night Fever

Die Prinzen: Mann im Mond

Mecano: Hijo De La Luna

Bruno Mars: Talking To The Moon

**5** Stellt Hypothesen auf, warum die Nacht zum einen eine magische Faszination und zum anderen ein Gefühl der Freiheit bei vielen Menschen auslöst. Welche Möglichkeiten bieten sich mit diesen Themen bei einer musikalischen Umsetzung?

**6** Hört „Die Nacht ist nicht allein zum Schlafen da" in der Version von Max Raabe (B 20). Überlegt anschließend, was mit dem „Rausch" gemeint ist.

**7** Hört die Songs „Night Fever", „Mann im Mond", „Hijo de la luna" und „Talking To The Moon" (B 21–24). Fertigt zu dem Thema Nacht eine Mindmap mit den verschiedenen Facetten der Popmusik an. Recherchiert im Internet weitere Songs mit dieser Thematik.

# Liebe

B 25

## Die schöne Müllerin

*Karl Joseph Geiger: Die schöne Müllerin (1900)*

Im Jahr 1823 komponierte Franz Schubert, einer der bekanntesten Komponisten der Romantik, seinen Liederzyklus „Die schöne Müllerin", eine Folge von 20 Liedern. Die Texte dieser Lieder stammen aus der 1821 erschienenen gleichnamigen Gedichtsammlung von Wilhelm Müller. Das Werk beschreibt die zuerst glückliche, dann aber enttäuschte Liebe eines wandernden Müllergesellen zu der Tochter eines Müllers, die sich im Verlauf der Handlung für den Konkurrenten, den Jäger, entscheidet. Eine wichtige Rolle spielt in nahezu allen 20 Gedichten der Bach, dessen Lauf der Müllergeselle folgt. Das Motiv des Bachs ist ein im 19. Jahrhundert geläufiges Beispiel für romantische Bildlichkeit: Bewegtes Wasser steht für die Absage an die feste Form und starre Lebenskonzeption und für die Sehnsucht des romantischen Ichs nach Veränderung einer Lebenssituation, die als beengend und bedrückend empfunden wird. Dementsprechend wird auch die Liebe niemals als Zustand der Erfüllung in der Realität des Alltags dargestellt, sondern immer als seelischer Zustand der Sehnsucht und der hoffnungsvollen Erwartung. Unerfüllte Liebe verstärkt den Wunsch, das ohnehin als schmerzhaft empfundene Dasein zu verlassen.

## Die schöne Müllerin, Lied 6: Der Neugierige

Ich frage keine Blume, ich frage keinen Stern.
Sie können mir alle nicht sagen, was ich erführ so gern.
Ich bin ja auch kein Gärtner, die Sterne stehn zu hoch,
Mein Bächlein will ich fragen, ob mich mein Herz belog:
O Bächlein meiner Liebe, wie bist du heut so stumm,
Will ja nur eines wissen, ein Wörtlein um und um.
„Ja", heißt das eine Wörtchen, das andre heißet „nein".
Die beiden Wörtchen schließen die ganze Welt mir ein.
O Bächlein meiner Liebe, wie bist du wunderlich!
Will's ja nicht weitersagen, sag' Bächlein, liebt sie mich?

## Der Neugierige, Anfang

*Text: Wilhelm Müller Melodie: Franz Schubert*

1. Lest den Informationstext und fasst ihn mit eigenen Worten zusammen.
2. Hört das Lied „Der Neugierige" von Franz Schubert (B 25) und sprecht über seine Wirkung.
3. Lest den Liedtext und beschreibt seinen Bezug zur Epoche der Romantik (→ S. 64, 229).
4. Betrachtet das Notenbild und erklärt anhand dieses Ausschnitts die musikalische Gestaltung des Lieds.

B 26

## *Can’t Help Falling in Love – ein erfolgreicher Song*

Im Jahr 1961 entstand der Song, der zu den berühmtesten gehört, die der amerikanische Sänger Elvis Presley gesungen und aufgenommen hat: „Can’t Help Falling in Love“. Elvis Presley, geboren 1935 in Tennessee (USA), gilt als einer der wichtigsten Vertreter der Rock- und Popmusik des 20. Jahrhunderts – obwohl er eigenen Angaben zufolge niemals selbst einen Song verfasste. Er beherrschte die Genres Rock, Pop, Gospel und Blues. Sein emotionaler Gesangsstil galt als ebenso einzigartig wie seine zu der damaligen Zeit ungewöhnliche Bühnenperformance.

Text und Musik des Songs „Can’t Help Falling in Love“ waren eine Gemeinschaftsarbeit der Produzenten Hugo Peretti und Luigi Creatore und des Songwriters George David Weiss. Der Song war so erfolgreich, dass bereits 1962 in den USA über zwei Millionen Exemplare der mit ihm produzierten Single verkauft wurden.

*Szene aus dem Musik-Film „Blue Hawaii“ (1961), in dem Elvis Presley die Hauptrolle spielte und der die Inspiration zu dem Song „Can’t Help Falling In Love“ lieferte*

## *Can’t Help Falling In Love*

*Text und Melodie: Hugo Peretti, Luigi Creatore, George David Weiss*

**5** Lest den Informationstext, hört den Song „Can’t Help Falling In Love“ (B 26) und sprecht über seine Wirkung.

**6** Betrachtet das Notenbild und beschreibt die Gestaltung des Wort-Ton-Verhältnisses in Takt 9 bis 11 und in Takt 14, 15.

**7** Vergleicht die Aussage des Songs „Can’t Help Falling In Love“ mit der Aussage des Lieds „Der Neugierige“. Überlegt, welche Rolle das lyrische Ich in der jeweils dargestellten Liebesbeziehung einnimmt.

# Traum

B 27

*Peter Iljitsch Tschaikowsky (1840 – 1893)*

In der Romantik befassten sich die Schriftstellerinnen und Schriftsteller zunehmend mit Traumwelten und Traumdeutung. Auch in der Musik wird das Traum-Thema seit der Zeit der Romantik immer wieder behandelt. Ein Traum kann dabei zum einen eine Geschichte sein, die sich im Schlaf abspielt, und zum anderen ein Wunsch für die Zukunft. Schriftsteller wie E. T. A. Hoffmann nutzten diese Möglichkeiten, um in ihren Werken eine Verbindung zwischen Traum- und realer Welt herzustellen. Diese Verschmelzungen von Traum und Realität machten sich auch die Komponistinnen und Komponisten der Romantik zunutze und brachten dies in instrumentalen Stücken, aber auch in großen Bühnenwerken zum Ausdruck.

## Peter Iljitsch Tschaikowsky: Der Nussknacker

Der Komponist Peter Iljitsch Tschaikowsky (→ S. 73) nahm sich das Märchen „Nussknacker und Mäusekönig" von E. T. A. Hoffmann und dessen Bearbeitung durch den französischen Autor Alexandre Dumas als Vorlage für sein Märchenballett „Der Nussknacker". 1892 kam das Ballett zur Uraufführung und wird seitdem von vielen Ballettensembles meist zu Weihnachten aufgeführt.

Das Ballett handelt vom Weihnachtsfest bei Klara und ihrer wohlhabenden Familie. Das Fest wird von vielen Freunden besucht. Klaras Patenonkel Drosselmeier bringt u. a. aufziehbare Figuren und einen geschnitzten Nussknacker mit, der jedoch von Klaras Bruder kaputtgemacht wird. In der Nacht wacht Klara auf und möchte nach dem kaputten Nussknacker sehen, doch als sie zum Weihnachtsbaum kommt, wird dieser immer größer und Klara kann eine Schlacht zwischen dem Nussknacker mit seinen Spielzeugsoldaten und dem Mäusekönig beobachten. Kurz bevor der Nussknacker verliert, wirft Klara dem Mäusekönig ihren Pantoffel an den Kopf, sodass sich dieser zurückzieht. Aus dem Nussknacker wird ein junger Prinz, der Klara mit auf eine Reise durch einen winterlichen Tannenwald in das Reich der Zuckerfee nimmt. Dort angekommen, feiern sie gemeinsam mit den Schwestern des Prinzen und vielen Gästen die tapfere Rettung des Prinzen durch Klara. Die Gäste führen verschiedene Tänze aus ihren Herkunftsländern auf und präsentieren landestypische Gerichte und Getränke. Am Schluss des Festes wird der Tanz der Zuckerfee und ein gemeinsamer Walzer aller Gäste aufgeführt. Für das Ende des Abends gibt es verschiedene Fassungen. In einer Fassung erwacht Klara und stellt fest, dass alles nur ein Traum war.

Tschaikowsky nutzte Klaras Traum, um in Verbindung mit einem Ballett vielseitige Musik zu schaffen und miteinander zu kombinieren. Das interkulturelle Fest im Reich der Zuckerfee war dabei eine gute Möglichkeit, um seine musikalische Vielfältigkeit zu demonstrieren.

*Weihnachtsabend bei Klara*

*Kampf mit dem Mäusekönig*

*Tanz des Prinzen mit Klara*

**1** Überlegt, warum Träume besonders für eine künstlerische Umsetzung faszinierend sein können und was die Künstlerinnen und Künstler in der Zeit der Romantik an dieser Thematik fesselte.

**2** Hört den „Tanz der Zuckerfee" (B 27). Überlegt, welche Atmosphäre die Musik ausdrückt und mit welchen Instrumenten und musikalischen Mitteln Tschaikowsky dies umgesetzt hat.

**3** Findet im Internet Beispiele für Filmmusik (→ S. 58ff.) zum Thema Traum, die solche Mittel (→ Aufgabe 2) nutzen und begründet eure Auswahl.

B 28

P. T. Barnum

## The Greatest Showman

Der 2017 veröffentlichte Musikfilm „The Greatest Showman" erzählt die Biografie des Zirkuspioniers P. T. Barnum (1810–1891): Die Story des Films handelt vom großen Traum des P. T. Barnum, der ein Kuriositätenkabinett (Raum, in dem sonderbare Dinge ausgestellt werden) eröffnet. Da dies jedoch nur schleppend anläuft, entwickelt er eine Show mit verschiedenen Menschen, die sich durch ihre körperliche Erscheinung von anderen Menschen abheben. Mithilfe seines Vermarktungsgeschicks verschafft er diesen gesellschaftlichen Außenseitern eine Bühne und das Gefühl, nicht alleine zu sein. Die Außenseiter wachsen zu einer Gemeinschaft zusammen und zeigen, dass ihr Zusammenhalt allen Widerständen der Gesellschaft gewachsen ist.

The Greatest Showman, Plakat

## A Million Dreams

I close my eyes and I can see
A world that's waiting up for me
That I call my own
Through the dark, through the door
Through where no one's been before
But it feels like home

They can say, they can say
it all sounds crazy
They can say, they can say
I've lost my mind
I don't care, I don't care,
so call me crazy
We can live in a world
that we design

'cause every night I lie in bed
The brightest colors fill my head
A million dreams are keeping me
awake
I think of what the world could be
A vision of the one I see
A million dreams is all it's gonna take
Oh a million dreams for the world
we're gonna make

There's a house we can build
Every room inside is filled
With things from far away
Special things I compile
Each one there to make you smile
On a rainy day

They can say, they can say
it all sounds crazy
They can say, they can say
we've lost our minds
I don't care, I don't care
if they call us crazy
Runaway to a world
that we design

Every night I lie in bed
The brightest colors fill my head
A million dreams are keeping me
awake
I think of what the world could be
A vision of the one I see
A million dreams is all it's gonna take
Oh a million dreams for the world
we're gonna make

The Greatest Showman, Szenenausschnitt

However big, however small
Let me be part of it all
Share your dreams with me
You may be right, you may be wrong
But say that you'll bring me along
To the world you see
To the world I close my eyes to see
I close my eyes to see it

Every night I lie in bed
The brightest colors fill my head
A million dreams are keeping me
awake
A million dreams, a million dreams
I think of what the world could be
A vision of the one I see
A million dreams is all it's gonna take
A million dreams for the world we're
gonna make
For the world we're gonna make

*Benj Pasek, Justin N. Paul*

**4** Reflektiert darüber, warum die Gleichberechtigung aller Menschen, egal welcher Herkunft, Religion, Hautfarbe oder sexueller Orientierung, für viele ein großes gesellschaftliches Ziel darstellt. Überlegt für euch, warum Musik und Musikfilme wichtige Hilfsmittel sind, um dieses Ziel zu erreichen. Diskutiert eure Überlegungen anschließend in der Klasse.

**5** Betrachtet den Szenenausschnitt aus „The Greatest Showman" und lest den Songtext zu „A Million Dreams". Überlegt, wie ihr euch die dazugehörige Filmmusik (→ Kap. 5) vorstellt und notiert euch Stichworte zu Dynamik, Agogik[W] und den Instrumenten, die ihr verwenden würdet. Hört anschließend den Song „A Million Dreams" (B 28) und vergleicht ihn mit euren musikalischen Vorstellungen.

# Sehnsucht

B 29

Die brasilianische Sängerin Marisa Monte bei einem Live-Konzert

### Carinhoso (Textauszüge auf Portugiesisch …) –

### Zärtlich (… und auf Deutsch)

Meu coração, não sei por que
Bate feliz quando te vê …

Mein Herz, ich weiß nicht,
warum es so glücklich schlägt,
wenn ich dich sehe …

Mas mesmo assim, foges de mim.

Aber wie auch immer,
du rennst vor mir weg.

Ah, se tu soubesses como sou tão carinhosa,
E o muito, muito que te quero …

Ah, wenn du wüsstest,
wie liebevoll ich bin,
und wie sehr, wie sehr ich dich liebe …

Vem matar essa paixão que me devora o coração.
Só assim então serei feliz …

Komm und töte diese Leidenschaft,
die mein Herz verschlingt.
Nur dann werde ich glücklich sein …

Das Lied „Carinhoso" wurde ca. 1917 von dem brasilianischen Komponisten und Sänger Pixinguinha komponiert und ist bis heute eines der berühmtesten Werke der „Música Popular Brasileira." So wird die Popmusik aus Brasilien genannt, die nach wie vor eine starke Verbindung zur traditionellen Musik dieses Landes hat. Wenn ein so bekanntes Lied wie „Carinhoso" bei Live-Konzerten in Rio de Janeiro angestimmt wird, dann singen häufig alle Menschen im Publikum auswendig mit und genießen es, dabei gemeinsam ihre Gefühle auszudrücken.

## Sehnsucht nach jemandem, der davonläuft

Die Musikerin Mariana Zwarg aus Rio de Janeiro sagt über den berühmten Liedtext von „Carinhoso":

„Wenn heute ein Mann einen Liedtext wie diesen schreiben und einer Frau sagen würde, dass er das Lied für sie geschrieben hat, dann würde sie ganz schön Angst bekommen. Ich würde auch Angst bekommen und denken: ‚Was, ich soll die Leidenschaft töten, die dein Herz verschlingt? Und erst dann bist du glücklich?' Aber zu dieser Zeit war das ganz normal, einen solchen Text zu schreiben. Damals gab es nicht so viele Veränderungen in kürzester Zeit wie heute. Heute verändert sich ständig alles. Vor 100 Jahren konnte man noch 40 Jahre in einen Menschen verliebt und mit ihm zusammen sein und heute schauen wir viel schneller nach einem neuen Menschen, mit dem wir zusammen sein wollen."

1. Lest die Textauszüge aus dem Lied „Carinhoso" und sprecht über die Situation, in der sich die Person befindet, die dieses Lied singt.
2. Hört „Carinhoso" in der Version von Marisa Monte (B 29) und sprecht danach darüber, ob ihr diese Interpretation des Lieds gut findet. Begründet euer Urteil.
3. Beschreibt die Melodie an der Stelle, an der die Sängerin viermal „Vem!" („Komm!") singt. Welche Wirkung hat die Melodie an dieser Stelle auf euch?
4. Lest Mariana Zwargs Aussage über den Liedtext von „Carinhoso". Überlegt euch, ob ihr der Aussage dieser Musikerin über die Liebe in früheren und heutigen Zeiten zustimmt.

B 30

## Sehnsucht nach einem anderen Leben

Im 2. Satz seiner 4. Sinfonie drückte der russische Komponist Peter Iljitsch Tschaikowsky nach eigener Aussage die Traurigkeit und Einsamkeit aus, die er an den Abenden im Jahr 1877 oft fühlte. Nach einem intensiven Arbeitstag sehnte er sich damals oft nach einem anderen Leben. Denn er konnte im Privaten nicht so leben, wie er eigentlich leben wollte. Heute ist bekannt, dass Tschaikowsky homosexuell war und dennoch Antonina Miljukowa geheiratet hatte, weil eine Partnerschaft mit einem anderen Mann in der damaligen Zeit undenkbar war. Das Komponieren gab ihm zumindest die Möglichkeit, seine Sehnsucht nach einem anderen Leben musikalisch auszudrücken.

Das Thema, mit dem der 2. Satz der 4. Sinfonie beginnt, wird zu Beginn von einer Oboe gespielt. Die Streicher spielen dazu zart gezupfte Begleitakkorde. Dann wiederholen die Celli das Thema, und mehr und mehr Instrumente des Orchesters begleiten sie. Nachdem das Thema zweimal erklungen ist, beginnt eine neue Melodie, die immer größer wird.

Wenn 50, 60 oder 80 Menschen in einem Sinfonieorchester miteinander Musik machen und dabei durch die Musik Gefühle wie Sehnsucht ausdrücken, dann braucht es eine Dirigentin oder einen Dirigenten: Ihre bzw. seine Aufgabe ist es, nicht nur das Tempo und die Dynamik eines Stücks anzuzeigen, damit alle gut zusammenspielen können. Ein guter Dirigent kann mit seinem Körper auch Emotionen ausdrücken und ein Orchester dazu motivieren, diese Emotionen auf den verschiedenen Instrumenten zum Klingen zu bringen.

*Das Haus bei Moskau, in dem Tschaikowsky lebte*

**4. Sinfonie, 2. Satz, Thema**

*Peter Iljitsch Tschaikowsky*

**5** Hört den 2. Satz der 4. Sinfonie von Peter Iljitsch Tschaikowsky (B 30) und genießt es, für ca. 10 Minuten nichts zu tun außer zuzuhören. Könnt ihr euch beim Hören in die Gefühle des Komponisten Tschaikowsky hineinversetzen, die oben beschrieben wurden? Hört ihr in diesem Satz noch weitere Gefühle heraus?

**6** Findet eine Person in eurer Klasse, die das 1. Thema des 2. Satzes zu Hause üben und euch dann live vorspielen kann. Lest beim Zuhören die Melodie in den Noten mit. Achtet darauf, an welchen Stellen der Fluss der Melodie unterbrochen werden kann und an welchen Stellen sie weiterfließt.

**7** Recherchiert im Internet nach Video-Aufnahmen von Orchestern, die diese Sinfonie gespielt haben, und schaut euch eine Aufnahme des 2. Satzes an. Beobachtet, wie der Dirigent das Orchester mit seinem Gesicht und seinem Körper unterstützt, Gefühle wie Sehnsucht musikalisch auszudrücken.

# Der Tod und die Musik

B 31

Viele Künstlerinnen und Künstler beschäftigen sich in ihren Werken mit dem Thema Tod. Die Musik spielt dabei eine wichtige Rolle, um Trauer zu begleiten, Verstorbener zu gedenken oder sich mit der eigenen Sterblichkeit auseinanderzusetzen. So verwendete z. B. Franz Schubert (→ S. 68) das Gedicht „Der Tod und das Mädchen" von Matthias Claudius als Grundlage für das von ihm komponierte, gleichnamige Kunstlied.

## Der Tod und das Mädchen

**Begleitung Mädchen**

**Begleitung Tod**

*Text: Matthias Claudius Melodie: Franz Schubert*

**1** Fertigt eine Mindmap an, welche die Funktionen von Musik in Verbindung mit Tod und Trauer darstellt.

**2** Hört das Kunstlied „Der Tod und das Mädchen" von Franz Schubert (B 31) und lest den Liedtext mit.

**3** Untersucht, mit welchen musikalischen Mitteln Schubert die beiden singenden Figuren voneinander abgrenzt. Findet konkrete Merkmale in Rhythmus und Melodie des Gesangs und der Begleitstimmen.

**4** Singt das Lied und teilt dafür die beiden Rollen nach eurer Stimmlage auf. Versetzt euch anschließend in die Lage einer Popband und überlegt, wie ihr ein Pop- oder Rock-Remake dieses Stücks gestalten würdet.

**5** Erörtert, warum der Tod als Thema besonders in der Romantik einen hohen Stellenwert hat. Nutzt dafür das Wissen, welches ihr bereits über diese Epoche habt.

B 32, 33

## Tod in der Popkultur

Auch in der heutigen Popkultur ist der Tod ein allgegenwärtiges Thema: Erfolgreiche Musikerinnen und Musiker stehen durch ihre Manager und die Öffentlichkeit häufig unter großem Druck, sich vorbildlich zu verhalten. Einige Popstars versuchen diesen Stress zu bekämpfen, indem sie Rauschmittel wie Drogen oder Alkohol zur Entspannung, aber auch als vermeintliche Inspirationsquelle nutzen. Immer wieder kommt es dadurch auch zu Todesfällen.

## Klub 27

Zum sogenannten „Klub 27" werden mehrere Rock- und Blues-Musikerinnen und -Musiker gezählt, die im Alter von 27 Jahren verstorben sind. Alle Mitglieder dieses Klubs gehörten zu den einflussreichsten und stilprägendsten Stars der letzten Zeit. Ebenfalls wird bei allen vermutet, dass sie an einer Überdosis Rauschmittel gestorben sind. Durch das junge Alter der Stars und den großen Fan-Kult um sie entwickelte sich der „Klub 27" zu einem Mythos, um den sich verschiedenste Theorien ranken. Einige der Verstorbenen sind:

*Jimi Hendrix, Sänger, Songwriter und Rockgitarrist: 1970 an einer Überdosis Heroin und Alkohol verstorben*

*Janis Joplin, Songwriterin und Sängerin bei mehreren Rock- und Blues-Bands: 1970 an einer Überdosis Heroin verstorben*

*Kurt Cobain, Sänger und Gitarrist der Band Nirvana: 1994 im Heroinrausch durch Suizid verstorben*

*Amy Winehouse, Soul-Sängerin, Gitarristin und Songwriterin: 2011 an einer Alkoholvergiftung verstorben*

## Das Thema Tod in Songtexten der populären Musik

### Am Tag, als Conny Kramer starb

Wir lagen träumend im Gras,
die Köpfe voll verrückter Ideen.
Da sagte er nur zum Spaß:
Komm, lass uns auf die Reise gehen.
Doch der Rauch schmeckte bitter.
Aber Conny sagte mir, was er sah:
ein Meer von Licht und Farben.
Wir ahnten nicht, was bald darauf geschah …

*Hans-Ulrich Weigel*

*Mit diesem Schlager wurde 1972 die damals erst 15-jährige Sängerin Juliane Werding bekannt. Der aufsehenerregende Song, der auf einer wahren Geschichte beruht, wurde u. a. für eine deutschlandweite Anti-Drogen-Kampagne genutzt.*

### Chicago

Manchmal trifft sie sich mit ein paar Leuten,
an einem unbestimmten Platz.
Und wenn dort frisches Zeug durch die Adern fließt,
gibt man den Löffel an die Kumpels ab.
Und diesmal ist sie nicht gekommen,
vielleicht hat sie's nicht gepackt.
Nur eine kleine Nachricht
ist alles, was sie hinterlassen hat …

*Thomas Hübner, Thomas Wolf*

*Der Sänger und Songwriter Clueso schrieb 2006 den Song „Chicago", in dem er Drogenmissbrauch und -tod thematisiert. Zu Beginn der 2000er-Jahre nahmen etwa 10 Prozent aller jungen Menschen in Deutschland regelmäßig Drogen, und viele starben auch daran.*

**6** Diskutiert, wodurch der Mythos des „Klub 27" zustande gekommen sein könnte.

**7** Hört die Songs „Am Tag, als Conny Kramer starb" von Juliane Werding (B 32) und „Chicago" von Clueso (B 33). Findet heraus, worin sich die Songtexte am meisten unterscheiden. Vergleicht anschließend die beiden Songs mit dem Kunstlied von Franz Schubert.

# Gustav Mahler

B 34–37

*Gustav Mahler 1892*

## *Wanderer auf den Pfaden der Romantik*

Geboren im Jahre 1860, ist Gustav Mahler noch sehr der Musik und den Ideen der romantischen Epoche verbunden. Motive wie Liebesenttäuschung, Weltschmerz und Weltflucht finden sich immer wieder in Mahlers Liedern und Sinfonien. Seine „Lieder eines fahrenden Gesellen" handeln von einem jungen Menschen, der nach einer gescheiterten Liebe einen Neuanfang auf einer Wanderung sucht. Nach anfänglicher Zuversicht wird er jedoch schnell von seinem Liebesschmerz eingeholt und kann sich nur durch die Flucht in sehnsuchtsvolle Träume trösten. Mahler lässt seine Lieder vom Orchester begleiten, um alle Emotionen, die in einem Text beschrieben werden, durch die Klangfarben der verschiedenen Instrumente ausdrücken zu können. Ein Markenzeichen seiner Musik ist das Aufeinandertreffen gegensätzlicher Gefühlswelten. So erklingt im ersten Gesellenlied „Wenn mein Schatz Hochzeit macht" die Klage des verlassenen Gesellen in seiner Kammer, während von draußen die heiteren Klänge der Hochzeitsfeier seiner Geliebten hereinwehen, die gerade einen anderen heiratet.

## *Komponist von Musik mit Vokabeln*

Eine weitere Besonderheit der Musik Gustav Mahlers nennt der Musikwissenschaftler Hans Heinrich Eggebrecht „Komponieren mit Vokabeln". Sie findet sich schon am Beginn von Mahlers 1. Sinfonie. In der langsamen Einleitung treten verschiedene musikalische Ereignisse auf, die sich – ähnlich wie Vokabeln einer fremden Sprache – sinngemäß übersetzen lassen: Der hohe Flageolett-Ton der Geigen könnte für das erste Sonnenlicht bei Tagesanbruch stehen. Das Quartmotiv der Klarinette könnte für Vogelgesänge und damit ebenso wie der kurze Auftritt der Hörner für Wald und Natur stehen. Dann ertönen Militärfanfaren von Trompeten, die in großer Entfernung vom Orchester stehen sollen und daher wie aus weiter Ferne klingen: Die Geräusche der Zivilisation sind also nur von weitem zu hören. Was vielen damaligen Hörern der Sinfonie wie ein musikalisches Sammelsurium ohne Zusammenhang erschien, ist Mahlers Versuch, eine möglichst konkrete musikalische Szene zu entwerfen: Ein junger, optimistischer Mensch beginnt abseits des Großstadtgetöses seinen (Lebens-)Weg durch eine erwachende Natur. Um die Deutlichkeit der Aussage noch zu steigern, zitiert Mahler im Hauptthema des 1. Satzes die Melodie seines zweiten Gesellenlieds „Ging heut morgen übers Feld", in dem die Hauptfigur der Erzählung zu einer hoffnungsfrohen Wanderung aufbricht. Auf diese Weise lässt Mahler Instrumentalmusik sprechen.

**Ging heut' morgen übers Feld, Anfang**

*Text und Melodie: Gustav Mahler*

**1** Hört den Beginn des ersten Gesellenlieds „Wenn mein Schatz Hochzeit macht" von Gustav Mahler (B 34) und beschreibt, wie Mahler das Nebeneinander von Freude und Trauer musikalisch gestaltet.

**2** Hört den Beginn von Mahlers zweitem Gesellenlied „Ging heut' morgen übers Feld" (B 35) und singt den Anfang nach oder spielt ihn auf dem Keyboard. Hört nun den Beginn von Mahlers 1. Sinfonie (B 36) und erkennt die im Text beschriebenen musikalischen „Vokabeln" sowie das Lied-Zitat. Findet ihr weitere musikalische „Vokabeln"?

**3** Hört einen Ausschnitt aus dem 3. Satz der 1. Sinfonie von Gustav Mahler (B 37) und erkennt und übersetzt musikalische „Vokabeln". Stellt Vermutungen auf, worum es in diesem Ausschnitt gehen könnte.

C 1

Da die meisten Hörer zu Mahlers Zeit Musik nur als wohlklingenden Zeitvertreib ansahen, waren nur wenige bereit, sich auf das „Übersetzen" und Verstehen von Mahlers Werken einzulassen. Viele Aussagen aus dieser Zeit zeugen vom Unverständnis des Publikums gegenüber Mahlers Musik:

„Für sowas verdient der Mann ein paar Jahre Gefängnis." (Ein Musikkritiker über Mahlers 3. Sinfonie)
„Ich erlebe den Sieg meiner Sache nicht mehr! Zu fremd und neu ist alles, was ich schreibe." (Gustav Mahler)
„Muss man denn immer erst tot sein, bevor einen die Leute leben lassen?" (Gustav Mahler)

## Dirigent und Opernreformer

Wesentlich anerkannter war Mahler bereits zu Lebzeiten in seinem Hauptberuf als Orchesterdirigent. Hauptsächlich dirigierte er Opern und Sinfonien, zum Komponieren kam er nur in den Sommerferien.

*Otto Böhler: Gustav Mahler am Dirigentenpult*

Dabei war es vor allem Mahlers Dirigier-Stil, der Aufsehen erregte. Während seine Kollegen relativ ruhig vor dem Orchester standen, war Mahler ständig in Aktion. Ein Zeitzeuge berichtet: „Sein Körper war von Bewegung ganz durchwühlt, und im Halbdunkel machte er den Eindruck eines mystisch arbeitenden Zwerg-Fabelwesens."

Nach ersten Engagements als Kapellmeister (Orchesterleiter) in Kassel, Prag, Budapest und Hamburg wurde Mahler 1897 an eines der bedeutendsten Opernhäuser Europas berufen: an die Wiener Hofoper. In seinen Bemühungen, das Kunstwerk in den Mittelpunkt der Aufführung zu stellen, führte Mahler hier einige revolutionäre Veränderungen durch, die dem Opernbesucher von heute selbstverständlich erscheinen: Der Zuschauerraum wurde abgedunkelt, um die Aufmerksamkeit auf das Bühnengeschehen zu lenken. Das Orchester wurde in einen tiefer liegenden Graben verlegt, um einen freien Blick auf die Bühne zu ermöglichen. Zu spät kommende Zuschauer wurden nicht mehr eingelassen, um die Konzertatmosphäre nicht zu stören. Gemeinsam mit dem Bühnenbildner Alfred Roller entwarf Mahler außerdem erstmals die Inszenierung einer Oper als Gesamtkunstwerk, in dem auch Bühnenbild, Ausstattung und Beleuchtung den Charakter jeder Szene unterstützen. Dabei musste Mahler allerdings viele Widerstände von Seiten des konservativen Wiener Publikums überwinden. „Was Ihr Theaterleute Eure Tradition nennt, das ist Eure Bequemlichkeit und Schlamperei." (Gustav Mahler)

## Wegbereiter der Neuen Musik

Eine Sinfonie zu komponieren, bedeutete für Mahler, „mit allen Mitteln der vorhandenen Technik eine Welt auf[zu]bauen." Daher beschränkte er sich beim Komponieren nicht auf schöne Klänge oder gefällige Melodien, sondern schloss auch das Bizarre, das Banale und manchmal sogar das Hässliche mit ein, um die ganze Verschiedenartigkeit der Welt musikalisch auszudrücken. Um den Ausdruck seiner Musik zu steigern, erweiterte Mahler zudem die Besetzung des Orchesters immer weiter, oft auch um außermusikalische Geräusche wie Hammerschläge oder das Läuten von Glocken. So unverständlich dies seinen Zeitgenossen blieb, so inspirierend wirkte es sich auf die musikalische Avantgarde[W] um Musiker wie Arnold Schönberg aus, die um 1900 die „Neue Musik" ins Leben riefen.

## Sinfonie der tausend

Mahlers Vergrößerung des Orchesters gipfelte schließlich in der gigantisch besetzten 8. Sinfonie, die den Beinamen „Sinfonie der tausend" erhielt, weil bei ihrer Uraufführung im Jahre 1910 in München tatsächlich über 1 000 Mitwirkende auf der Bühne standen: 3 Chöre mit insgesamt 850 Sängern, 170 Orchestermusiker und 8 Vokalsolisten. Damit das Konzert ohne jede Störung ablaufen konnte, veranlasste Mahler sogar, dass die Straßenbahn während der Aufführung langsam und ohne Glockenzeichen am Konzerthaus vorbeizufahren hatte. Mit der 8. Sinfonie erlebte Mahler einen der wenigen großen Triumphe als Komponist. Allgemeine Anerkennung und tieferes Verständnis erfuhr seine Musik erst nach seinem Tod.
Gustav Mahler starb 1911 in Wien.

**4** Beschreibt anhand der Veränderungen, die Mahler an der Wiener Hofoper vornahm, wie eine Opernaufführung vor Mahlers Opernreform (vom Bühnengeschehen bis hin zum Zuschauerverhalten) ausgesehen haben könnte.

**5** Hört den Beginn des 1. Satzes von Gustav Mahlers 8. Sinfonie (C 1) und beschreibt euren Höreindruck.

# Impressionismus

C 2

Der musikalische Impressionismus wurde vor allem vom Komponisten Claude Debussy (1862–1918) geprägt. Bei seiner Suche nach neuen Klängen und Klangverbindungen griff Debussy auch auf fremde Musikkulturen zurück, die er wahrscheinlich während der Pariser Weltausstellung 1889 kennenlernte. So entstand ein sehr charakteristischer Musikstil, den man in Anlehnung an die Malerei dieser Zeit Impressionismus nennt. Im Mittelpunkt steht dabei die künstlerische Verarbeitung des unmittelbaren Eindrucks (lat.: impressio), den ein Gegenstand auf den Künstler macht. Es geht also weniger um die detailgetreue Wiedergabe des Gegenstands selbst.

*Domenico Quaglio: Kathedrale von Reims (1833)*

*Claude Monet: Kathedrale von Rouen (1892–94)*

## Gestaltungsmittel impressionistischer Musik

### A Pentatonik

Eine pentatonische Skala besteht aus fünf Tönen (griech. penta = fünf). Ihr Klang erinnert an asiatische Musik (→ S. 94, 95). Auf dem Klavier lässt sich eine Pentatonik am leichtesten erzeugen, indem man nur schwarze Tasten spielt.

### Pentatonik über dem Ton ges'

### 10. Prélude: La Cathédrale engloutie, Anfang

*Claude Debussy*

**1** Hört den Anfang des 10. Préludes „La Cathédrale engloutie" von Claude Debussy (C 2) und verfolgt dabei das Notenbild. Beschreibt, zu welchem der beiden Gemälde die Musik besser passt. Vergleicht dabei die Eigenschaften der Musik mit den Maltechniken der Gemälde.

**2** Findet heraus, welchen Tonvorrat die ersten beiden Takte des Préludes haben und ob sie einer pentatonischen Skala entsprechen. Notiert euch die Töne dieses Tonvorrats und spielt sie auf dem Klavier oder Keyboard.

C 3

### B Polyrhythmik

Durch Überlagerung verschiedener rhythmischer Strukturen (z. B. Achtelnoten gegen Achtel-Triolen) entsteht ein schwebender Klang.

### Arabesque Nr. 1, Anfang

Claude Debussy

### C Freie formale Gestaltung

Im Impressionismus setzte sich eine Entwicklung fort, die in der Epoche der Romantik begonnen hatte: Viele Instrumentalstücke folgen in ihrem Aufbau keinem festen Schema, wie der Sonatenhauptsatzform (→ S. 32ff.), mehr, sondern fügen Themen und Formteile frei aneinander. Dies zeigt sich auch häufig an den Titeln von impressionistischen Werken, wie „Prélude" (franz. für: Einleitung, Vorspiel) oder „Arabesque" (Ranken-Ornament zur Dekoration von Wänden).

*Arabesque*

## *Claude Debussy über sein Musikverständnis*

„Man muß die Musik von allem gelehrten Schwulst befreien. Die Musik muß mit Bescheidenheit danach trachten, Freude zu bereiten; in diesen Grenzen ist vielleicht große Schönheit möglich. Die auf die Spitze getriebene Kompliziertheit ist das Gegenteil von Kunst." *Debussy 1904 in einem Zeitungsartikel*

„[Der Komponist Richard] Wagner verkündet das Gesetz der Harmonie, ich bin für die Freiheit. Die wahre Freiheit kommt von der Natur. Alle Geräusche, die Sie um sich herum hören, lassen sich in Töne fassen. Man kann musikalisch alles ausdrücken, was ein feines Ohr im Rhythmus der Welt wahrnimmt, die es umgibt. Gewisse Leute wollen sich zuallererst nach Regeln richten. Ich für meinen Teil will nur das wiedergeben, was ich höre." *Debussy 1910 zu einem Journalisten*

**3** Hört Debussys Klavierwerk „Arabesque Nr. 1" (C 3), verfolgt dabei das Notenbild und findet darin Polyrhythmen und pentatonische Skalen.

**4** Hört „Arabesque Nr. 1" erneut (C 3) und beschreibt euren Höreindruck. Setzt diesen zu Debussys Musikverständnis in Beziehung. Welche der hier wiedergegebenen Gedanken von Debussy findet ihr in der Musik wieder? Erklärt anhand des Notenbilds und der Abbildung einer Arabesque, warum Debussy diesem Stück den Titel „Arabesque" gegeben hat.

**5** Erarbeitet in kleinen Gruppen eine instrumentale Improvisation im impressionistischen Stil. Nutzt dafür ein Instrument oder mehrere Instrumente, z. B. Klavier und Xylofon. Verwendet stiltypische musikalische Elemente wie Pentatonik und Polyrhythmik. Lasst euch von Debussys Aussagen über Musik anregen. Skizziert den Ablauf eures Stücks mit Noten oder mit einer grafischen Partitur.

# Alban Berg

C 4

*Alban Berg 1927*

Alban Berg (1885 – 1935) studierte von 1904 bis 1909 Harmonielehre und Komposition bei dem Komponisten Arnold Schönberg und blieb diesem sein Leben lang in enger Freundschaft und Verehrung verbunden. Da Schönberg und seine Schüler lange Zeit in Wien lebten, nannte man diese Komponistengruppe „Neue Wiener Schule". Durch diese Bezeichnung sollte ausgedrückt werden, dass die Mitglieder des Schönberg-Kreises sich als Nachfolger von Komponisten wie Mozart, Beethoven oder Brahms, die ebenfalls in Wien gewirkt hatten, verstanden. Die teilweise radikalen musikalischen Neuerungen Schönbergs, v. a. die Atonalität[W], werden so als logische Fortführung der Entwicklungen, die zur Zeit der Klassik und Romantik stattgefunden hatten, dargestellt.

In der Musik Alban Bergs lässt sich der Übergang zur Atonalität beobachten. Seine Kompositionen enthalten noch spätromantische Akkorde, verbinden diese aber zunehmend mit atonalen Klängen und später auch mit Elementen der Zwölftontechnik[W].

## Zwischen Spätromantik und Atonalität

Alban Berg „übernimmt die neuen Mittel ohne Vorbehalt [und vermittelt] zwischen dem neuen Material und dem vorgegebenen; nicht als vorsichtig Rücksichtiger und gemäßigter Moderner, [sondern] treu indessen die historische Verbindungslinie sichernd, oftmals gleichsam sie nachvollziehend."

*Theodor W. Adorno, Philosoph, Musikwissenschaftler und Kompositionsschüler bei Alban Berg*

## Die Klaviersonate op. 1

Alban Bergs Klaviersonate op. 1 entstand im Jahre 1909 als Abschlussarbeit seines Kompositionsstudiums bei Arnold Schönberg. Die Sonate besteht aus nur einem Satz. Eigentlich sollten ihr, wie bei der klassischen Sonate üblich, noch ein zweiter und dritter Satz folgen. Als Berg aber nach einiger Zeit des Überlegens noch keine Ideen für eine Fortsetzung des 1. Satzes gekommen waren, soll Schönberg gesagt haben, dann habe er eben alles gesagt, was zu sagen war, und die Sonate blieb so kurz. In ihrem formalen Aufbau folgt die Sonate der klassischen Einteilung des Sonatenhauptsatzes in Exposition (→ S. 32ff.), Durchführung und Reprise. Die Gestaltung der Themen weicht allerdings vom klassischen Prinzip ab. Zur Zeit der Klassik sollten die Themen möglichst gegensätzlich gestaltet werden.

In Ludwig van Beethovens 5. Sinfonie gibt es z. B. einen klassischen Themenkontrast:

**5. Sinfonie, 1. Satz, 1. Thema**

**5. Sinfonie, 1. Satz, 2. Thema**

*Ludwig van Beethoven*

In Alban Bergs Klaviersonate op. 1 hingegen weisen alle drei Themen, die in der Exposition vorgestellt werden, rhythmische Verwandtschaften auf:

**1. Thema**

**2. Thema (Seitenthema)**

**3. Thema (Schlussgruppenthema)**

*Alban Berg*

**1** Gebt Theodor W. Adornos Aussage über die Musik von Alban Berg in eigenen Worten wieder.

**2** Betrachtet das 1. und 2. Thema aus Beethovens 1. Satz der 5. Sinfonie und beschreibt anhand der musikalischen Parameter[W], wie er den Kontrast zwischen den zwei Themen erzeugt.

**3** Hört die drei Themen aus Bergs Klaviersonate op. 1 (C 4) oder spielt sie auf dem Klavier und findet heraus, welche rhythmischen Motive[W] des 1. Themas sich in den anderen beiden Themen wiederfinden.

C 5–8

## Motivische Arbeit

Alban Berg setzte dem klassischen Themenkontrast also ein Prinzip der Themenverwandtschaft entgegen. Er übernahm aber von Komponisten wie Beethoven das Ideal, ein ganzes Werk aus wenigen, immer weiter verarbeiteten Motiven zu entwickeln. Die Technik der Motivverarbeitung gibt es in der Kunstmusik schon seit dem Barock.

## Abspaltung und Verarbeitung von Motiven aus einem Thema

Das 1. Thema der Klaviersonate op. 1 teilt sich in das aufwärts gerichtete Motiv A und das abwärts gerichtete Motiv B.

**1. Thema**

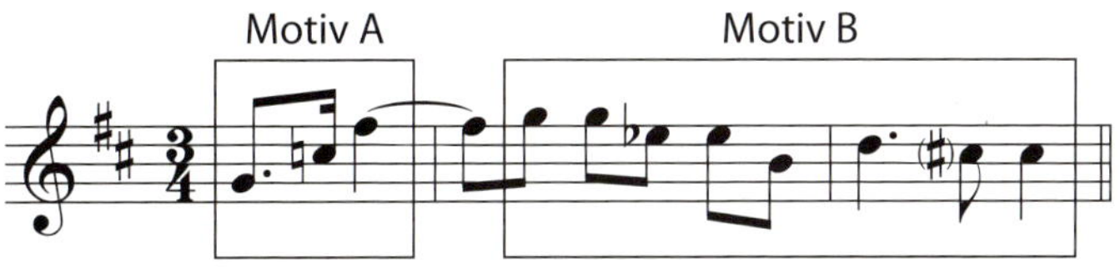


Das 1. Thema tritt in dieser Form mehrfach in der Klaviersonate auf. Allerdings verarbeitet Berg auch beide Motive einzeln, also abgespalten von der ursprünglichen Gestalt des Themas:

**Takt 55, 56: Sequenzierung[W] von Motiv A**

**Takt 172, 173: Umkehrung[W] und Sequenzierung von Motiv A**

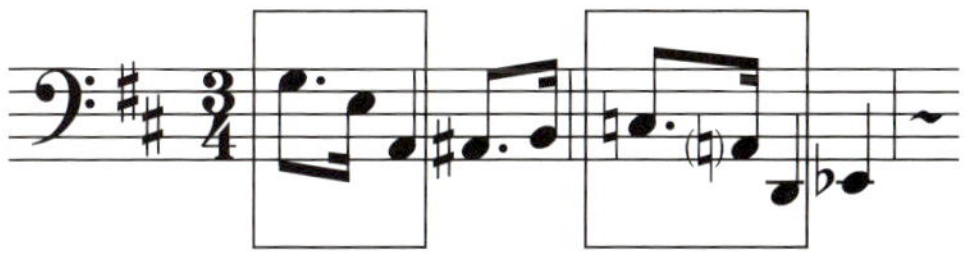

**Takt 73ff.: Diminution[W] und Sequenzierung von Motiv B**

## Entwicklung eines Themas aus einem Motiv

In Takt 38 tritt zum ersten Mal ein Motiv mit markantem Sextolen[W]-Rhythmus auf, das sich danach mehrfach wiederholt. In Takt 49 erscheint die gleiche Tonfolge, aber mit vergrößerten Notenwerten (augmentiert) als 3. Thema der Klaviersonate. Der Einsatz dieses 3. Themas wird also über elf Takte hinweg motivisch vorbereitet.

**Takt 38: „Geburt" des Motivs als Sextole**

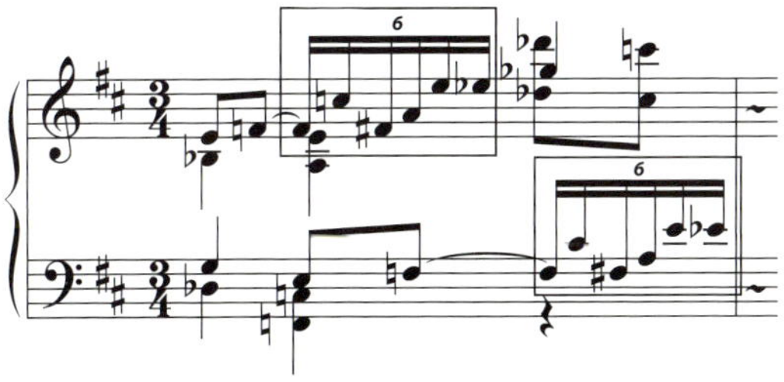

**Takt 49: Motiv augmentiert[W] zum 3. Thema**

**4** Hört die Exposition der Klaviersonate op. 1 (C 5) mit einer für allen sichtbaren Zeitanzeige. Notiert die genauen Zeitpunkte, zu denen ihr die hier vorgestellten Themen, Motive und Motivverarbeitungen hört.

**5** Schaut euch die Notenbilder der abgespaltenen Motive A und B an und hört die entsprechenden Sonatenausschnitte dazu (C 6, 7). Beschreibt, wie Berg die abgespaltenen Motive A und B verarbeitet.

**6** Hört die Sonatenausschnitte (C 6–8) und formuliert eigene Definitionen zu den Begriffen „Abspaltung", „Sequenzierung", „Umkehrung", „Diminution" und „Augmentation".

# Expressionismus

## Was ist Expressionismus?

Nachdem Komponisten der Spätromantik wie Gustav Mahler (→ S. 76, 77) in ihren Werken die Grenzen der Dur-Moll-Tonalität[W] ausgelotet hatten, überschritt der österreichische Komponist Arnold Schönberg (1874–1951) endgültig die Schwelle zur Atonalität[W]. Schönberg gilt als Vertreter des musikalischen Expressionismus, einer Kunstrichtung, die sich etwa über die Jahre 1905 bis 1925 erstreckt. Der Begriff „Expressionismus" leitet sich vom lateinischen Wort expressio (Ausdruck) her. Wodurch aber zeichnet sich die Kunst des Expressionismus aus? Hier einige Annäherungsversuche:

In seinem 1911 erschienenen Buch „Harmonielehre" äußert sich Schönberg über sein Kunstverständnis: „Kunst ist auf der untersten Stufe einfache Naturnachahmung. Aber bald ist sie Naturnachahmung im erweiterten Sinne des Begriffs, also nicht bloß Nachahmung der äußeren, sondern auch der inneren Natur. Mit anderen Worten: Sie stellt dann nicht bloß die Gegenstände oder Anlässe dar, die Eindruck machen, sondern vor allem diese Eindrücke selbst; eventuell ohne Rücksichtnahme auf deren Was, Wann und Wie. Der Rückschluss auf den ursächlichen äußeren Gegenstand ist hier wegen seiner geringen Unmittelbarkeit vielleicht nur mehr von untergeordneter Bedeutung. Auf ihrer höchsten Stufe befaßt sich die Kunst ausschließlich mit der Wiedergabe der inneren Natur."

Die expressionistischen Künstler suchten nach neuen Ausdrucksmitteln, da sie sich von den traditionellen Kunstformen eingeengt fühlten. Darin verbarg sich auch ein gesellschaftskritischer Aspekt: In der althergebrachten Kunstsprache der Malerei, Literatur und Musik sahen die Expressionisten ein Abbild der selbstgefälligen Arroganz des Bürgertums, die sie nicht tolerieren, sondern anklagen wollten. Die Kunst Schönbergs und anderer Expressionisten meidet die klassische Ausgewogenheit und ist stattdessen geprägt von Extremen und Kontrasten. Sie will nicht den heuchlerischen Schein einer heilen Welt erzeugen, sondern unbequem sein, aufrütteln und provozieren.

## Expressionismus in Dichtung und Malerei

### Form ist Wollust (1914)

Form und Riegel mussten erst zerspringen,
Welt durch aufgeschlossne Röhren dringen:
Form ist Wollust, Friede, himmlisches Genügen,
Doch mich reißt es, Ackerschollen umzupflügen.
Form will mich verschnüren und verengen,
Doch ich will mein Sein in alle Weiten drängen –
Form ist klare Härte ohn' Erbarmen,
Doch mich treibt es zu den Dumpfen,
zu den Armen,
Und in grenzenlosem Michverschenken
Will mich Leben mit Erfüllung tränken.

*Ernst Stadler*

*Wassily Kandinsky: Improvisation Klamm (1914)*

**1** Erklärt anhand der Aussagen von Arnold Schönberg, warum diese Kunstrichtung Expressionismus heißt. Was genau soll „ausgedrückt" werden?

**2** Lest den Informationstext und setzt ihn mit dem Gedicht „Form ist Wollust" von Ernst Stadler und dem Gemälde „Improvisation Klamm" von Wassily Kandinsky in Beziehung: Welche Aspekte expressionistischer Kunst lassen sich sowohl im Gedicht als auch im Gemälde finden?

**3** Informiert euch über die gesellschaftlichen Zustände in den Jahren 1905 bis 1914 in Deutschland und Österreich und stellt Vermutungen an, wogegen sich die Expressionisten wehrten.

C 9–11

## Arnold Schönbergs Streichquartett Nr. 2, op. 10

Die Suche nach neuen Formen führte die Expressionisten zur **Abstraktion** (lat. abstrahere = weglassen). In der Malerei drückte sich dies durch den Verzicht auf gegenständliche Motive aus, in der Musik durch Atonalität. Arnold Schönberg zeichnet im Streichquartett op.10 den Weg zur Abstraktion in der Musik und damit die Geschichte der Atonalität nach.

### 1. Satz

Der 1. Satz beginnt mit einem markanten Thema in der 1. Violine, das innerhalb der ersten 40 Takte mehrmals wiederholt wird. Die Musik hat in diesem Satz noch eine konkrete Tonart, in der der Satz beginnt und endet: fis-Moll. Der einprägsame Charakter des Themas wird dadurch erzeugt, dass sich die Töne des fis-Moll-Dreiklangs am Anfang häufig wiederholen.

### 2. Satz

Im 2. Satz beginnt sich die Tonalität allmählich aufzulösen: Es ist zwar noch ein ♭ vorgeschrieben, die Töne der Themen ändern aber ständig ihre Vorzeichen und lassen sich kaum noch einer konkreten Tonart zuordnen. Außerdem entstehen zwischen den Stimmen viele scharfe Dissonanzen, die nicht mehr gemäß den traditionellen Stimmführungsregeln behandelt werden, wie Takt 5 bis 7 zeigt.

Mitten im Satz erscheint dann plötzlich wieder eine tonale Melodie, ein Zitat des Volkslieds „Oh, du lieber Augustin".

*volkstümlich*

### 4. Satz

Der 4. Satz knüpft an die atonalen Klänge des 2. Satzes an. Plötzlich tritt zu den vier Streichinstrumenten eine Sopranstimme hinzu, die eine Vertonung des Gedichts „Entrückung" von Stefan George singt. Es beginnt mit den Worten:

Ich fühle luft von anderem planeten.
Mir blassen durch das dunkel die gesichter
Die freundlich eben noch sich zu mir drehten.
Und bäum und wege die ich liebte fahlen
Dass ich sie kaum mehr kenne und du lichter

Geliebter schatten – rufer meiner qualen –
Bist nun erloschen ganz in tiefern gluten
Um nach dem taumel streitenden getobes
Mit einem frommen schauer anzumuten. […]

**4** Spielt die ersten Takte des 1. Satz des Streichquartetts Nr. 2 von Arnold Schönberg auf dem Klavier oder Keyboard. Hört dann den Beginn des 1. Satzes (C 9) und zählt mit, wie oft das Thema erklingt.

**5** Spielt den Ausschnitt aus dem 2. Satz des Streichquartetts auf dem Klavier oder Keyboard und findet dissonante Zusammenklänge zwischen Ober- und Unterstimme.

**6** Spielt oder singt das Volkslied „Oh, du lieber Augustin". Hört dann den Beginn des 2. Satzes (C 10), beschreibt eure Höreindrücke und gebt ein Handzeichen, wenn ihr das musikalische Zitat „Oh, du lieber Augustin" hört.

**7** Hört einen Ausschnitt aus dem 4. Satz (C 11), beschreibt eure Höreindrücke und stellt Vermutungen an, warum Schönberg das George-Gedicht und das „Augustin"-Zitat in seine Komposition eingearbeitet hat.

**8** Weist Merkmale expressionistischer Musik in den Notenbildern und Hörbeispielen nach. Arbeitet dann die Unterschiede zwischen expressionistischer und impressionistischer Musik (→ S. 78, 79) heraus.

# György Ligeti

C 12

## Klangkompositionen und Klangflächenkompositionen

Im Gegensatz zur traditionellen Musik, in der es um Tonhöhen, klar gegliederte Rhythmen, Harmonien oder Tonarten geht, legen **Klangkompositionen** ihre Aufmerksamkeit ausschließlich auf den Klang. Dieser Klang kann mit traditionellen Instrumenten (auch in verfremdeter Spielweise), mit Geräuschen oder elektronisch erzeugt werden.

Eine besondere Form der Klangkomposition ist die **Klangflächenkomposition**. Hier werden Töne zu sogenannten **Clustern** (engl. für Tontraube = Anhäufung von vielen Tönen auf einmal) zusammengefasst. Diese Klangflächen klingen nicht harmonisch im herkömmlichen Sinn, sondern sind dissonant, d. h. reibend und nicht harmonisch klingend. Das im Folgenden Abgebildete zeigt einen Ausschnitt aus einer solchen Klangflächenkomposition des Komponisten György Ligeti.

## Volumina, 1962 (Partiturausschnitt)

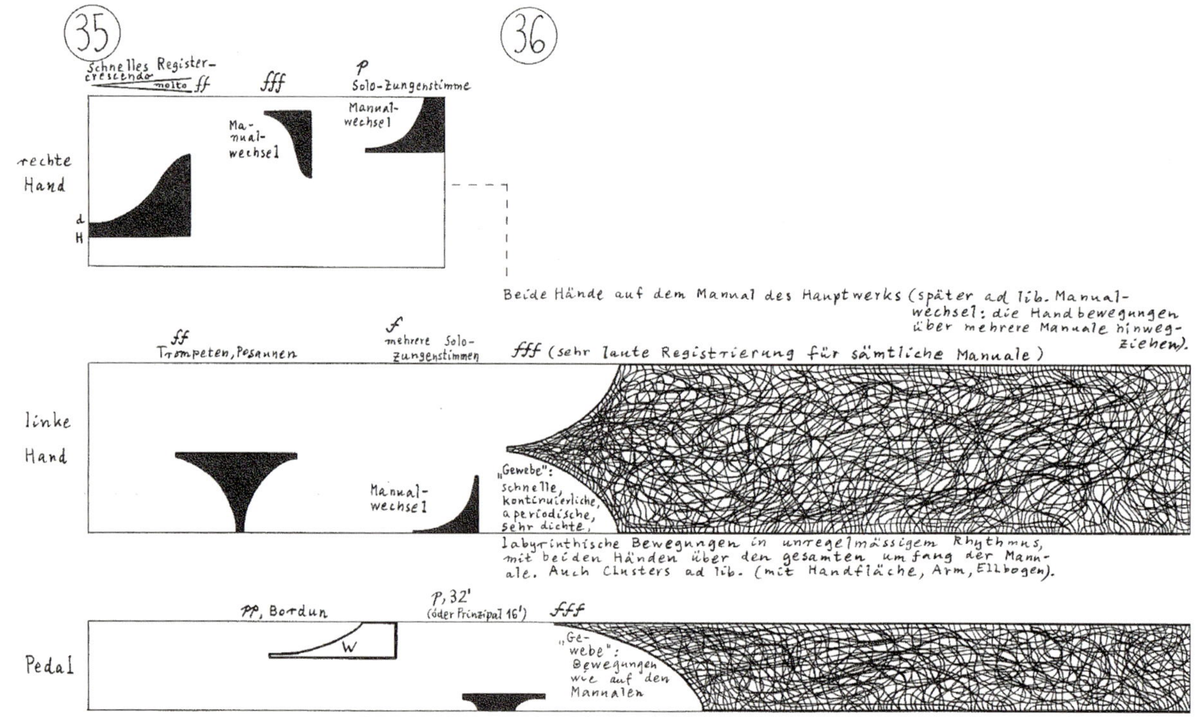


## Wissen kompakt

Die Notenschrift ermöglicht es dem Musiker, Musik lesen und notieren zu können. In einer traditionellen Komposition werden dafür Noten verwendet. Diese schriftliche Darstellung von Musik heißt **traditionelle Notation**.

Man kann den Verlauf einer Komposition aber auch mit zeichnerischen Elementen darstellen. Dann spricht man von **grafischer Notation**. Diese Elemente sind nicht allgemeingültig festgelegt, sondern werden von jedem Komponisten neu bestimmt.

Dann gibt es noch **musikalische Grafiken**. Diese sind wie eigenständige künstlerische Darstellungen und geben keinen festen Verlauf der Komposition vor. Jeder Interpret muss sie selbst deuten.

## Hörexperiment: Musik der Stille

1. Eine Person in der Klasse wird bestimmt, einen zeitlichen Punkt A und B anzuzeigen.
2. Wenn der Zeitpunkt A angezeigt wird, werden alle im Klassenraum ganz still und lauschen konzentriert auf die Geräusche, die noch wahrnehmbar sind. Es können Geräusche innerhalb des Klassenraums auftreten, aber auch von außen hereinkommen.
3. Wenn der Zeitpunkt B angezeigt wird, dürfen alle ihre konzentrierte Haltung wieder verlassen.

**1** Hört einen Ausschnitt aus dem Werk „Volumina" von György Ligeti (C 12) und verfolgt dabei den abgebildeten Partiturausschnitt.

**2** Lest den Text über die Formen der Notation und bestimmt dann die Art der Notation im Partiturausschnitt.

**3** Führt das Hörexperiment durch. Beschreibt danach eure Hörerlebnisse: Was war fremd, entspannend, bedrohlich, neu, langweilig, komisch, peinlich oder aufregend?

## Ligetis Leben

György Ligeti wurde 1923 in einem Teil Rumäniens geboren, der bis zum Ende des Ersten Weltkriegs 1918 ungarisch war. Bereits im Alter von zehn Jahren begann er zu komponieren. Mit 18 Jahren veröffentlichte er sein erstes Lied. Nach Musikstudien in Rumänien und Ungarn sammelte er in Rumänien Volkslieder. Ab 1950 unterrichtete er an der Musikhochschule in der ungarischen Hauptstadt Budapest.

Die Sowjetunion zerschlug den ungarischen Volksaufstand von 1956 gegen die Regierung der kommunistischen Partei. Infolgedessen kam es zu einer Unterdrückung der freien Kunst in Ungarn. Dies veranlasste Ligeti, in den Westen zu fliehen. 1957/58 lebte er zunächst in Köln und kam dort mit der international erfolgreichen **Elektronischen Musik**[W] und mit zeitgenössischer westeuropäischer Musik in Kontakt.

Von 1959 an lebte er in Wien. Er hatte aber auch immer wieder längere Aufenthalte in anderen Ländern, wo er Komposition unterrichtete. Er erhielt zahlreiche Auszeichnungen für sein Engagement als Komponist, Musikforscher, Autor und Lehrer. 2006 verstarb er in Wien.

## Ligetis Kompositionsweise

Ligeti wird besonders für seine Idee der Klangflächenkomposition gewürdigt. Klang wird bei ihm zu einem wesentlichen Bestandteil, aus der Musik geformt ist. In traditioneller Musik sind dies u. a. der Rhythmus, die Harmonie oder die Melodie. All diese Parameter[W] gelten auch noch für Ligetis Musik, aber sie ordnen sich dem Prinzip des Klangs unter. Seine durch den Film „Odyssee im Weltraum" (1968, von Stanley Kubrick) bekannteste Klangflächenkomposition ist „Atmosphères" für großes Orchester. Bei diesem Werk „flimmern" die Klangflächen regelrecht, da die Cluster aus vielen, sich überlagernden Melodien zusammengesetzt sind.

*György Ligeti*

## Cluster in „Volumina"

Im Gegensatz zu „Atmosphères" flimmern die Klangflächen in „Volumina" nicht. Die Cluster in „Volumina" bestehen aus langen Tönen, die sich meist gemeinsam bewegen. Daher beschreibt das Stück eher eine traurige Einsamkeit.

Bei „Volumina" kann man verschiedene Clusteraktivitäten erkennen: Es gibt **statische Cluster** aus lang ausgehaltenen Tönen, die sich nicht verändern. Es gibt **sich langsam verändernde Cluster**, z. B. durch das Herausnehmen einzelner Töne mithilfe des Orgel-Registers[W]. Da sind aber auch **langsame und schnelle Clusterbewegungen**, z. B. durch den Wechsel der Tonhöhenlage, **labyrinthartige Cluster** mit inneren Bewegungen oder kurze **Ausbrüche von Clustern**.

Man kann das gesamte Stück in drei grobe Abschnitte unterteilen. In jedem Teil kommt es erst zu einer Steigerung der Bewegung der Cluster, bevor es plötzlich wieder ruhig wird, was den Beginn des nächsten Abschnitts anzeigt.

***„(...) wenn ich das Stück (Volumina) höre,
(...) höre (ich) nicht nur Klangfarben, sondern auch Räume.
‚Volumina' wäre ein Werk, bei dem Farbe und Raum in Beziehung treten."***

Der Rundfunkredakteur Josef Häusler aus einem Interview mit Ligeti

**4** Sucht im Internet eine Gesamtaufnahme des Stücks „Volumina" und hört sie an. Lasst währenddessen vor eurem inneren Auge Farben und Formen entstehen und malt sie dann auf ein Blatt Papier.

**5** Stellt euch gegenseitig eure Bilder vor und diskutiert, was Josef Häusler mit dem Begriff „Raum" im Zusammenhang mit „Volumina" meinen könnte.

**6** Experimentiert in Partnerarbeit mit Keyboards und anderen Instrumenten und komponiert ein Stück mit unterschiedlichen Klangflächen.

**7** Wählt von euren Stücken das Stück aus, an dem die Clusteraktivitäten am besten gezeigt werden können, und macht es zur Grundlage eines Podcasts über Klangflächenmusik. Holt euch für den Podcast auch Anregungen aus den Informationstexten zu Ligetis Leben und Kompositionsweise.

# Reduktion auf das Wesentliche

C 13

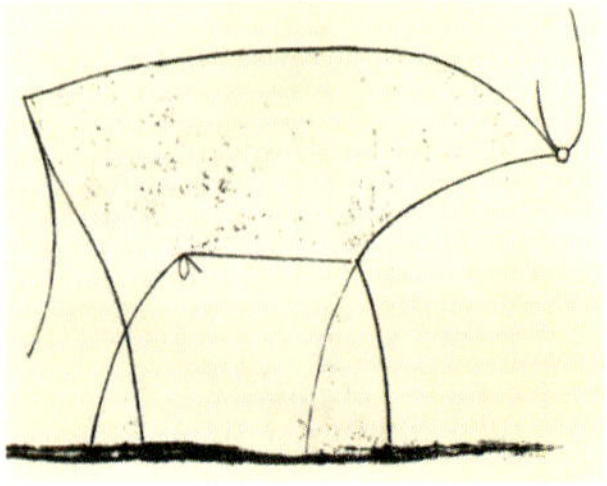

*Pablo Picasso zeichnete diesen Stier mit nur wenigen Strichen.*

## Sehnsucht nach Zuversicht durch Klarheit und Einfachheit

„Tintinnabulation ist ein Ort, den ich manchmal betrete, wenn ich nach Antworten suche – in meinem Leben, meiner Musik, meiner Arbeit. In meinen dunklen Stunden bin ich der Überzeugung, dass alles da draußen keine Bedeutung hat. Das Komplexe und Vielseitige verwirrt mich nur, und ich muss nach dem Einen suchen. Was ist das, dieses Eine, und wie finde ich Zugang zu ihm? Es gibt viele Erscheinungen von Vollkommenheit: Alles Unwichtige fällt einfach ab. So etwas Ähnliches ist der **Tintinnabuli-Stil**. Da bin ich alleine mit Schweigen. Ich habe entdeckt, dass es genügt, wenn ein einziger Ton schön gespielt wird. Dieser eine Ton, die Stille oder das Schweigen beruhigen mich."

*Arvo Pärt*

## Musikalische Reduktion im 20. Jahrhundert

Neben **Arvo Pärt** arbeiten auch andere zeitgenössische Komponisten im 20. Jahrhundert mit der musikalischen Reduktion, jedoch auf unterschiedliche Weise. **Bernd Alois Zimmermann** z. B. lässt einen Ton von verschiedenen Instrumenten jeweils anders spielen, sodass dieser Ton zu einem variierenden Ereignis wird. Arvo Pärt hingegen begrenzt unterschiedliche Spielweisen auf das Nötigste und konzentriert sich darauf, einen harmonischen mehrstimmigen Klang zu erzeugen, in dem der einzelne Ton sich wie ein Glöckchen (lat. tintinnabuli = die Glöckchen) entfaltet. Sowohl in der Komposition „Stille und Umkehr" von Zimmermann als auch in dem Stück „Fratres" von Pärt werden drei gleiche musikalische Mittel auf unterschiedliche Weise verwendet: eine Melodie, ein **Bordun** (→ S. 98, 99) und eine rhythmische Begleitung.

## Anleitung zur grafischen Darstellung der Kompositionen „Stille und Umkehr" und „Fratres"

**Schritt 1 Bordun:**
Auf den Bordun achten: Ist er ununterbrochen zu hören oder kommt es zu Unterbrechungen? Den Bordun mit einer bestimmten Farbe grafisch darstellen.

**Schritt 2 Melodie:**
Auf die Melodie achten: Wie verläuft die Melodie im Verhältnis zum Bordun? Ist sie höher oder tiefer als der Bordun oder kreuzt sie ihn sogar? Die Melodie mit einer zweiten Farbe grafisch darstellen.

**Schritt 3 Rhythmus:**
Auf den Rhythmus achten: Unterbricht der Rhythmus den Bordun? Spielt der Rhythmus allein oder gleichzeitig mit der Melodie? Den Rhythmus mit einer dritten Farbe grafisch darstellen.

**Schritt 4 Präsentation:**
Die drei grafischen Darstellungen an die Wand hängen.

**Schritt 5 Bewertung:**
Die Komposition gemeinsam hören und dabei die grafischen Darstellungen betrachten. Welche grafische Darstellung drückt die Musik am besten aus? Für jede grafische Darstellung, die die Musik am besten ausdrückt, einen Punkt vergeben. Welche Darstellung erhält die meisten Punkte? Die Entscheidungen im Klassengespräch begründen.

## Stille und Umkehr

### Bordun

Der Grundton a wird durchgängig gespielt.

### Rhythmus

*Bernd Alois Zimmermann*

**1** Hört die Komposition „Stille und Umkehr" von Bernd Alois Zimmermann (C 13) und achtet genau auf den Bordun. Wie viele unterschiedliche Instrumente spielen den Bordun und welche Instrumente sind das? Macht euch Notizen und wertet sie aus.

**2** Erzeugt selbst einen einminütigen Bordun auf euch zur Verfügung stehenden Instrumenten. Begleitet diesen Bordun mit dem Rhythmus aus „Stille und Umkehr". Achtet darauf, dass jeder Ton eine andere Artikulation erhält und so zum eigenständigen variierenden Ereignis wird.

**3** Hört die Komposition „Stille und Umkehr" mehrmals (C 13) und stellt sie mithilfe der Anleitung grafisch dar.

## Fratres – Im Tintinnabuli-Stil komponieren

Arvo Pärts Stück „Fratres" ist eine seiner berühmtesten Kompositionen. Sie besteht aus achttaktigen Themen, die mit dem **Tintinnabuli-Prinzip** komponiert und aneinandergereiht sind.

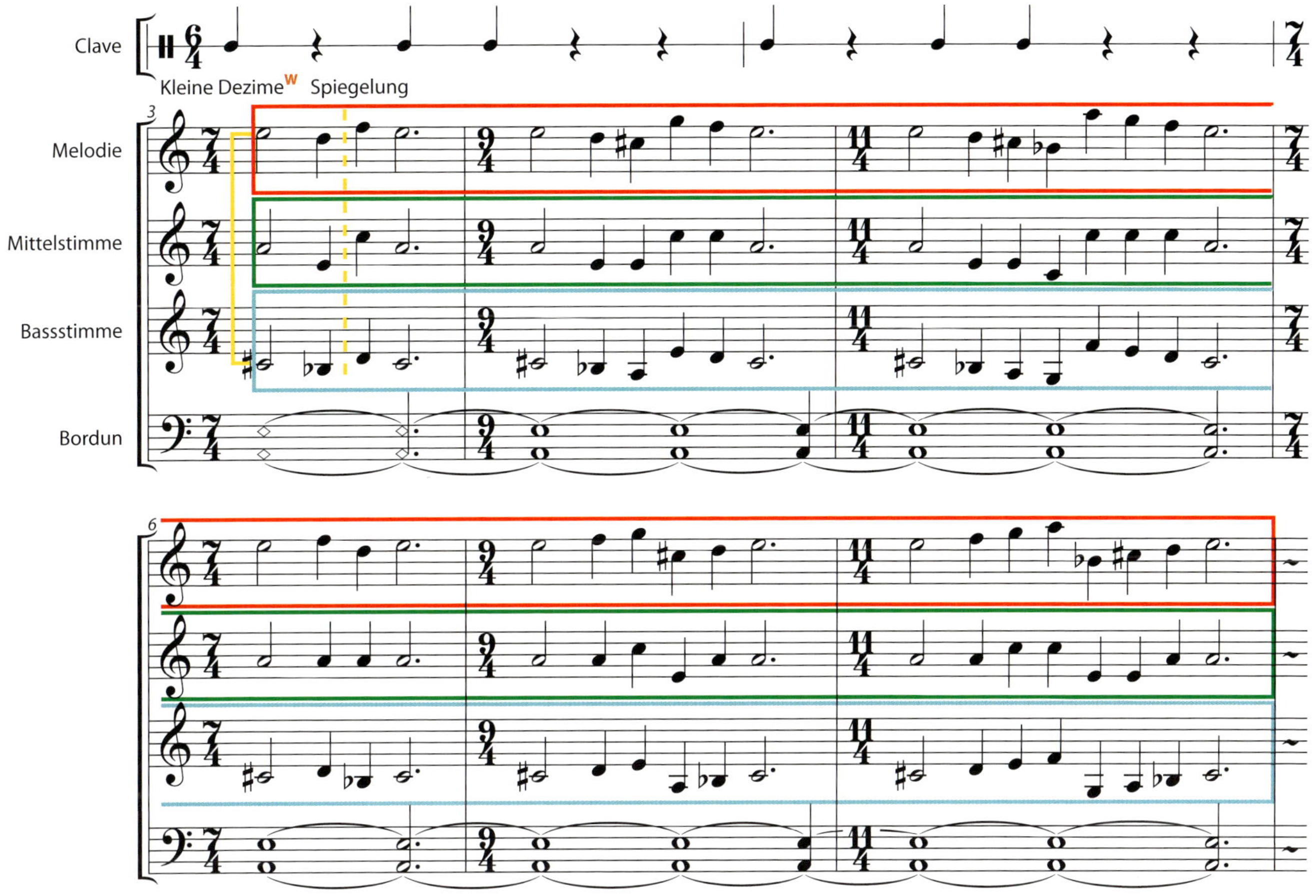


*Arvo Pärt*

### Clave

Zu Beginn spielen zwei Klanghölzer eine zweitaktige Clave im 6/4-Takt.

### Melodie

Die musikalische Keimzelle der Melodie wird in der Mitte eines jeden Takts gespiegelt und am Ende um eine Viertel verlängert.

### Mittelstimme

Die Mittelstimme basiert auf den Grundtönen von a-Moll: a – c – e. Regel: c in der Mittelstimme und cis in den anderen Stimmen dürfen nicht gleichzeitig erklingen. Erklingt also ein cis in der Melodie oder in der Bassstimme, darf die Mittelstimme nur a oder e spielen.

### Bassstimme

Der Basston ist immer eine kleine Dezime tiefer als der Melodieton.

### Bordun

Die Grundtöne a und e werden durchgängig gespielt.

**4** Hört die Komposition „Fratres" von Arvo Pärt (C 14) und verfolgt dabei das Notenbild.

**5** Übt die ersten sechs Takte von „Fratres" ein: Spielt zunächst Melodie und Bassstimme. Nehmt Bordun und Mittelstimme dazu. Übt dann die Clave ein und spielt sie zu Beginn des Stücks.

**6** Komponiert eine eigene Version von „Fratres" mit den abgebildeten musikalischen Mitteln.

**7** Hört die Komposition „Fratres" mehrmals (C 14) und stellt sie mithilfe der Anleitung grafisch dar. Vergleicht die grafischen Darstellungen der Kompositionen „Stille und Umkehr" und „Fratres" miteinander.

# Son cubano und Rumba: Rhythmen aus Kuba

C 15

## Kubanische Musik – europäische und afrikanische Wurzeln

Kuba ist ein Inselstaat in der Karibik, der im 16. Jahrhundert von Spanien in Besitz genommen wurde. Die ursprüngliche Bevölkerung litt stark unter eingeschleppten Krankheiten und unter der brutalen Herrschaft der Eroberer. Für die Bewirtschaftung der Zuckerrohr-Plantagen setzten die Spanier Tausende von Sklaven vor allem aus Westafrika ein. Erst 1886 wurde die Sklaverei in Kuba abgeschafft. 1902 wurde Kuba unabhängig. Die kubanische Musik ist einerseits stark beeinflusst durch die afrikanischen Elemente wie rhythmische Komplexität und das Prinzip des Call and Response[W]. Andererseits brachten die spanischen Einwanderer eigene Lieder und europäische Harmonik, die oft von der Gitarre begleitet wurden, nach Kuba. Durch die Verschmelzung dieser beiden Musikkulturen entstand eine völlig neue Musikrichtung: der Son cubano.

*Son-Sextett, 1926*

## Ein gemeinsamer Rhythmus für Kuba: Der Son

Der Son cubano, kurz Son, ist der Name eines Tanzes und gleichzeitig des Rhythmus, der dem Tanz zugrunde liegt. Er entstand Ende des 19. Jahrhunderts und war die erste Musikrichtung, mit der sich schwarze und weiße Kubaner gleichermaßen identifizieren konnten. Er wurde zu dem einflussreichsten Element der populären lateinamerikanischen Tanzmusik. Die Rhythmik ist Basis für viele moderne Tänze, wie Cha-Cha-Cha, Rumba, Mambo und Salsa.

Der Son bekam in den 1990er-Jahren international starke Aufmerksamkeit durch das erfolgreiche Musikalbum „Buena Vista Social Club" und den gleichnamigen Film.

## Die Claves: Schlüssel zum kubanischen Rhythmus

Im Son cubano sind die Claves (dt.: Schlüssel) ein zentrales Instrument (→ S. 8). Der nach ihnen benannte Rhythmus verändert sich während des ganzen Stücks nicht. Er lässt sich in zwei 4/4-Takte unterteilen, und es gibt ihn in zwei Varianten. Dabei werden lediglich die beiden Takte vertauscht.

**Son-Clave 3/2**

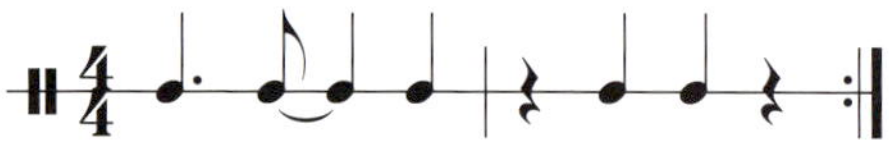

**Son-Clave 2/3**

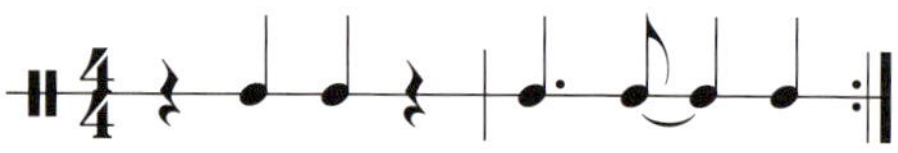

## Der Montuno

In den harmonischen Begleitstimmen kubanischer Musik wird ein Pattern gespielt, das besonders in den Instrumentalteilen hervortritt. Dieses Pattern und den Formteil nennt man Montuno. Während die rhythmische Struktur fortlaufend wiederholt wird, passen sich die Töne des Montuno dem harmonischen Zusammenhang an. Der Montuno wurde ursprünglich meist von der Tres Cubano gespielt, einem Saiteninstrument, das mit drei Saitenpaaren bespannt ist. Ursprünglich geht die Tres auf westafrikanische Saiteninstrumente zurück. Seit den 1940er-Jahren werden Montuno-Figuren häufig von einem Klavier gespielt. Sie werden auch im Latin-Jazz verwendet.

*Tres Cubano*

**Montuno zu Boquiñeñe (Intro, Harmonie E-Dur)**

1. Lest den ersten Informationstext und erklärt die Entstehung der kubanischen Musik.
2. Lest die weiteren Texte und nennt typische Merkmale kubanischer Musik.
3. Hört den Song „Boquiñeñe" (C 15). Findet heraus, welche Clave verwendet wird.
4. Hört den Song erneut (C 15) und ermittelt die Stelle, an der sich die Harmonik ändert. Achtet dabei auch auf den Montuno.
5. Spielt Montuno und Son-Clave gleichzeitig zur CD (C 15).

C 16

## *Ibrahim Ferrer: Ein musikalischer Nationalheld*

Ibrahim Ferrer wurde 1927 geboren und stammte aus ärmlichen Verhältnissen im Osten Kubas. Mit 12 Jahren wurde er Vollwaise und schlug sich als Schuhputzer und Zeitungsverkäufer, aber auch als Straßenmusiker durch. Erst als 1997 der US-amerikanische Produzent Ry Cooder mit kubanischen Musikern Studioaufnahmen machte, gelangte Ferrer zu internationalem Erfolg. Der Song „La Música Cubana" stammt aus dem Album „Buenos Hermanos". Ibrahim Ferrer bekam dafür 2004 einen Grammy in der Kategorie „Best Traditional Tropical Latin Album".

## *La Música Cubana*

*Text: Ibrahim Ferrer Planas, Demetrio Muniz Lavalle   Melodie: Valdes Rodriguez, Dionisio Jesus   Arrangement: Christian Crämer*

### Rhythmusbegleitung

### Übersetzung des Textes:

1. Viele große Künstler haben unsere kubanische Musik gesungen. Mit ihren Stimmen haben sie unsere kubanische Flagge geehrt. Wir werden ihre Namen nicht vergessen, immer werden wir sie in Erinnerung behalten.
2. Es gibt viele, die sich heute als die Wahren ausgeben. Es gibt viele, die sich heute als die Wahren ausgeben. Dabei vergessen sie denjenigen, der zuerst da war.

**Ablauf: A (als Intro) – A – A – B – A**

**6** Hört den Song „La Música Cubana" (C 16) und klopft die 2/3-Clave mit den Fingern mit.

**7** Singt den Song und sprecht über den Text.

**8** Erarbeitet die Begleitung: Spielt zuerst die Rhythmen. Übt dann die Harmonie ein. Erarbeitet anschließend den Montuno. Musiziert den Song schließlich gemeinsam.

# Arabische Musik

## Die Melodie als Kern der Musik

*Ornament an einer Moschee in Casablanca, Marokko*

Die Musik des arabischen Kulturraums hat ihre Ursprünge in Nordafrika, im östlichen Mittelmeerraum und auf der arabischen Halbinsel. Obwohl es regional große Unterschiede gibt, greifen alle arabischen Musikkulturen auf ein gemeinsames Instrumentarium, gemeinsame Lieder und ein sehr ähnliches **Tonsystem** zurück.

In der arabischen Musik steht die **Melodie** im Zentrum des musikalischen Geschehens. Diese Melodie wird durch Gesang und Instrumente einstimmig vorgetragen, aber auch kommentiert oder umspielt. Im Zusammenhang damit fällt auch dem **Rhythmus** eine große Bedeutung zu, sodass Melodie und Rhythmus die zentralen Elemente der arabischen Musik sind. Mehrstimmigkeit und die Begleitung mit Akkorden sind dagegen untypisch.

Eine große Bedeutung kommt der **Improvisation** zu. Die **Ornamentik** (= Verzierungskunst) spielt in allen arabischen Kunstformen eine wesentliche Rolle: Verzierungen sind keine auswechselbare Beigabe, sondern sie sind das Kunstwerk selbst.

## Wichtige Prinzipien der arabischen Musik

Während eines Konzerts mit arabischer Musik findet eine lebendige **Kommunikation** zwischen Sänger und Publikum statt. Das musikalische Können zeigt sich in der Fähigkeit, Melodien immer wieder aufs Neue eigenständig zu verzieren und auszuschmücken. Dadurch kommt dem Interpreten eine viel höhere Bedeutung als dem Komponisten zu. Diese Fähigkeit des Musikers, den treffenden, für die Musik typischen Ton zu finden, wird als **tarab** (Extase) bezeichnet. Dies ist vergleichbar mit der Eigenschaft eines guten Bluesmusikers, den „Blues" zu haben, oder auch die Eigenschaft eines Sängers, den „Soul" im Blut zu haben (→ S. 138).

Berühmte Sängerinnen wie Umm Kultum (ca. 1904 – 1975) gelangten durch eigene, wöchentliche Radiosendungen zu großer Berühmtheit im gesamten arabischen Raum. Umm Kultum ließ sich und ihrem Ensemble neue Stücke von einem Vorspieler vorspielen, bis sie das Stück beherrschte. Noch heute sind viele arabische Musiker der Auffassung, dass beim Notieren von arabischer Musik in westlicher Notenschrift wesentliche Aspekte der Musik verlorengehen.

## Das arabische Tonsystem

Eine **maqam** (Plural: maqamat) ist der Tonvorrat eines Liedes und die Anleitung zur Improvisation. Sie ist zusammengesetzt aus kleinen 3- bis 5-tönigen Fragmenten namens **jins** (Plural: ajnas). Ajnas haben durch ihre Intervallstruktur einen jeweils sehr typischen, eigenen Klang, an dem sie die Kenner der arabischen Musik erkennen. Charakteristisch für das arabische Tonsystem sind bestimmte Intervalle, die im westlichen Tonsystem nicht oder nur schwer darstellbar sind. Insbesondere **Dreivierteltöne** treten in Melodiefloskeln häufig auf, wenn bestimmte Töne um einen **Viertelton** erniedrigt werden. Dies wird in Notenschrift mit dem gespiegelten ♭-Vorzeichen dargestellt.

**Das jins „Rast"**

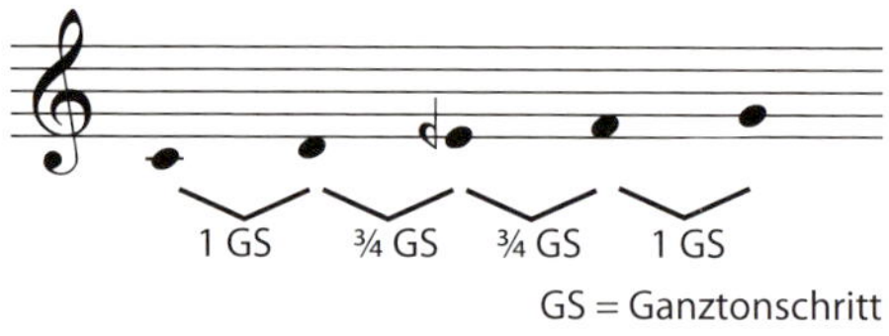


**1** Lest die Informationstexte und nennt wesentliche Merkmale arabischer Musik.

**2** Erklärt den Zusammenhang zwischen arabischer Ornamentik in der Architektur und in der Musik. Vergleicht sie mit der Rolle der Verzierungen in der westlichen Kunstmusik (→ S. 206, 207).

**3** Erklärt die Begriffe „maqam" und „jins".

**4** Hört den Klang verschiedener maqamat und ajnas und vergleicht sie miteinander.

C 17

## Typische Instrumente in der arabischen Musik

Die **Oud**, die arabische Laute, wird auch als „Herrscher der Instrumente“ bezeichnet. Man kann das Instrument als Vorläufer der europäischen Laute und als „Großmutter“ der Gitarre bezeichnen, da es mit den Arabern nach Spanien gelangte. Anders als bei der Gitarre gibt es bei der Oud keine Bünde, sodass verschiedenste Tonleitern spielbar sind. Die Oud diente Musikgelehrten seit jeher als Anschauungsobjekt für die Theorie der arabischen Musik.

Weitere Instrumente sind die **Ney**, eine Flöte, sowie die **Darbouka**, eine kleine Handtrommel. Auch westliche Instrumente kommen heutzutage häufig in der arabischen Musik vor, etwa die Klarinette, die Geige und der Kontrabass.

*Die Oud*

## Maqam und Iqa’ als musikalisches Material

Neben einem bestimmten Tonvorrat (maqam), der aus mehreren ajnas besteht, liegt jedem Lied in der arabischen Musik auch ein charakteristisches Rhythmuspattern zugrunde (Iqa’). Diese Patterns setzen sich aus einer Abfolge hoher (Silbe „tak“) und tiefer (Silbe „dum“) Klänge zusammen.

**Maqam farahfaza: Tonmaterial für „Fog El Nachal“**

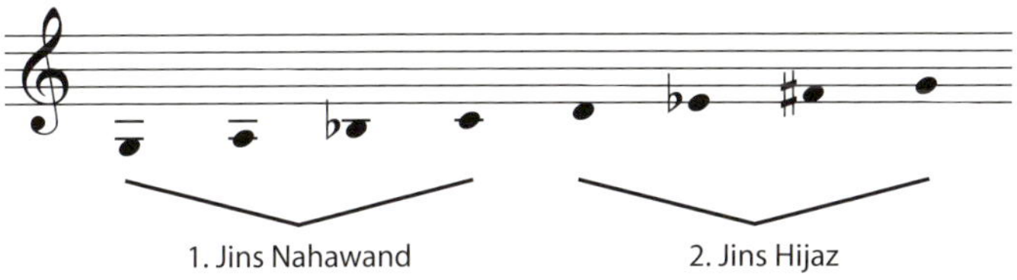


**Iqa‘ Baladi – Der Begleitrhythmus**

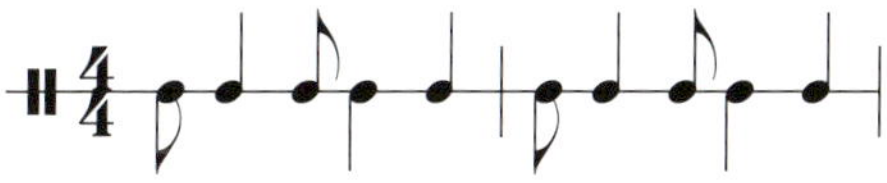

Notenhals nach unten: tieferer Ton, z. B. patschen
Notenhals nach oben: höherer Ton, z. B. klatschen

## Fog el Nachal, Transkription des Melodiegerüsts

*Text und Melodie: volkstümlich*

**Hinweise zur Aussprache**

ch = wie in „Dach“
w = wie im englischen Wort „water“

**Übersetzung des Textes:**

Hoch oben haben wir einen unfassbaren Freund.
Ich weiß nicht, ist’s seine Wange, die leuchtet?
Oh Vater, ist’s der Mond am Himmel?
Bitte hilf mir, das wahre Licht zu finden!

**5** Hört das Lied „Fog el Nachal“ (C 17) und achtet auf die Spielweise. Weist typische Merkmale arabischer Musik nach und vergleicht das Gehörte mit der Transkription des Melodiegerüsts. Achtet beim Hören zudem auf Reaktionen des Publikums.

**6** Singt das Lied „Fog El Nahal“ und spielt dazu auf geeigneten Instrumenten. Achtet auf die typische Einstimmigkeit und experimentiert mit Verzierungen.

**7** Untersucht das Tonmaterial des Lieds. Welches jins der maqam farahfaza wird überwiegend genutzt?

# Klezmer

C 18

*Klezmorim musizieren auf einer Hochzeit, ca. 1925*

## Geschichtlicher Hintergrund

Klezmer-Musik entwickelte sich im Judentum vom 16. bis zum Beginn des 20. Jahrhunderts in Mittel- und Osteuropa.

Der größte Teil der jüdischen Weltbevölkerung lebte zu dieser Zeit in jüdischen Siedlungsgebieten wie dem **Schtetl** oder in einem Ghetto im Gebiet des damaligen Polens, in der Ukraine und in Weißrussland. Der Begriff „Schtetl" bezeichnet eine Kleinstadt, in der überwiegend Juden wohnen. Dieser Begriff entspringt dem Jiddischen, einem Sprachgemisch aus deutscher, hebräischer und slawischer Sprache.

Als diskriminierte Minderheit waren Juden damals staatlichen Repressalien in Form von Sondergesetzen, Berufsverboten und Einschränkungen in der Religionsausübung ausgesetzt. In den 1890er-Jahren emigrierten ca. 1 Million Juden in die USA. Aber auch dort gab es antisemitische Tendenzen, und sie wurden nicht immer freundlich empfangen.

Das Wort „**Klezmer**" stammt aus dem Hebräischen. Die sinngemäße Übersetzung lautet „Gerät zum Musizieren" oder „Musikinstrument". Diese Bezeichnung wurde auf die Musiker übertragen. Die **Klezmorim** (Plural von: Klezmer) traten bei jüdischen Hochzeiten auf und spielten zum Tanz oder zu Festen des jüdischen Jahreskalenders. Meist waren die Klezmorim arm und konnten von ihren Einkünften als Musiker allein nicht leben. Daher übten sie neben ihrer Musik noch andere Berufe aus, z. B. als Handwerker oder Händler.

Nach der Judenverfolgung und dem Holocaust im 20. Jahrhundert ist Klezmer-Musik in der heutigen Zeit wieder weit verbreitet.

## Instrumentation

Ursprünglich war Klezmer eine reine Instrumentalmusik. Die Musiker spielten auf Fiedeln, Lauten, Harfen und dem Zymbal, einem trapezförmigen Hackbrett, dessen Saiten mit zwei Klöppeln geschlagen werden. Das Zymbal wurde im Laufe der Zeit durch das Akkordeon ersetzt. Im 17. Jahrhundert verdrängte die Geige die Fiedel. Je nach Größe der Gruppe wurden ab dem 19. Jahrhundert auch Bass, Holz- und Blechblasinstrumente, ein Schlagzeug und Gesang eingesetzt. Seit dem 20. Jahrhundert ist die Klarinette das führende Melodieinstrument der Klezmer-Musik.

*Klezmorim heutzutage*

## Tonskala

Die natürliche Molltonleiter ist die am häufigsten verwendete Skala der Klezmer-Musik.

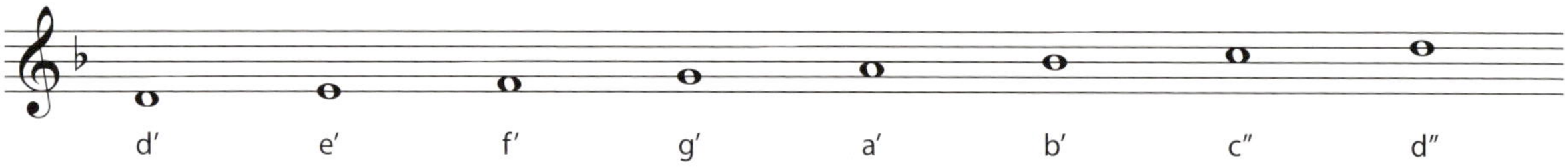


**1** Informiert euch über den geschichtlichen Hintergrund der Klezmer-Musik.

**2** Hört das Stück „Oyf eybik unser Leben" (C 18) und beschreibt eure Höreindrücke bezüglich Instrumentation und Spielweise der Klarinette.

**3** Lest den Informationstext über Instrumentation und Eigenheiten der Klezmer-Musik und setzt die darin enthaltenen Aussagen in Beziehung zu euren beschriebenen Höreindrücken. Hört das Stück „Oyf eybik unser Leben" (C 18) erneut und stoppt die Musik an den Stellen, wo Krekhts gut zu hören sind.

**4** Spielt die d-Moll-Tonskala auf einem Instrument eurer Wahl und beschreibt anschließend die Unterschiede zu einer D-Dur-Tonskala.

C 19

## Musikalische Eigenheiten

Typisch für Klezmer-Musik sind die vielfältigen Verzierungen der Melodiestimme und die sogenannten **Krekhts**. Darunter versteht man das Krächzen und Stöhnen der Klarinette, die in heutigen Klezmer-Gruppen den typischen Klang erzeugt. Ursprünglich entstanden Krekhts im Gesang jüdischer Kantoren. Der Gesang bestand aus einem schnellen Wechsel zwischen Kopf- und Bruststimme. Diese Tonfärbung wurde dann auf entsprechende Instrumente wie Geige und Klarinette übertragen.

Die Improvisation ist ebenfalls ein wichtiges Merkmal der Klezmer-Musik. Sie entwickelt sich aus einer Art Fortspinnung[W] mit vielen Verzierungen, die durch lange Haltetöne unterbrochen werden.

Ferner ist die Musik durch starke Temposchwankungen und Verzögerungen innerhalb der Melodien geprägt. Häufig wechselt auch die Metrik[W] während eines Stücks.

## Jankele

*Melodie: traditionell Arrangement: Christiane Alt-Epping*

## Ablauf

| | | | | |
|---|---|---|---|---|
| A | B | A | C | A |

**5** Hört „Jankele" (C 19), vergleicht die natürliche Moll-Tonleiter auf der vorigen Seite mit den Melodietönen des Stücks und benennt die Unterschiede.

**6** Spielt „Jankele" auf einem Melodieinstrument eurer Wahl.

**7** Gestaltet den Ablauf des Stücks wie vorgegeben. Achtet darauf, dass Teil C in einem sehr langsamen Tempo beginnt und am Ende in Takt 24 wieder das gleiche Tempo wie Takt 1 erreicht hat.

**8** Begleitet die Melodiestimme mit den abgebildeten Akkorden auf einer Gitarre, einem Akkordeon oder mit dem Klavier.

# Pentatonik in Asien

Eine Gayageumspielerin mit ihrem Instrument

## Sanjo – improvisierte zerstreute Melodien aus Korea

Sanjo ist eine Aneinanderreihung verschiedener improvisierter Melodien, welche auf unterschiedlichen Skalen beruhen. Eine häufig verwendete Skala ist die **Gyemyeonjo**, die eine besonders traurige Stimmung erzeugt. Rythmisch begleitet werden die Melodien von den Jangdans auf der Janggu-Trommel (→ S. 96, 97). Die Skalen werden von dem **Gayageum**, der koreanischen Wölbbrettzither, gespielt.

## Das Gayageum

Das Gayageum hat zwölf Saiten und gilt als das wichtigste traditionelle Instrument Koreas. Diese Zithern sind auch in vielen weiteren asiatischen Ländern in ähnlicher Bauweise unter anderen Namen bekannt: Jetigen in Kasachstan, Yatga in der Mongolai und Kacapi in Indonesien. Im deutschen Sprachraum gibt es auch Zithern, die sich jedoch in ihrer Bauweise vom Gayageum unterscheiden. Die besondere Bauweise des Gayageum wirkt sich auf Tonerzeugung und Spielweise aus: Töne können stark vibrierend und glissandierend gespielt werden. Dies hat auch Auswirkungen auf die Stimmung der Skala und der daraus entstehenden Melodie.

## Eine Pentatonik des Sanjo: Gyemyeonjo

Diese Skala besteht aus fünf Tönen und ist demnach eine Pentatonik. Drei Töne in dieser Skala werden anders gespielt als die Töne in der herkömmlichen Pentatonik. Diese andere Spielweise ist maßgeblich für die traurige Stimmung im Sanjo verantwortlich:

- Der Grundton wird geradlinig gespielt (—).
- Der Dominantton wird mit einem starken Vibrato gespielt (~). Das Vibrato kann eine kleine Sekunde, eine große Sekunde oder auch eine kleine Terz sein. Ein gutes Vibrato ist es dann, wenn während des schnellen Spielens des Vibratos die ganze Zeit hindurch exakt das gleiche Intervall erklingt.
- Der fallende (Terz-)Ton (Vorschlag) drückt eine fallende Träne oder ein Seufzen aus (Λ).

Die weiteren zwei Töne komplettieren die Pentatonik des Sanjo.

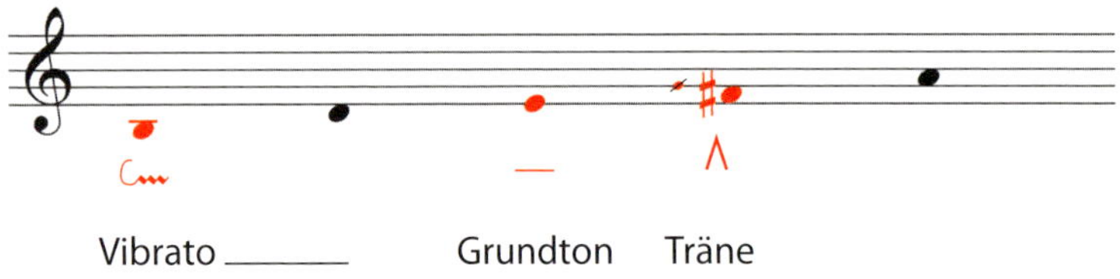


**1** Lest den Informationstext über das Gayageum und recherchiert im Internet über die Bauweise und die Bestandteile eines Gayageum. Gebt dazu die Suchbegriffe „Korea", „Gayageum" und „traditionelle koreanische Musik" ein. Macht euch Notizen und tauscht euch anschließend darüber aus.

**2** Vergleicht das Gayageum mit der Zither im deutschen Sprachraum.

**3** Hört verschiedene Songs, die auf einem Gayageum und auf einer Zither gespielt werden. Achtet dabei auf den unterschiedlichen Klang und auf die unterschiedliche Spielweise der beiden Hände. Macht euch Notizen zu den Fragen:
1) Mit welchen passenden Adjektiven kann man den Klang des Gayageum und der Zither beschreiben?
2) Was macht jeweils die rechte und die linke Hand des Gayageum- und des Zitherspielers?

**4** Schaut euch eine Sanjo-Improvisation an, die auf der Gyemyeonjo Skala basiert. Achtet besonders darauf, wie Vibratoton, Grundtton und „fallende Träne" gespielt werden. Tauscht euch anschließend darüber aus.

## *Die Gyemyeonjo-Skala im koreanischen Volkslied „Jindo Arirang"*

„Jindo Arirang", eines der berühmtesten Volkslieder in Korea, beruht auf der Gyemyeonjo-Skala und handelt von einem berühmten Berg in Korea.

Hinweise zur Aussprache: ssə= ße, əŋ = ng

*Text und Melodie: volkstümlich*

## *Wie kann man Vibrato und Vorschlag aufs Keyboard übertragen?*

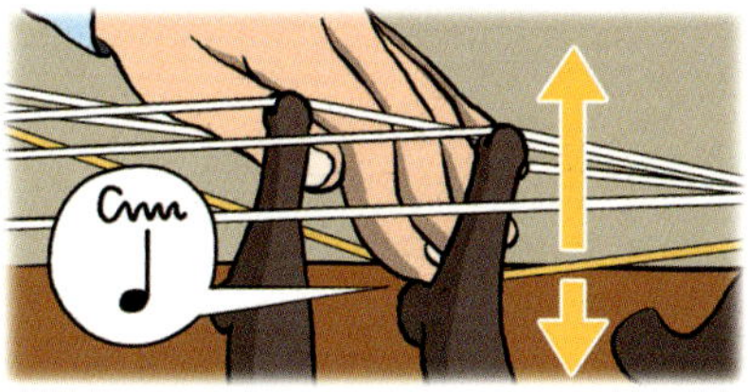

### Spielweise des Vibrato mit dem Gayageum

Die Saite mit der linken Hand tief herunterdrücken und schnell mit exakter Wiederholung auf und nieder wippen.

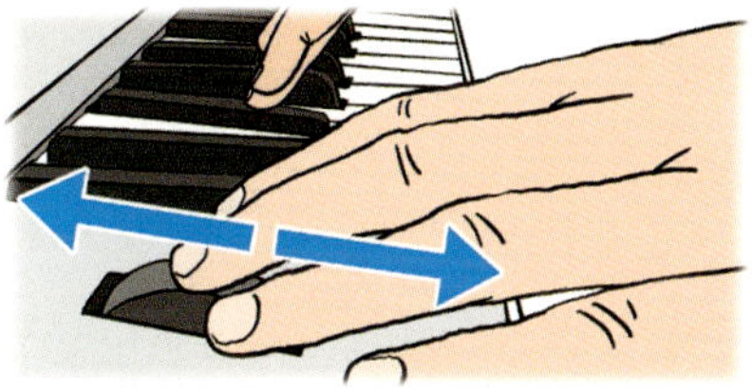

### Spielweise des Vibrato mit dem Keyboard

Das Pitch Wheel[W] mit der linken Hand hochziehen, bevor eine Taste gedrückt wird. Die Taste rechts davon drücken und das Pitch Wheel schnell und exakt zwischen dieser Position und der Grundstellung einen Ganzton oder Halbton hin und her bewegen. Ist dies erst einmal definiert, immer exakt zwischen zwei Tönen vibrieren.

### Spielweise des Vorschlags mit dem Gayageum

Saiten hinunterdrücken, dann zupfen und Spannung lösen.

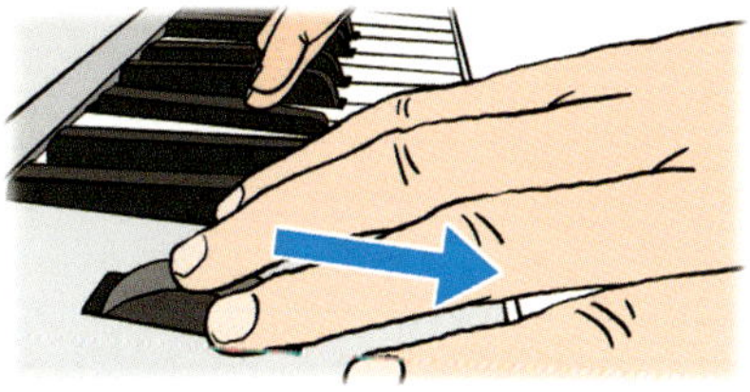

### Spielweise des Vorschlags auf dem Keyboard

Das Pitch Wheel einen Halbton nach oben schieben, dann eine Taste drücken und das Pitch Wheel zügig in die Grundstellung zum Grundton bringen.

**5** Übt das Lied „Jindo Arirang" ein. Hört euch dazu auch die Aufnahme an und singt dazu. Singt das Lied erneut und und begleitet euch selbst auf Instrumenten eurer Wahl, indem ihr die Akkorde dazu spielt.

**6** Übt die Vibrato- und Vorschlag-Technik mithilfe des Pitch Wheels am Keyboard.

**7** Spielt die Melodie des Volkslieds „Jindo Arirang" auf dem Keyboard und setzt das Pitch Wheel dazu ein.

**8** Erfindet in Kleingruppen eigene viertaktige Melodien mithilfe der Gyemyeonjo-Skala. Übt diese ein und präsentiert sie euch gegenseitig möglichst ohne Pause dazwischen, sondern mit fließendem Übergang. Stimmt dann darüber ab, wer von euch die eingängigste Melodie erfunden, das exakteste Vibrato gespielt und die wehleidigste „Träne" gespielt hat.

# Jangdan: Rhythmen aus Korea

*Ein Perkussionist spielt auf der Janggu.*

## Traditionelle Rhythmen aus Korea

Traditionelle koreanische Rhythmen heißen **Jangdan** (sprich: Tsangdan). Der Begriff Jangdan bedeutet wörtlich übersetzt „lang und kurz". Es gibt viele verschiedene Jangdans, die jeweils ein bestimmtes Metrum[W], Tempo und Rhythmuspattern darstellen. Traditionell begleiten Perkussionisten sowohl Artisten als auch Sänger mit unterschiedlichen Jangdans, die sie auf der Janggu oder auf der Buk, zwei koreanischen Trommelarten, spielen. Beim Pansori (→ S. 106, 107) wird vornehmlich die Buk gespielt. Jangdans sind nicht immer starr, sondern werden beim Begleiten eines Lieds auch häufig variiert. Selbst die K-Pop-Boygroup BTS (→ S. 132, 133) verwendet in ihren Songs immer wieder einen der häufigsten Jangdans.

## Die fünf Grundelemente des Jangdan

Jangdans sind sich wiederholende, pulsierende Grundpatterns, die schematisch dargestellt werden. Weil Metrum und Tempo die Dauer eines Pulsschlags implizit vorgeben, verzichtet man auf Notenwerte. Stattdessen verwendet man Kästchen. Jedes Kästchen entspricht einem Pulsschlag. Sind zwei Schläge in einem Kästchen notiert, halbiert sich also die Dauer des Schlags. Sind vier Schläge in einem Kästchen notiert, verkürzt sich die Dauer jedes Schlags auf ein Viertel eines Pulsschlags. Ist ein Kästchen leer, bedeutet das eine Pause von einem Pulsschlag. Jede Art des Schlagens auf die Trommel hat eine bestimmte lautmalerische Sprechweise und ein Symbol.

| Symbol | Sprechweise | Westliche Notation | Spielweise |
|---|---|---|---|
| Φ | Deong |  | Man schlägt gleichzeitig rechts mit dem Bambusstab und links mit der Handfläche flach auf das Trommelfell. |
| O | Kung |  | Die linke Handfläche schlägt flach auf das Trommelfell. |
| \| | Deok | 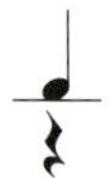 | Man schlägt rechts mit dem Bambusstab auf das Trommelfell. |
| °\| | Gideok |  | Dies ist ein Deok mit Vorschlag: Man schlägt kurz mit der Spitze des Bambusstabs und sofort darauf mit der ganzen Längsseite des Stabs rechts auf das Trommelfell. Stattdessen kann man auch die Fingerspitzen und die flache Hand benutzen. |
| ¦ | Deo-reo-reo-reo |  | Man schlägt mit der Spitze des Bambusstabs viermal schnell auf das Trommelfell. |

**1** Recherchiert im Internet und findet heraus, wie eine Janggu klingt und gespielt wird.

**2** Lernt die unterschiedlichen Schlagarten des Jangdan zu sprechen und zu klopfen.

*Pungmul-Artisten tanzen und spielen auf Perkussionsinstrumenten.*

## Gutgeori und Jungjungmori

Zwei Jangdan-Rhythmen kommen in der koreanischen Musik häufig vor: der Gutgeori und der Jungjungmori.

Das Grundpattern des **Gutgeori** besteht aus 12 Pulsschlägen. Dieses Grundpattern wird vielseitig verwendet, z. B. um Pansorisänger, Instrumentalisten und Tänzer rhythmisch zu begleiten. Die rechte Hand spielt dabei die obere Zeile der Noten, das entspricht dem Stab in der koreanischen Notation. Und die linke Hand spielt die untere Zeile der Noten, dies entspricht dem Kreis in der koreanischen Notation.

Rechte Hand
Linke Hand

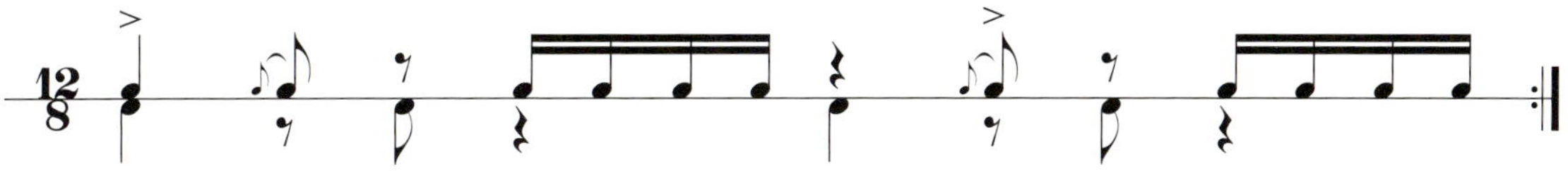

| | | | | | | | | | | | | |
|---|---|---|---|---|---|---|---|---|---|---|---|---|
| Koreanische Notation | Φ | | i | O | ¦ | | O | | i | O | ¦ | |
| Sprechsilbe | Deong | | Gideok | Kung | Deo-reo- | reo-reo | Kung | | Gideok | Kung | Deo-reo- | reo-reo |
| Pulsschlag | 1 | 2 | 3 | 4 | 5 | 6 | 7 | 8 | 9 | 10 | 5 | 6 |

Der **Jungjungmori** besteht ebenfalls aus 12 Pulsschlägen. Er wird häufig gespielt, wenn die Stimmung des Lieds fröhlich und aufregend ist. Besonders berühmt ist der Rhythmus beim einem Lied der Pansorioper „Chunhyang" (→ S. 106). In der Szene, in der das Lied vorgetragen wird, verliebt sich ein Mädchen in einen Jungen. Dabei variiert das rhythmische Muster. Wichtig sind die Akzente auf der ersten (Deong) und auf der neunten (Deok) Zählzeit des Musters. Falls man aus dem Rhythmus kommt, kann man sich am ersten Schlag, der mit beiden Händen gleichzeitig auf der ersten Zählzeit (Deong) gespielt wird, orientieren und dann den Puls wieder aufnehmen.

Rechte Hand
Linke Hand

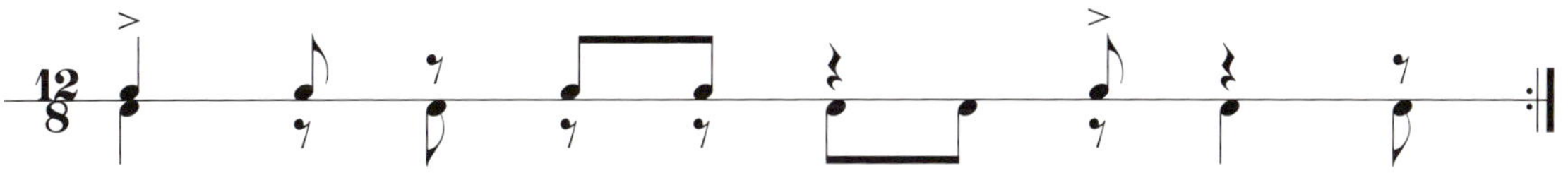

| | | | | | | | | | | | | |
|---|---|---|---|---|---|---|---|---|---|---|---|---|
| Koreanische Notation | Φ | | I | O | I | I | O | O | I | O | | O |
| Sprechsilbe | Deong | | Deok | Kung | Deok | Deok | Kung | Kung | Deok | Kung | | Kung |
| Pulsschlag | 1 | 2 | 3 | 4 | 5 | 6 | 7 | 8 | 9 | 10 | 11 | 12 |

**3** Lernt den Gutgeori-Rhythmus, indem ihr ihn zuerst nur sprecht und dann sprecht und gleichzeitig auf den Knien mitklopft. Übt ihn in Kleingruppen ein und präsentiert ihn euch gegenseitig.

**4** Schaut euch ein Video des Songs „Idol" der K-Pop-Gruppe BTS (→ S. 132f.) an. Welcher Jangdan-Rhythmus wird gesungen?

**5** Gestaltet in Kleingruppen einen eigenen koreanischen Rhythmus mit den fünf Grundelementen. Notiert euren Rhythmus in 12 Kästchen und tragt die koreanische Notation darin ein. Sprecht euren Rhythmus zuerst mit den koreanischen Silben und spielt ihn anschließend auf Trommeln eurer Wahl. Präsentiert euch gegenseitig eure Rhythmen.

# Der Dudelsack in seiner Bandbreite

C 20

## Der Dudelsack

Wer glaubt, dass der Dudelsack aus Schottland stammt, irrt sich. Erste Hinweise auf den Dudelsack sind auf Steintafeln im Mittleren Osten 1000 v. Chr. zu finden. Die Kelten, ein antiker Völkerstamm aus der Eisenzeit, verfügten ebenfalls über dieses Instrument. Es verbreitete sich im 13. Jahrhundert in Galicien und im 14. Jahrhundert auch in Schottland. Dass die Sackpfeifen in Deutschland Dudelsack genannt werden, kommt vom türkischen Wort „duduk" (Pfeife). Dudelsack wird weltweit gespielt. Im Folgenden werden der schottische, galicische und bulgarische Dudelsack hinsichtlich der Bauweise, der kulturellen Bedeutung und der musikalischen Möglichkeiten miteinander verglichen. Die Spieltechnik des Dudelsacks wird übrigens als kompositorisches Mittel sowohl in klassischer Musik als auch im Pop und in der Filmmusik verwendet.

**Bassbordunpfeife**
Diese Pfeife erzeugt einen kontinuierlichen gleich erklingenden Basston d oder A.

**Tenorbordunpfeifen**
Die eine Pfeife erzeugt einen anhaltend gleich klingenden Ton je eine Oktave höher als die andere Pfeife, also d-d'-d" oder auch mit einer Quinte dazwischen A-e'-a'.

**Rohrblätter**
Der Dudelsack hat als einziges Instrument sowohl Doppelrohr- als auch Einfachrohrblätter, um einen Ton zu erzeugen. In den Bordunpfeifen befinden sich Einfachrohrblätter und in der Spielpfeife ist ein Doppelrohrblatt, das den Luftstrom zum Klingen bringt.

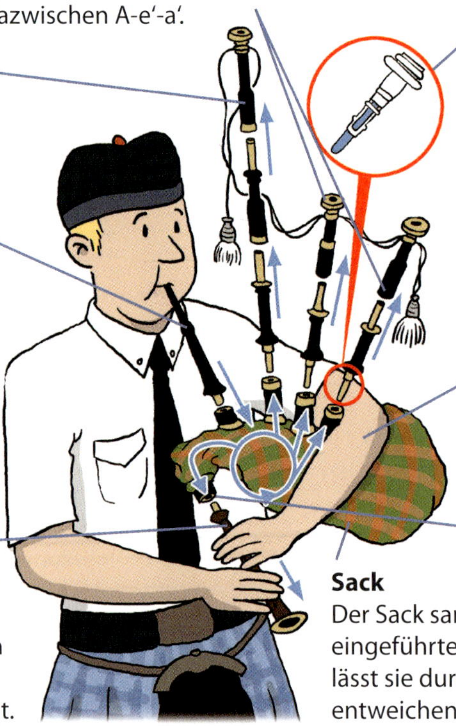

**Anblasrohr**
Der Spieler bläst regelmäßig Luft durch das Anblasrohr, um den Sack aufzublasen. Ein Ventil verhindert, dass die Luft entweicht.

**Druck**
Der Spieler drückt mit dem linken Arm gegen den Sack, um den Luftstrom, der durch die Pfeifen geht, zu regeln.

**Spielpfeife**
Mit der Spielpfeife wird die Melodie gespielt. Sie hat einen Tonumfang von neun Tönen. Der Ton wird durch ein Doppelrohrblatt erzeugt.

**Sack**
Der Sack sammelt die eingeführte Luft und lässt sie durch die Pfeifen entweichen.

**Metallröhrchen**
Der bulgarische Dudelsack Dschura hat als einziger ein kleines Metallröhrchen in der Spielpfeife, mit dem alle 12 chromatischen Töne gespielt werden können.

## 1. Die Bagpipes – der schottische Dudelsack

Beim schottischen Dudelsack sind die drei Bordunpfeifen besonders auffällig. Die Bassbordunpfeife spielt entweder den Grundton D oder den Grundton A. Wenn der Grundton D ist, spielen die zwei Tenorbordunpfeifen den gleichen Ton je eine Oktave höher: **D-d'-d"**. Wenn der Grundton A ist, spielen die Tenorbordunpfeifen eine Quinte dazwischen: **A-e'-a'**. Die Spielpfeife kann mit ihrem Tonumfang von neun Tönen Melodien spielen, die auf der Dur- oder Molltonleiter basieren. Die drei Bordunpfeifen und die Spielpfeife klingen mit durchschnittlich 122 Dezibel sehr laut. Das sollen sie auch, denn die Bagpipes waren für die schottische Armee eine wichtige Kriegswaffe, um die Gegner einzuschüchtern und den Mut der eigenen Truppen zu stärken. Besonders berühmt ist der Song „Scotland The Brave". Er wird als inoffizielle schottische Nationalhymne angesehen, als Marsch vom schottischen Militär gespielt und wurde früher bei Fußball-Weltmeisterschaften für die schottische Fußball-Nationalmannschaft in Stadien gesungen.

**1** Seht euch an, wie Bagpipes hergestellt werden.

**2** Seht ein Video zum Song „Scotland The Brave" und hört den Song auch in einer gesungenen Version (C 20).

**3** Übt in Kleingruppen, die Dur- und Molltonleitern in A oder D begleitet durch den Bordun A-e'-a' / D-d'-d" auf Instrumenten eurer Wahl zu spielen. Präsentiert euch gegenseitig eure Ergebnisse.

**4** Wie würdet ihr den Klang dieses Borduns beschreiben? Tauscht euch in der Klasse darüber aus.

C 21–23

## 2. Die Gaità – der galicische Dudelsack

Im Unterschied zum schottischen Dudelsack besitzt die galicische Gaità lediglich zwei Bordunpfeifen, eine Bassbordun- und eine Tenorbordunpfeife. Die Bassbordunpfeife spielt den Grundton und die Tenorbordunpfeife oktaviert den Ton. Durch die zwei Bordunpfeifen klingt die Gaità leiser als die Bagpipes. Genauso wie die schottische Spielpfeife hat die galicische Spielpfeife aber einen Tonumfang von neun Tönen und so können die Melodien auf der Dur- oder Molltonleiter basieren. Die Bevölkerung in Galicien (Gebiet in Spanien) fühlt sich mit den Kelten kulturell verbunden. Dieser keltische Einfluss, meinen die Galicier, führte dazu, dass sie ihre Volksmusik mit der Gaità spielen.

Susana Seivane ist derzeit ein Star der Dudelsackmusik in Spanien. Sie gehört zu den berühmtesten Instrumentalisten in Galicien. Den Klang der Gaità kombiniert sie mit verschiedenen Musikrichtungen wie Jazz, Rock und Pop. Seivane stammt aus einer traditionellen Pfeifenbauer-Dynastie.

*Susana Seivane mit ihrem galicischen Dudelsack*

## 3 Die Gaida – der bulgarische Dudelsack

In Bulgarien gibt es zwei Arten von Dudelsack: Die Kaba Gaida und die Dschura Gaida.

*Kostadin Atanasov spielt mit Freunden die Kaba Gaida.*

### Kaba Gaida

- sehr großer Windsack
- Bassbordun: Große Oktave D
- Spielpfeife: neun Töne, Dur/Moll, d'
- Melodien klingen tief, hoheitlich und ruhig
- wird vor allem in der Bergregion der Rhodopen mit bis zu 300 Gaidaspielern gespielt

*Kostadin Atanasov spielt auf der Dschura Gaida.*

### Dschura Gaida

- kleiner Windsack
- Bassbordun: kleine Oktave d
- Spielpfeife: 12 chromatische Töne, d"
- Melodien klingen spielerisch, wendig und vielseitig
- wird in allen anderen Regionen Bulgariens gespielt
- Spielanlässe: Hochzeiten, Taufen, Feste auf Dorfplätzen, Zeremonien von Feuertänzerinnen

Kostadin Atanasov ist zeitgenössischer Virtuose sowohl auf der Kaba Gaida als auch auf der Dschura Gaida. Seinen Werdegang als Gaidaspieler beschreibt er so: „Als ich zehn Jahre alt war, schenkte mir meine Oma ein Akkordeon. Nachdem ich jedoch den Klang der Gaida gehört hatte, war das Akkordeon vergessen. Ich bestand die Aufnahmeprüfung im Nationalen Musikinternat für Folklore in Shiroka Luka und studierte anschließend an der Musikakademie für Folklore in Plovdiv. Seit dem Jahr 2000 bin ich Solist im Nationalen Ensemble Philip Koutev."

**5** Hört zwei Hörbeispiele der galizischen Gaita, gespielt von Susana Seivane (C 21, 22), und vergleicht sie miteinander. Worin unterscheiden sie sich? Besprecht eure Ergebnisse.

**6** Seht euch die Bestandteile und Funktionsweise der bulgarischen Dschura Gaida, erklärt von Kostadin Atanasov, an.

**7** Hört zwei Hörbeispiele der bulgarischen Dschura und Kaba Gaida. Worin unterscheiden sich die beiden Gaidas klanglich und äußerlich und was haben sie gemeinsam?

**8** Hört das Lied „Eleno Mome Malenko" (C 23). Wie wird der Bordun ohne Dudelsack realisisert?

**9** Recherchiert, in welchen anderen Musikrichtungen der Dudelsack noch eingesetzt wird und präsentiert eure Ergebnisse in Kurzreferaten.

**10** Tragt alle Informationen auf diesen zwei Seiten zusammen, vergleicht die verschiedenen Dudelsack-Arten miteinander und gestaltet daraus eine Präsentation.

# Musik in China – eine Annäherung

China ist ein Land mit einer sehr alten kulturellen Tradition. Das älteste heute bekannte Zeugnis chinesischer Musikkultur stammt aus der Zeit zwischen 1000 und 600 v. Chr. In vielen traditionellen chinesischen Liedern werden Natur und Kultur des Landes beschrieben.

Eine Pflanze, die immer wieder in der chinesischen Dichtung benannt wird und die auch in europäischen Gärten wächst, ist der Jasmin. Der Jasminstrauch ist bekannt für seine weißen Blüten und einen starken Duft. Von ihm handelt ein beliebtes chinesisches Volkslied: Mo Li Hua.

*Blüten des Jasminstrauchs*

## Mo Li Hua

*Text und Melodie: traditionell Arrangement: Annemarie Kistemann-Grashof*

### Übersetzung des Textes:

Blüte an Blüte von weißem Jasmin,
Blüte an Blüte von weißem Jasmin,
Blütenduft so leicht und sacht
füllt die Luft in der Sommernacht.

Schenk mir eine Blüte, weiß und fein,
für die Liebste mein.
Für die Liebste,
für die Liebste mein.

**1** Singt und spielt das Lied „Mo Li Hua".

**2** Hört verschiedene Fassungen des Lieds und vergleicht ihre Wirkungen miteinander.

**3** Stellt den Tonvorrat des Lieds fest (blaue Markierung) und vergleicht ihn mit einer europäischen Tonleiter.

**4** Vergleicht die Töne von Melodie- und Begleitstimme miteinander. Beschreibt das Prinzip dieser Art von Mehrstimmigkeit, die für traditionelle chinesische Musik typisch ist.

C 24

## Der Hirtenknabe mit seiner kleinen Flöte – Begegnung der Kulturen

Zu Beginn des 20. Jahrhunderts entwickelte sich zunehmend ein Austausch zwischen östlichen und westlichen Musiktraditionen. Ein Beispiel dafür ist das Klavierstück „Der Hirtenknabe mit seiner kleinen Flöte". Mit diesem Stück gewann der Komponist He Luting 1934 in Shanghai den ersten Preis des „Wettbewerbs für Klavierkompositionen im chinesischen Stil". Die Besonderheit des Stücks liegt in der Kombination verschiedener Musikstile. Es gehört heute zum Standardrepertoire chinesischer Pianisten.

*Zeichnung aus dem 15. Jahrhundert*

## Form und Aufbau des Stücks

Das Klavierstück „Der Hirtenknabe mit seiner kleinen Flöte" besteht aus drei Teilen und hat die Form A – B – A'. Der zweite A-Teil zeigt kleine Abweichungen vom ersten A-Teil und wird daher mit A' bezeichnet. A-Teile und B-Teil unterscheiden sich in Tonart, Taktart und in der Art der Mehrstimmigkeit voneinander.

**A-Teil, Takt 1 bis 4**

**B-Teil, Takt 26 bis 30**

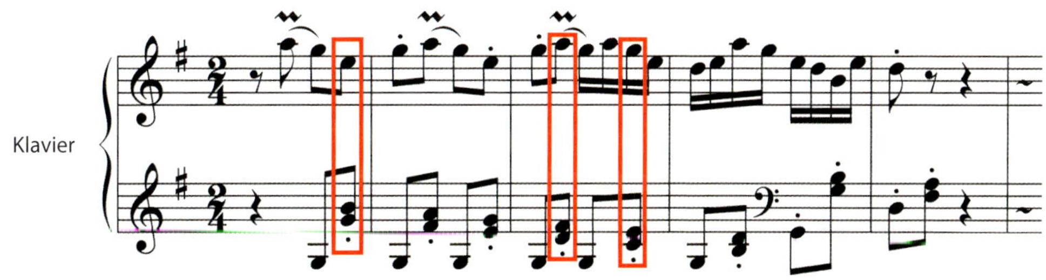


*He Luting*

**5** Hört das Klavierstück „Der Hirtenknabe mit seiner kleinen Flöte" (C 24). Stellt den Tonvorrat von Teil A fest (blaue Markierung) und vergleicht ihn mit dem Tonvorrat von „Mo Li Hua".

**6** Beschreibt die Kompositionsprinzipien, die im A-Teil bzw. B-Teil verwendet werden (rote Markierung). Überlegt, zu welcher europäischen Art der Mehrstimmigkeit Ähnlichkeit besteht.

**7** Recherchiert die Begriffe Pentatonik, Heterofonie, Polyfonie und Homofonie. Formuliert einen kurzen Text über den Vergleich der Stücke „Mo Li Hua" und „Der Hirtenknabe mit seiner kleinen Flöte".

# Tango Argentino

## Zur Entstehung des Tangos

Der Tango entwickelte sich Ende des 19. Jahrhunderts vor allem in Buenos Aires, der Hauptstadt Argentiniens. Infolge von Einwanderungswellen und Sklavenhandel lebten in den Vorstädten und Hafenvierteln von Buenos Aires die indigene Bevölkerung mit Menschen aus Afrika und Europa auf engem Raum und unter ärmlichen Verhältnissen zusammen. Aus diesem Aufeinandertreffen der Kulturen und damit auch der verschiedenen musikalischen Einflüsse und Instrumente entstand ein neuer Tanz- und Musikstil, der Tango Argentino.

*Tango-Tänzer in Buenos Aires*

## Das Prinzip vom Führen und Folgen beim Tangotanzen

Beim Tango Argentino gibt es im Unterschied zum Standard-Tango, der auch europäischer Tango genannt wird, keine festgelegte Schrittfolge. Tango Argentino ist vielmehr ruhiges „Laufen in Umarmung". Durch das Prinzip des Führens und Folgens von Herz zu Herz (de corazón a corazón) mithilfe von Körpersignalen entsteht eine Tanz-Improvisation. Die Grundlage für das Tempo der Schritte, Akzentuierungen oder Figuren ist dabei immer die Musik.

## Rhythmuspatterns

**1. Marcato**

A 

B 

**2. Sinkopas**

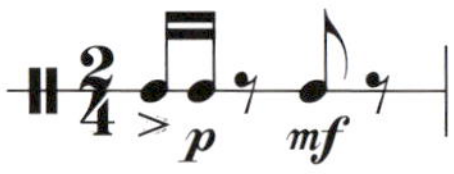


**3. Milonga (Habanera)**

## A la gran muñeca, Ausschnitt

*Jesus Ventura*

## Begleitakkorde

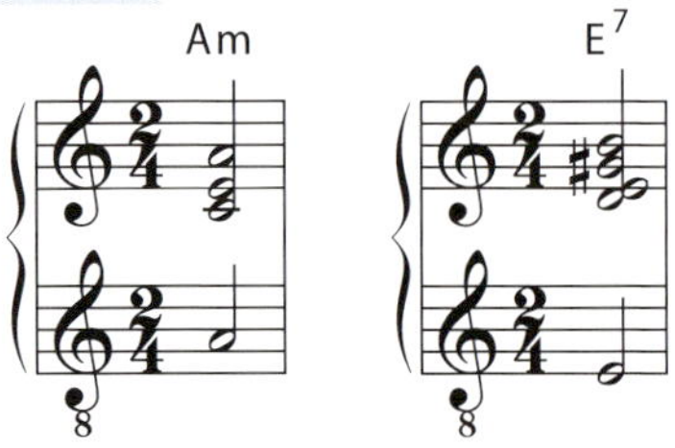


## Milonga

Der Begriff Milonga hat im Tango drei Bedeutungen:

a) eine Stilrichtung im Tango, die im 2/4-Takt gespielt und schnell getanzt wird
b) eine Tango-Tanzveranstaltung, bei der ein Tango-DJ auflegt
c) ein Lokal, in dem solche Tanzveranstaltungen stattfinden

## Zur Geschichte des Tangos

*Tangotanzende Männer um 1900*

Ein typisches Tango-Ensemble setzt sich aus Klavier, Kontrabass, zwei Violinen und zwei Bandoneons zusammen und bildet das „sexteto tipico". Der Tango war vor allem ein Musik- und Tanzstil der Migranten und Prostituierten. Die Oberschicht in Buenos Aires stand dem Tango zunächst skeptisch gegenüber und empfand ihn als „unmoralisch".

Ab den 1910er-Jahren verbreitete sich der Tango dann von Paris aus als Modetanz in die Bars und Salons von ganz Europa. Über diesen Umweg wurde er ab den 1920er-Jahren auch in Argentinien wieder gesellschaftsfähig und erfuhr einen regelrechten Boom. Im „Goldenen Zeitalter" des Tangos (1935 – 1952) entstanden zahlreiche Tango-Orchester, neue Kompositionen und Milongas.

Mit dem Aufkommen neuer Musikstile wie Rock 'n' Roll und Popmusik verlor der Tango an Popularität und war auch aufgrund von politischen Umwälzungen in Argentinien um die Mitte des 20. Jahrhunderts so gut wie ausgestorben.

## Tango nuevo

Der argentinische Bandoneonist und Komponist Astor Piazzolla (1921 – 1992) belebte den Tango mit Einflüssen aus der klassischen Musik und dem Jazz. Sein Musikstil erweckte ab 1955 wieder das Interesse am Tango. So kam es zunächst in Europa und dann auch in Argentinien in den 1980er-Jahren zu einer Tango-Renaissance. Ab den 1990er-Jahren wurde der Tango mit weiteren Musikstilen verbunden. So fügte z. B. die Pariser Musikgruppe Gotan Project („Gotan" ist ein Wortspiel aus „Tango") elektronische Sounds hinzu und prägte auf diese Weise den Stil des Elektrotangos.

Mittlerweile ist der Tango zu einem globalen Tanz geworden und auf der ganzen Welt bekannt und beliebt. Im Jahr 2009 wurde der Tango von der UNESCO zum Weltkulturerbe erklärt und damit in die Liste der schützenswerten immateriellen Kulturgüter aufgenommen.

*Das Bandoneon*

## Das Bandoneon

Das Bandoneon hat im Unterschied zum Akkordeon an beiden Enden Knöpfe. Es wurde Mitte des 19. Jahrhunderts von seinem Namensgeber Heinrich Band in Krefeld entwickelt und gilt als wichtigstes Instrument im Tango.

**1** Hört „A la gran muñeca" (C 25) und geht zunächst einzeln im Kreis zur Musik. Geht das Rhythmuspattern 1 A mit Schritten und improvisiert mit der Schritt-Richtung (vor, zurück, Wiegeschritt) und dem Tempo.

**2** Führt euch nun zu zweit hintereinander an den Schultern zur Musik (C 25) durch den Raum. Die vordere Person führt und gibt die Impulse (Tempo und Richtung) vor, die hintere Person folgt.

**3** Spielt den Ausschnitt von „A la gran muñeca" auf einem Instrument eurer Wahl und begleitet ihn mit den notierten Akkorden. Variiert die Begleitung, indem ihr die Rhythmuspatterns auf die Begleitakkorde überträgt.

**4** Lest die Informationstexte und besprecht, warum der Tango auch als „transkulturelles Phänomen" bezeichnet wird.

**5** Hört das Stück „Mi confesión" von Gotan Project (C 26) und vergleicht es mit dem Stück „A la gran muñeca" (C 25). Benennt Gemeinsamkeiten und Unterschiede in der Instrumentation.

**6** Macht euch mit der Spielweise des Bandoneons vertraut.

# Musikalische Schätze aus Spanien und Südkorea

*Flamencokünstler während einer Darstellung*

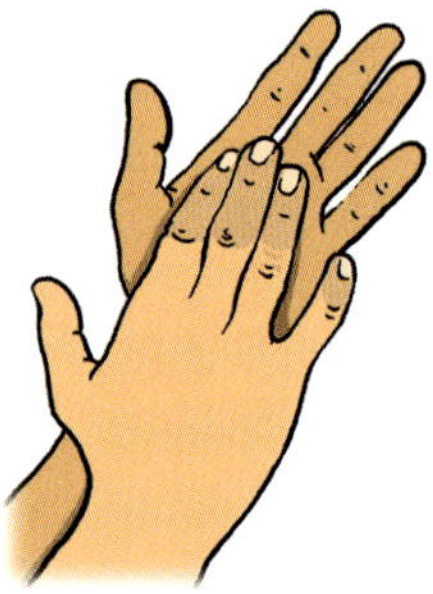

*palmas claras*

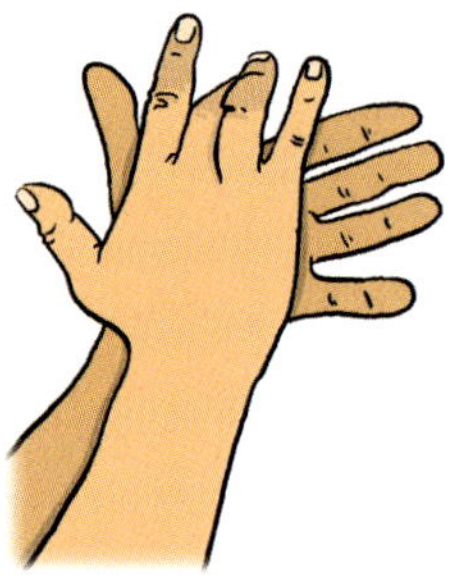

*palmas sordas*

## Der Flamenco

Der Flamenco ist eine Musikrichtung aus verschiedenen Kulturen und Religionen. Er ist eine Kunstform aus Andalusien, die aus Liedern mit einer charakteristischen Vortragsart besteht. Diese Lieder werden von Gitarren, Cajón, rhythmischem Klatschen und Zurufen begleitet und auch durch Tanz ergänzt. Die UNESCO erklärte den Flamenco 2010 zum „Immateriellen Weltkulturerbe". Sie beschreibt ihn als unbezahlbaren Schatz verschiedener Kulturen und Zivilisationen aus dem antiken Griechenland, dem Römischen Reich, den Christen, Juden und Muslimen, die über Jahrhunderte hinweg im Süden der iberischen Halbinsel eine kulturelle Vereinigung geschaffen haben. Ende des 18. Jahrhunderts vervollständigten die Sinti und Roma den Flamenco der damaligen Zeit durch ihre schillernden Persönlichkeiten. Für Millionen von Menschen ist der Flamenco die Essenz ihrer Erinnerungen und der Rhythmus ihres Lebens. Ihre Lieder handeln z. B. von unerreichbarer Liebe, Leid, Verlust und Ungerechtigkeit.

## Der Gesang von Flamenco und Pansori

Man kann nicht mit Sicherheit sagen, ob die Sänger des Flamenco und Pansori beten, weinen oder singen oder ob sie gerade alle drei Dinge gleichzeitig machen. Sicher ist jedoch, dass sie auf diese Weise tiefe menschliche Emotionen musikalisch ausdrücken. Der Klang der Stimme kann gerade aus der Brust, heiser und gehaucht aus der Kehle, aus dem Kiefer oder zischend zwischen den Zähnen hervorkommen. Verzierungen, Vibratos und die Stimmlage tragen außerdem zur Klangfarbe bei. Auch lautmalerische Klangnachahmungen von Textinhalten spielen dabei eine wichtige Rolle.

## Der Rhythmus des Flamenco

Im Flamenco kommen häufig metrische, sich wiederholende Zyklen mit 12 Pulsen vor. Da es sich um ein zirkuläres rhythmisches Prinzip handelt, spricht man hier von dem Compás statt von linear verlaufenden Takten. Der Begriff Compás bezeichnet einen charakteristischen Rhythmus eines bestimmten Flamencogesangs und seiner Akzente. Einer davon ist die **Bulería**, welche das folgende Akzentschema aufweist:

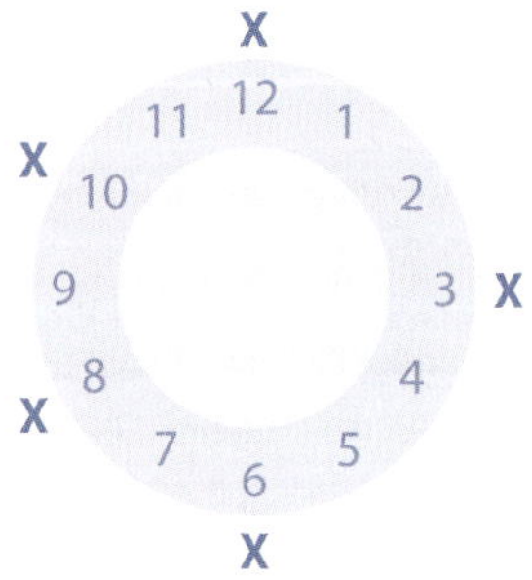


| **Zählzeit** | 1 | 2 | 3 | 4 | 5 | 6 | 7 | 8 | 9 | 10 | 11 | 12 |
|---|---|---|---|---|---|---|---|---|---|---|---|---|
| **Klatschen** | | | X | | | X | | X | | X | | X |

Die rhythmische Begleitung erfolgt traditionell durch Klatschen (palma, dt.: Handfläche) und Stampfen. Klanglich unterscheidet man zwischen den **palmas claras**, die laut und hell, und den **palmas sordas**, die leise und dumpf klingen. Rhythmisch unterscheidet man zwischen den palmas a tiempo, die auf den Zählzeiten geklatscht werden, und den palmas contratiempo, die zwischen den Zählzeiten geklatscht werden. Wenn mehrere Musiker verschiedene palmas klatschen, entstehen dichte, verzahnte komplementäre Rhythmen, die die Intensität des Lieds steigern.

**1** Welche Kulturen und Religionen haben den Flamenco zu dem gemacht, was er heute ist? Lest den Informationstext, schreibt die wichtigsten Informationen auf und besprecht sie gemeinsam.

**2** Klatscht den Bulería Compás, indem ihr die mit einem Kreuz markierten Stellen mit den palmas claras und die übrigen Stellen mit den palmas sordas klatscht. Seht euch dazu die Abbildungen oben an, die zeigen, wie man die Hände richtig hält, um einen guten Klang zu erzeugen.

**3** Übt den Compás der Bulería in Kleingruppen ein und klatscht ihn euch einander vor. Wertet danach aus, welche Gruppe den Compás am genausten gespielt und den schönsten und deutlichsten Klang erzeugt hat.

## Das Flamenco-Lied „Piensa Por Mi Todos Los Dias“

Das Lied „Piensa Por Mi Todos Los Dias“ (dt.: Denke an mich jeden Tag) handelt von einem Seemann, der an seine Freundin in Malaga denkt und ihr Blumen schickt. Der berühmte Flamenco-Sänger Diego el Cigala hat dieses Lied interpretiert.

En la fuente del querer
Se te cayeron los cántaros
Y en el labio te besé

Partiendo del puerto de Málaga
Soy del quinto de regulares
Pensando recordaba mi Málaga
En el Marocco y le compro yo unas flores
Correo tú que vas pa España
Son pa mi novia, la Dolores.

Doscientos que van a galope
En su trotar piden venganza
Su bandera es la razón
Su valentía la de los hombres
Después lo que quiera Dios

En la fuente del querer
Se te cayeron los cántaros
Y en el labio te besé

En la fuente del querer
me encontré con tu persona
y de ti me enamoré.

*volkstümlich*

Am Brunnen der Liebe
hast du die Krüge fallen lassen
und ich küsste deine Lippen.

Abfahrt vom Hafen von Malaga.
Ich bin der fünfte Stammkunde.
Ich dachte nach und erinnerte mich an mein Málaga und
ich kaufte einige Blumen.
Postbote, Sie, der nach Spanien geht,
die sind für meine Freundin Dolores.

Zweihundert im Galopp,
in ihrem Trab rufen sie nach Rache.
Ihre Flagge ist der Grund,
ihr Mut, der Männer,
dann sei, was Gott will.

Am Brunnen der Liebe
hast du die Krüge fallen lassen
und ich küsste deine Lippen.

Am Brunnen der Liebe
bin ich auf deine Person gestoßen
und ich habe mich in dich verliebt.

## Jaleo: Das spanische Publikum feuert seine Flamenco-Künstler an

Im Flamenco heißt das Anfeuern „Jaleo“ (von span. jalear: rufen, lärmen). Typisch sind Rufe wie „olé“ (bravo), „eso es“ (ganz recht), „vale“ (gut so) und „venga ya“ (leg los). Dadurch unterstützt das Publikum die Künstler. Die Art und der Zeitpunkt der Rufe dienen einerseits der Interaktion mit den Künstlern und gleichzeitig zeigen sie, wie gut sich das Publikum mit der Musik auskennt.

## Flamenco heute

Die spanische Sängerin Rosalía kombiniert Popmusik mit Elementen des Flamenco. In ihrem Debutalbum „Los Ángeles“ (2017) interpretiert sie Flamenco-Klassiker neuartig. 2020 wurde ihr zweites Album „El mar querer“ (dt.: Das Meer will) mit einem Grammy für das beste Urban Alternative Album nominiert. Der Titelsong „Malamente“ (dt.: schlecht) greift thematisch den Stierkampf auf und übersetzt ihn in die heutige Zeit und in ein urbanes Umfeld. Für den Song setzt sie rhythmische Elemente des Flamenco ein, wie den Compás und das Klatschen. Mit ihren Songs möchte sie das musikalische Wesen und die Echtheit des Flamenco beibehalten und weiterentwickeln.

*Sängerin Rosalía*

**4** Hört das Lied „Piensa Por Mi Todos Los Dias“ von Diego El Cigala interpretiert. Welches Gefühl transportiert Cigala hier eurer Meinung nach? Achtet beim Hören der oben markierten Textstellen darauf, was er mit seiner Stimme macht. Erstellt eine Liste, tragt eure Höreindrücke dort ein und diskutiert diese anschließend gemeinsam.

**5** Schaut euch den Vortrag eines Flamenco-Lieds an. Wann rufen die Perkussionisten dem Sänger Jaleo-Rufe zu? Merkt euch die Stellen, schaut das Video noch einmal und ruft dann selbst Jaleo-Rufe dazu. Achtet darauf, dass eure Jaleos die Musik unterstützen und der Sänger stets gut zu hören ist.

**6** Lest den Informationstext zu der Sängerin Rosalía und sucht im Internet nach Musikvideos von ihr. Welche spanischen Traditionen könnt ihr in ihren Musikvideos wiedererkennen und wie setzt sie die palmas darin ein? Schreibt eure Antworten auf, vergleicht eure Ergebnisse miteinander und diskutiert die Frage: Wie schafft es Rosalía, die traditionelle Musik zeitgemäß für das heutige Publikum weiterzuentwickeln?

# Musikalische Schätze aus Spanien und Südkorea

## Pansori

Pansori entstand zu Beginn des 18. Jahrhunderts in Südkorea und wird von einem Sänger und einem Trommler dargeboten. Das Präfix „pan" bedeutet „Ort, an dem sich Menschen versammeln". Das Suffix „sori" bedeutet „Klang" und meint hier „Lied". Der Sänger und der Trommler tragen traditionelle koreanische Trachten, die Hanbok genannt werden. Während einer Aufführung stellen sie eine dramatische Geschichte mithilfe von Liedern, Dialogen, Erzählungen, Gestikulation und Requisiten (Fächer oder Taschentuch) dar. Während der Darbietung wechselt der Sänger zwischen den Rollen und Perspektiven des Erzählers und der unterschiedlichen Charaktere.

*Pansorisängerin während einer Darstellung*

## Pansori handelt von sagenhaften Schicksalen

Überliefert sind fünf „Opern", die jeweils bis zu acht Stunden dauern können. Die wohl beliebteste davon ist „Chunhyang". In dieser Geschichte lernt der Sohn eines Beamten, Yi Mongryong, die junge Frau Chunhyang bei einem Pavillon kennen und verliebt sich in sie. Chunhyangs Mutter traut die beiden inoffiziell, da es für die Tochter einer Unterhaltungskünstlerin (Gisaeng) damals unmöglich war, einen Adligen zu heiraten. Ihr Glück wird gestört, als Yi Mongryongs Vaters in die Hauptstadt Seoul bestellt wird. Mongryong hat keine Wahl, er muss mit seiner Familie gehen und Chunhyang in Namwon zurücklassen. Ein neuer Beamter, Byeon Hakdo, missachtet Chunhyangs Heirat und verlangt von ihr, seine Konkubine (Geliebte) zu werden. Sie widersetzt sich dem Befehl und wird daraufhin ins Gefängnis geworfen und gefoltert. Während seiner Geburtstagsfeier befiehlt der Beamte Hakdo, Chunhyang hinzurichten, wenn sie seinem Befehl nicht folgt. Unterdessen macht Mongryong im öffentlichen Dienst Karriere. Er wird als Geheimagent zurück nach Namwon geschickt, um Korruption bei Beamten aufzudecken. Verkleidet als Wissenschaftler rettet er Chunhyang und verhaftet den Beamten Hakdo.

## Gestik und Fächer bei Flamenco und Pansori

Die Gestik und der Fächer spielen sowohl bei Flamenco als auch bei Pansori eine wichtige Rolle. Beim Flamenco wird der Fächer von Tänzern verwendet. Beim Pansori hingegen dient der Fächer den Sängern als Hilfsmittel, um z. B. Liedinhalte darzustellen, Gestiken zu vergrößern und Szenenwechsel zu markieren.

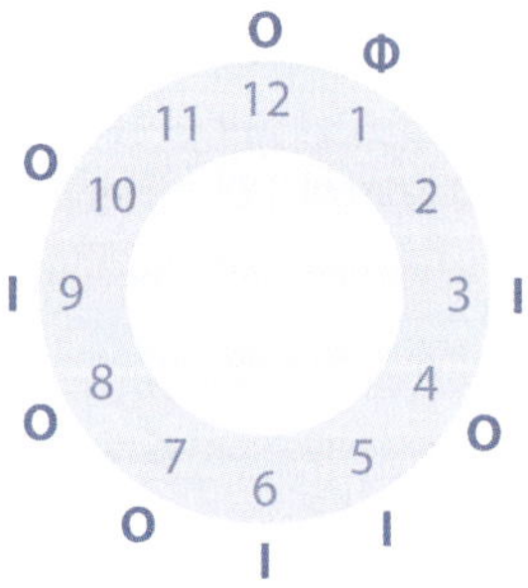


## Der Jungjungmori-Rhythmus (→ S. 97) als Begleitung des Pansori

Rechte Hand
Linke Hand

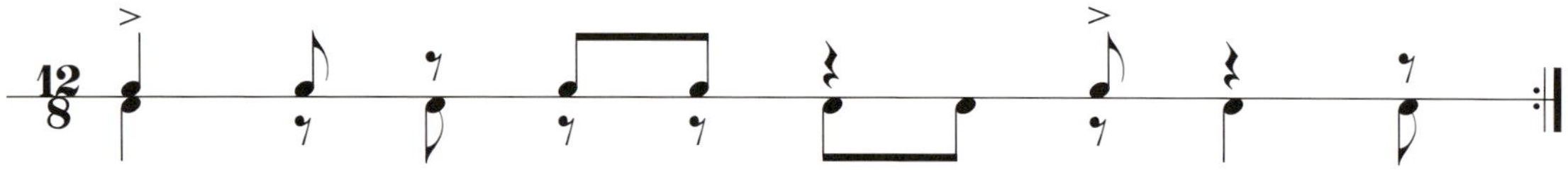

| | | | | | | | | | | | | |
|---|---|---|---|---|---|---|---|---|---|---|---|---|
| Koreanische Notation | Φ | | I | O | I | I | O | O | I | O | | O |
| Sprechsilbe | Deong | | Deok | Kung | Deok | Deok | Kung | Kung | Deok | Kung | | Kung |
| Pulsschlag | 1 | 2 | 3 | 4 | 5 | 6 | 7 | 8 | 9 | 10 | 11 | 12 |

Φ = Beide Hände  I = Rechte Hand  O = Linke Hand

**7** Lest die Informationstexte und benennt die wesentlichen Merkmale des Pansori.

**8** Schaut euch ein Video zu einem Pansori an. Achtet darauf, wie Fächer und Gestik eingesetzt werden. Worum geht es in der Geschichte und welche Funktion hat dabei der Fächer? Schaut das Video mehrmals, macht euch Notizen und begründet eure Eindrücke.

**9** Klatscht den Jungjungmori-Rhythmus mit beiden Händen auf den Knien und sprecht die Sprechweise laut und deutlich mit.

## Das Pansori-Lied „Ibyeolga" (dt.: Trennungslied)

Die Szene aus der Oper „Chunhyang", in der Chunhyang erfährt, dass Mongyong sie zurücklassen muss, um mit seiner Familie nach Seoul zu ziehen, ist eine der dramatischsten. Chunhyang eilt, ohne sich die Schuhe anzuziehen, in Socken zu Mongyong, zieht am Geschirr des Pferdes und sinkt vor Verzweiflung zu Boden, um sich an Mongyongs Waden zu klammern und ihn am Weggehen zu hindern.

| | |
|---|---|
| Doryeonimi harilɔpssɔ<br>nagui də ng-ae olla anzmjɔ<br>chunhyang-a zal itgɔra<br>tsangmodo pjɔng-ani hjangdanido zal itgɔra | Mongyong muss notgedrungen auf dem Pferd sitzen und sagt:<br>Liebe Chunhyang, leb wohl.<br>Liebe Schwiegermutter und liebe Hyangdan, lebt wohl. |
| chunhyang-iga gigamakchjɔ<br>bɔsɔnballo urrrrrrr<br>han sonə ronə n nagui chɔngma bujɔ zabgo<br>ddo han sonə ro də ng-za didin doryeonim dari zabgo | Chunhyang ist völlig sprachlos<br>und stürmt sehr eilig ohne Schuhe zu ihm.<br>Mit einer Hand hält sie das Pferd fest<br>Mit der anderen Hand schlingt sie ihren Arm um sein Bein im Steigbügel. |
| aigo doryeonnim<br>yjɔbo doryeonnim nal darjɔgao | Ah, mein Herr,<br>mein lieber Herr, bitte nimm mich mit! |

*traditionell*

Hinweise zur Aussprache: ɔ = offenes, kurzes „o", ə = kurzes „e" wie in Beruf

## Chuimsae: Das koreanische Publikum feuert seine Pansori-Künstler an

Beim Pansori heißt das Anfeuern „Chuimsae" (von korean.: Kompliment). Typisch sind Rufe wie „eolshigu", „dzota", „eolsu" und „tsihwatsa dzota".

## Pansori heute

Heutzutage kombinieren Bands wie Ssing Ssing und Leenalchi traditionellen Pansori mit elektronischen Klängen und Popmusik. In ihrem ersten Album vertonen Leenalchi eine traditionelle Oper des Pansori neu, in der es um eine Schildkröte geht. Dabei kommen zum Trommler zwei Bassisten und vier ausgebildete Pansori-Sänger hinzu.

Bands wie diese werden immer beliebter, und Jugendliche singen die Pansori-Lieder während der Konzerte in Klubs laut mit.

*Pansorikünstler: Die Gruppe Ssing Ssing*

**10** Schaut euch ein Video zu dem Pansori aus der Oper „Chunhyang" an. Findet heraus, welches Gefühl die Pansorisängerin eurer Meinung nach transportiert und wie ihr das mit Stimme, Geste und Fächer gelingt. Erstellt eine Liste, tragt eure Hör- und Seheindrücke dort ein und diskutiert diese anschließend gemeinsam. Schaut euch noch einmal das Pansori-Video an. Wann ruft der Perkussionist dem Sänger Chuimsae-Rufe zu? Merkt euch die Stellen, schaut das Video noch einmal und ruft dann selbst Chuimsae-Rufe dazu. Achtet darauf, dass eure Chuimsaes die Musik unterstützen und der Sänger stets gut zu hören ist.

**11** Lest im Informationstext, wie Pansori heutzutage in der koreanischen Musik eingesetzt wird, und sucht im Internet nach Musikvideos von Ssing Ssing oder Leenalchi. Welche traditionellen koreanischen Aspekte könnt ihr dort wiedererkennen? Schreibt sie auf, vergleicht eure Ergebnisse miteinander und diskutiert die Frage: Wie schaffen es die Künstler, ihre traditionelle Musik zeitgemäß für das heutige Publikum weiterzuentwickeln?

# Schostakowitsch im Stalinismus

C 27, 28

*Dimitri Schostakowitsch in den 1930er-Jahren*

## Aufstieg zum Volkshelden

Der russische Komponist Dimitri Schostakowitsch wurde 1906 in Sankt Petersburg geboren. Als er im Alter von 16 Jahren seinen Vater verlor, musste er für den Unterhalt der Familie sorgen. Er arbeitete u. a. als Pianist in Stummfilm-Vorführungen. Später studierte er Klavier und Komposition. Bereits mit seiner 1. Sinfonie wurde er in ganz Russland bekannt. Mit seiner 2. Sinfonie, einer Auftragsarbeit der russischen Regierungspartei, gelangte er bei den russischen Politikern bald zu hohem Ansehen.

## Die Sowjetunion unter Stalin

Durch die Oktoberrevolution 1917 wurde in Russland die Herrschaft der Zaren beendet und die Bolschewisten (kommunistische Arbeiterpartei unter der Führung Wladimir Iljitsch Lenins) kamen an die Macht. Aus Russland wurde die Sowjetunion. Lenins Nachfolger Josef Stalin errichtete ab 1927 ein Terror-Regime unter seiner Alleinherrschaft, in dem Systemkritiker ermordet oder in Konzentrationslager verschleppt wurden. Um Kunst und Musik für die Propaganda seiner Partei nutzen zu können, ließ Stalin konkrete Regeln für das Kunstschaffen in seinem sozialistischen Staat veröffentlichen. Auf diese Weise sollte sich ein bestimmter Kunststil entwickeln: der Sozialistische Realismus.

„Der Sozialistische Realismus, der die Hauptmethode der sowjetischen [Kunst] darstellt, fordert vom Künstler **wahrheitsgetreue, historisch konkrete Darstellung der Wirklichkeit in ihrer revolutionären Entwicklung**. [Diese Inhalte müssen mit der] **Erziehung der Werktätigen im Geiste des Sozialismus** verbunden werden."

### An den Oktober

Wir kamen und forderten: Gebt Brot und Arbeit!
Die Herzen voll Schwermut, verzweifelt das Land.
Die Schornsteine ragten erloschen zum Himmel,
und sinnlos wie sie war geballt unsre Hand.

Wie Schatten umhüllte uns bittere Not,
Verzweiflung, Unterdrückung, Tod.
O Lenin, du hast uns den Willen geschmiedet,
und hast uns're Hände gehärtet wie Stahl (...)

*Alexander Besymenski deutscher Text: Jörg Morgener*

### 2. Sinfonie, 2. Satz, Ausschnitt

**1** Hört den 2. Satz aus Schostakowitschs 1. Sinfonie (C 27) und erkennt dabei folgende Teile: Einleitung, 1. Thema (rasch, Streicher, Klavier), 2. Thema (ruhig, Flöten), Finale (rasch, Tutti, 1. und 2. Thema gleichzeitig).

**2** Teilt euch in 8 Gruppen auf. Teilt jeder Gruppe einen der folgenden Begriffe oder Namen zu: Sozialismus, Kommunismus, Realismus, Regime, Bourgeoisie, Propaganda, Wladimir Iljitsch Lenin, Josef Stalin. Informiert euch im Internet oder in der Bücherei über diese Begriffe und Namen. Tauscht euch dann über eure Ergebnisse aus und präsentiert sie den jeweils anderen Gruppen. Gibt es weitere unklare Begriffe?

**3** Gebt die Forderungen an den sozialistischen Künstler mit eigenen Worten wieder und beschreibt, wie diese im Gedicht „An den Oktober" umgesetzt wurden.

**4** Hört einen Ausschnitt aus dem 2. Satz von Schostakowitschs 2. Sinfonie (C 28) und betrachtet dabei das Notenbild. Beschreibt, wie Schostakowitsch den Gedichttext musikalisch darstellt.

C 29, 30

## Vom Volkshelden zum Staatsfeind

Mit seinen frühen Werken hatte Schostakowitsch zunächst das Wohlwollen Stalins gewonnen. 1936 änderte sich dies jedoch, als Stalin eine Aufführung von Schostakowitschs Oper „Lady Macbeth von Mzensk" besuchte. Kurz nach Stalins Opernbesuch erschien ein Artikel in der regimetreuen Zeitschrift „Prawda" mit dem Titel „Wirrwarr statt Musik". Dort stand: „Von der ersten Minute an verblüfft den Hörer in dieser Oper die betont disharmonische, chaotische Flut von Tönen. Bruchstücke von Melodien, Keime einer musikalischen Phrase versinken, reißen sich los und tauchen erneut unter im Gepolter, Geprassel und Gekreisch. Dieser ‚Musik' zu folgen, ist schwer, sie sich einzuprägen unmöglich. [...] Dies ist ein Spiel mit ernsthaften Dingen, das übel ausgehen kann. [...] Lady Macbeth erfreut sich eines großen Erfolges bei der ausländischen Bourgeoisie. [...] Lässt sich das nicht damit erklären, dass diese zappelige, kreischende, neurotische Musik den perversen Geschmack der Bourgeoisie kitzelt?"

Schostakowitsch konnte davon ausgehen, dass dieser „Prawda"-Artikel Stalins eigene Meinung zum Ausdruck brachte. Die darin enthalteten Anschuldigungen brachten Schostakowitsch und seine ganze Familie in höchste Gefahr, denn er gehörte nun zum Kreise der vom Regime abgelehnten und verfolgten Personen, die jederzeit mit Verhaftung, Folter und Tod rechnen mussten.

Der Biograf[W] Krzysztof Meyer beschreibt Schostakowitschs Situation so:
„Da das NKWD [die Geheimpolizei] seine Opfer nachts abholte, legte sich Schostakowitsch von da an über viele Monate in voller Kleidung schlafen und hatte für den Fall der Verhaftung stets einen kleinen Koffer gepackt zur Hand. Schlafen konnte er nicht. Er lag und wartete und lauschte im Dunkeln."

## Zurück zum Volkshelden

Um sein eigenes Leben und das seiner Familie zu retten, blieb Schostakowitsch keine andere Wahl, als sich öffentlich für seine Oper „Lady Macbeth von Mzensk" zu entschuldigen und in einer neuen Komposition seine Treue zu Stalin und zum Sozialistischen Realismus auszudrücken.

Mit einer scheinbaren Huldigung (Ehrung) des Sowjet-Regimes in seiner 5. Sinfonie gelang es ihm, Stalins Gunst zurückzuerlangen, sodass er schon bald wieder für die sowjetische Propaganda herangezogen wurde: Als 1941 deutsche Truppen in Russland einfielen, besetzten sie die Stadt Leningrad, wo Schostakowitsch gerade seine 7. Sinfonie komponierte. Diese wurde unter dem Titel „Leningrader Sinfonie" zum Symbol des Widerstands gegen den deutschen Angriff.

Schostakowitsch selbst wurde kurz vor seiner Evakuierung von Mitarbeitern des Propagandaministeriums fotografiert. Das Bild, das ihn in Uniform und Schutzhelm zeigt, sollte der Nation demonstrieren, dass selbst er sich aktiv an der Verteidigung der belagerten Stadt beteiligte.

*Schostakowitsch als Luftschutzwart auf dem Dach des Konservatoriums in Leningrad*

**Invasionsthema aus der „Leningrader Sinfonie"**

**5** Hört einen Ausschnitt aus der Oper „Lady Macbeth von Mzensk" (C 29). Beschreibt eure Höreindrücke und stellt Vermutungen an, was in dieser Szene inhaltlich geschieht.

**6** Hört das Invasionsthema aus Schostakowitschs „Leningrader Sinfonie" (C 30), betrachtet dabei das Notenbild und beschreibt die Musik anhand der Parameter[W] Dynamik, Tempo und Instrumentation. Erklärt dann, wie Schostakowitsch den Einmarsch der deutschen Truppen in die Sowjetunion musikalisch darstellt.

# Rock gegen Rechts – Herbert Grönemeyer

## Über Rechtsextremismus

Herbert Grönemeyer

Unter dem Begriff „Rechtsextremismus" versteht man eine politische Haltung, die das Recht aller Menschen auf soziale und rechtliche Gleichheit bestreitet. Rechtsextremisten nehmen für sich in Anspruch, andere Menschen aufgrund bestimmter Eigenschaften abwerten, ausgrenzen und verfolgen zu dürfen. Rechtsstaatliche Maßstäbe, die ihren Vorstellungen widersprechen, ignorieren sie. Verbale und körperliche Gewalt sind häufig angewendete Mittel.

Menschen rechtsextremistischer Gesinnung verstehen sich als Gegner der durch das Grundgesetz festgelegten freiheitlich-demokratischen Grundordnung. Sie organisieren sich als Anhänger einer politisch-nationalistischen Idee, die in Deutschland in den Jahren 1933 – 1945 ihre schlimmste menschenverachtende Umsetzung fand.

Rechtsextremistisches Denken äußert sich heutzutage z. B. als Antisemitismus, Fremdenfeindlichkeit, Homophobie oder Islamfeindlichkeit. Viele Gewaltstraftaten der letzten Jahrzehnte waren rechtsextremistisch motiviert. In Deutschland werden rechtsextreme Parteien und verfassungsfeindliche Organisationen beobachtet und können auch verboten werden.

## Protest gegen Rechts

Immer wieder haben Menschen den Mut, sich offen gegen rechtsextremistische Gesinnung zu positionieren – in Aktionen, in Bildern, in Musik. Ein Beispiel dafür ist der Song „Fall der Fälle" von Herbert Grönemeyer. Der Song wurde 2018 auf dem Album „Tumult" veröffentlicht.

## Fall der Fälle

### Strophe 1

Es ist ein Transit, eine Szene, die aufzieht,
ein Bodensatz, der nie schläft.
Es ist ein Virus, der sich in die Gehirne fräst,
der sie versucht, der sie belegt.
Es wird laut gedacht, alles ist erlaubt,
es lallt und hallt von überall,
jeder Geisteskrampf wird ganz einfach mal gesagt,
es wird gejagt ohne Moral.

Sie verschiebt nie ihre Grenzen,
sie bewacht den Übergang,
belauert die Signale, dass ihre Seele nicht erkrankt.
Sie untermauert ihren Glauben,
findet im Wider ihren Stand,
im wirren Hatz- und Hassgewühl.

### Strophe 2

Es bräunt die Wut, es dünkelt,
der kleine Mob macht rein,
es ist die Angst, die glaubt, sauber muss es sein
und immer brenzlig und gemein.

Sie verschiebt nie ihre Grenzen,
sie bewacht den Übergang,
belauert die Gedanken, dass ihre Seele nicht erkrankt.
Sie untermauert ihren Glauben,
findet im Wider Stand
im wirren Hatz- und Hassgewühl.

### Refrain

Fall der Fälle, es ist, wie es scheint.
Steht an der Stelle und mischt sich ein, ganz ruhig.
Fall der Fälle, und nichts ist neu,
und die Gefahr, und die Gefahr,
weiß, die Gefahr steckt auch in ihr.
…

*Herbert Grönemeyer*

C 31

## Herbert Grönemeyer über seinen Song „Fall der Fälle"

„Es geht darum: Wie leicht sind wir infizierbar? Wir glauben immer, dass wir nicht anfällig sind für rechtes Gedankengut, und ich glaube, dass eine Gesellschaft klare Richtlinien setzen muss für jeden von uns. Das Lied geht darum, wie eine Frau, ein Mädchen, sich selbst versucht zu strukturieren, immer nachzugucken in ihrem Kopf: „Was ist eigentlich los da?". Und sie schafft das auch, indem sie sich selbst organisiert und den Widerstand gegen Rechts organisiert und sich dabei behauptet und sich stabilisiert mit allen zusammen."

## Fall der Fälle, Outro

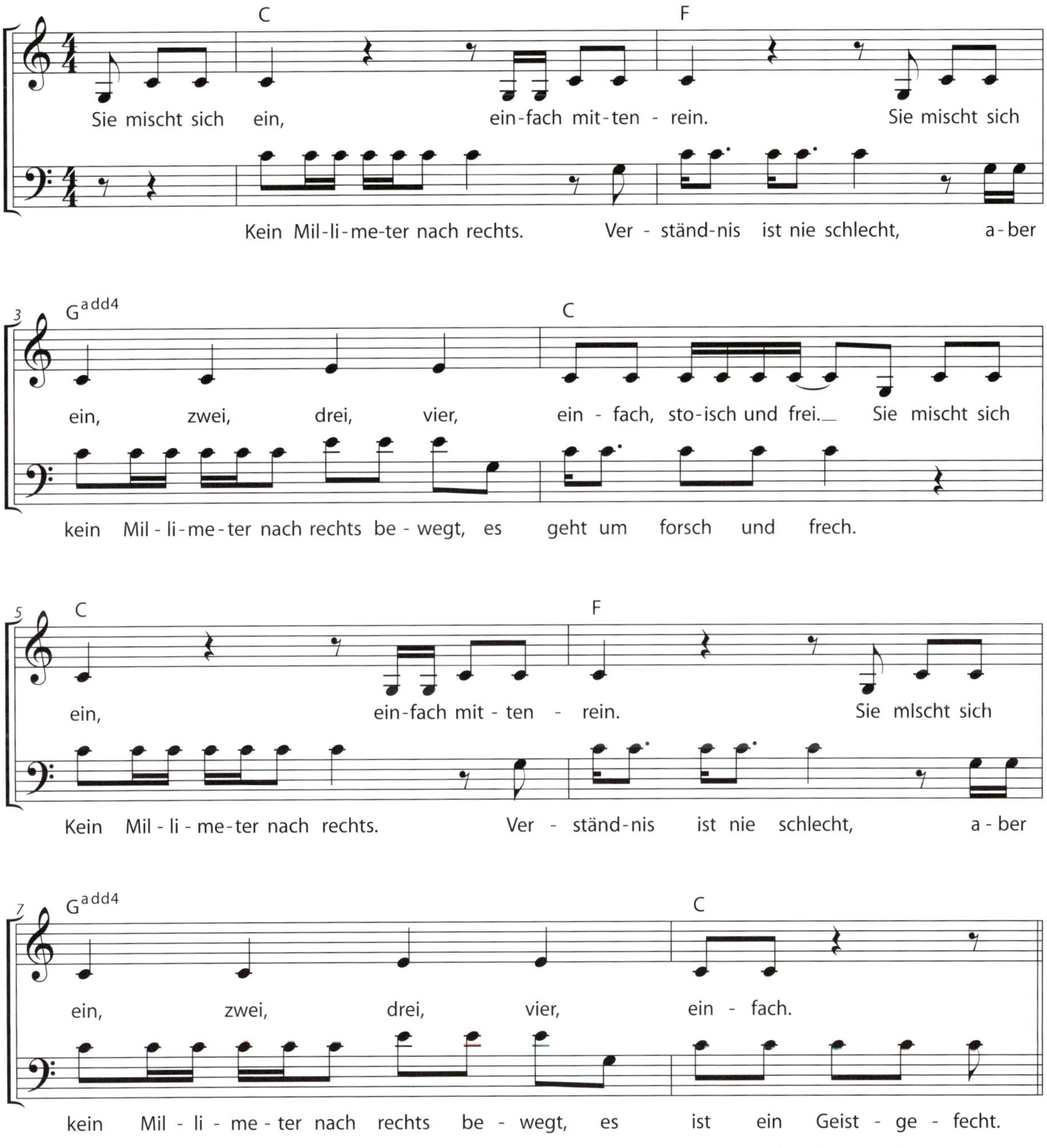


*Text und Melodie: Herbert Grönemeyer*

**1** Erklärt den Songtext von „Fall der Fälle" mithilfe des Informationstextes und der Aussage von Herbert Grönemeyer. An welchen Stellen gibt der Songtext die Gedanken des lyrischen Ichs[W] wieder?

**2** Hört den Song „Fall der Fälle" (C 31). Beschreibt, wie der Vorgang der Stabilisierung „mit allen zusammen" musikalisch dargestellt wird.

**3** Übt das Outro ein und singt es zur CD (C 31).

# Musik zwischen Propaganda und Protest

D 1

## Die Teilung Deutschlands nach 1945

Nach dem Zweiten Weltkrieg teilten die vier Siegermächte Frankreich, Großbritannien, die UdSSR und die USA das besiegte Deutschland in vier Sektoren. Die drei westlichen Sektoren schlossen sich im Jahr 1949 zusammen und konnten sich gemeinsam als Bundesrepublik Deutschland neu definieren. Im vierten Sektor, der unter sowjetischer Administration stand, gründete sich fast zeitgleich die Deutsche Demokratische Republik (DDR). Hier wurde nach Vorbild der Sowjetunion die Staatsform des Sozialismus eingeführt. Grundidee des Sozialismus ist eine gerechte Verteilung von Gütern und Ressourcen. Diese Verteilung wird zentral durchgeführt unter Einschränkung individueller Freiheiten und oftmals unter undemokratischem Zwang. Die DDR entwickelte sich zu einem totalitären Staat, der Diskussionen unterdrückte, seine Kritiker verfolgte und mit hohen Strafen belegte. Gleichzeitig wurden die Grenzen nach Westdeutschland geschlossen und die Staaten der westlichen Welt, insbesondere die USA, als Feindbild aufgebaut.

## Die Jugenderziehung in der DDR

Das Ziel des Erziehungs- und Bildungssystems der DDR bestand darin, Heranwachsende von Anfang an im Sinne der Idee des Sozialismus zu formen und sie zur Bereitschaft zu erziehen, die Idee des Sozialismus unter allen Umständen zu verteidigen. Das große Angebot an Einrichtungen zur Kinderbetreuung gab Eltern einerseits die Möglichkeit, ihrem Studium oder Beruf nachzugehen. Andererseits hatte der Staat durch dieses Angebot aber auch den frühzeitigen und umfassenden erzieherischen Zugriff auf die Kinder. Im Erziehungs- und Bildungsplan für den Kindergarten von 1977 heißt es: „Die vielfältigen Tätigkeiten der Kinder sind so zu lenken, daß sich bei ihnen Verhaltensweisen herausbilden, die den sozialistischen Normen des Zusammenlebens entsprechen. [...] Bei den Kindern sollen sich die Gefühle der Verbundenheit zu den ihnen bekannten Werktätigen, zu ihrem Heimatort, zu den führenden Genossen der Partei und der Regierung, zu den Angehörigen der bewaffneten Streitkräfte herausbilden." Kinder und Jugendliche wurden in staatlichen Organisationen zusammengeführt und während gemeinsamer Veranstaltungen politisch-ideologisch beeinflusst. Mit dem Eintritt in die 1. Klasse war in der Regel die Aufnahme in die Gruppe der sogenannten Jungpioniere verbunden. Nach dem 4. Schuljahr wechselte man zu den Thälmann-Pionieren und nach Abschluss der 7. Klasse in die Jugendorganisation FDJ (Freie Deutsche Jugend). Es war kaum möglich, die Mitgliedschaft in einer dieser Organisationen zu verweigern. Wer es dennoch versuchte, musste mit Benachteiligungen in Schule und Berufswahl rechnen. Ein wichtiges Erziehungsmedium waren Lieder, die während dieser Zeit entstanden.

*Aufdruck einer Plastiktüte*

## Gute Freunde

**Strophe 1**

Soldaten sind vorbeimarschiert mit gleichem Schritt und Tritt.
Wir Pioniere kennen sie und laufen fröhlich mit, juchhei!
Wir Pioniere kennen sie und laufen fröhlich mit.

**Refrain**

Gute Freunde, gute Freunde, gute Freunde in der Volksarmee,
sie schützen unsre Heimat zu Land, zu Luft und auf der See, juchhei!
Sie schützen unsre Heimat zu Land, zu Luft und auf der See.

**Strophe 2**

Der Hauptmann, der den Zug anführt, den kennen wir genau.
Vor Jahren stand als Maurer er bei uns noch auf dem Bau.
Gute Freunde...

**Strophe 3**

Ein Leutnant führt den zweiten Zug mit fröhlichem Gesicht.
Als Lehrer gab er früher uns den schönsten Unterricht.
Gute Freunde...

**Strophe 4**

Der Flügelmann im ersten Glied, mit Stahlhelm und MP,
als Melker der Genossenschaft betreute er das Vieh.
Gute Freunde...

**Strophe 5**

Soldaten sind vorbeimarschiert, die ganze Kompanie.
Und wenn wir groß sind, wollen wir Soldat sein, so wie sie.
Gute Freunde...

*Hans Georg Beyer*

1 Lest die Informationstexte und klärt unbekannte Begriffe.

2 Hört das Lied „Gute Freunde" (D 1) und beschreibt seine musikalische Wirkung.

3 Lest den Liedtext und diskutiert über die Aussageabsicht des Lieds.

D 2

*Bundesrepublik Deutschland und Deutsche Demokratische Republik (1949 – 1990)*

## Protest gegen die DDR-Regierung

Bereits wenige Jahre nach der Gründung der DDR wurden kritische Stimmen laut, die sich gegen die strenge Durchsetzung der sozialistischen Staatsidee positionierten. Viele Menschen verließen die DDR, andere blieben, in der Hoffnung, am Aufbau des Landes und der politischen Neuordnung mit ihren eigenen Ideen mitwirken zu können. Dies wurde jedoch zunehmend schwierig. Mittlerweile waren die Grenzen geschlossen worden, eine Ausreise war so gut wie unmöglich, Fluchtversuche wurden hart bestraft. Am 13. August 1961 wurde Berlin durch eine Mauer geteilt. Unter den jungen Menschen des Landes bildete sich Protest, der seinen Ausdruck auch in der Musik fand. Man orientierte sich an westlichen Vorbildern und bevorzugte Rockmusik, Blues und Punk. Die Regierung, die dieser Musik zunächst ablehnend gegenüberstand, hatte schließlich keine andere Wahl, als sie zuzulassen. Sie behielt sich aber eine strenge Kontrolle der Konzertprogramme vor. Künstler mussten ihre kritischen Botschaften verdeckt formulieren, anderenfalls hatten sie mit Auftrittsverbot zu rechnen.

*Emblem der Bewegung „Schwerter zu Pflugscharen" (1980)*

## Militarismus und die Rolle der Kirchen

Im Jahr 1978 wurde gegen den Protest vieler Eltern an den Oberschulen Wehrkunde als Pflichtfach eingeführt. Die Inhalte dieses Faches umfassten u. a. Schießtraining und Übungen zum Handgranatenwurf. In diesem Zusammenhang waren die bereits seit 1967 regelmäßig stattgefundenen Hans-Beimler-Wettkämpfe der FDJ zu sehen, vor deren Beginn jeweils ein Gelöbnis gesprochen wurde. In dem Gelöbnis von 1968 heißt es: „[…] wir nehmen teil, um durch hohe wehrsportliche Leistungen unsere Bereitschaft zur Verteidigung des sozialistischen Vaterlandes zu bekunden und uns der revolutionären Kämpfer würdig zu erweisen." In dem Maße, wie die politischen Spannungen zwischen Ost und West zunahmen, entwickelte sich aber auf beiden Seiten eine Friedensbewegung: junge Menschen, Kirchenangehörige und Intellektuelle, die auf Abrüstung und Verständigung drängten. Symbol dieser Bewegung war die Initiative „Schwerter zu Pflugscharen", deren Emblem erstmals 1980 von evangelischen Jugendgruppen in der DDR verwendet wurde. Überhaupt spielten in dieser Zeit die Kirchen eine aktiv kritische Rolle, indem sie sich klar positionierten und ihre Räume für Versammlungen und Konzerte öffneten.

## Die Klaus Renft Combo – kritische Musik der DDR

Die Mitglieder der 1958 gegründeten Klaus Renft Combo waren regierungskritisch. Ihr Leben war einerseits geprägt von Erfolgen und andererseits von Auftrittsverboten und Inhaftierung. Ihr drittes Album durfte die Klaus Renft Combo nicht veröffentlichen, da die Texte von der staatlichen Zensur verboten wurden. Eines der Lieder auf diesem Album behandelt die Problematik der „Bausoldaten". Damit sind junge Männer gemeint, die den Militärdienst verweigerten und die vorgeschriebenen 18 Wehrdienstmonate lieber in einem Baubataillon arbeiteten – auch wenn sie in ihrem weiteren Leben mit Nachteilen zu rechnen hatten.

## Glaubensfragen

**Strophe 1:** Du, woran glaubt der, der zur Fahne geht, Ruhm der Fahne schwört, dabei stramm steht?

**Strophe 2:** Du, woran glaubt der, der nicht anlegt, der als Fahne vor sich her einen Spaten trägt?

**Strophe 3:** Du, woran glaubt der, der in'n Kahn* geht, und den Hintern quer zu der Fahn' dreht?

* Gefängnis

*Gerulf Pannach*

**4** Lest die Informationstexte und klärt unbekannte Begriffe.

**5** Sammelt im Internet Informationen zu Klaus Renft und seiner Klaus Renft Combo.

**6** Hört das Lied „Glaubensfragen" von Gerulf Pannach (D 2) und beschreibt die Wirkung des Lieds.

**7** Vergleicht die beiden Lieder „Gute Freunde" und „Glaubensfragen" miteinander und erstellt ein Portfolio zum Thema „Jugendkultur der DDR". Verwendet dazu auch Informationen aus dem Internet.

# Trettmann: Stolpersteine

*Gunter Demnig*

Der deutschsprachige **Rapper Trettmann** erhielt in den letzten Jahren für seine Songs bereits mehrere Auszeichnungen, darunter den Preis für Popkultur und den Juice Award. 2019 veröffentlichte er den Song „Stolpersteine". In diesem Song setzt Trettmann sich mit den Themen Nationalsozialismus und Rechtsextremismus kritisch auseinander.

Der Titel „Stolpersteine" verweist auf ein Kunstprojekt des Bildhauers und Aktionskünstlers **Gunter Demnig**, das erstmals im Januar 1995 in Köln durchgeführt wurde: Stolpersteine sind 10 x 10 cm große Betonquader mit einer Oberfläche aus Messing. Die Inschriften auf diesen Steinen informieren über letzte Wohnorte von im Nationalsozialismus (1933 – 1945) verfolgten und ermordeten Menschen. Die Stolpersteine werden auf den Bürgersteigen vor diesen Wohnorten ebenerdig angebracht. Auf die Frage eines Journalisten, ob man über diese Steine fallen könnte, antwortete Gunter Demnig, man falle nicht über die Stolpersteine, man stolpere mit dem Kopf und dem Herzen. Die Stolpersteine sollen die Fußgänger also nicht zum Stolpern ihrer Füße, sondern zum gedanklichen Stolpern bringen. Inzwischen sind die Stolpersteine in sehr vielen europäischen Ländern zu finden. Seit 2017 gibt es sie sogar in Argentinien. Damit sind die Stolpersteine das größte dezentrale Mahnmal der Welt.

## Stolpersteine

### Intro (16 Takte)

### Strophe 1

Noch unterwegs, früh morgens, halb fünf, wurde spät
Zwei Finger Rum in meinem Glas
Zum Runterkommen aufn Weg
Denk an dich heute vom Rave
Würde dich gern wiedersehen
Warte mal kurz, bleibe stehen
Steine aus Messing auf mei'm Weg
Beug mich nach vorn
Hier wohnte 'ne Frau mit 'nem Namen
Les Zahlen, geboren in 'n Zwanziger-Jahren
Abgeschoben nach Polen, deportiert April (kip, kip, kip)
Ermordet in den letzten Tagen

### Refrain

Stolpersteine, Stolpersteine
Überall Stolpersteine
Stolpersteine, Stolpersteine
In meiner Straße, Stolpersteine
Stolpersteine, Stolpersteine
Nächste Haustür, Stolpersteine
Stolpersteine, Stolpersteine
Stolpere über (Okay)

### Strophe 2

In meiner Straße Stolpersteine
Vögel singen und ich weine
Hier könnt jeder Name stehen, irgendeiner
Irgendeiner, doch hier steht deiner
Was ist wohl passiert? Sie war Mitte zwanzig
Selbes Alter, ging sie gern tanzen?

*Zwei Stolpersteine*

Königin vom Ballsaal, genau wie du
Ja, genau wie du, Queen im Club
Setz mich hin, vor ihrer Haustür
Sie ging ein und aus hier, saß sie auch hier?
Hier im Viertel, wo jeder jeden kennt
Stell mir vor, wie sie mir 'n Lächeln schenkt
Ob es wohl so 'n Morgen, so wie dieser war?
Straße menschenleer, als der Wagen kam
Reifen quietschen, erste Straßenbahn
Alle schauen, doch kein Licht geht an

### Refrain

### Strophe 3

Sonne geht auf, sitz immer noch hier
Atme und rauch', was ist passiert?
Schlingen werden wieder geknüpft
Messer wieder gewetzt, nein, nicht woanders, hier und jetzt
Der Schoß noch fruchtbar, aus dem das kroch
Fruchtbar noch, aus dem das kroch
Wut will mich fressen, doch lass mich nicht fressen
Denk an uns zwei aufm Rave, denk an dein Lächeln

### Refrain

*Stefan Richter, Silvio Brunner, Christoph Erkes*

D 3

## Stolpersteine – Patterns für ein Klassen-Arrangement

Trettmann

Der Song „Stolpersteine" beginnt mit einem 16-taktigen Intro. Danach wechseln sich Strophen und Refrain ab.

Die Patterns für Intro und Strophe bestehen aus einer Melodiestimme mit Akkordbegleitung. Im Refrainpattern werden diese Stimmen noch mit einer Bassstimme und einer Schlagzeugstimme ergänzt. Mit diesen Patterns lässt sich ein Klassen-Arrangement für „Stolpersteine" gestalten.

### Intro

### Strophe

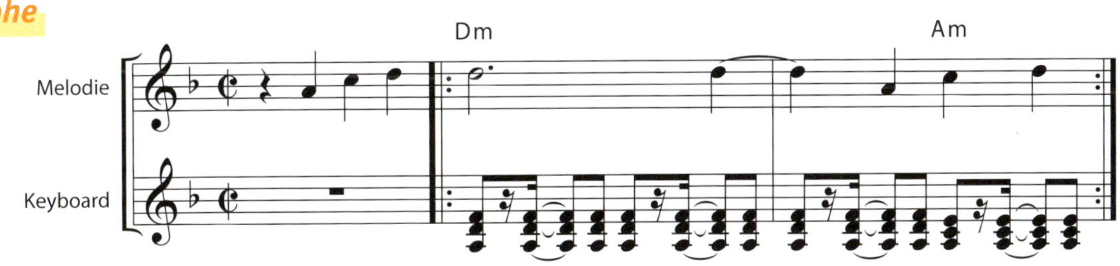


### Refrain

*nach Christoph Erkes, Christian Meyerholz, Nicole Schettler, Nils Frahm   Arrangement: Christian Crämer*

1. Lest den Informationstext und informiert euch im Internet über die Arbeit von Gunter Demnig. Findet heraus, ob es auch in eurem Umfeld Stolpersteine gibt.
2. Hört den Song „Stolpersteine" von Trettmann (D 3) und lest dabei den Songtext mit. Welche Gedanken hat Trettmann beim Betrachten des Stolpersteins, an dem er vorbeikommt? Analysiert den Songtext und tauscht euch darüber aus.
3. Reflektiert in Kleingruppen, wie der Zusammenhang zwischen den Daten auf den hier abgebildeten Stolpersteinen und der Gegenwart, die in der 3. Strophe des Songs umschrieben wird, hergestellt wird.
4. Übt auf Instrumenten eurer Wahl die drei Patterns zu Intro, Strophe und Refrain ein.
5. Gestaltet eine eigene musikalische Interpretation des Songs und begleitet ihn mit diesen Patterns.
6. Textet eine zusätzliche 4. Strophe, die sich mit dem heutigen Rechtsextremismus (→ S. 110) auseinandersetzt.
7. Recherchiert im Internet, wie der Song „Stolpersteine" entstanden ist.

# War Requiem – Benjamin Britten und der Krieg

*St. Michaels-Cathedral in Coventry, England*

*Zerstörte Gebäude in Coventry, 1940*

*Kaiser-Wilhelm-Gedächtniskirche in Berlin, heute*

## Coventry – ein Symbol für den Bombenkrieg

Nachdem die englische Industriestadt Coventry mehrfach von deutschen Luftangriffen heimgesucht worden war, wurde am 14.11.1940 auch die mittelalterliche Kathedrale von Coventry, die größte Kirche Englands, durch Brandbomben der Luftwaffe zerstört. Ähnlich wie die Kaiser-Wilhelm-Gedächtniskirche in Berlin wurde auch die St. Michaels-Cathedral von Coventry nach dem Krieg als Ruine erhalten und durch einen Neubau erweitert. 1988 wurde als Zeichen der Versöhnung ein Nagelkreuz aus Zimmermannsnägeln der St. Michaels-Cathedral in der Berliner Gedächtniskirche aufgestellt.

*Benjamin Britten (1913 – 1976)*

## Benjamin Britten und der Zweite Weltkrieg

Den Beginn des Zweiten Weltkriegs erlebte Benjamin Britten zunächst in den USA. Mitten im Krieg kehrte er jedoch nach England zurück. Hier erlebte er Bombenalarme und es erreichten ihn Nachrichten über den Massenmord an den europäischen Juden. Trotzdem verweigerte Britten den Wehrdienst und er wollte auch keine Filmmusik für patriotische Filme komponieren.

Im Juli 1945, kurz nach Kriegsende, reiste Britten als Musiker nach Deutschland. Hier spielte er in Lagern für „Displaced Persons". So wurden die vielen Millionen Menschen bezeichnet, die zuvor gegen ihren Willen nach Deutschland verschleppt worden waren und aus den Lagern der Nationalsozialisten befreit wurden. Gemeinsam mit dem berühmten Geiger Yehudi Menuhin spielte Britten vor Menschen, die Überlebende eines Massenmords waren. Die bedrückende Reise prägte den Komponisten bis zu seinem Lebensende 1976.

## Eine Auftragskomposition

Für die Feierlichkeiten zur Einweihung des Neubaus der St. Michaels-Cathedral 1962 wurde der damals schon bekannte englische Komponist Benjamin Britten mit der Komposition eines großen Werks für Orchester, Chor und Solostimmen beauftragt. So komponierte Britten das „War Requiem", ein großes Sakralwerk, ähnlich einem **Oratorium**W. Für die Uraufführung wünschte sich Britten, dass die Gesangssolisten aus verschiedenen Nationen stammten, die im Zweiten Weltkrieg gegeneinander gekämpft hatten.

## Benjamin Britten – ein überzeugter Pazifist

Benjamin Britten komponierte das „War Requiem" 1961 – 1962 in seinem Haus an der englischen Nordseeküste. Hier konnte er regelmäßig amerikanische Kampfbomber hören, die mit Atomwaffen bestückt vom nahegelegenen Stützpunkt starteten. Zu dieser Zeit erreichten die Spannungen des Kalten Krieges einen Höhepunkt. Ein nuklearer Konflikt zwischen den Supermächten USA und UdSSR schien nur eine Frage der Zeit. Benjamin Britten war Mitglied der **C**ampaign For **N**uclear **D**isarmament (Kampagne für nukleare Abrüstung). Die **CND** spendete Geld für die Durchführung von Demonstrationen. Das Logo der CND ist heute eines der bekanntesten Friedenssymbole.

*CND-Logo*

**1** Vergleicht die drei Bilder oben miteinander. In welcher Beziehung stehen sie zueinander?

**2** Beschreibt die Entstehungsgeschichte des „War Requiems". Geht dabei auch auf die persönliche Haltung des Komponisten ein.

D 4, 5

## Das Requiem – eine Gattung mit langer Geschichte

In der katholischen Kirche wird eine Totenmesse in Gedenken an Verstorbene („Missa pro defunctis") als **Requiem** bezeichnet. Die Texte dieser Totenmesse entstanden bereits im Mittelalter und legen den genauen Ablauf eines solchen Gottesdienstes fest. Die ersten Vertonungen dieser Texte waren **Gregorianische Choräle**, die auch heute noch gebräuchlich sind.

Im Laufe der Musikgeschichte haben viele berühmte Komponisten Requiems komponiert. Sie verwendeten dabei nicht nur die alten Texte, sondern teilweise auch die alten Melodien. Viele Requiem-Vertonungen sind große **Sakralwerke** für Chor, Orchester und Gesangssolisten. Unter den bekanntesten Requiems sind Werke von Wolfgang Amadeus Mozart, Hector Berlioz und Giuseppe Verdi. Aber auch heutzutage werden noch Requiems in unterschiedlichen Stilrichtungen komponiert, z.B. als **Rock-Requiem** oder **Jazz-Requiem**. Es gibt auch rein instrumentale Requiems ohne Gesang. Sogar der Rapper Samy Deluxe veröffentlichte 2020 einen Song mit dem Titel „Requiem". Eine Requiem-Aufführung findet heute überwiegend als **Konzert** statt, hat sich also von der Funktion der reinen Kirchenmusik gelöst.

## Requiem: Beginn des Einzugsgesangs als gregorianischer Gesang

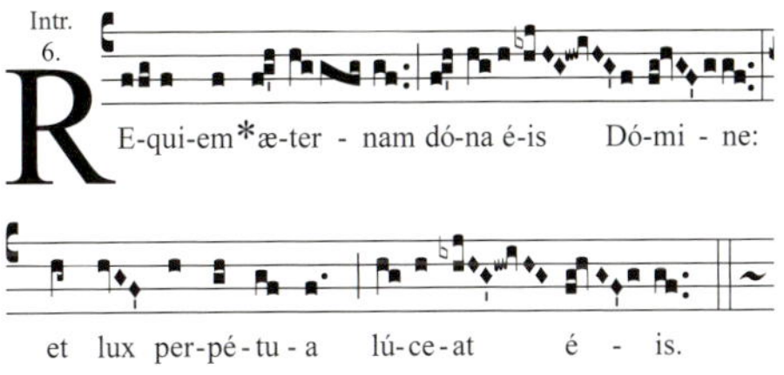


*Der Anfang der lateinischen Totenmesse in mittelalterlicher Quadratnotation*

**Übersetzung:**

Ewige Ruhe gib ihnen, Herr: und das ewige Licht leuchte ihnen.

### Wissen kompakt

Als **Gregorianischen Choral** bezeichnet man einstimmige, lateinische Gesänge der katholischen Liturgie. Seit dem frühen Mittelalter werden diese Psalmen der Bibel als Bestandteil des katholischen Gottesdienstes singend vorgetragen.

## War Requiem: Beginn des Einzugsgesangs, sehr langsames Tempo

*Benjamin Britten*

Oktave (12 Halbtonschritte)

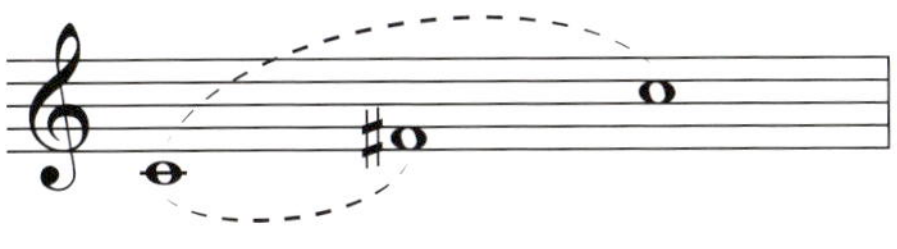

Tritonus (6 Halbtonschritte)

## Der Tritonus – ein besonderer Klang

Der Tritonus ist ein spannungsreiches **Intervall**. Er teilt eine **Oktave** in zwei gleiche Abstände. Im Mittelalter wurde der Tritonus als so dissonant empfunden, dass man ihn „diabolus in musica" (der Teufel in der Musik) nannte. Benjamin Britten verwendet dieses Intervall an vielen Stellen des „War Requiems". Unter den Schlaginstrumenten für das „War Requiem" befinden sich auch zwei Glocken, die in c' und fis' gestimmt sind.

**3** Hört den Beginn des Requiems als gregorianischen Choral (D 4) und verfolgt den Melodieverlauf.

**4** Vergleicht den Beginn des gregorianischen Chorals (D 4) mit dem Beginn des „War Requiems" (D 5). Wo seht ihr Gemeinsamkeiten, wo Unterschiede?

**5** Schaut im Internet, wie viele Requiem-Vertonungen es gibt. Recherchiert im Internet Aufnahmen von verschiedenen Requiem-Vertonungen und vergleicht deren Anfänge miteinander.

**6** Experimentiert mit dem Beginn des „Requiem aeternam": Erzeugt mit geeigneten Instrumenten eine Klangfläche aus den Tönen c und fis. Geht durch den Raum und singt auf dem Ton, den ihr wahrnehmt, den Text „Requiem aeternam".

# War Requiem – Benjamin Britten und der Krieg

D 5, 6

Schützengraben im Ersten Weltkrieg

## War Requiem – eine Antikriegsmusik

Benjamin Britten nutzte für das „War Requiem" zwar den lateinischen Text der **Totenmesse** (→ S. 117). Er fügte jedoch Antikriegsgedichte des englischen Dichters Wilfred Owen (1893 – 1918) hinzu. Owen nahm als junger Mann am Ersten Weltkrieg teil. Er schrieb seine Gedichte in den Schützengräben und wollte die Brutalität und Aussichtslosigkeit des Krieges zeigen. Der Dichter starb nur eine Woche vor der Vereinbarung des Waffenstillstands im November 1918 im Schützengraben.

Die beiden Ebenen „Totenmesse" und „Antikriegsgedichte" wurden von Britten sehr kontrastierend komponiert. Die Gedichte werden von männlichen Gesangssolisten vorgetragen und von einem kleinen Orchester (Kammerorchester) begleitet.

## Beschreibung der zwei Ebenen „Totenmesse" und „Antikriegsgedichte"

**Requiem Aeternam (Totenmesse)**

**What Passing Bells (Owen)**

Klangflächen

Nervöse Einwürfe der Holzbläser

Expressiver Gesang

Solo-Tenor

Meditativer, gebetsähnlicher Gesang

Trommeln, die an Militär erinnern

Chor

Glocken

## Anthem For The Doomed Youth

What passing bells for these who die as cattle?
Only the monstrous anger of the guns.
Only the stuttering rifles' rapid rattle
can patter out their hasty orisons.
No mockeries for them; from prayers or bells,
nor any voice of mourning save the choirs,
– The shrill, demented choirs of wailing shells …

*Wilfred Owen*

**Übersetzung des Textes:**

**Hymne an die verdammte Jugend**
Was für Totenglocken gebühren denen,
die wie Vieh sterben?
Nur die ungeheure Wut der Geschütze.
Nur das scharfe Knattern der ratternden Gewehre
kann ihre hastigen Gebete herniederprasseln.
Kein Hohn für sie in Litaneien oder Glocken und keine
einzige Stimme der Trauer, bis auf die Chöre, –
Die gellenden, irren Chöre von heulenden Granaten …

**7** Hört die Hörbeispiele zur Totenmesse (D 5) und zu Owens Antikriegsgedichten (D 6) aus dem „War Requiem" und ordnet die Begriffe den Hörbeispielen zu. Haltet eure Ergebnisse in einer Tabelle fest.

**8** Lest das Gedicht „Hymne an die verdammte Jugend" und hört das Hörbeispiel dazu (D 6). Stellt Bezüge her zum sogenannten Stellungskrieg im Ersten Weltkrieg (1914 – 1918). Mit welchen Mitteln gelingt es Britten, den Krieg lautmalerisch umzusetzen?

**9** Diskutiert, inwiefern es sich um „Antikriegsmusik" handelt.

**10** Nutzt das Internet, um weitere Hintergründe zum Werk zu recherchieren.

D 7

## Dies Irae – Vorstellung vom Weltuntergang

Viele Religionen kennen die Vorstellung von einem Weltuntergang. Diese Vorstellung wird auch als „Apokalypse“ bezeichnet. An einem bestimmten Tag wird demzufolge ein „Endgericht“ abgehalten, an dem eine gewaltige Abrechnung zwischen Gut und Böse geschieht und der Mensch an seinen Taten gemessen wird. Auch der Text des „dies irae“, der bis 1970 Bestandteil der katholischen Totenmesse war, zeichnet ein solch düsteres Bild des Weltuntergangs. Heute sind auch unabhängig von Religionen Endzeitängste weit verbreitet. Dabei werden Krisen, Kriege, Seuchen und Klimaveränderungen oft als ein Anzeichen dafür gesehen, dass das Ende der Welt naht.

## Dies Irae, Übersetzung des Anfangs

Tag der Rache, Tag der Sünden,
wird das Weltall sich entzünden,
wie Sibyll und David künden.

Welch ein Graus wird sein und Zagen,
wenn der Richter kommt, mit Fragen
streng zu prüfen alle Klagen!

Laut wird die Posaune klingen,
durch der Erde Gräber dringen,
alle hin zum Throne zwingen.

Schaudernd sehen Tod und Leben
sich die Kreatur erheben,
Rechenschaft dem Herrn zu geben.

## War Requiem, Beginn des „Dies Irae“

*Benjamin Britten*
*Arrangement: Michael Christoph*

**11** Hört das „Dies Irae“ aus dem „War Requiem“ (D 7). Mit welchen Mitteln versucht Britten eine Weltuntergangsstimmung zu erzeugen? Achtet dabei auch auf die Taktart und die Instrumentation zu Beginn der Musik.

**12** Verteilt den Klatsch- und den Stampf-Rhythmus auf verschiedene Spieler und übt die Rhythmen ein.

**13** Übt den Anfang des „Dies Irae“ aus dem „War Requiem“ ein, indem ihr den Text zunächst im Melodierhythmus sprecht und ihn anschließend singt.

**14** Spielt die Klatsch- und Stampf-Rhythmen zu eurem Gesang. Übt auch zur CD (D 7). Berücksichtigt die genaue Umsetzung der dynamischen Angaben.

# Gesang und Tanz der Ureinwohner Nordamerikas

D 8

## Das Leben der indigenen Bevölkerung Nordamerikas

Das traditionelle Leben der indigenen Bevölkerung Nordamerikas ist geprägt von Tänzen, Liedern und Ritualen. In diesen drücken sie die Verbundenheit miteinander aus, aber auch den Respekt vor der Natur, die ihnen Lebensraum und Nahrung bietet. Dabei spielen die Träume von Tieren eine große Rolle.

Der Bär z. B. steht für die Heilkunst, und der Traum von einem Bären bestimmt den Träumenden dazu, die ihm gegebenen Kräfte als Medizinmann in die Gemeinschaft einzubringen.

Frances Densmore bei der Aufnahme im Jahre 1916

## Überlieferung

Da die Kultur der nordamerikanischen Ureinwohner mündlich überliefert wurde und wird, gibt es nur wenige authentische Überlieferungen. Vereinzelt haben Forscher Reisen unternommen, um die Lebensweisen der indigenen Bevölkerung Nordamerikas kennenzulernen und aufzuzeichnen. Eine wichtige Quelle ist die Arbeit der Musikwissenschaftlerin Frances Densmore, die zu Beginn des 20. Jahrhunderts mit einem Phonografen Lieder der „Dakota" aufzeichnete.

Eines dieser Lieder ist das Lied des Bären, gesungen von dem Medizinmann Eagle Shield. Es handelt davon, dass der Bär mit seiner Tatze Wurzeln ausgräbt, in diesem Fall die Wurzel der amerikanischen Süßholzpflanze. Diese wird zur Heilung von Krankheiten gegeben, während das Lied dreimal gesungen wird.

**Refrain**

*überliefert*

**Strophen**

1. Mina'pekinwakan'yelo'pe`zi'huta o'ta yelo
2. Mina'pekinwakan'yelo' ta'kuiyu'hao'ta yelo'

**Übersetzung des Textes:**

1. Strophe: Meine Tatze ist heilig. Kräuter gibt es im Überfluss.
2. Strophe: Meine Tatze ist heilig. Alle Dinge sind heilig.

*Eine Süßholzpflanze, die heute noch zur Herstellung von Lakritz verwendet wird*

### Wissen kompakt

Der **Phonograph** überträgt Schallschwingungen durch einen Trichter auf eine Membran. Eine an der Membran befestigte Nadel graviert die Schwingungen in eine Walze ein. Dort werden sie mit einer stumpfen Nadel abgenommen und hörbar gemacht.

**1** Lest die Informationstexte und hört das „Lied von dem Bären" (D 8).

**2** Beschreibt die Wirkung des Lieds und analysiert das Notenbild. Welche Wiederholungen bzw. Ähnlichkeiten lassen sich feststellen? Welches Intervall wird besonders häufig verwendet? Überlegt, ob sich eine Beziehung zwischen der Funktion des Lieds und seiner musikalischen Struktur erkennen lässt.

**3** Beschreibt und diskutiert das Verhältnis des nordamerikanischen Ureinwohners zur Natur, wie es hier deutlich wird.

D 9

## Die Verdrängung der Ureinwohner

James Penny Boyd: Geistertanz (1891)

Von der amerikanischen Ostküste aus drangen weiße Siedler immer weiter ins Land ein und drängten die indigene Bevölkerung zurück. Auch wenn es immer wieder zu friedlichen Begegnungen kam, war der Prozess der Landnahme durch die Europäer hauptsächlich geprägt von kriegerischen Auseinandersetzungen und großem erlittenen Unrecht auf indigener Seite. Als eine Reaktion auf die verzweifelte Lage der Indigenen entstand eine religiöse Bewegung, die um 1870 und dann noch einmal um 1890 ihren Ausdruck im sogenannten „Geistertanz" fand: Durch gemeinsames und stundenlanges Tanzen in einem großen Kreis sollte ein neues Zeitalter heraufbeschworen werden, in welchem die gesamte indigene Bevölkerung in Frieden und Wohlstand leben würde. Initiator für die Geistertanzbewegung um 1890 war Wowovka vom Stamm der Paiuten. Die weißen Siedler verkannten die friedliche Absicht der Bewegung, fühlten sich bedroht und bereiteten ihr ein gewaltsames Ende.

### Geistertanz

*Text und Melodie: Short Bull Überlieferung: Nathalie Curtis-Burlin*

### Übersetzung des Textes:

So spricht der Vater, so befiehlt er. Alle Menschen auf der Erde sollen singen.
So hat er gesprochen. Verbreitet diese Botschaft, verbreitet diese Botschaft.

### Percussion-Begleitungen

1 2 3

**4** Lest den Informationstext und sammelt weitere Informationen zu der Geschichte der indigenen Bevölkerung Nordamerikas sowie zu dem Phänomen des Geistertanzes.

**5** Singt das Lied „Geistertanz" zur CD (D 9).

**6** Erarbeitet die Percussion-Begleitungen mit verschiedenen Schlaginstrumenten und spielt sie zu eurem Gesang.

# Veronika Giesen – eine Orchestermusikerin

## Veronika Giesen – Lebenslauf

Geboren am: 28.4.1990 in Wesel

Familienstand: verheiratet

Nationalität: deutsch

### Ausbildung und Berufserfahrung

seit 2017 fest angestellt bei den Bergischen Symphonikern als Bassklarinettistin und 2./3.Klarinettistin

2015/16 Zeitvertrag bei den Essener Philharmonikern für 2./3. Klarinette und Bassklarinette

2014 Stipendiatin der Orchesterakademie der Essener Philharmoniker e.V.

2014 Wechsel an die Hochschule für Musik Franz Liszt, Weimar

2012 Wechsel an das Conservatorium Maastricht, Niederlande

2010 Wechsel an die Hochschule für Musik, Würzburg

2009 Beginn des Studiums an der Folkwang Hochschule für Musik, Essen

2006 Beginn des Klavierunterrichts in Wesel

1997 Beginn des Klarinettenunterrichts in Wesel

## „Blinde" Vorspiele

Wer professionell in einem Orchester mitspielen möchte, muss mehrere Vorspiel-Runden durchlaufen. Heute sind die Vorspiele in der Vorrunde oft „blind". Das bedeutet: Die Musikerin oder der Musiker spielt hinter einem Wandschirm oder Vorhang und ist für das Auswahlkomitee nicht zu sehen. Das Boston Symphony Orchestra hat als erstes mit „blinden" Vorspielen begonnen, und seit den 1970er-Jahren übernahmen viele andere Orchester diese Idee. Wie kam es zu dieser Idee?

Die Menschen, die über die Aufnahme neuer Mitglieder in ihr Orchester entscheiden, werden bei diesem Verfahren weniger von äußerlichen Merkmalen wie Hautfarbe oder Geschlecht beeinflusst. Das verringert die Gefahr der Diskriminierung bestimmter Personengruppen. Früher saßen in Orchestern noch viel mehr Männer als heute. Die Wiener Philharmoniker haben erst 1997 das erste weibliche Mitglied aufgenommen. Das ist noch gar nicht so lange her.

**1** Lest den Lebenslauf. Zählt dabei die Orte auf, an denen Veronika Giesen ausgebildet wurde, und recherchiert, wo diese Orte liegen.

**2** Diskutiert die Idee der „blinden" Vorspiele.

**3** Seht euch ein Video an, in dem Musiker von ihrer Arbeit in einem Sinfonieorchester erzählen: Welche Dinge findet ihr interessant? Recherchiert im Internet auch weitere Erfahrungsberichte von Orchestermusikern.

## Ein Interview mit Veronika Giesen

### 1. Warum hast du dich dazu entschieden, Orchestermusikerin zu werden?

„Ich habe den Entschluss, die Musik zu meinem Beruf zu machen, als Jugendliche gefasst. Ich saß in der Philharmonie Essen, und während ich dem Orchester zuhörte, dachte ich: ‚Das will ich auch machen.' Ich habe dann angefangen, mich die darauffolgenden Jahre intensiv auf die Aufnahmeprüfung zum Studium vorzubereiten.

Es macht mich sehr glücklich, mit anderen Musik zu machen. Das ist für mich die schönste Art von Kommunikation und eine Möglichkeit, mich ohne Worte auszudrücken. Mit Kollegen, mit denen ich auf einer Wellenlänge bin, funktioniert das auch meistens komplikationslos.

Ich mache auch gern Kammermusik, aber die Orchesterarbeit ist meine Leidenschaft. Dabei mag ich selbstverständlich nicht jede Musik gleich gern. Die Bandbreite dessen, was uns Musikern in unserem Berufsalltag begegnet – sei es nun der Sinfoniekonzertbetrieb, Oper oder Ballett – macht jedes Projekt immer wieder spannend.

Wenn ein Stück technisch kompliziert ist, dann hat das Üben ein bisschen etwas von Leistungssport, bis wirklich jeder Ton an Ort und Stelle ist. Es macht mich dann sehr glücklich, wenn die Herausforderung am Ende gemeistert ist. Wenn ich ein gutes Konzert spiele und auch das Publikum begeistert ist, dann verlasse ich die Bühne oder den Orchestergraben oft mit mehr Energie, als ich vorher hatte."

### 2. Was ist neben dem Beruf der Orchestermusikerin noch Teil deiner Arbeit?

„Ich habe eine Schulpatenschaft mit einer Gesamtschule. Das mache ich außerhalb des Dienstes. Wenn Klassen in ein Konzert kommen wollen, besuche ich sie vorher. Ich erzähle, was für ein Stück gespielt wird, etwas über den Komponisten und über die Details, die man in einem Werk heraushören kann. Ich spiele auch Dinge vor und zeige, dass man manchmal mit dem eigenen Instrument im Orchester die Melodie spielen darf und dass man manchmal auch nur „schmückendes Beiwerk" für die anderen ist.

In die Schule zu gehen, finde ich wichtig, denn den Zugang zu klassischer Musik haben ja nicht so sehr viele Menschen. Wenn ich in die Schule gehe, merke ich immer, dass Jugendliche gar nicht so voreingenommen gegenüber dieser Musik sind, wie viele denken, sondern eigentlich sehr offen. Sie sagen manchmal Dinge, auf die ich noch gar nicht gekommen bin.

*Die Bergischen Symphoniker*

Oft interessieren sie sich auch sehr für die Arbeitszeiten und die Bezahlung oder wie viel Zeitaufwand es bedeutet, ein Instrument professionell spielen zu können. Manchmal kommen sie nach dem Konzert noch zum Bühnenrand und sagen zum Beispiel:

„Frau Giesen, geile Performance!
Wir kommen wieder!"

Das ist für mich das schönste Kompliment des Abends und zeigt, dass die Musik sie erreicht hat."

**4** Beschreibt das Foto der Bergischen Symphoniker. Überlegt, ob ihr euch vorstellen könnt, Teil eines solchen Orchesters zu sein, und begründet eure Einschätzung.

**5** Diskutiert, in welchen Situationen Musikmachen mit Leistungssport verglichen werden kann und in welchen Situationen Musikmachen andere Funktionen hat.

**6** Recherchiert, welches Orchester in eurer Nähe Konzerte gibt und wann sie stattfinden. Findet heraus, ob dieses Orchester auch anbietet, dass einzelne Musiker zu euch an die Schule kommen.

# Olaf Taranczewski – ein freiberuflicher Komponist

## Kurz vorgestellt

Olaf Taranczewski wurde 1977 in Hofheim am Taunus geboren und lebt heute in Berlin. Er ist ein freiberuflicher Komponist, der sich nicht auf einen bestimmten Stil festlegen will und alle möglichen Arten von Musik komponiert: Musik für Theater und Comedy, Solostücke für Klavier, Filmmusik, Werbemusik oder auch Musik für Fassadenprojektionen.

## Ein Interview mit Olaf Taranczewski

**1. Wie sieht dein bisheriger musikalischer Werdegang aus und was waren wichtige Momente in deiner Entwicklung?**

„Mit etwa acht Jahren habe ich angefangen, Klavier zu spielen. Das war natürlich wichtig. Als ich zehn war, habe ich einen Freund besucht, und der hatte eine Heimorgel zu Hause. Darauf hat er mir ‚In The Mood' von Glenn Miller vorgespielt, und das fand ich total toll. Dann bin ich nach Hause und hab' zu meinen Eltern gesagt: ‚Ich will diese Platte haben.' Daraufhin haben meine Eltern etwas Kluges getan: Sie haben mir eine Doppel-LP geschenkt, also zwei Schallplatten mit vier verschiedenen Seiten. Auf einer Seite war Glenn Miller, auf der zweiten Tommy Dorsey, auf der dritten Count Basie und auf der vierten Duke Ellington – alle mit ihren Jazz-Orchestern. Und ich habe das dann die ganze Zeit gehört und fand das super. Mit ungefähr 12 Jahren habe ich eine Kassette von meiner Schwester gefunden mit dem ‚Köln Concert' des Pianisten Keith Jarrett. Das war dann mein richtiger Einstieg. Ich wollte unbedingt auch so Klavier spielen können wie er. Später habe ich mich entschieden, Jazzklavier zu studieren."

**2. Warum bist du dann kein Jazzpianist geworden?**

„Vor 15 Jahren waren Jazzclubs noch so richtig verraucht, und da waren oft gar nicht so viele Zuschauer. Und dann war das Klavier auch noch oft verstimmt. Außerdem muss man viel reisen, wenn man als Jazzmusiker wirklich Karriere machen will. Man weiß nie, wie das Instrument am Auftrittsort ist. Das ist schon extrem schwer. Und man spielt ja nicht von heute auf morgen in der Berliner Philharmonie.

Man muss sich über Jahrzehnte durchbeißen, bis man dann so weit ist, dass man mal in einem großen, berühmten Saal spielen darf. Da habe ich gemerkt, dass ich meine Kraft und Energie lieber anders einsetzen will. Ich spiele gern Klavier, aber für mich ist das nicht so spannend, darin immer besser zu werden."

**3. Was ist für dich das Spannende am Komponieren?**

„Da ist man für sich und kann lange an etwas arbeiten, an einer bestimmten Stelle. Und man muss nicht ‚performen', d. h. man muss nicht in einem Moment vor Publikum perfekt etwas abliefern können. Da kriegt man ja oft Bühnenangst und das ist irgendwie stressig. Dort habe ich mich nicht so richtig wohl gefühlt.

Wenn man komponiert, dann hat man eigentlich so viel Zeit, wie man mag, und irgendwann sagt man: ‚So, jetzt ist es gut.' Das gefällt mir sehr gut am Komponieren.

Natürlich gibt es auch Deadlines, wenn man z. B. für einen Film arbeitet. Dann wird es auch stressig, und da muss man dann auch abliefern. Aber das ist schon anders als in einem Live-Konzert."

*Komponieren heute*

**1** Lest das Interview und notiert drei Dinge, die aus eurer Sicht interessant sind.

**2** Nennt die Gründe, aus denen Olaf Taranczewski sich entschieden hat, als Komponist zu arbeiten.

### 4. Was ist denn wichtig, wenn man als freischaffender Komponist erfolgreich sein möchte?

„Zunächst einmal braucht man natürlich das künstlerische Handwerk. Im Idealfall kennt man verschiedene Stile. Die Leute, mit denen man zusammenarbeitet, haben oft bestimmte Vorstellungen. Wenn man nur einen Stil kennt, z. B. Jazz, dann kommt man nicht so weit. Oder auch, wenn man nur ‚romantisch' komponieren kann oder nur Pop oder nur Salsa. Wenn man als Komponistin oder Komponist im Medienbereich arbeiten will, dann muss man breit aufgestellt sein.

Gute Kommunikation ist auch wichtig. Das bedeutet, dass man schnell und höflich auf E-Mails und Anrufe antwortet und immer im Austausch mit Auftraggebern und anderen Künstlern ist. Wenn der Kontakt einmal abbricht, dann wird es schwierig. Und man muss auch so eine gewisse Empathie besitzen: Man muss verstehen, worum es dem anderen Künstler in seinem Projekt insgesamt geht, z. B. dem Regisseur in seinem Film. Das muss man nachvollziehen können. Dann kann man ganz anders darauf eingehen.

Heutzutage muss man sich auch gut mit Technik auskennen. Das ist eine ziemlich große Komponente. In der Medien-Komposition braucht man einfach gute Kenntnisse über Computer, Audio-Technik usw. Man ist als Komponist heutzutage nicht nur Komponist, sondern auch Tontechniker, Mischer und vieles mehr." (→ Kap. 4)

*Olaf Taranczewski bei der Arbeit*

### 5. Was ist für dich eine „gute" Zusammenarbeit mit anderen Künstlern oder Auftraggebern?

„Bei einer guten Zusammenarbeit kann man sich gegenseitig kritisieren, ohne dass man das gleich persönlich nimmt. Man kann offen miteinander umgehen und kann Vorschläge annehmen, die vielleicht in eine andere Richtung gehen, als man selbst dachte. Manchmal erwische ich mich dabei, dass ich denke: ‚Das sollte man so und so machen,' aber eine Regisseurin oder ein Künstler hat eine andere Idee. Dann denke ich: ‚Oh, das ist aber anstrengend und nicht das, was ich mir überlegt hatte!' Bisher war es aber oft so, dass etwas richtig Gutes rausgekommen ist, wenn ich mich dann auf andere Vorschläge eingelassen habe."

### 6. Hast du in deinem Bereich Vorbilder, die dich inspiriert und beeinflusst haben?

„Ja, natürlich, ganz viele! Bei mir sind das vor allem Jazzmusiker. In der Klassik finde ich z. B. Maurice Ravel ganz toll. Bei dem habe ich versucht, mir Sachen abzugucken, obwohl meine Musik natürlich ganz anders klingt. Und in der Filmmusik kommt man an John Williams einfach nicht vorbei."

***„So vieles, das wir tun, ist kurzlebig und schnell vergessen, sogar von uns selbst. Darum ist es schön, etwas getan zu haben, das in der Erinnerung der Menschen bleibt."***

John Williams (Filmmusikkomponist, geboren 1932 in New York) Übersetzung: Daniela Bartels

**3** Recherchiert im Internet, was ihr zu dem Begriff „Empathie" findet, und erklärt, warum Olaf Taranczewski Empathie in seinem Beruf für wichtig hält.

**4** Vergleicht Olaf Taranczewskis Beschreibung einer „guten" Zusammenarbeit mit euren Vorstellungen einer guten Zusammenarbeit.

**5** Schaut euch berühmte Filmmusiken von John Williams an. Wählt ein Beispiel aus und überlegt, warum hier Bild und Musik zusammenpassen. Beschreibt das Bild und die Musik, die es untermalt. Bezieht euch dabei auf Instrumentation, Dynamik, Melodieverläufe und weitere Gestaltungsmöglichkeiten, die in eurem Beispiel wichtig sind.

# Thorsten Schmidt – ein Veranstaltungstechniker

*Abbau einer Bühne nach einem Musik-Festival, Moskau 2018*

## Veranstaltungstechnik

Jeden Tag finden in ganz Deutschland viele Veranstaltungen statt: Konzerte, Shows, Sportevents, Theateraufführungen, aber auch Ausstellungen, Messen und Kongresse unterschiedlicher Größe. Veranstaltungstechniker sorgen dafür, dass die Events sorgfältig geplant und technisch einwandfrei durchgeführt werden. Unterschiedliche Spezialisierungen sind dabei notwendig: Es gibt **Lichttechniker**, die auch Pyrotechnik (z. B. Feuerwerk), Laser oder die Einrichtung von LED-Projektionsflächen beherrschen, und **Tontechniker**, die hochkomplizierte Beschallungssysteme bedienen. Dabei müssen auch Steuerungs- und IT-Netzwerke aufgebaut und die **Prüfung der elektrischen Sicherheit** vorgenommen werden. Während der Veranstaltung sind Veranstaltungstechniker nicht nur für technische Fragen zuständig. Sie setzen auch Projektionen und Zuspieler ein oder bedienen an entscheidenden Stellen einer Show oder eines Konzerts bestimmte Ton- oder Lichteffekte.

## Kurz vorgestellt

Thorsten Schmidt ist selbstständiger Veranstaltungstechniker. Nach langjährigen Erfahrungen als Tontechniker bei Konzerten und Großveranstaltungen berät er mit seiner eigenen Firma verschiedene Agenturen und Firmen und stattet europaweit Industrie-Events, Shows und andere Veranstaltungen aus.

## Ein Interview mit Thorsten Schmidt

### 1. Wie bist du zu deinem Beruf als Veranstaltungstechniker gekommen?

Der erste Anstoß kam tatsächlich von meiner Musiklehrerin in der Schule: Sie schlug mir vor, in einem Amateur-Musical als Keyboarder mitzuspielen. Während der Proben fand ich die Technik einfach sehr spannend und bin mit den Technikern ins Gespräch gekommen. In den folgenden Projekten durfte ich dann schon die Lichttechnik bedienen und merkte aber schnell, dass mich der Ton noch mehr interessierte. Nach einem Praktikum habe ich bei verschiedenen Veranstaltungen schnell weitere Techniker kennengelernt und wurde an andere Projekte vermittelt.

### 2. Wie bist du zu Großveranstaltungen und Tourneen gekommen?

Das war Zufall: Nachts auf dem S-Bahnhof, nach einem Musical mit langwierigem Abbau und viel Schlepperei, kam ein Techniker auf mich zu und sagte, dass sein Rücken schmerze und er nicht auf Tournee gehen könne. Drei Tage später stand ich in einer Konzerthalle in Paris mit einigen tausend Menschen und hatte die Hosen ziemlich voll. Aber alles ist gut gegangen, keiner hat gemerkt, dass ich das zum ersten Mal in der Größenordnung mache, und von da an bin ich weiter auf Tournee gefahren.

### 3. Wie hast du dir dein Wissen angeeignet?

Ich habe die Techniker Löcher in den Bauch gefragt, weil ich alles wissen wollte! Außerdem bin ich bei vielen Veranstaltungen früher gekommen und länger geblieben, um die verschiedenen Systeme, also Lautsprecher, Mikrofone[W] und Mischpulte in aller Ruhe auszuprobieren und zu testen. Nach der Schule habe ich in einer Veranstaltungstechnik-Firma ein 6-monatiges Praktikum gemacht. Im Laufe der Jahre habe ich dann auch zahlreiche Weiterbildungen genutzt, um mich auf spezielle Tonsysteme schulen lassen. Das ist auch sehr wichtig, weil sich die Technik ständig weiterentwickelt.

### 4. Ist das der „normale" Weg oder würdest du jungen Leuten mit Interesse an Veranstaltungstechnik eher eine Ausbildung empfehlen?

Für die komplexen technischen Grundlagen und Einblicke in verschiedene Bereiche ist die dreijährige Ausbildung absolut sinnvoll und heutzutage auch notwendig. Ich würde aber jedem empfehlen, vorher ein längeres Praktikum in einer Veranstaltungsfirma zu machen.

### 5. Warum ist ein Praktikum sinnvoll?

Der Beruf ist anders, als man es sich vielleicht vorstellt: Viele erwarten, dass sie mit bekannten Künstlern um die Welt reisen, viel sehen und viel Geld verdienen. Der Alltag ist allerdings vor allem körperlich anspruchsvoll. Wenn man auf Tournee ist, sieht man leider auch nicht so viel von den Städten, in denen Konzerte stattfinden. Man steht ordentlich unter Zeitdruck, hat einen strengen Zeitplan und muss nach dem Konzert noch abbauen, und zwar alles dorthin verstauen, wo es hingehört, damit am nächsten Abend auch alles wiedergefunden wird.

### 6. Du bist auch Musiker. Inwiefern hilft dir das bei deiner Arbeit?

Ich spiele Klavier und Keyboard in verschiedenen Bands. Wichtig ist ein musikalisches Gehör, um Schallfrequenzen schnell zu finden. Es ist hilfreich, wenn man z. B. hört, dass bei 200 Hz ein Brummen zu hören ist, um mit einem Equalizer gegenzusteuern. Um den richtigen Sound zu finden, hilft es, wenn man selbst Musiker ist.

Ich kann mich in die Rolle des Musikers auf der Bühne hineinversetzen und deshalb den Bühnensound so einstellen, dass sich die Musiker auf der Bühne möglichst wohlfühlen. Darüber hinaus ist Rhythmusgefühl wichtig, um Zuspieler oder spezielle Effekte, wie z. B. **Delay** (→ S. 44, 45) passend zum **Metrum**[W] der Musik einzutakten.

*Veranstaltungstechniker Thorsten Schmidt*

### 7. Du hast irgendwann beschlossen, eine eigene Firma zu gründen. Was machst du da genau? Was erwarten die Kunden von dir als Projektplaner?

Der erste Schritt ist immer die Frage: Was will der Kunde machen? Und: Wo will der Kunde das machen? Darauf folgt dann eine genaue Besichtigung des Veranstaltungsortes. Auf dieser Grundlage erstelle ich eine Technikanforderung und einen Plan, was benötigt wird, um die Veranstaltung durchzuführen. Sobald der Kunde einverstanden ist, wird dann mit dem Computer ein detaillierter technischer Plan erstellt, in dem alles Material eingezeichnet wird. Wenn ich nicht nur mit der Planung, sondern auch mit der Durchführung beauftragt werde, muss ich zusätzlich noch die erforderliche Technik mieten und Veranstaltungstechniker engagieren.

### 8. Braucht man seine eigene Technik? Welches Equipment nutzt du?

Ich habe einen kleinen Bestand an Tontechnik, den ich auch vermiete. Für größere Veranstaltungen miete ich Material bei anderen Firmen. Dann habe ich noch ein kleines „Toolcase" mit Kopfhörern, Messmikrofon, verschiedenen Adaptern und Werkzeug. Das ist auf jeden Fall immer dabei.

### 9. In der Corona-Pandemie wurden Konzerte und Messen über Monate abgesagt. Wie konntest du diese Zeit überbrücken?

Viele in der Branche, ich schätze 80 bis 90 Prozent, sind Solo-Selbstständige, die keine Aufträge erhalten, wenn keine Veranstaltungen stattfinden. Deshalb haben die Pandemie und die damit verbundenen Einschränkungen die Branche sehr hart getroffen. Wichtig sind auch in diesem Fall funktionierende Netzwerke, um sich gegenseitig zu helfen und neue Arbeitsfelder gemeinsam zu finden. So können einige z. B. in Impfzentren Arbeit finden, weil Veranstaltungstechniker mit der Durchführung von Großveranstaltungen viel Erfahrung haben. Viele haben aber leider auch den Beruf gewechselt.

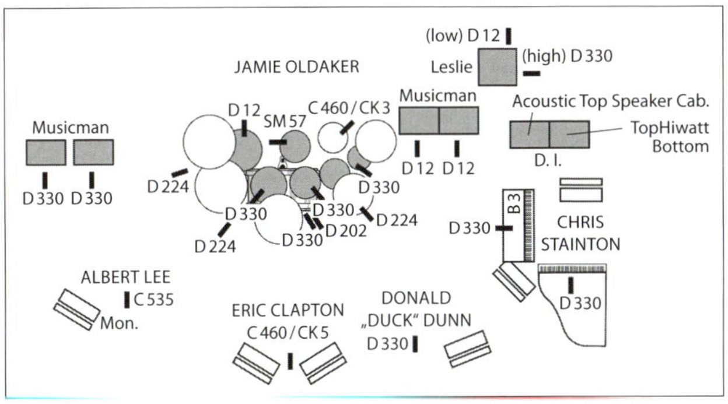


*Bühnenplan für eine Rockband (hier: Eric Clapton und Band)*

## Der Bühnenplan

Im Bühnenplan wird genau eingezeichnet, an welcher Stelle die Musiker auf der Bühne stehen und wo ihre Instrumente und Verstärker aufgestellt werden. Wichtig ist außerdem, genügend Strom für alle elektrischen Geräte zur Verfügung zu stellen. Stromkreise von Licht und Ton müssen getrennt laufen.

▬ = benötigte Mikrofone mit Typenbezeichnung (z. B. C 535)

▭ = Monitor-Lautsprecher

■ = Verstärker, Lautsprecherbox

**1** Beschreibt mithilfe des Fotos vom Abbau einer Bühne, welche verschiedenen Tätigkeiten durchgeführt werden müssen, um eine Großveranstaltung technisch zu realisieren.

**2** Erstellt eine Stellenanzeige für einen Tontechniker für eine Konzert-Tournee eures Lieblingskünstlers. Lest dafür das Interview mit Thorsten Schmidt genau durch und beschreibt, welche Eigenschaften die Person mitbringen sollte.

**3** Überlegt euch eine Veranstaltung (real oder fiktiv), die ihr durchführen wollt. Listet auf, welche technischen Mittel dafür benötigt werden, und skizziert einen Bühnenplan.

# Jennifer Krawehl – eine Hochzeitssängerin

## Kurz vorgestellt

Jennifer Krawehl arbeitet freiberuflich als Hochzeitssängerin und Traurednerin. Schon als Mädchen war es ihr Traum, Sängerin zu werden. Doch es dauerte seine Zeit, bis sie sich diesen Traum erfüllte.

## Ein Interview mit Jennifer Krawehl

**1. Wie lange übst du schon deinen Beruf als Hochzeitssängerin aus und wie hast du diesen Beruf für dich entdeckt?**

„Eigentlich bin ich eine studierte Betriebswirtin. Meine Eltern wollten, dass ich etwas ‚Anständiges' lerne, da wir nicht viel Geld hatten. Ihnen war es wichtig, dass ihre Kinder später finanziell gut dastehen. Darum habe ich eine Ausbildung zur Werbekauffrau gemacht und danach noch Marketing und BWL studiert. Dann habe ich einige Jahre im organisatorischen Bereich von Unternehmen gearbeitet.

Ich wollte aber immer nur Sängerin werden, wie so viele andere, die zu ‚Deutschland sucht den Superstar' oder anderen Casting-Shows gehen. Diesen Wunsch konnten mir meine Eltern allerdings nicht erfüllen, weil eine musikalische Ausbildung ja viel Geld kostet. Die beste Freundin meiner Mutter ist Opernsängerin in Amerika. Sie arbeitet auch als Gesangslehrerin und sagte mir irgendwann einmal, dass ich Talent habe. Dann habe ich mit 22 Jahren angefangen, bei ihr Unterricht zu nehmen, und studiere seitdem privat klassischen Gesang bei ihr. Auch Workshops und Fortbildungen in den Bereichen Musical, Jazz, Pop und Stimmbildung habe ich über die Jahre belegt und weitere Lehrer hinzugezogen, um meine Stimme weiterzuentwickeln und zu halten."

**2. Und wie kam es dann zur Spezialisierung auf Hochzeiten?**

„Die Vorstellung, für andere auf Hochzeiten zu singen, hatte ich schon sehr lange. Dabei ist der ‚Hochzeitssänger' unter den Künstlern so etwas wie der Schuhverkäufer in Amerika. Das heißt, dass dieser Beruf ein bisschen schlechter angesehen ist, weil ein Hochzeitssänger in den Augen vieler keine **‚echte Kunst'** ausübt, sondern nur Lieder nachsingt. Ich hatte aber schon immer dieses Bild vor mir, wie ich in einer Kirche auf der Empore stehe und Menschen in diesem tollen Moment ihres Lebens begleiten darf.

Ich war schon über 30 Jahre alt und eine junge Mutter, als ich dann entschieden habe, mich einfach auf einer Hochzeitsmesse anzumelden. Nach drei Monaten Vorbereitung stand ich dann im Januar 2012 auf meiner ersten Hochzeitsmesse und habe mir gedacht: Ich teste mal den Marktwert! Auf dieser Messe habe ich direkt vier unterschriebene Buchungen bekommen und dachte: Wow, es funktioniert wirklich! Mein Traum kann zur Realität werden.

Dann habe ich mir das nächste Ziel gesetzt:
Wenn du pro Jahr zehn Auftritte bekommst, dann machst du das beruflich. Im ersten Jahr hatte ich dann 25 Auftritte und dachte: Ich bin die Königin der Welt!"

*Jennifer Krawehl hält eine Traurede*

**1** Seht euch ein Video von Jennifer Krawehl an und findet heraus, welche Dinge ihr wichtig sind, wenn sie für andere Menschen singt.

**2** Erklärt, wie Jennifer Krawehl vorgegangen ist, um herauszufinden, ob sie ihren Traumberuf ausüben kann.

**3** Sammelt verschiedene Gründe, aus denen Menschen sich mit der Musik als Kunst beschäftigen. Denkt dabei auch über eure eigenen Gründe nach.

### 3. Das ist ja eine tolle Geschichte: Du bist zwar keine Millionärin, aber du hast dir deinen Lebenswunsch erfüllt!

„Genau, ein Millionär wird man in diesem Beruf nicht, aber darum geht es ja auch nicht. Ich habe mir einfach einen Herzenswunsch erfüllt und kann inzwischen gut davon leben. Im dritten Jahr waren es schon 85 Hochzeiten, auf denen ich engagiert wurde. 2015 habe ich dann meinen Job im Büro einer Universität gekündigt und nur noch Musik gemacht. Die Paare begannen zu fragen, ob ich auch Traureden halten kann. Daher habe ich mich damit beschäftigt und mir einige Traureden angeschaut. Heute halte ich auf freien Hochzeiten auch Traureden und erhalte viele Anfragen. Die Kombination mit dem Gesang ist außergewöhnlich und gefragt."

### 4. Auf welche Fähigkeiten kommt es in deinem Beruf an?

„Man braucht sehr viel Fleiß und die Fähigkeit, sich selbst zu motivieren. Ich arbeite ja größtenteils allein und es gibt niemanden, der mir Aufgaben gibt oder abnimmt. Wenn man **freiberuflich** arbeitet und auf die Nase fällt, gibt es auch niemanden, der einen wieder hochzieht. Ich trage also viel Eigenverantwortung. Betriebswirtschaftliche Kenntnisse sind auch hilfreich. Es ist wichtig, Angebote und Rechnungen selbst schreiben zu können. Es ist auch wichtig, sich an Absprachen und bestimmte Zeiten halten zu können. Disziplin ist auch notwendig: Ich lerne jede Woche neue Musiktitel. Bis ich die so singen kann, dass sie individuell klingen und nicht mehr abgelesen wirken, das dauert seine Zeit. Es gibt keine festen Arbeitszeiten und ich habe eigentlich nie Feierabend. Das führt bei vielen Menschen zum Burnout. Es ist also wichtig, mit der eigenen Zeit gut umzugehen und auf sich und die eigene Energie aufzupassen."

### 5. Was ist das Besondere an deiner Tätigkeit als Hochzeitssängerin und Traurednerin?

„In der Hochzeitsbranche geht es um etwas ganz Einfaches: um Liebe. Das hört sich vielleicht banal an, aber wenn man alles andere wegnimmt, dann ist es das Einzige im Leben, was uns Menschen interessiert und antreibt: die Liebe und der Tod. Und die Liebe ist mein Steckenpferd."

## *Musik ist eine Tätigkeit*

„Musik ist kein Ding, sondern eine Tätigkeit." Das ist ein berühmter Satz aus dem Buch „Musicking" des Musikwissenschaftlers Christopher Small (1927 – 2011). Menschen stecken viel Lebenszeit und Energie in diese Tätigkeit. Warum tun sie das?

Christopher Small gibt verschiedene Antworten auf diese Frage. Aus seiner Sicht ist das Musikmachen eine **soziale Aktivität**, durch die wir erleben, was „**ideale Beziehungen**" sind. Denn beim Musikmachen gehen wir Beziehungen miteinander ein.

Laut Christopher Small muss ein Musikstück nicht kompliziert sein, um „schön" zu sein. Auch ganz einfache Musikstücke können schön sein, wenn Menschen sie mit **Sorgfalt** spielen und sich dabei mit ihren **persönlichen Fähigkeiten** einbringen. Musik zu machen bedeutet, an einer Aufführung beteiligt zu sein – als Performerin, als Tänzer auf einer großen Bühne oder als Komponist, der für andere Stücke komponiert.

Wenn es um Musik geht, dann sind viele Menschen beteiligt, die häufig nicht gesehen werden: Eine Band braucht z. B. Veranstaltungstechniker (→ S. 126, 127). Das sind diejenigen, die beim Aufbauen der Instrumente und des Setups auf der Bühne helfen. Damit tragen sie dazu bei, dass Musik mit anderen Menschen geteilt werden kann.

*Musikerin auf einer kleinen Bühne*

- **4** Beschreibt mit eigenen Worten, welche Fähigkeiten Menschen benötigen, die freiberuflich im Musikbereich tätig sind.
- **5** Diskutiert darüber, ob ihr freiberuflich arbeiten könntet oder wolltet: Welche Vor- und Nachteile seht ihr in Bezug auf Freiheit und Sicherheit?
- **6** Fasst Christopher Smalls Gedanken in eigenen Worten zusammen und überlegt, warum er der Ansicht war, dass beim Musikmachen „ideale Beziehungen" entstehen.
- **7** Fasst noch einmal zusammen, was die Menschen, die in diesem Kapitel (S. 122-129) zu Wort kamen, über Beziehungen in ihrem Beruf gesagt haben.

# Algorithmen beeinflussen den Musikgeschmack

## Wer weiß, was wir zum Einschlafen hören?

Heute haben wir noch die Möglichkeit, CDs in einem Geschäft oder im Internet zu kaufen, doch das wird sich in Zukunft wahrscheinlich ändern. Denn immer mehr Menschen hören ihre Musik über Streamingdienste.

*Mit dem Smartphone einschlafen*

Dass Musik für Menschen **überall auf der Welt** so einfach und schnell im Internet zugänglich ist, eröffnet den Firmen der Musikindustrie ganz neue Möglichkeiten, das **Hörverhalten** ihrer Kunden und deren Bedürfnisse zu verstehen. Streamingdienste haben heutzutage auch die Möglichkeit, unser Hörverhalten zu beeinflussen. Das war früher, als die Menschen noch Kassetten oder CDs kauften, auf diese Art und Weise nicht möglich. Heute versuchen Musik-Streamingdienste, **unsere Bedürfnisse und Vorlieben** herauszufinden, um uns täglich neue Musik vorzuschlagen, die uns gefallen könnte.

Hierfür entwickeln sie spezielle **Algorithmen**, mit deren Hilfe sie im Internet Daten von Millionen von Menschen sammeln und auswerten. Streamingdienste interessieren sich z. B. dafür, zu welcher Tageszeit und an welchem Ort Menschen einen bestimmten Musiktitel streamen. Außerdem werden Daten analysiert, die Menschen auf ihren Profilen bei sozialen Netzwerken hinterlassen: Welche Menschen posten welche Songs und was schreiben sie über diese Songs?

Musik-Streamingdienste können so für ihre Nutzer ein **Geschmacksprofil** erstellen, auf dem alle ihre musikalischen Gewohnheiten gespeichert werden. Ein Ziel von Streaminganbietern ist dabei, für Millionen von Menschen ein täglicher Begleiter zu sein und die vorgeschlagene Musik am Leben dieser Menschen auszurichten. Ein bekannter Streamingdienst informiert in seinen Nutzungsbedingungen z. B. darüber, dass die Firma Zugriff auf Informationen über den Standort ihrer Nutzer und auf Daten über die Geschwindigkeit hat, in der sie sich bewegen. Das bedeutet: Wenn z. B. eine Nutzerin morgens joggen geht, wird ihr direkt die passende Musik dazu angeboten.

*Beim Joggen Musik hören*

### Wissen kompakt

Der Begriff „**Algorithmus**" bezeichnet in der Mathematik und Informatik eine bestimmte Reihenfolge von Rechenschritten. Wenn man Apps, Streamingdienste und soziale Netzwerke nutzt, arbeiten diese Algorithmen im Verborgenen. Das bedeutet, dass die meisten Menschen nicht wissen, auf welche ihrer Daten zugegriffen wird, wenn sie z. B. Musik streamen.

**1** Lest den Informationstext und beschreibt mit eigenen Worten, welche neuen Möglichkeiten sich durch das Musikhören über Streamingdienste ergeben haben. Nehmt dabei sowohl die Perspektive einer Firma ein, die Musik-Streaming anbietet, als auch die Perspektive eines Nutzers oder einer Nutzerin dieser Dienste.

**2** Sammelt eure eigenen Musikdaten und macht sie dadurch für alle sichtbar. Findet heraus, welche Songs in eurer Klasse zurzeit beliebt sind. Wo und wann werden sie von euch angehört? Bezieht dabei auch die aktuellen Lieblingstitel eurer Musiklehrerin oder eures Musiklehrers mit ein.

**3** Erstellt mit euren Songs eigene Playlisten und gebt ihnen bestimmte Namen, z. B. „Songs für unterwegs" oder „Songs zum Entspannen".

## Personalisierung oder Beeinflussung von außen?

Musikunternehmen nutzen Algorithmen also ganz gezielt, um möglichst viele Informationen über ihre Nutzerinnen und Nutzer zu erhalten. Sie betonen die Vorteile, die daraus entstehen: Z. B. kann eine Nutzerin dadurch immer wieder **personalisierte Vorschläge** erhalten, welches Video sie sich als nächstes anschauen oder welche neue Musik ihr gefallen könnte. Diese Vorschläge basieren auf den **persönlichen Interessen**, die auf Grundlage der Daten dieser Nutzerin analysiert wurden.

Die Streamingdienste möchten allerdings in der Regel nicht, dass Personen außerhalb ihrer Unternehmen erfahren, wie die Algorithmen funktionieren, die so viel Wissen über Privatmenschen produzieren. In Schweden gibt es daher ein Forschungsteam, das versucht, die „klugen" Algorithmen aufzudecken. Außerdem gibt es gemeinnützige Initiativen wie „Algorithm Watch", die Menschen darüber informieren, was Unternehmen alles über sie wissen und wie sie dieses Wissen benutzen, um sie im Hintergrund zu beeinflussen.

*Ferngesteuert?*

Denn ein Problem der im Hintergrund arbeitenden Algorithmen ist, dass sie den Menschen immer mehr die Aufgabe abnehmen, eigene Entscheidungen zu treffen. Es wird einem alles wie auf einem Silbertablett präsentiert und man muss fast nichts mehr dafür tun. Der Musikpädagogik-Professor Kai Martin beschäftigt sich mit solchen Problemen und ihren Auswirkungen auf unser Leben. Er sieht die aktuelle Situation so:

„Es geschieht irgendetwas mit uns, wir wissen aber gar nicht, was mit uns geschieht oder wie uns geschieht. Wir wissen auch nicht so richtig, wer dahintersteht. Es könnte ja sein, dass da einige Unternehmen im Silicon Valley sind, die sich überlegen: ‚Wie können wir Menschen noch weiter beeinflussen?' "

## In 30 Sekunden Menschen überzeugen

Beim Streaming gibt es eine 30-Sekunden-Schwelle, die Songs überschreiten müssen, um in den Single-Charts gezählt zu werden. Das heißt, ein Song wird erst gezählt, wenn er mindestens 30 Sekunden auf einem Gerät lief.

Für Menschen, die Songs schreiben und damit auch Geld verdienen wollen, bedeutet das, dass sie z. B. eine besonders einprägsame Melodie bereits ganz zu Anfang eines Songs platzieren müssen, damit ein Nutzer nicht gleich zum nächsten Song weiterklickt.

**4** Lest die Informationstexte und schaut euch die Abbildung „Ferngesteuert?" an. Stellt euch die Frage, wie viele persönliche Daten ihr mit Firmen teilen möchtet. Überdenkt euren eigenen Umgang mit Streamingdiensten und nehmt dazu Stellung.

**5** Führt ein kleines Selbstexperiment durch: Beobachtet innerhalb einer Woche, wie lange ihr einem neuen Song zuhört, bevor ihr zum nächsten weiterklickt. Fragt euch, warum ihr weitergeklickt habt, und schreibt die Gründe auf.

**6** Wählt einen Song aus, den ihr zurzeit sehr gern hört. Hört euch die ersten 30 Sekunden dieses Songs genauer an und beschreibt den Anfang: In welcher Reihenfolge setzen Instrumente oder Sounds, Beats und Gesangsstimmen ein? Hört ihr zu Anfang dieses Songs eine Entwicklung, die euch motiviert, ihn weiterzuhören? Macht euch dazu Notizen.

**7** Bildet in der nächsten Musikstunde Gruppen und hört gemeinsam die Songanfänge, die ihr ausgesucht habt. Vergleicht sie miteinander und sucht dabei nach Gemeinsamkeiten und Unterschieden.

# K-Pop und seine Idols

*Die K-Pop-Boygroup BTS bei einer Preisverleihung 2018*

Der Begriff K-Pop bedeutet koreanische Popmusik. Obwohl K-Pop viele unterschiedliche koreanische Popmusikarten umfasst, sind damit vor allem Idols und ihre Songs gemeint. Idols sind Sänger und Tänzer, die meist jahrelang zusammen trainieren, bevor sie als Boygroup oder Girlgroup öffentlich auftreten. Dabei achten die Agenturen, bei denen die Idols unter Vertrag stehen, darauf, für jedes Mitglied ein individuelles Image zu entwickeln, das dann mit den Images der anderen Mitglieder als Einheit harmoniert.

## Besondere Merkmale des K-Pop

K-Pop soll ein Genuss für das Ohr und vor allem für das Auge sein. K-Pop stellt oft eine farbenprächtige Märchenwelt dar, in der sich Outfit, Umgebung, Requisiten, Symbole und Choreografie an einem bestimmten Konzept orientieren. Die Musik klingt meist euphorisch und spornt kontinuierlich mit vielen Melodiewechseln an: Durchschnittlich kommen zwischen 8 bis 10 Melodien in einem Song vor. Einige Idols verknüpfen traditionelle koreanische Elemente mit der Popmusik in ihren Songs. Der Song „Idol" von der K-Pop-Boygroup BTS ist ein Beispiel dafür. In diesem Song wird darüber gesungen, was es bedeutet, ein Idol zu sein.

## BTS – die berühmteste Boygroup der Welt

Zwischen 2015 und 2020 hat sich K-Pop von einer Nischenerscheinung zu einer Milliarden schweren weltweiten Industrie entwickelt. Allein die Boygroup BTS mit den Idols RM, Jin, Suga, J-Hope, Jimin, V und Jungkook erwirtschaftete 2018 rund 4 Milliarden US-Dollar und gilt mittlerweile als berühmteste Boygroup der Welt. Ihren internationalen Durchbruch zementierte BTS 2018 bei einem stadionfüllenden Konzert in New York. Ihr Musikvideo zu dem Song „Dynamite" (2020) wurde in den ersten 24 Stunden seiner Veröffentlichung über 100 Millionen Mal aufgerufen, womit BTS einen YouTube-Rekord brach. Mit dem gleichen Video brach BTS auch einen Guiness-Weltrekord, da mehr als 3 Millionen Menschen gleichzeitig die Premiere des Videos sahen. Selbst das Computerspiel „Fortnite" lässt seine Spieler Tanzschritte zum Song „Dynamite" tanzen.

## Der große Einfluss der Fans auf den Erfolg von BTS

BTS hat weltweit Millionen von Fans, die der Boygroup in den sozialen Netzwerken folgen. Die Fangemeinschaft von BTS machte international auf sich aufmerksam, als bei den Billboard Music Awards 2017 in der von den Fans gewählten Kategorie „Top Social Artist" 300 Millionen Mal für BTS gestimmt wurde. Damit übertrumpfte BTS u. a. sogar Justin Bieber, Shawn Mendes und Selena Gomez. Die Musikindustrie fragte sich: Wer sind all die Fans von BTS?

## ARMY

BTS-Fans geben sich selbst den Namen ARMY (**A**dorable **R**epresentative **M**.C. for **Y**outh: Bezaubernde Vertretung des militärischen Komitees für die Jugend). Besonders auffällig ist ARMYs Fähigkeit, Fans zu mobilisieren und zu organisieren. Vor allem mithilfe der sozialen Medien verhalfen sie den sieben Mitgliedern von BTS zu internationaler Bekanntheit. Die OIAA (Abk. für One In An ARMY) ist eine Untergruppe von ARMY, die Spenden für gute Zwecke sammelt. So kam z. B. 2020 von OIAA eine Spende von einer Million US-Dollar zusammen für die Bewegung „Black Lives Matter" (dt.: Schwarze Leben zählen), die sich gegen Rassismus und Diskriminierung von Schwarzen einsetzt. Zusätzlich sammelte ARMY mithilfe von OIAA ein paar Tage später noch einmal mehr als eine Million.

**1** Lest die Informationstexte und recherchiert im Internet nach Interviews und Musikvideos der K-Pop-Gruppen BTS und Blackpink. Welche Images haben die Idols dieser K-Pop-Gruppen? Stellt euch eure Ergebnisse gegenseitig vor.

**2** Vergleicht ein umfassend ausgestattetes Musikvideo von BTS mit der reinen Choreografie zum Song und diskutiert die Frage: Wäre der Song genauso erfolgreich, wenn man nur die Choreografie sehen würde?

**3** Recherchiert im Internet, wofür sich OIAA zur Zeit engagiert, und stellt euch eure Ergebnisse gegenseitig vor.

## BTS – die Beatles von heute

Die Beatles in den 1960er-Jahren

BTS im ähnlichen Stil wie die Beatles

BTS hat es als einzige Gruppe seit den Beatles geschafft, dreimal auf dem ersten Platz der Billboard Hits innerhalb eines Jahres zu landen. Ihr internationaler Erfolg und die vielen Fans weltweit führten dazu, dass man BTS mit den Beatles verglich. Als Hommage an die Beatles spielte BTS seinen Song „Boy With Luv" 2019 im Ed Sullivan Theatre in New York, dem Saal, in dem die Beatles etwa 50 Jahre zuvor ihren ersten Auftritt in den Vereinigten Staaten von Amerika hatten. BTS trat dabei auch im gleichen Stil wie die Beatles auf, sogar die Beschriftung der Bass Drum wurde nachgebildet.

In einem Interview wurde BTS gefragt, welchen Song von den Beatles sie besonders mögen. Daraufhin begann J-Hope das „na na na naaa" von dem Beatles-Hit „Hey Jude" zu singen. Und als der Beatles-Sänger Paul McCartney gefragt wurde, woran es liegen könnte, dass die Songs der Beatles noch immer jungen Menschen wie BTS gefallen, antwortete er verschmitzt, das läge an den leichten Songtexten.

## BTS-Mania

Jiye Kim, ein ARMY-Mitglied, lebt in Sydney, Australien, und betreibt einen der größten Fan-Übersetzungs-Accounts für BTS mit über 270 000 Followern. In ihrem Account übersetzt sie Songtexte, Videoinhalte, Interviews und sonstige Posts, die sie in sozialen Netzwerken findet. Da BTS üblicherweise seine Videos um 12 Uhr nachts veröffentlicht, stellt sich Jiye Kim jedesmal extra den Wecker, um bei der Videopremiere live dabei zu sein. Für die darauffolgenden Wochen hält sie sich dann immer den Kalender frei, um die Inhalte der Posts zu den Musikvideos zu übersetzen. So schafft sie weltweite Verbindungen und unterstützt BTS dabei, international an Bekanntheit zu gewinnen. Motiviert wird Jiye Kim durch ihre Begeisterung für BTS und die Tatsache, dass wenig vom Koreanischen ins Englische übersetzt wird.

BTS-Fans mit Leuchtstäben bei einem BTS-Konzert 2019

**4** Lest den Informationstext über BTS und die Beatles und vergleicht ihre Auftritte miteinander: Was ist gleich und worin unterscheiden sie sich? Erstellt eine Liste und vergleicht eure Ergebnisse.

**5** Lest den Informationstext zur BTS-Mania und recherchiert im Internet BTS-Konzerte mit vielen Fans. Wie würdet ihr die Verbindung zwischen den Fans und BTS beschreiben? Wie wirkt diese Verbindung auf euch? Auf welche Weise identifizieren sich die Fans mit ihren Idols?

**6** Wer sind Idole für euch? Von wem habt ihr ein Poster zu Hause an der Wand hängen? Was beeindruckt euch an dieser Person? Seid ihr in einer Online-Fangemeinschaft? Tauscht euch darüber aus.

# Das System K-Pop

*Lautsprecher der südkoreanischen Armee*

K-Pop-Idols sind Sympathieträger und Gesichter eines politisch-wirtschaftlichen Systems, das sich aus der südkoreanischen Regierung, Unterhaltungsagenturen und Fangemeinschaften zusammensetzt.

## Südkoreas Armee

Jeder männliche Südkoreaner ist spätestens mit 29 Jahren wehrpflichtig. Der Wehrdienst ist häufig der Grund, weshalb Boygroups ihre Karriere unterbrechen müssen. Die Armee freut sich über ihre berühmten Soldaten: Während der Wehrpflicht treten sie zusammen mit dem Militärorchester auf Dorfplätzen und bei Feierlichkeiten auf. Dadurch erlebt die Bevölkerung ihre uniformierten Idols zum Greifen nah und das Image der Armee wird aufgewertet. Während Armeen in anderen Ländern marschierende Blaskapellen haben, singen uniformierte K-Pop-Idols für ihr Land.

## K-Pop als provokativer „Ohrenöffner"

Die südkoreanische Regierung installierte vor einigen Jahren Mauern von Lautsprechern an der Grenze zu Nordkorea, um die Diktatur in Nordkorea zu schwächen: U. a. sollte K-Pop das Interesse der jugendlichen Hörer im Norden wecken. Denn K-Pop ist in Nordkorea verboten. Es wird aber trotzdem heimlich gehört und auf USB-Sticks oder DVDs über die Grenze geschmuggelt, was sehr gefährlich ist. Die Radiowellen der Lautsprecher konnten tagsüber bis zu einer Entfernung von zehn Kilometern und nachts fast doppelt so weit gehört werden. 2016 wurde z. B. der Song „Bang Bang Bang" von der Boygroup Big Bang über die Grenze gesendet.

## K-Pop-Agenturen beherrschen den Musikmarkt

Die K-Pop-Musikindustrie ist sehr erfolgreich. 2018 soll sie weltweit 5 Milliarden US-Dollar eingenommen haben, wovon BTS (→ S. 132f.) den größten Teil beigesteuert hat.

Das System der K-Pop Idols begann Ende der 1990er-Jahre, als große Unterhaltungsagenturen wie YG, SM und JYP aufkamen. Seit der Boygroup BTS spielt die Agentur Big Hit Music ebenfalls eine bedeutende Rolle. Heute sind solche Agenturen und deren Idols die populärste Kraft auf dem inländischen südkoreanischen Musikmarkt und bestimmen über Charts und Music Awards. Einerseits fließen dadurch Milliarden in die Wirtschaft und einige Millionen K-Pop-Fans weltweit werden fröhlich gestimmt. Andererseits monopolisieren diese Agenturen mit ihren Idols den Musikmarkt und behindern damit andere Künstler und Musikrichtungen in Korea. Neben Idols hat Korea nämlich auch zahlreiche andere Künstler zu bieten. Außerdem gibt es für angehende Idols enorm schwere Anforderungen, bevor sie überhaupt von den Agenturen der Öffentlichkeit präsentiert werden.

*Die K-Pop-Boygroup Big Bang, 2015*

**1** Wie setzt das Militär K-Pop-Idols während deren Wehrdienst gerne ein? Lest den Informationstext dazu und recherchiert auch im Internet.

**2** Seht euch das Musikvideo „Bang Bang Bang" von Big Bang an und beschreibt anschließend eure Eindrücke. Diskutiert, warum dieser Song ausgewählt wurde, um über Lautsprecher ins Nachbarland zu schallen.

**3** Teilt euch in Gruppen auf und erstellt Referate über die Entwicklung des K-Pop in Korea seit den 1990er-Jahren. Sammelt auch Informationen zu den führenden Agenturen und deren K-Pop-Gruppen bis heute. Nutzt dafür die Informationstexte und recherchiert auch im Internet. Stellt euch eure Referate dann mithilfe eines Zeitstrahls gegenseitig vor.

## Agenturen und Fans der K-Pop-Idols

Die Bedingungen, unter denen Jugendliche trainieren und darauf hoffen, als Idol berühmt zu werden, sind schwer. Choreografen, Komponisten und Produzenten schreiben den Idols vor, was sie zu tun haben. Die Idols halten einen strengen Tagesablauf und Ernährungsplan ein, und viele von ihnen unterziehen sich sogar einer Schönheitsoperation. Sarah Wolfgang war einmal ein Idol der Girlgroup TAHITI und stieg frühzeitig aus. Über diese Zeit berichtet sie: „Als ich 15 Jahre alt und in der 10. Klasse war, nahm ich bei einem Casting für eine K-Pop-Gruppe teil. Ich erhielt einen Vertrag über etwa fünf Jahre. Als Teil des Vertrags musste ich mit fünf anderen in eine Art Internat ziehen, welches wir nicht verlassen durften. Wir wurden zwar nicht eingesperrt, aber uns wurde untersagt, das Internat zu verlassen. Wir wurden von der Außenwelt abgeschnitten. Uns wurden die Handys und Laptops abgenommen. Wir standen zwischen 4 und 5 Uhr morgens auf, gingen wandern und hatten anschließend ein Frühstück, welches hauptsächlich aus Salat bestand. Anschließend hatten wir Tanz- und Gesangsunterricht. Nachmittags hatten wir Unterricht zum Thema Demut. Dort wurde uns beigebracht, uns angemessen und gleichzeitig so zu verbeugen, dass wir wie eine glückliche Gemeinschaft wirken."

## Idols gehören dem Publikum

Idols ist es untersagt, einen Freund oder eine Freundin zu haben. So sagte z. B. ein Idol der Girlgroup 2NE1, dass das Management ihr verboten habe, einen Freund zu haben, bis sie 29 ist. Idols gehören dem Publikum. Auf diese Weise können die Agenturen ihre Idols als unberührte Singles vermarkten und die Fans davon träumen lassen, eines Tages der Freund oder die Freundin ihres Idols zu werden.

*Die K-Pop-Girlgroup Blackpink, 2017*

## Fans organisieren Proteste gegen Idols

Girls' Generation ist eine 2007 gegründete Girlgroup. 2008 traten sie zusammen mit anderen erfahreneren Boygroups in Fernsehshows auf. Während dieser Auftritte fiel den Fans auf, dass die Gruppen miteinander Blicke austauschten und flirteten, während sie sich das Mikrofon[W] weiterreichten. Das empörte die Fans sehr, weil Girls' Generation ihnen damit ihre Idols streitig machte. Als Reaktion darauf taten sich ein paar der Fangemeinschaften der Boygroups zusammen und planten einen Protest.

## Black Ocean beim Dream Concert 2008

Das sogenannte Dream Concert fand in einem vollen Fußballstadion mit ca. 40 000 K-Pop-Fans statt. Mehrere K-Pop-Gruppen traten an diesem Abend auf. Alle Fans schwangen ihre Leuchtstäbe in unterschiedlichen Farben und riefen die Namen ihrer Idols, um zu signalisieren, welche Gruppe sie jeweils unterstützen. Für jede K-Pop-Gruppe gibt es unterschiedliche Leuchtstäbe in bestimmten Farben. Für die Gruppe Super Junior z. B. gab es blaue Leuchtstäbe. Sobald Super Junior auf der Bühne erschien, leuchtete das ganze Stadion blau. Als z. B. SS501 erschien, verwandelte sich das Stadion in Hellgrün. Als jedoch Girls' Generation auf die Bühne kam, war plötzlich alles schwarz und still, wie ein Black Ocean. Alle Fans hatten ihre Leuchtstäbe ausgeschaltet und schwiegen. Girls' Generation waren die einzigen, die in diesem Moment beleuchtet waren, und mussten dann vor der in Dunkelheit gehüllten, schweigenden Menschenmasse ihr Konzert geben.

**4** Lest den Informationstext „Agenturen und Fans der K-Pop-Idols". Was gefiel Sarah Wolfgang an ihrer Ausbildung nicht?

**5** Recherchiert im Internet, wie der Tagesablauf von Schülerinnen an leistungsorientierten Ballett- und Fußballschulen in Europa ist und vergleicht ihn mit Sarah Wolfgangs Darstellung der K-Pop-Akademie. Diskutiert dann die Fragen: Rechtfertigt ein möglicher zukünftiger Erfolg den Aufwand der harten Trainingsbedingungen? Sollten wir uns daran orientieren?

**6** Überlegt, wie es sich für Idols anfühlen muss, vor einem stummen und sich in Dunkelheit hüllenden Publikum zu spielen. War es eurer Meinung nach von den Fans übertrieben, in Form eines Black Oceans dagegen zu protestieren, dass ihre Idols mit einer anderen Gruppe geflirtet haben?

**7** Wart ihr schon einmal auf einem Konzert und hattet einen Leuchtstab dabei? Informiert euch im Internet über Leuchtstäbe und wie sie funktionieren.

# How High The Moon – eine kurze Geschichte des Jazz

D 10–15

Seit der Entstehung des Jazz um 1900 hat sich diese Musikrichtung immer weiter entwickelt und neu erfunden. Mitte des 20. Jahrhunderts erkannte dies auch der Pianist Dave Brubeck. Er nutzte den Jazz-Standard (→ S. 137) „How High The Moon" von Nancy Hamilton und Morgan Lewis und interpretierte ihn immer wieder neu. Er spielte ihn u. a. bei einer Radioaufnahme mit einem Oktett in einer Version, an der er die Entwicklung des Jazz bis zum Zeitpunkt der Aufnahme im Jahr 1953 verdeutlicht: Zuerst wird die Melodie vorgestellt. Anschließend wird das Stück in unterschiedlichen Jazzstilen gespielt. Dazwischen kommt immer wieder ein Sprecher zu Wort, der die Entwicklung der einzelnen Stile kurz kommentiert. Die Kommentare folgen hier als sinngemäße deutsche Übersetzung.

*Dave Brubeck (am Klavier) mit seinem Quartett 1962*

## „How High The Moon" in verschiedenen Jazzstilen

**Melodie**

„Ja, das ist ‚How High The Moon'. Wir experimentieren ein bisschen damit und kennzeichnen dabei die Entwicklung der Stile in der amerikanischen Musik."

**New-Orleans-Jazz (ab 1895)**

„Und dann kam Jazz. Extravagant, schroff und individualistisch war dieses sich frei entfaltende Ding, das sie Jazz nannten."

**Boogie-Woogie (mit Band) (ab 1900)**

„Und nachdem die meisten Melodien ausgespielt waren, rief jemand ‚Hey, groove mal mehr mit der linken Hand und spiel dazu Achtel!' Und sie spielten einen übermütigen Beat mit ein paar Verschnörkelungen, und es war trotzdem immer noch das Gleiche."

**Swing (ab 1930)**

„Die Jazz-Industrie wurde organisierter und die Swing-Ära entstand mit ihrem hohen Priester: Benny Goodman. Swing war damals das Ding. San Francisco war zu dieser Zeit ziemlich bekannt für seine Hotels, seine Bewirtung und all seine glänzenden Stars. Es gab viele kommerzielle Tanzbands. Hätten Sie Lust auf einen Tanz?"

**Bebop (ab 1940)**

„Und dann kam ein strahlendes neues Wort in die musikalische Landschaft, welches die Jugendlichen auf die Straße holte: ‚Bebop'. Lass dich nicht zu sehr von dem beunruhigen, was du nun hörst. Der Kern bleibt der gleiche."

**Modern Jazz (ab 1940)**

„Die Band um Dave Brubeck realisiert einen ganz neuen Umgang mit unserem Thema. Und hier spielen unsere jungen Modernisten in voller Pracht ihre Interpretation aus ‚How High The Moon'."

1. Hört die verschiedenen Interpretationen des Songs „How High The Moon" von Dave Brubecks Oktett (D 10–15) und ordnet jede Interpretation einem Kommentar zu.
2. Teilt euch in Gruppen auf. Bestimmt in jeder Gruppe die Instrumente eines Stils und beschreibt, wie die Originalmelodie verändert wird, um den jeweils stiltypischen Klang zu erhalten.
3. Legt einen Zeitstrahl an, auf dem ihr die einzelnen Jazzstile markiert und benennt und die jeweiligen stiltypischen Merkmale notiert.

# Jazz-Standards

D 16, 17

In der Jazz- und Bluesmusik gibt es viele sogenannte Standards. Dieser Begriff bezeichnet bekannte Stücke, die, unabhängig von Stilentwicklungen, immer wieder von Jazzmusikern neu gespielt werden. Die Stücke sind teilweise von den Jazzmusikern selbst komponiert, kommen aber häufig auch aus der Unterhaltungsmusik, wie z. B. aus Shows, Musicals oder Filmen.

## Das Realbook

Das Realbook, von dem inzwischen mehrere Ausgaben existieren, ist eine Sammlung von Jazz-Standards. In den 1970er-Jahren wurde diese Sammlung in der berühmten Musik-Universität The Berklee College Of Music in Boston von dem Bassisten Steve Swallow und dem Pianisten Paul Bley mithilfe von Studierenden erstellt. Sie transkribierten die Melodien der Jazzstandards sowie die dazugehörigen Akkordsymbole (→ S. 226) und notierten diese handschriftlich.

## Formen für Jazz-Standards

Im Laufe der Jazzgeschichte haben sich viele verschiedene Formen für Jazz-Standards durchgesetzt. Mit jeder weiteren Entwicklung entstanden auch neue Abfolgen von Formteilen. Darunter gibt es Formen, die besonders häufig auftreten und bis heute immer wieder in Jazz-Standards Verwendung finden. Manche Musiker nutzen die bestehenden Formen aber auch, um damit zu experimentieren und von der Norm abzuweichen.

Beim gemeinsamen Musizieren wird die Form stetig wiederholt, wobei meistens zuerst die Melodie vorgestellt wird und anschließend die Musiker ihre Soli spielen. Sehr beliebt ist die 12-taktige Bluesform, bei der die Form vom Bluesschema übernommen wird und die Akkordfolgen häufig erweitert werden. Am bekanntesten ist aber die 32-taktige Liedform.

## Die 32-taktige Liedform

Jeder der Buchstaben A, B und C steht für einen 8-taktigen Abschnitt der Form. Abschnitte mit gleichen Buchstaben haben eine ähnliche Melodie und Akkordfolge, die sich am Ende der Abschnitte jedoch unterscheiden können. So findet z. B. in der A-A-B-A-Form zu Beginn des zweiten A-Teils eine Rückführung zu der Akkordfolge aus dem ersten A-Teil statt. Und nach dem zweiten A-Teil erfolgt eine Überleitung zum B-Teil, der sogenannten Bridge. Im Folgenden sind zwei typische Beispiele für eine 32-taktige Liedform und deren Akkordfolgen (→ S. 226) abgebildet.

**Take The „A" Train, A – A – B – A-Form**

| | | | | | | | |
|---|---|---|---|---|---|---|---|
| C | C | $D^{7b5}$ | $D^{7b5}$ | Dm | $G^7$ | C | C |
| C | C | $D^{7b5}$ | $D^{7b5}$ | Dm | $G^7$ | C | $C^7$ |
| F | F | F | F | $D^7$ | $D^7$ | $Dm^7$ | $G^7$ |
| C | C | $D^{7b5}$ | $D^{7b5}$ | Dm | $G^7$ | C | C |

*Billy Strayhorn*

**Days Of Wine And Roses, A – B – A – C-Form**

| | | | | | | | |
|---|---|---|---|---|---|---|---|
| $F^{maj7}$ | $E^{b7}$ | $D^7$ | $D^7$ | $Gm^7$ | $Gm^7$ | $B^bm$ | $E^{b7}$ |
| $Am^7$ | $Dm^7$ | $Gm^7$ | $C^7$ | $Em^7$ $A^7$ | $Dm^7$ $G^7$ | $Gm^7$ | $C^7$ |
| $F^{maj7}$ | $E^{b7}$ | $D^7$ | $D^7$ | $Gm^7$ | $Gm^7$ | $B^bm$ | $E^{b7}$ |
| $A^7$ | $Dm^7$ | $Bm^{7b5}$ | $B^{b7}$ | $Am^7$ $Dm^7$ | $Gm^7$ $C^7$ | $F^6$ | $F^6$ |

*Henry N. Mancini*

*Konzert zum 100. Geburtstag von Billy Strayhorn an der historischen U-Bahn-Line „A-Train" in New York*

*Henry Mancini beim Dirigieren*

1. Überlegt, warum das Realbook als Notensammlung so bekannt geworden ist.
2. Hört „Take The ‚A' Train" (D 16) und „Days Of Wine And Roses" (D 17) und vollzieht dabei die jeweilige Form anhand der Melodien nach.
3. Findet im Internet jeweils einen weiteren Jazz-Standard für die Formen A – A – B – A, A – B – A – C und die Bluesform.
4. Diskutiert, welche Möglichkeiten der Interpretation sich aus einer 32-taktigen Liedform für Musiker, Komponisten und Interpreten ergeben können.

# Blues – mehr als nur ein Gefühl

## Blues als Grundlage für populäre Musikformen

Blues ist nicht nur eine vokale und instrumentale Musikform, sondern immer auch mit einem Gefühl verbunden. Die Bezeichnung „Blues" kommt von den amerikanischen Redewendungen „I've got the blues" bzw. „I feel blue" (etwa: „Ich bin traurig"). Auch die Redewendung „Ich hab' den Blues" beschreibt eine melancholische Stimmung. Nicht jeder Blues ist jedoch negativ. Inhaltlich und melodisch finden sich verschiedene Gefühle wieder. So gibt es z. B. auch fröhliche Blues-Songs zum Tanzen. Bis heute beeinflusst der Blues die populäre Musik maßgeblich. Man findet Teile des Blues-typischen **Harmonieschemas**, der **Form** oder des **ternären Groove** (→ S. 163) in vielen Songs verschiedenster Musikrichtungen wieder. Neben dem Einfluss des Blues auf Jazz, Soul, Funk und Rock 'n' Roll entstand in den 1940er-Jahren die populäre Musikrichtung Rhythm and Blues, die man bis heute unter der Abkürzung R 'n' B kennt. Die **Bluestonleiter** bildet die Basis für die Melodie eines Blues und die Improvisation über das Harmonieschema.

## Schritt 1: Dur- und Moll-Pentatonik

Die pentatonischen Tonleitern gehören zu den ältesten uns bekannten Tonleitern. Sie wurden in vielen Kulturen aufgrund ihrer Natürlichkeit verwendet. Ähnlich wie bei dem heutzutage bekannten Tonleitersystem gibt es auch in der Pentatonik eine Unterteilung in Dur und Moll.

### Dur-Pentatonik

Eine pentatonische Tonleiter hat 5 Töne innerhalb einer Oktave und keine Halbtonschritte. Wenn man c als Grundton nimmt, ergibt sich die Abfolge c – d – e – g – a mit den Intervallen große Sekunde, große Sekunde, kleine Terz und große Sekunde.

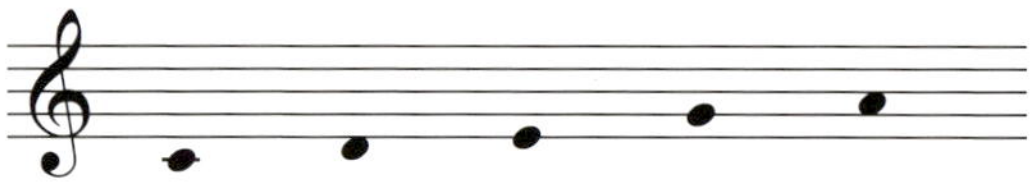

### Moll-Pentatonik

Die Moll-Pentatonik beginnt auf dem fünften Ton der Dur-Pentatonik, sodass sich die Abfolge a – c – d – e – g mit den Intervallen kleine Terz, große Sekunde, große Sekunde und kleine Terz ergibt. Mit den Tönen der Moll-Pentatonik in a kann man z. B. über eine Bluesform in A-Dur improvisieren.

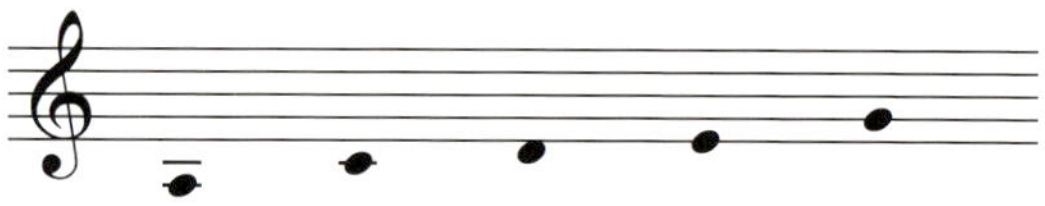

## Schritt 2: Moll-Bluestonleiter

Wenn man die Moll-Pentatonik um die verminderte Quinte ergänzt, ergibt sich daraus die Moll-Bluestonleiter. Mit ihr kann man über der IV. Stufe im Blues in Dur oder über einem Blues in Moll improvisieren.

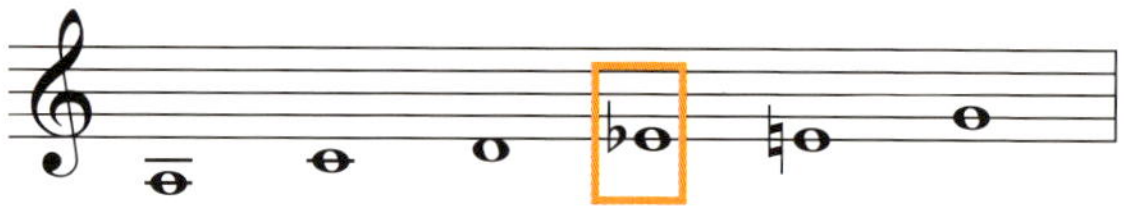

## Schritt 3: (Dur-)Bluestonleiter

Im letzten Schritt ergänzt man die Moll-Bluestonleiter noch um die große Terz (Durterz). Nicht alle Töne der Bluestonleiter kann man zu allen Akkorden spielen: Man muss immer wieder darauf achten, welche Töne gut klingen.

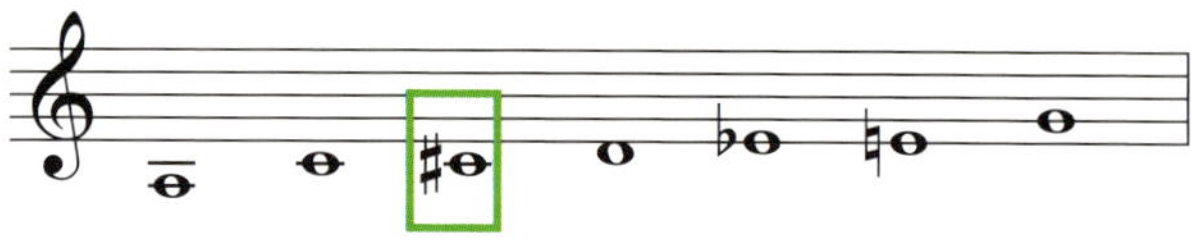

## Blue Notes

Kleine Terz, verminderte Quinte und kleine Septime bilden die drei sogenannten **Blue Notes**. Diese Töne sind charakteristisch für den traurigen, leidenden oder melancholischen Klang des Blues. Beim Singen oder bei Instrumenten, die keine absoluten Tonhöhen haben, liegt die Blue Note der Terz klanglich zwischen der kleinen und der großen Terz und die Blue Note der Quinte zwischen der reinen und der verminderten Quinte.

**1** Notiert, welche charakteristischen Eigenschaften eines Songs das Blues-Gefühl ausmachen können.

**2** Notiert mithilfe der drei Schritte die Bluestonleitern über den Grundtönen C und F und spielt sie auf der Gitarre. Versucht, durch ein Ziehen an der Gitarrensaite die Blue Notes als Zwischentöne zwischen den jeweiligen Intervallen zu spielen.

**3** Übt gemeinsam einen Blues in C ein (→ S. 227). Findet heraus, welche Töne der Bluestonleiter in C zu welchen Akkorden passen. Nutzt diese Töne für eine freie Improvisation.

D 18

## Bluesforastranger

Der Singer / Songwriter Theo Hartmann schrieb 2020 den Song „Bluesforastranger“: Er saß mit einem Freund im Park auf einer alten Eisenbahnbrücke und beobachtete die vorbeilaufenden Menschen. Nach einer Weile kam ein Mann vorbei, der irgendwie nicht ins Bild passte – er wirkte melancholisch und wie in seiner eigenen Welt. Das inspirierte Theo zu seinem Songtext, in dem er von einem Mann erzählt, der nicht so recht seinen Platz in der Welt findet. Nur zu Hause bei der Person, die ihn liebt, fühlt er sich wohl und geborgen.

### Verse 1 (frei)

F#m Bm
When I walked out my door this mornin, I straight off felt alone.

F#m Bm
Although the world seems busy, I just wanna go back home.

Dmaj7 Bm F#m
Cause when people pass me by all day and night, I don't seem to care at all

### Verse 2 (in Tempo)

F#m Bm
When I'm at the workplace, I wonder if I´m even here.

F#m Bm
No one would ever notice, if I´d one day disappear.

Dmaj7 Bm F#m
Cause I keep my borders high up in my mind, so no one will find me here!

*Theo Hartmann im Tonstudio*

### Pre-Chorus

Bm F#m
Cause once I come home in the evening, my soul feels warm again.

Bm C#7
If I had to wait to finally kiss her, I could barely count to ten.

### Chorus

F#m Bm
And if she waits for me, to stop this misery

E C#
and when she holds me tight, I'll make it through the night.

F#m Bm
Baby, please never let me go, cause once you´re gone for good,

C#7
I will drift off and loose all control.

*Theo Hartmann*

**4** Lest den Songtext von „Bluesforastranger“. Diskutiert mit einem Partner, welche Textstellen für euch besonders das Blues-Gefühl ausmachen.

**5** Hört den Song „Bluesforastranger“ (D 18) und notiert anschließend musikalische Merkmale, die stiltypisch für einen Blues sind.

**6** Findet beim erneuten Hören des Songs (D 18) und mithilfe der Akkordsymbole das Bluesschema heraus, das für Verse 2 verwendet wird. Achtung: Es handelt sich hier nicht um ein typisches 12-taktiges Schema. Zählt daher beim Hören zunächst die Anzahl der Takte.

**7** Erfindet einen eigenen Text für den Chorus. Überlegt dabei, ob ihr eine eigene Melodie erfinden wollt oder die vorgegebene Melodie verwenden möchtet.

# Watermelon Man

D 19

*Afroamerikanische Frauen und Männer sammeln Wassermelonen auf einem Feld, ca. 1895*

## Rassismus in den USA im 19. und 20. Jahrhundert

Herbie Hancock komponierte den Song „Watermelon Man" 1962 zur Zeit des Civil Rights Movement (amerikanische Bürgerrechtsbewegung). Der Wassermelonenverkäufer in den USA ist mit der Geschichte der Afroamerikaner und den rassistischen politischen Zielen der weißen Bevölkerung verknüpft: Nachdem die Sklaverei 1865 abgeschafft wurde, war es den befreiten Sklaven erlaubt, Wassermelonen anzubauen und sie zu verkaufen, um damit den Lebensunterhalt zu verdienen. Teile der weißen Bevölkerung, die die Sklaverei gerne aufrechterhalten wollten, machten die Wassermelone zu einem Symbol für ein unreines, faules, kindisches und unerwünschtes Verhalten der schwarzen Bevölkerung.

## Ein rassistischer Song

Der Song „N***** Loves A Watermelon, Ha! Ha! Ha!" von Harry C. Browne aus dem Jahre 1961 ist einer der rassistischsten Songs in der Geschichte der USA. Die ursprüngliche Melodie stammt von dem Song „The Rose Tree", den irisch-schottische Einwanderer in die USA brachten. Harry C. Browne nutzte diese Melodie als Grundlage für seinen Song, in dem Afroamerikaner als Biester beschrieben werden, denen man Knochen hinwirft und denen Eiscreme mit Wassermelonengeschmack angeboten wird.

Bis heute ist die Melodie des Songs in den USA zu hören. Wenn der Eiswagen um die Ecke gefahren kommt, spielt die Melodie, und Kinder rennen aus den Häusern auf die Straße, um sich ein Eis zu kaufen. Fröhliche Kindheitserinnerungen von Millionen von US-Amerikanern sind also mit diesem rassistischen Song verknüpft.

## Sit-In-Proteste

Obwohl die Sklaverei in den USA 1865 abgeschafft wurde, genossen Afroamerikaner noch lange nicht die gleichen Rechte wie die weiße Bevölkerung. Rassentrennungsgesetze verboten es Afroamerikanern, Einrichtungen zusammen mit Weißen zu nutzen. Sie durften z. B. nicht in den gleichen Cafés essen und trinken. Die Afroamerikaner protestierten Anfang der 1960er-Jahre dagegen, indem sie sich trotzdem in solche Cafés setzten.

Bis heute spielt der Rassismus gegen afroamerikanische Bürgerinnen und Bürger in den USA eine große Rolle. Vielen Demonstranten, die gegen Polizeigewalt gegenüber Afroamerikanern protestierten, wurden von rassistischen Gegendemonstranten Wassermelonen in den Weg gelegt. Und 2014 wurde der damalige US-Präsident Barack Obama in einer Karikatur gezeigt, in der ein Mann, der sich widerrechtlich Zugang zum Weißen Haus verschafft hat, ihn fragt, ob er schon die neue Wassermelonen-Zahnpasta probiert hätte.

*Sit-in-Protest in einem Café*

**1** Beschreibt anhand der Informationstexte, warum Herbie Hancock seinen Song „Watermelon Man" genannt hat und welche Zustände er damit kritisieren wollte.

**2** Seht euch ein Video zu den Sit-In-Protesten an. Was waren die Ursachen, Ziele, Vorgehensweisen und Erfolge des Protests und wie wirkt der Protest auf euch? Macht euch Notizen und vergleicht eure Ergebnisse miteinander.

**3** Hört den Song „Watermelon Man" von Herbie Hancock (D 19) und vergleicht ihn mit dem klassischen Bluesschema (→ S. 227). Welche Unterschiede stellt ihr fest?

D 19–21

## Drei unterschiedliche Versionen von „Watermelon Man"

Der **Jazzpianist Herbie Hancock** veröffentlichte 1962 sein Debüt-Album „Takin' Off", welches mit der Komposition „Watermelon Man" beginnt. Das Album wurde ein Hit, und „Watermelon Man" gehört heute zu den Jazz-Standards. Durch den Titel des Songs stellte Hancock Bezüge zu den Wurzeln der afroamerikanischen Geschichte her. Bereits als Kind lernte er, Klavier zu spielen. Mit elf Jahren spielte er ein Klavierkonzert von W. A. Mozart mit dem Chicago Symphony Orchestra.

*Herbie Hancock*

„Head Hunters" ist das zwölfte Studioalbum von Herbie Hancock, welches 1973 bei Columbia Records veröffentlicht wurde. Auf dem Cover ist Hancocks Gesicht durch eine Maske verdeckt, welche durch ihre Form an Masken des Baoulé-Stamms der Elfenbeinküste erinnert und durch die Drehknöpfe und Messanzeige den technischen Fortschritt darstellt.

Herbie Hancock und Harvey Mason überarbeiteten den Song „Watermelon Man" und versahen ihn mit afrikanischen Elementen: Zu Beginn bläst Bill Summers auf einer Flasche, was den Klang einer Eintonflöte aus Zentralafrika imitiert. Herbie Hancock spielt auf einem Clavinet, was durch seine elektronischen Sounds Funk und Jazz miteinander kombiniert.

Weil die US-Regierung das Album „Head Hunters" als kulturell, historisch und ästhetisch wertvoll erachtet, wurde es 2007 in die National Recording Registry und 2009 in die Grammy Hall of Fame aufgenommen.

**Mongo Santamaria** (1922–2003) war ein Perkussionist aus den USA mit kubanischen Wurzeln. Er war einer der Ersten, die afrokubanische Rhythmen mit Jazz kombinierten.

Der Jazztrompeter Donald Byrd, Herbie Hancock und Mongo Santamaria unterhielten sich 1962 in einem Klub über die Frage, was afrokubanische Musik und afroamerikanischer Jazz gemeinsam haben. Dabei bat Donald Byrd Herbie Hancock darum, den Song „Watermelon Man" zu spielen. Kurz nachdem Herbie anfing, den Song zu spielen, kam Mongo auf die Bühne und spielte dazu auf den Congas. Die afrokubanischen Rhythmen, welche Mongo dazu spielte, passten so gut zu dem Song, dass das Publikum begann, von den Tischen aufzustehen. Kurze Zeit später war die Tanzfläche voll mit jungen Menschen, die tanzten, sich freuten, lachten und riefen: „Der Song ist fantastisch, das wird ein Hit!" Mongo bat Herbie Hancock um die Erlaubnis, den Song aufzunehmen, und Hancock willigte ein. Mongo Santamaria nahm den Song auf und erschuf damit eine Version, welche Jazz mit afrokubanischen Rhythmen kombiniert. 1998 wurde der Song in die Grammy Hall of Fame aufgenommen.

*Mongo Santamaria*

**4** Stellt Hypothesen auf, wie sich drei Versionen des Songs „Watermelon Man" musikalisch voneinander unterscheiden könnten. Begründet eure Hypothesen.

**5** Wie unterscheiden sich die Besetzungen des Songs auf den drei verschiedenen Alben (D 19–21)? Erstellt eine Tabelle: Welche Instrumente spielen die Melodie und die Soli?

**6** Informiert euch über die beteiligten Musiker auf den drei Alben, erstellt kurze Vorträge mit weiteren Musikbeispielen und stellt sie euch gegenseitig vor.

**7** Recherchiert im Internet die Begriffe „ba-benzélé pygmies", „hindewhu" und „Eintonflöte", um herauszufinden, wie die Eintonflöte aus Zentralafrika klingt. Vergleicht eure Höreindrücke mit der Version des Songs „Watermelon Man" auf dem „Head Hunters"-Album (D 20).

# V-I-Verbindungen und Coltrane Changes

Im gesamten Verlauf der Musikgeschichte spielt die fünfte (in römischen Ziffern: V.) Stufe einer Tonleiter eine besondere Rolle. Das kommt daher, weil bei einem Ton, der auf einem Instrument gespielt wird, immer noch weitere Töne, die sogenannten Obertöne, mitklingen. Spielt man z. B. ein c auf dem Klavier kräftig an und hält dabei das g lautlos gedrückt, so hört man beim Loslassen des c, dass der Ton g weiterklingt, obwohl er von den Hämmerchen nicht angeschlagen wurde. Da also die Quinte mitklingt, ist diese fünfte Stufe für unser Gehör besonders angenehm.

## Die V-I-Verbindung

Die oben beschriebenen Zusammenhänge führen dazu, dass die fünfte Stufe einer Tonleiter eine Spannung innehat, die aufgelöst werden will, indem der Akkord zur ersten (als römische Ziffer: I.) Stufe hinuntergeht. Dieser Klang erzeugt für die Hörenden ein finales Gefühl des Ankommens und wird daher häufig am Ende klassischer Werke verwendet. Ganz besonders kommt diese Wirkung zur Geltung, wenn die Dominante, also die fünfte Stufe des Akkords, durch die spannungsreiche kleine Septime ergänzt wird (Dominantseptakkord[W]). Die Beziehung der Akkorde auf der fünften und ersten Stufe und die damit hervorgerufene Klangvorstellung kann aber auch innerhalb eines Stücks für den Wechsel in eine neue Tonart genutzt werden. Das Stück hat dann mehrere tonale Zentren, die jeweils durch die sogenannte V-I-Verbindung eingeführt werden. Die fünfte Stufe steht dabei immer in Dur. Neben klassischen Stücken findet man die V-I-Verbindung auch in vielen typischen Jazz-Akkordverbindungen (→ S. 226, 227).

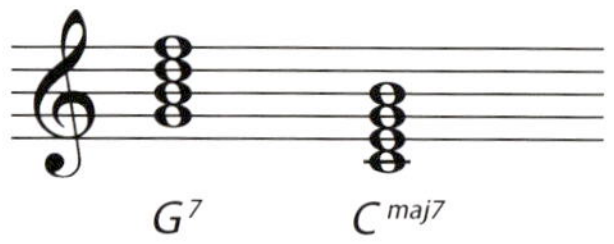

*V7-Imaj7-Verbindung in C-Dur*

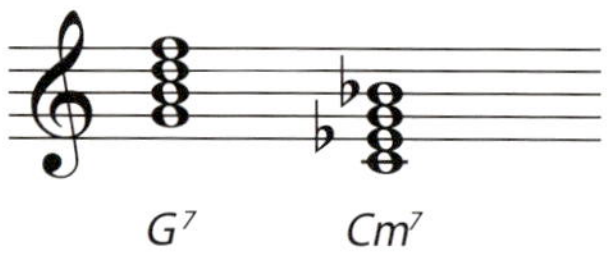

*V7- Im7-Verbindung in c-Moll*

## Autumn Leaves

*Joseph Kosma, Jacques Charles Enoch*

**Bluestonleiter in e-Moll:**

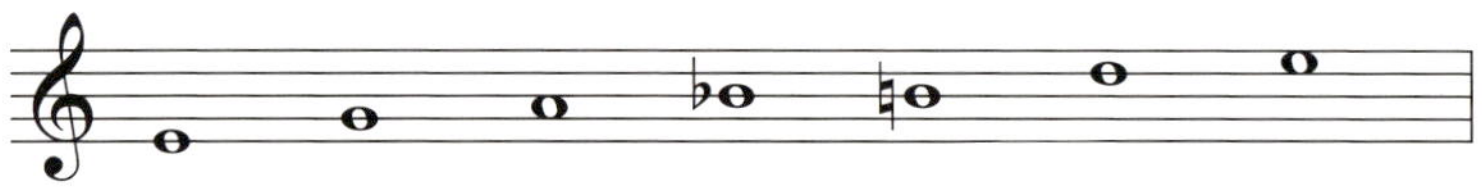

1. Findet mithilfe der Seiten 226 und 227 die V-I-Verbindungen in „Autumn Leaves".
2. Übt mit den vorhandenen Instrumenten in eurem Klassenraum die Melodie von „Autumn Leaves" ein. Spielt anschließend die Grundtöne der Akkorde zur Melodie. Beachtet, dass b in der jazztypischen Akkordschreibweise für den Ton h steht.
3. Improvisiert in Partnerarbeit über die Basstöne von „Autumn Leaves": Nutzt dazu die Töne der Bluestonleiter in e-Moll und spielt diese in verschiedenen Rhythmen aufwärts und abwärts. Lasst dann einige Töne weg oder verändert den Rhythmus. Notiert euch Tonfolgen und Rhythmen, die sich besonders gut anhören, um sie zu behalten und weiterzuentwickeln.

D 22

## Coltrane Changes in „Giant Steps“

*Der Saxofonist und Komponist John Coltrane*

Der Saxofonist John Coltrane brachte 1959 seinen Pianisten völlig aus dem Konzept, als er mit seiner Band bei einer Schallplattenaufnahme sein neues Stück „Giant Steps“ spielte. Zwar kommen in diesem Stück viele V-I- und II-V-I-Verbindungen vor, aber es existieren auf einmal drei tonale Zentren: B (damit ist der Grundton h gemeint), G und E♭. Diese haben nur wenige gemeinsame Töne, da sie auf dem Quintenzirkel (→ S. 225) sehr weit auseinanderliegen. John Coltrane verwendete also die V-I-Verbindungen, um zu einem immer neuen tonalen Zentrum zu kommen und somit einen bis dahin ungewohnten harmonischen Klang zu erzeugen. Diese besondere Akkordfolge ist in die Jazzgeschichte unter dem Begriff „Coltrane Changes“ eingegangen.

## Quintenzirkel zu „Giant Steps“

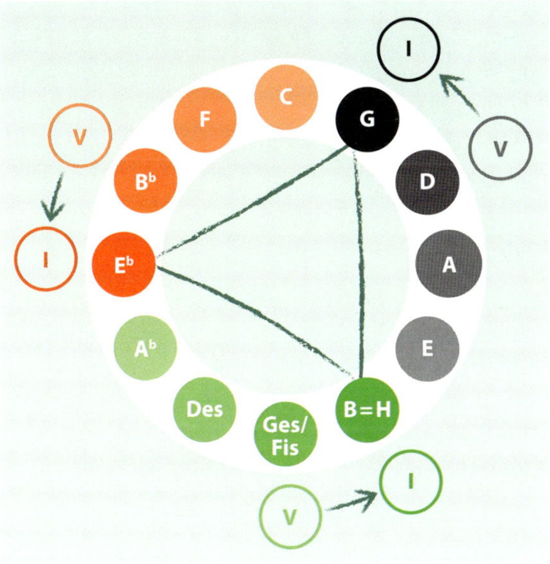


In diesem Quintenzirkel sind die V-I-Verbindungen aus „Giant Steps“ farbig markiert: Die erste Stufe hat immer eine große Septime ($I^{maj7}$), die fünfte Stufe immer eine kleine Septime ($V^7$) und die zweite Stufe in Moll ebenfalls eine kleine Septime ($IIm^7$) als Zusatzton.

Im Notenbild zu „Giant Steps“ ist jeweils ein Beispiel für eine V-I-Verbindung zu jedem tonalen Zentrum in der gleichen Farbe wie im Quintenzirkel markiert: Das tonale Zentrum G ist schwarz, das tonale Zentrum E♭ ist rot , und das tonale Zentrum B (= H im Deutschen) ist grün. Achtung: Bei II-V-I-Verbindungen steht die zweite Stufe noch vor der fünften.

## Giant Steps

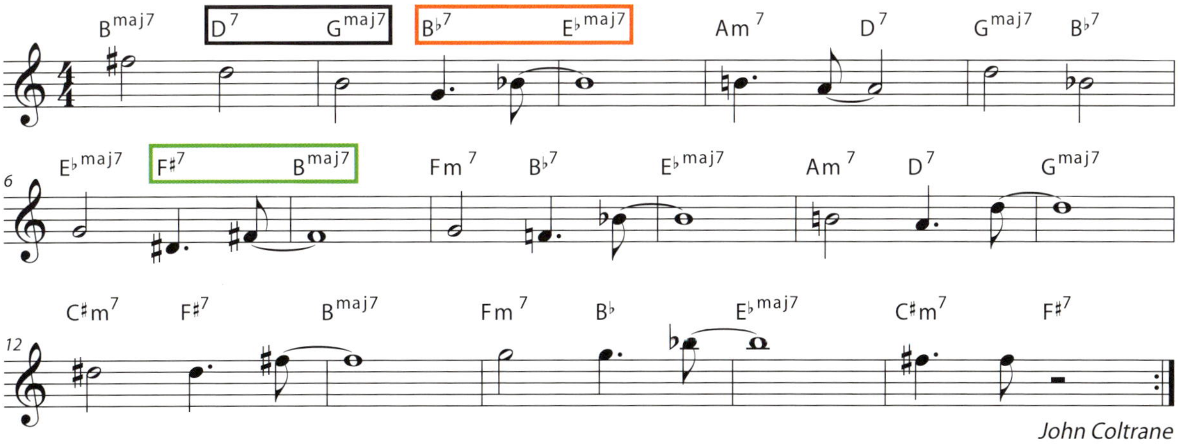


*John Coltrane*

**4** Hört „Giant Steps“ (D 22) von John Coltrane und findet anhand des Notenbildes heraus, welche Teile des Themas sich auf welches tonale Zentrum beziehen. Fertigt dazu eine schematische Abbildung an, indem ihr die Akkordsymbole abschreibt und jeweils zusammengehörige V-I- und II-V-I-Verbindungen in einer Farbe markiert.

**5** Schaut euch ein Video zu „Giant Steps“ an und fasst die typischen Merkmale der „Coltrane Changes“ mithilfe der Seiten 226 und 227 kurz zusammen.

# Jazz-Bands

D 23

## Big Bands

Mit Beginn der Swing-Ära in den 1920er-Jahren (den sogenannten „Goldenen Zwanzigern“) entwickelten sich aus den New-Orleans-Bands die Big Bands. Charakteristisch ist dabei, dass die Melodie nicht mehr von einzelnen Musikern im Kollektiv improvisiert, sondern in einem Arrangement notiert und gespielt wird. Die Melodiestimme wird durch weitere Stimmen ergänzt, die sich der Melodie unterordnen. Die Instrumente einer Big Band lassen sich in vier Gruppen, die Sections, unterteilen. Im Gegensatz zur Satztechnik der Klassik werden die Stimmen innerhalb einer Section häufig parallel geführt, um ein Klangideal zu erreichen, bei dem der Satz einer Section einheitlich klingt.

## Reed Section (Holzbläser)

Die Reed Section beinhaltet Saxofone und optional auch Querflöten und Klarinetten. Zur Standardbesetzung gehören zwei Alt- und zwei Tenorsaxofone, die jeweils in erste und zweite Stimme aufgeteilt sind, sowie ein Baritonsaxofon. Die Saxofone bieten als Bindeglied zwischen Holz- und Blechblasinstrumenten einen weichen, aber dennoch prägnanten und vor allem flexiblen Sound. Dies führte im Laufe der Zeit dazu, dass sie die Trompete, welche in den New-Orleans-Bands eine führende Rolle innehatte, als Melodieinstrument immer stärker unterstützten. Da die Reed Section weicher und leiser klingt als die anderen Sections und die Instrumente gerade bei langen Konzerten auch sehr schwer werden können, sitzen die Saxofone meistens in der ersten Reihe.

## Brass Section (Blechbläser)

Die Brass Section setzt sich aus der Trompeten Section und der Posaunen Section zusammen. Die Posaunen Section besteht in der Regel aus vier Posaunen, darunter häufig eine Bassposaune. Sie sitzen hinter den Saxofonen. Die Trompeten Section besteht aus vier oder fünf Trompeten, wobei hin und wieder, wegen seines weicheren Klangs, auch ein Flügelhorn zum Einsatz kommen kann. Da Trompeter sehr helle, klare und laute Töne spielen können, stehen sie meist hinter den Posaunisten. Ähnlich wie bei den Saxofonen gibt es auch bei den Trompeten und Posaunen verschiedene Stimmen, wobei die erste Stimme, der sogenannte Lead- oder Führungsspieler, meistens die höchste Stimme spielt.

## Rhythm Section

Die Rhythm Section bildet die rhythmische und harmonische Basis einer Big Band. Sie ist mehr als die anderen Sections für die Time (Einhalten von Tempo und Rhythmus) eines Songs und das rhythmische Feeling (Swing, Ballade, Bossa, …) zuständig. Das Schlagzeug und ggf. andere Perkussionsinstrumente erzeugen einen Grundrhythmus. Dieser wird durch einen Kontrabass oder E-Bass ergänzt, der die Grundtöne, einen Walking Bass (Basslauf aus Akkordtönen in Viertelnoten) oder eine rhythmische Linie dazu spielt. Klavier und / oder (E-)Gitarre vervollständigen durch Comping (das gezielte rhythmische Spielen einzelner Akkordtöne) ganze Akkorde oder Linien. Zusätzlich zu den bereits genannten Sections gibt es eine Fülle von Instrumenten, die eine klassische Big-Band-Besetzung ergänzen und neue musikalische Farben zum Gesamtsound hinzufügen können. Bei sogenannten Tanzorchestern wird die Big Band durch Streicher ergänzt. Die meisten Big Bands treten außerdem häufig mit einer Sängerin oder einem Sänger auf.

**1** Hört euch den Song „Hit The Ground Running“ (D 23) der Big Phat Band von Gordon Goodwin an und genießt die Musik beim ersten Hören. Notiert anschließend, welche Elemente des Songs euch besonders in Erinnerung geblieben sind (Rhythmus, Melodie, Dynamik, Instrumente, Form ...).

**2** Teilt euch in Gruppen ein und macht beim zweiten Hören (D 23) Notizen zu einem oder mehreren besonders prägnanten Elementen. Wie unterstützen diese Elemente die Wirkung des Songs?

**3** Lest die Informationstexte zu den einzelnen Sections und hört den Song anschließend ein drittes Mal (D 23). Schreibt dann einen kurzen Steckbrief zu jeder der drei Sections.

D 24 – 29

## Jazz in unterschiedlichen Besetzungen und Stilen

Neben den großen Big Bands gibt es noch viele andere Kombinationen, in denen Jazz gemeinsam musiziert wird, z. B. Combos, Trios oder Quartette. Viele Jazz-Bands bestanden und bestehen immer noch zu einem großen Teil aus Männern, was auch auf den folgenden Bildern von einigen berühmten Jazz-Musikern und Ensembles auffällt. Laut einer Jazzstudie von 2016 sind in Deutschland nur 12 % der Instrumentalisten Frauen, dafür machen Frauen aber 86 % der Singenden aus.

*Joe „King“ Oliver (Trompete) und Band, um 1920*

*Louis Armstrong (Trompete und Gesang) und Band, 1958*

*Ella Fitzgerald (Gesang) und das Tee Carson Trio, 1968*

*Das RIAS Tanzorchester, 1983*

*Lianne La Havas (Gesang und Gitarre), 2012*

*Tower of Power, 2014*

**4** Hört Ausschnitte von 6 Songs (D 24 – 29) und ordnet sie den Bildern zu. Notiert euch beim Hören die Instrumente, die ihr erkennen könnt. Was macht den jeweils charakteristischen Sound aus?

**5** Diskutiert, warum es mehr Sängerinnen als Instrumentalistinnen in Jazz-Bands gibt und warum das im 21. Jahrhundert problematisch ist. Recherchiert im Internet, welche Bestrebungen es zur Gleichstellung von Frauen im Jazz gibt.

# Jacob Collier – ein Jazz-Revolutionär

D 30

Jacob Collier ist das gelungen, wovon sicherlich tausende Menschen weltweit träumen: Er ist durch seine YouTube-Videos auf der ganzen Welt berühmt geworden und hat dadurch den Jazz bei vielen Jugendlichen wieder bekannt gemacht.

Collier wurde am 2. August 1994 in London als Sohn zweier Musiker geboren und wuchs dort mit seinen beiden Schwestern auf. Bereits in seiner Kindheit sammelte er musikalische Erfahrungen beim Singen im Chor und Musizieren mit seiner Familie und begann 2011, Musikvideos für YouTube zu produzieren. Man erkennt bereits beim Zuhören, dass Jazz seine Welt ist. Beschäftigt man sich genauer mit seiner Musik, so merkt man schnell, dass er durch die Vermischung von Jazz, A-cappella[W]-Gesang, Groove, Folk, Hip-Hop, Soul, Gospel, klassischer Musik, R 'n' B und Improvisation seinen ganz eigenen Stil erschafft. Meistens nimmt er für seine Split-Screen-Videos (zwei oder mehr Videos werden gleichzeitig abgespielt) dabei alle Gesangs- und Instrumentalstimmen selbst auf.

*Jacob Collier bei einem Auftritt 2016*

Seit 2014 ist Collier bei Quincy Jones unter Vertrag, der nicht nur selbst ein herausragender Komponist und Jazzmusiker ist (bekannt u. a. durch Soul Bossa Nova), sondern z. B. auch Produzent von Michael Jackson war. Jones verschaffte dem gerade mal 21-jährigen Collier seine ersten Live-Auftritte als multi-instrumentale One-Man-Vorband der Jazzgrößen Chick Corea und Herbie Hancock beim großen Montreux Jazz Festival. Seitdem veröffentlichte Collier mehrere Alben, die er alle in seinem Zimmer aufnahm, und gewann den Grammy-Award für die Songs „You And I", „Flintstones", „Moon River" und „All Night Long".

## Jacob Collier über Songideen und Kompositionsmethoden

In einem Interview mit dem Journalisten Jan Tengeler zu seinem ersten Album „In My Room" erklärt Jacob Collier unter anderem, wie ihm Ideen für seine Songs kommen und mit welchen Methoden er komponiert.

„Ja, das ist schon lustig. Ich habe ja alles zu Hause allein gemacht. Jedes Instrument habe ich selbst gespielt, jeden Song habe ich selbst geschrieben und produziert.

...

Ich habe das Album gemacht, weil es ein inneres Bedürfnis ist, ich wollte etwas von Herzen ausdrücken.

...

Wenn man Musik macht, damit sie der Plattenfirma gefällt, dann bringt das vielleicht Erfolg und Geld, aber es ist nicht immer gute Musik.

...

Zu meiner Musik passt der Begriff Jazz vielleicht am besten. Da geht es auch um die Reichhaltigkeit der Harmonien und die Komplexität der Rhythmen, was beides elementar für meine Arbeit ist.

...

Es gibt eigentlich keine bestimmte Arbeitsweise. Allerdings habe ich oft Rhythmen im Kopf, die den Ausgangspunkt für eine Komposition bilden. Ich habe das alles ja nie gelernt, weder wie man einen Song produziert noch, wie man ein Instrument spielt.

...

Ich habe es mir selbst beigebracht mit den Dingen, die in meiner Umgebung sind. [...] Ich baue einen Rhythmus aus Geräuschen, dann kommt eine Melodie dazu oder eine harmonische Wendung, der Weg im Einzelnen hängt wohl vom Tag der Woche ab.

...

Normalerweise ist da ein Techniker, da sind andere Musiker, es gibt Ratschläge und Verbesserungsvorschläge. Nicht bei mir, ich bin für jede Stimme und jeden Klang selbst verantwortlich."

**1** Hört den Song „Don't You Worry 'Bout A Thing" (D 30). Welche typischen Jazzmerkmale (Text, Melodie, Form, Instrumente, Akkorde, Begleitung) könnt ihr erkennen? Diskutiert, was euch gut gefällt und was ihr anders machen würdet.

**2** Lest den Text zu Jacob Colliers Werdegang und die Zitate aus seinem Interview. Recherchiert die Begriffe, die euch noch unklar sind. Welche Merkmale machen Jacobs persönlichen Musikstil aus?

**3** Durchstöbert Jacob Colliers Youtube-Kanal und sucht euch ein Musikvideo, das euch persönlich ganz besonders anspricht. Schreibt dazu mithilfe der gesammelten Informationen zu Jacob Colliers Leben und seiner Musik einen Beitrag für ein Musikmagazin, in den ihr eure persönliche Meinung mit einfließen lassen dürft.

D 31 – 33

## Flintstone's Theme – Fernsehsong und Realbook Standard

Die Titelmelodie der Fernsehserie „Die Feuersteins" (The Flintstones) gehört bis heute zu den bekanntesten Fernsehmelodien und wurde in das zweite Realbook, das die bekanntesten Jazz-Standards enthält, aufgenommen.

*Text und Melodie: Hoyt Curtin, Joseph Barbera und William Hanna*

## Flintstone's Theme und Jacob Colliers Harmonien

Hier sind ähnliche Begleitharmonien notiert wie die, die Jacob Collier in seinem Arrangement des Songs singt.

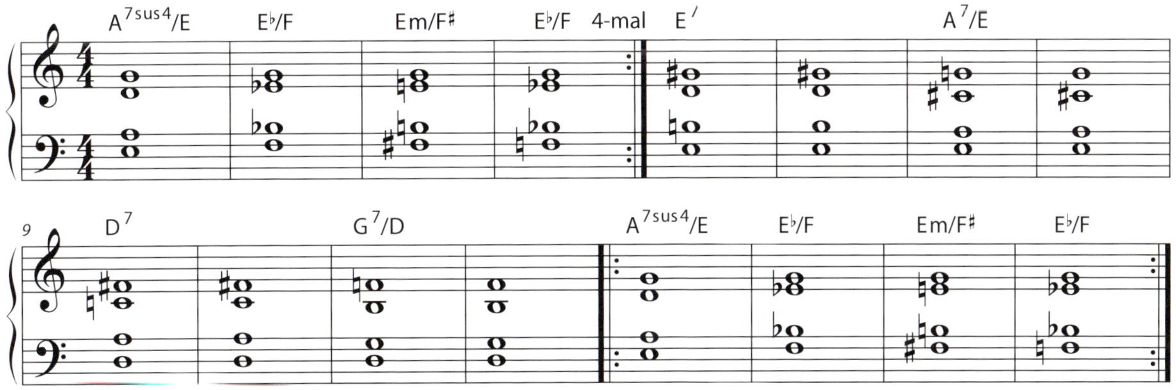


*Jacob Collier Bearbeitung: Felix Theuner*

**4** Hört die Original-Titelmelodie der „Flintstones" (D 31), die Jazz-Version nach dem obigen Leadsheet (D 32) und die A-cappella^W-Jazzversion von Jacob Collier (D 33) und vergleicht sie miteinander.

**5** Spielt die Begleitharmonien und singt die Melodie dazu. Unterteilt das Stück in vier sinnvolle Einheiten und benennt diese mit Buchstaben. Was fällt euch auf?

**6** Singt oder spielt die Begleitharmonien nach der Art von Jacob Collier auf die Silbe „Doo". Wenn ihr die Töne sicher könnt, denkt euch einen ein- oder zweitaktigen Rhythmus aus, schreibt diesen auf und singt die Begleitung in diesem Rhythmus. Wenn ihr euch ganz sicher seid, dann nehmt mithilfe des Programms „Audacity" die einzelnen Begleitstimmen nacheinander auf und gestaltet so euer eigenes Playback oder Musikvideo, über das ihr dann die Melodie singt.

# La La Land: City Of Stars

Jazz ist Vergangenheit und Tradition, aber auch stetiger Wandel und entwickelt sich bis heute immer weiter. Der Musical-Film „La La Land“ verdeutlicht das auf moderne Art und Weise und wird trotzdem nicht zum Mainstream. Der Regisseur und Drehbuchautor Damien Chazelle gewann mit dem 2016 erschienenen Film u. a. 6 Oscars und verhalf dem Jazz dadurch zu neuer Bekanntheit. Der Film erzählt keine typische Hollywood-Liebesgeschichte und besonders sein unkonventionelles Ende regt zum Nachdenken an. Die Filmmusik wurde von Justin Hurwitz geschrieben, der mit wenigen prägnanten Motiven[W] und deren Bearbeitung, Wiederholung und Sequenzierung[W] die Handlung stützt, was einen wesentlichen Teil der Atmosphäre ausmacht. Im Einklang mit den vielen Tanzszenen und kontrastreichen Farben baut die Musik dadurch eine Musicalwelt auf, die das Handlungsgeschehen immer wieder unterbricht.

## Zur Handlung des Films „La La Land“

Zu Beginn des Films treffen die Hauptcharaktere Mia und Sebastian kurz aufeinander. Mia möchte als Schauspielerin ihr Geld verdienen, geht aber in den Schauspiel-Castings als eine von vielen Bewerberinnen häufig unter und muss daher in einem Café arbeiten. Sebastian hat den Traum, in seinem eigenen Jazzclub zu spielen, muss sich aber durch Auftritte in einem Restaurant und auf Partys über Wasser halten. Mia und Sebastian treffen mehrfach aufeinander, verlieben sich ineinander und ziehen zusammen. Sie lernen beide, über ihren Schatten zu springen: Mia beginnt, ein eigenes Stück zu schreiben, und Sebastian fängt in der erfolgreichen Band seines Schulfreunds Keith als Pianist an. So können sie also letztlich ihren Traum verwirklichen, aber ihre Beziehung zerbricht. Ein paar Jahre später trifft die inzwischen erfolgreiche Schauspielerin Mia mit ihrem Ehemann auf Sebastian am Klavier in seinem eigenen Jazzclub. Beide durchlaufen in ihren Gedanken noch einmal, was hätte sein können, wenn ihre Beziehung gehalten hätte … Doch noch bevor Sebastians Klavierstück zu Ende ist, verlässt Mia den Club wieder.

## City Of Stars

Der Song „City Of Stars“ wurde im Film von Emma Stone (Mia) und Ryan Gosling (Sebastian) gesungen und gewann u. a. den Golden Globe und den Oscar für den besten Originalsong. Er ist die Titelmelodie des Films „La La Land“ und kommt während des Films immer wieder in veränderter Form vor.

D 34

*Text: Benj Pasek, Justin N. Paul Melodie: Justin Hurwitz*

**1** Hört den Song „City Of Stars" (D 34) und findet heraus, wo die Singenden von der gegebenen Notation abweichen. Singt den Song anschließend gemeinsam in der Klasse und achtet dabei besonders auf eine gemeinsame Artikulation und Dynamik.

**2** Überlegt, wie ihr den Song „City Of Stars" musikalisch gestalten würdet. Schreibt dazu die Akkorde auf und spielt sie, oder begleitet euch selbst auf Instrumenten eurer Wahl.

**3** Sucht euch einen Abschnitt (ein oder mehrere Takte) aus dem Song „City Of Stars" heraus, zu dem ihr zur Melodie eine zweite Stimme schreibt. Verwendet dazu das Notenprogramm „MuseScore" (→ S. 46–49). Nutzt die Töne, welche euch die Akkordsymbole vorgeben. Beachtet dabei, dass manchmal schon die Wiederholung des gleichen Tons genügt.

# Wo gibt's Jazz in Deutschland?

Auch in Deutschland gibt es eine sehr große Jazzszene. Bereits vor dem Zweiten Weltkrieg war die Metropole Berlin weltweit für ihre kulturelle Vielfalt bekannt. Um die Jahrtausendwende entwickelte sich eine neue Szene, die in ganz Deutschland von unabhängigen Musikerkollektiven (z. B. Jazzkollektiv Berlin) getragen wird. Diese Entwicklung hängt eng mit der Geschichte der Musikhochschulen zusammen, an denen sich Ende des 20. Jahrhunderts immer mehr Jazz-Fachbereiche gründeten. Daher kamen viele berühmte Jazzer nach Deutschland und zusätzlich zu den bekannten Clubs, in denen schon Künstler wie Louis Armstrong oder Ella Fitzgerald auftraten, stieg die Zahl der Konzerte und Festivals seit 2 000 rasant an. Neben der offiziellen Szene verhalfen dabei auch viele Untergrundclubs dem Jazz zu einer Renaissance in Deutschland.

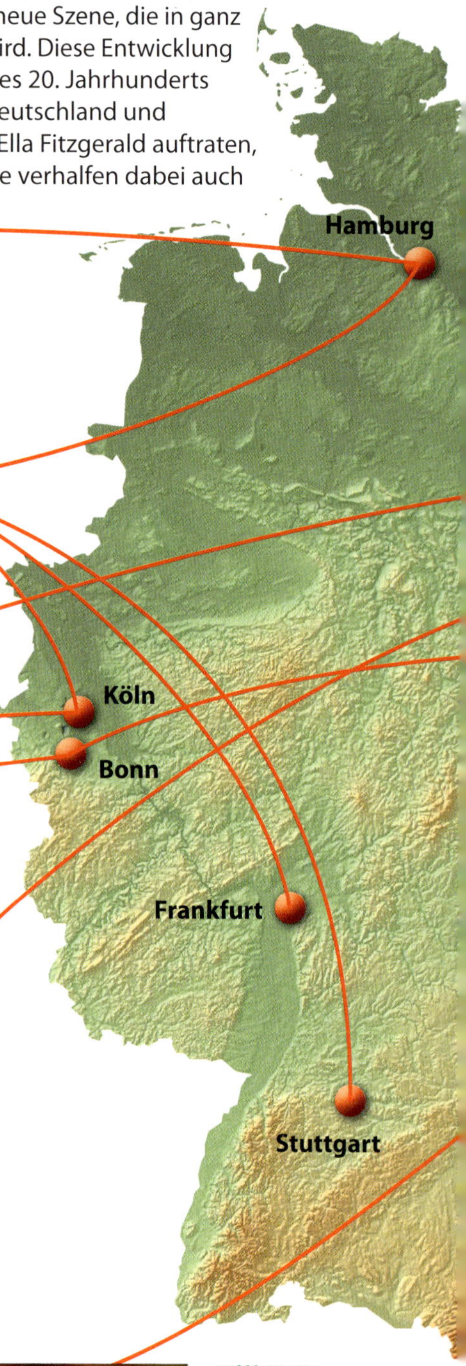


## Elbjazz Festival

Das 2010 gegründete Elbjazz Festival Hamburg findet einmal im Jahr statt und ist eines der größten Jazzfestivals Deutschlands. Berühmte Stars wie Charlie Haden, Nils Landgren, Snarky Puppy oder Julia Hülsmann spielen dort.

## Rundfunk-Big-Bands

Die Sender WDR (Köln), NDR (Hamburg), hr (Frankfurt am Main) und SWR (Stuttgart) betreiben in Deutschland eigene Rundfunk-Big-Bands mit einem sehr hohen Niveau. Viele berühmte Jazzmusiker aus der ganzen Welt nutzen diese professionellen, durch Rundfunkgebühren finanzierten Bands für ihre Aufnahmen.

## Radiosender

Verschiedene Radiosender, wie z. B. Deutschlandfunk (Köln), JazzRadio 106.8, Jazz Radio Berlin oder der RBB fördern mit ihren Studios und ihren Sendungen unbekannte und bekannte Jazzmusiker und Bands.

## BuJazzO

Die Landes- und Bundesjugendjazzorchester sind ein Teil der Nachwuchsförderung im Jazzbereich in Deutschland. Roger Cicero und viele andere Jazzmusiker haben hier schon mitgespielt und -gesungen.

## Jazzwerkstatt Peitz

Seit 1969 gibt es die Jazz- und Improvisationskonzerte in Peitz und zum Teil auch in Cottbus und Berlin. Schon in den ersten Jahren kamen zum Teil über 3 000 Besucher aus der gesamten DDR. Damals galt es als eines der größten europäischen Free Jazz Festivals. 2011 wurde das Festival nach einer Pause wieder aufgenommen und seitdem wieder jährlich veranstaltet.

## Till Brönner

Der bekannte Trompeter, Komponist und Professor Till Brönner ist mit seinen Jazz-Alben immer wieder in den Charts.

**1** Fertigt eine Jazzlandkarte für eure Region an, in der ihr wichtige Musikerkollektive, Veranstaltungen, Clubs und Bands darstellt. Recherchiert dafür auch im Internet.

E 1, 2

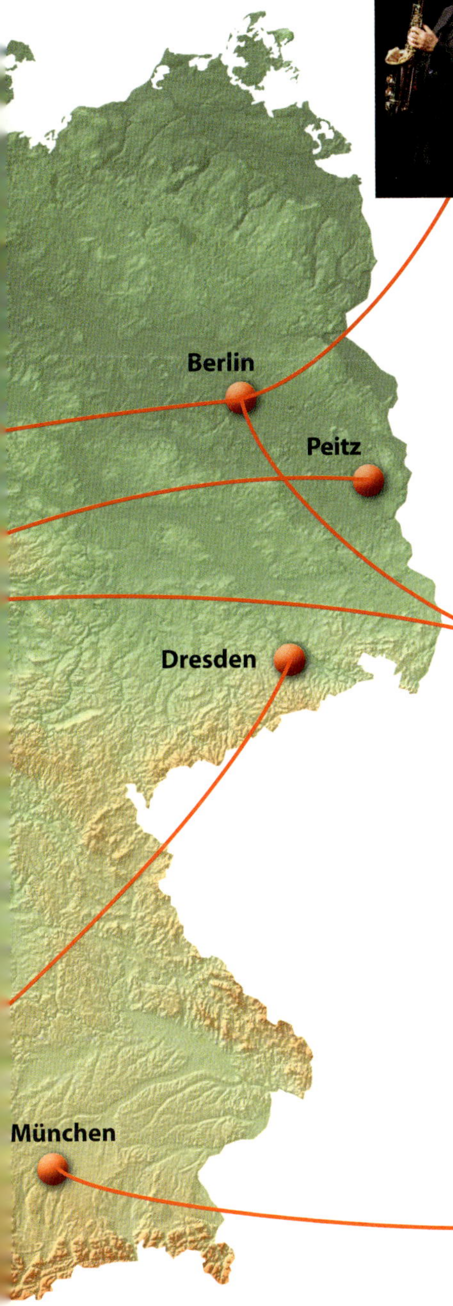

## *Lee Konitz und Andreas Schmidt*

Der Berliner Jazzpianist Andreas Schmidt erzählt, wie er 1994 in einem Club den weltbekannten Altsaxofonisten Lee Konitz kennenlernte: „Er stand mal neben mir in einem Club und fragte, ob es nicht auch noch einen anderen Club gäbe. Ich antwortete: ‚Ich kann Ihnen ja zeigen, wo der Taxistand ist.' Ich bin also mit ihm um die Ecke zum Taxistand gegangen und dann auch mit ihm in den Club gefahren und wir haben dort Musik gehört. Nach dem Konzert fragte ich, was er noch vorhätte. Daraufhin sagte Lee Konitz: ‚Ich habe noch ein Konzert morgen und dann eine Woche frei.' Ich habe ihm angeboten, dass er ein paar Tage bei mir wohnen kann. Er bejahte das Angebot und am nächsten Tag habe ich ihn nach seinem Big-Band-Konzert abgeholt. Er stand da mit seinem Saxofonkoffer und Gepäck und zog dann für eine Woche bei mir ein. Eines Tages, als ich mit einer Saxofonistin probte, klopfte Lee Konitz an und fragte, ob er mitspielen kann. Wir haben gejammt und er hat gemerkt, dass ich eigene Stücke schreibe, und er fragte mich: ‚Du, sage mal, willst du nicht einfach für mich eine Platte produzieren mit deinen Stücken und ich spiele Saxofon?' Ich habe gesagt: ‚Ja, klar'. So nahmen wir gemeinsam das Album ‚Haiku' auf."

## *Julia Hülsmann – „Jazz ist für mich Freiheit!"*

Julia Hülsmann wuchs in Bonn auf und lernte zunächst klassisches Klavier und später Jazzklavier. Bis heute liebt sie besonders den improvisatorischen Anteil, mit dem man jedes Stück zu seinem eigenen machen kann. In einem Gespräch sagte sie: „Jazz ist für mich Freiheit. Man lernt zuerst eine Sprache aus Akkorden und Melodien, um dann alles wieder zu vergessen." Während des Studiums zur Musiklehrerin verdiente sie ihr Geld, indem sie auf Veranstaltungen Musik machte und unterrichtete. Gleichzeitig fand sie mit ihrem Trio immer mehr ihre eigene Richtung, die oft auf lyrischen Werken basiert. Als eine der ersten deutschen Musikerinnen wurde sie beim weltweit bekannten deutschen Jazz-Label ECM unter Vertrag genommen. Sie ist außerdem Professorin für Jazzklavier.

### Julia Hülsmann über ihr Stück „The End Of A Summer"

„Für mich war es ein Moment des Abschließens mit einem traurigen Erlebnis und eine damit verbundene Melancholie. Gleichzeitig hat mir das Label ECM eine neue Tür geöffnet, von der ich mir mehr Freiheit und neue Inspirationen erhofft habe. Für das Intro habe ich einfach meine Hände fallen lassen. Danach hat sich das ganze Stück fast wie von selbst geschrieben. Ich hatte eine kurze Melodie, die sich von alleine ihren Weg gesucht hat."

Intro

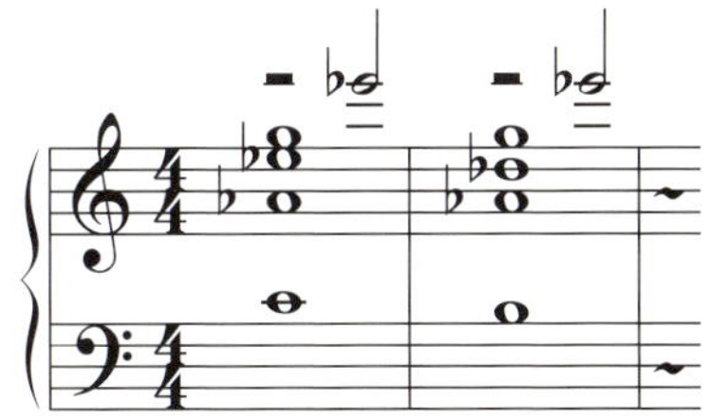

*Julia Hülsmann*

**Gedanken beim Schreiben:**
1. Was macht das Stück aus?
2. Was berührt mich?
3. Was bleibt mir im Ohr?
4. Wo ist der Kern der Melodie?

**2** Lest die Geschichte über das Zusammentreffen von Andreas Schmidt und Lee Konitz. Recherchiert über den Saxofonisten Lee Konitz und erstellt eine musikalische Kurzbiografie. Beschreibt, was ihn als Musiker auszeichnet. Hört anschließend den Song „The Man Who Came To Dinner" (E 1).

**3** Hört das Stück „The End Of A Summer" (E 2) und schreibt beim Hören eure ersten Eindrücke auf. Lest anschließend die Kommentare von Julia Hülsmann zu diesem Stück und vergleicht sie mit euren Eindrücken.

**4** Lernt das Intro von „The End Of A Summer" auf dem Klavier. Erfindet dazu eine kurze viertaktige Melodie im Stil des Stücks und notiert diese.

# Sounds in der Popmusik

E 3, 4

*Die Beatles mit Produzent George Martin 1967*

## Das Studio wird zum Instrument

Gegen Ende der 1960er-Jahre wurde Popmusik kommerziell immer bedeutsamer. Dadurch waren die großen Plattenfirmen (**Major-Labels**) bereit, mehr Geld in die Produktion von Musik zu investieren. Infolgedessen stieg auch der Einfluss der **Tonträgerindustrie**. Als erstes Album, das die Möglichkeiten der modernen Studiotechnik voll ausschöpfte, gilt „**Sgt. Peppers Lonely Hearts Club Band**" aus dem Jahre 1967 von den Beatles. Der Produzent George Martin war nicht nur Techniker, sondern als klassisch ausgebildeter Musiker wichtiger Ideengeber und dadurch fast ein Mitglied der Beatles. Durch die immer professionellere Studiotechnik waren die Aufnahmen teilweise kaum noch live umsetzbar. Nun konnten ausgefeilte Stereo-Klangbilder und Räumlichkeit durch Halleffekte (→ S. 44) erzielt werden. Feine Abstufungen in der Mikrofonierung und nachträglichen Abmischung der einzelnen Spuren wurden ein wichtiger Baustein für **radiotaugliche Hits**. Auch die technischen Fähigkeiten der Musiker, die Professionalität der Arrangements (z. B. durch Orchesterbegleitung) und die Komplexität der Songs im Hinblick auf Aufbau und Harmonik nahmen zu. Bands wie Pink Floyd, Chicago, Toto oder Genesis setzten hier Maßstäbe.

## Die Suche nach dem Unperfekten

Zur gleichen Zeit entstand bereits eine **Gegenbewegung**, die ausgefeilte Studiotechnik und Perfektion der sogenannten Mainstream-Künstler bewusst ablehnte. Dies war keine bestimmte Stilrichtung, sondern eine Haltung, die sich für das Einfache, Unperfekte und Selbstgemachte in der Musik aussprach. Ein roher, unverfälschter **Sound** passte auch besser zum Image des Unangepassten. Bei der New Yorker Band The Velvet Underground war diese Haltung in ihren Songs ab 1967 erkennbar. Eine schäbig klingende Aufnahme galt in dieser **Ästhetik** als wünschenswertes Alleinstellungsmerkmal. Der **Punk**, der Ende der 1970er-Jahre entstand, verstand sich als DIY-Kultur (Abk. für do it yourself, also eine Kultur des Selbermachens). Aber auch im **Reggae**, bei **Singer / Songwritern** und bei den ersten **Hip-Hop**-Künstlern wurde DIY zu einem tragenden Prinzip. Kleine, unabhängige („**independent**") Plattenfirmen konnten oder wollten die Standards der professionellen Musikproduktion nicht erfüllen. So entstanden die Begriffe „**Indie**" und „**Alternative**" für eher unangepasste Musiker. Mit der Zeit entwickelten sich aber auch Indie-Künstler wie Coldplay (→ S. 16, 17) kommerziell erfolgreich, sodass deren Produktionen wieder professioneller klingen.

## Lo-Fi – eine Gegenposition zur perfekten digitalen Musikproduktion

Im Jahr 2007 war die digitale Musikproduktion schon seit längerem internationaler Standard. Im selben Jahr wurde das sogenannte Lo-Fi-Manifest (Abk. für Low Fidelity, als Gegensatz zu Hi-Fi: High-Fidelity) formuliert, das für Lo-Fi-Aufnahmen bestimmte Kriterien festlegte. Die Musik sollte wieder echt und unverfälscht klingen.

### Standards der professionellen Musikproduktion und Studiotechnologie (Hi-Fi)

1. Mehrspurverfahren bzw. Overdub[W]
2. Exaktes Spiel, extra engagierte Studiomusiker
3. Digitale Produktionssoftware zum Schneiden und zur nachträglichen Bearbeitung aller Parameter
4. Saubere Intonation[W] bzw. digitale Korrektur von Fehlern
5. Vermeidung von Nebengeräuschen und Rauschen
6. Differenziertes Klangbild durch fein abgestimmte Mikrofonierung (jedes Instrument wird einzeln aufgenommen) und Raumklang
7. Kontrolle über den Produktionsprozess durch Großmischpulte (bis zu 64 Kanäle)
8. Erweitertes Instrumentarium und entsprechende Studiosäle (Orchester, Chor, exotische Instrumente, Synthesizer)

### Lo-Fi-Manifest von 2007

1. Ein Lied muss an einem Tag aufgenommen werden.
2. Alle Musiker und Instrumente müssen sich in einem Raum aufhalten.
3. Backline und Mikrofonierung müssen bei allen Aufnahmen identisch sein.
4. Maximal 10 Mischpultkanäle dürfen verwendet werden.
5. Alle Kanäle müssen während der Aufnahme auf 2 Kanäle zusammengemischt werden.
6. Zur Klangbeeinflussung dürfen nur Equalizer und Kompressoren benutzt werden.
7. Es darf bei der Mischung nur ein Effektgerät benutzt werden.
8. Im Nachhinein darf nichts geschnitten, hinzugefügt oder korrigiert werden. …

**1** Lest die Informationstexte und findet Gründe, warum im Hinblick auf den Sound eine Gegenbewegung zur Mainstream-Popmusik entstanden ist.

**2** Vergleicht die Anforderungen an eine Hi-Fi- und eine Lo-Fi-Aufnahme miteinander.

**3** Vergleicht die Ausschnitte aus den etwa zur gleichen Zeit entstandenen Songs „Fixing A Hole" von den Beatles und „I Heard Her Call My Name" von The Velvet Underground miteinander (E 3, 4). Beschreibt die Klangwirkung.

## The White Stripes – Indierock im 21. Jahrhundert

Anfang der 2000er-Jahre setzte sich eine „Retro"-Bewegung in Gang, sodass Gitarrenrock wieder populärer wurde. Die „White Stripes" aus den USA traten von 1997 bis 2011 als ein Indierock-Duo auf: Jack White an der E-Gitarre und Meg White am Schlagzeug. Der Gitarrist und Produzent Jack White ist ein entschiedener Verfechter analoger Aufnahmetechniken und einer ungekünstelten, schnörkellosen Lo-Fi-Ästhetik. Der Song „Seven Nation Army" wurde dennoch ein weltweiter Hit – vermutlich wegen seines eingängigen Riffs, das auch in Fußballstadien weltweit erklingt. Bis auf Takt 19 und 20 kann das Riff durchgängig gespielt werden.

*Jack White und Meg White 2007 als „The White Stripes" live in London*

## Seven Nation Army

### Riff für Gitarre und Bass

### Gitarre und Bass in Takt 19 und 20

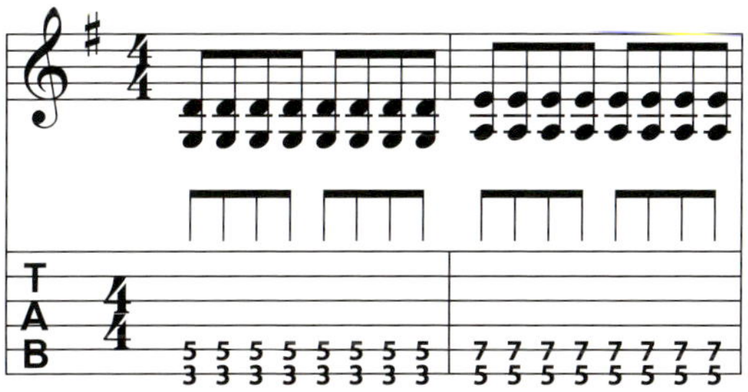


### Strophe 1

*Text und Melodie: John A. White*

4 Spielt das Riff von „Seven Nation Army" auf einem E-Bass und unterschiedlichen E-Gitarren. Probiert dabei verschiedene Stufen der Verzerrung aus.

5 Singt den Song „Seven Nation Army".

6 Entwickelt eine eigene Version des Songs. Bezieht auch weitere Instrumente wie Keyboard, Schlagzeug oder Cajón mit ein und überlegt euch Begleitmuster.

7 Sucht im Internet nach verschiedenen Coverversionen des Songs und untersucht sie hinsichtlich ihrer Klangästhetik.

# *Kraftwerk – die elektronische Revolution*

E 5, 6

*Bühnenshow bei einem Kraftwerk-Konzert*

*Minimoog^W-Synthesizer der Firma Moog*

## *Kraftwerk – Revolutionäre Neuerungen in der Popmusik der 1970er-Jahre*

Die Band Kraftwerk wurde 1970 in Düsseldorf von Florian Schneider und Ralf Hütter gegründet. Nach der gitarrenlastigen Musik der 1960er-Jahre wirkte Kraftwerk völlig anders: Die Band arbeitete ausschließlich mit **synthetischen Klängen**, die sie u. a. dem neuartigen Minimoog-Synthesizer entlockte. Ein emotionsloser, oft metallischer Klang der Stimme wurde durch den sogenannten Vocoder^W erreicht. Die Melodien sind bewusst monoton, kleine instrumentale Motive^W sind oft sehr einfach gehalten. Der Rhythmus wirkt häufig hämmernd und knallhart. Die Bandmitglieder verstanden sich als „**Musikarbeiter**", die zu geregelten Arbeitszeiten wie Geschäftsmänner gekleidet in ihr Studio kommen und an kleinsten Melodieschnipseln perfektionistisch herumfeilen. Auch die aufwendige Bühnenshow glich einem industriellen Fertigungsprozess mit Lichtshow und Visualisierungseffekten. In den Songs wird oft der **technologische Fortschritt** thematisiert: Eisenbahn, Auto, Computer, Roboter, Kernkraft. Dabei wird nie wirklich klar, ob die Botschaft der Musik eher als Zuspruch für den Fortschritt aufgefasst werden soll oder ob die Songs die neuen Technologien kritisch beleuchten.

## *Ralf Hütter über die Einflüsse auf Kraftwerk*

„Wir wachten in den späten 60er-Jahren auf und stellten fest, dass Deutschland eine amerikanische Kolonie geworden war. Die jungen Leute waren auf dem amerikanischen ‚way of living': Autos, Hamburger und Rock 'n' Roll. Deutschland hatte seine Identität verloren. Wir alle fühlten uns verloren. Um überhaupt Wurzeln zu finden, mussten wir zurückgehen bis zur Bauhaus-Schule. Es klingt fremd, aber um fähig zu sein für eine Zukunftsentwicklung, mussten wir 40 Jahre zurückgehen. Die Bauhaus-Idee ist ein Miteinander von Kunst und Technologie. Der Geist des Bauhauses in elektronischen Klängen. Unsere Wurzeln sind in der Kultur, die durch Hitler gestoppt wurde. Wir hatten nicht viele musikalische Einflüsse. Einer war Stockhausen (→ S. 170, 171), der Pionier der elektronischen Musik."

## *Ein typischer Kraftwerk-Groove als Bodypercussion: Trans Europa Express*

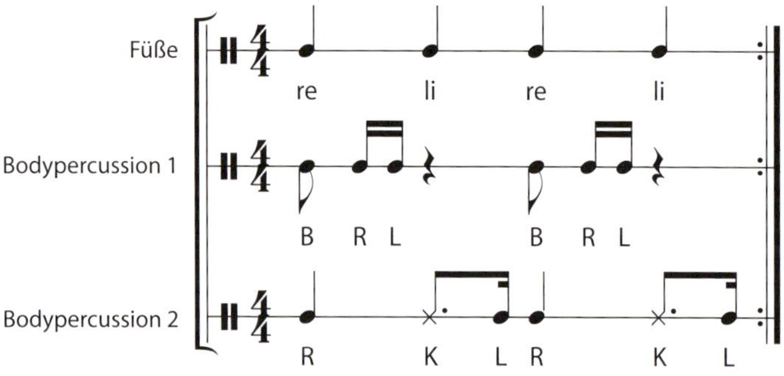


re = mit rechtem Fuß auf der Stelle gehen
li = mit linkem Fuß auf der Stelle gehen
B = mit der rechten Hand auf die Brust schlagen
R = mit der rechten Hand auf den rechten Oberschenkel schlagen
L = mit der linken Hand auf den linken Oberschenkel schlagen
K = klatschen

1. Beschreibt die oben gezeigte Bühnenshow bei einem Kraftwerk-Konzert. Wie könnte die Musik dazu klingen?
2. Hört einen Ausschnitt aus dem Song „Radioactivity" (E 5) und sammelt eure Höreindrücke. Diskutiert, ob Kraftwerk Kritik oder Zuspruch am technologischen Fortschritt ausdrücken will.
3. Lest die Aussagen von Ralf Hütter über die Einflüsse von Kraftwerk und erklärt, auf welche Entwicklungen Kraftwerk mit ihrer Musik reagieren wollte und wodurch die Band beeinflusst wurde. Nutzt dazu Ralf Hütters Aussagen oder eure Kenntnisse über die deutsche Geschichte, oder führt eine eigene Recherche zum „Bauhaus" und zu „Karlheinz Stockhausen" (→ S. 170, 171) durch.
4. Übt die Bodypercussion in Partnerarbeit ein und spielt sie zu dem Song „Trans Europa Express" (E 6).

## Trans Europa Express – Kraftwerk als Vorbild und Ideengeber

Der Song „Trans Europa Express“ ist mit seinen minimalistischen Elementen typisch für die Band Kraftwerk. Kraftwerk-Songs wie „Trans Europa Express“ wurden oft als **Sample**[W] verwendet und v. a. von frühen Hip-Hop-Künstlern und DJs in den USA genutzt. Damit wurde Kraftwerk eine der international erfolgreichsten deutschen Bands und auch Vorbild und Ideengeber für viele Electro- und Hip-Hop-Künstler, wie z. B. die isländische Sängerin Björk oder Africa Bambaataa (→ S. 157).

### Elemente von „Trans Europa Express“

*Text: Emil Schult, Ralf Hütter Melodie: Ralf Hütter Arrangement: Eric Babak*

**5** Bildet Gruppen und übt die Elemente A bis D von „Trans Europa Express“ von Kraftwerk ein: Spielt die Instrumentalstimmen auf dafür geeigneten Instrumenten und experimentiert bei der Gesangsstimme mit Verfremdungen.

**6** Entwickelt ein Arrangement, indem ihr die Elemente A bis D in einer festgelegten Reihenfolge spielt, wobei Wiederholungen möglich sind. Nutzt die Bodypercussion, um euch an einem gleichbleibenden Groove zu orientieren.

**7** Weist anhand der Notenbilder A bis D nach, dass Kraftwerk-Songs als minimalistisch bezeichnet werden können.

# Hip-Hop – von der Bronx zur Weltkultur

E 7

*DJ mit Plattenspielern (Turntables)*

*Hip-Hop-Konzert in Toronto, Kanada*

*Breakdancer in Hamburg*

*Graffiti-Künstlerin in Paris*

## Hip-Hop und Rap

Hip-Hop ist eine Kultur, die in den 1970er-Jahren in US-amerikanischen Großstädten entstand. Stadtviertel mit überwiegend afroamerikanischer Bevölkerung wurden der Verelendung preisgegeben. Ethnische Ausgrenzung und Rassismuserfahrung in diesen **Ghettos** gelten als Ausgangspunkt für die Entstehung von Hip-Hop, so z. B. in der **Bronx in New York**. Hip-Hop begann (wie der etwa zur gleichen Zeit entstandene Punk → S. 152) als eine Kultur des Selbermachens innerhalb der „Black Community". Die vier zentralen Elemente des Hip-Hop sind DJing (das Bereitstellen von Musik), MCing (Rap und Sprechgesang), Graffiti (Street-Art) und Breakdance (Tanz). Auch Beatboxing (→ S. 7) ist ein Bestandteil der Hip-Hop-Kultur.

## Hip-Hop – Religion, Trend, politisches Sprachrohr?

Viele Hip-Hop-Künstler der Anfangszeit beriefen sich ganz bewusst auf die kulturellen Wurzeln und die Vorstellung einer „Black Community". Rap als Sprechgesang geht auf eine viel längere Tradition zurück: Schon in Westafrika zogen sogenannte **griots** (Männer) bzw. **griottes** (Frauen) als Wanderprediger umher, die Geschichten zu Trommelrhythmen erzählten. Der US-amerkanische Rapper Guru (1961 – 2010) kombinierte seinen Rap mit Jazzmusik. Dadurch verband er ganz bewusst zwei Musikkulturen, die aus der Black Community hervorgegangen sind. In seinen Texten tritt er für Rap als Möglichkeit ein, der Spirale von Kriminalität und Gewalt in den Ghettos zu entkommen.

## Jazzalude III – Hip Hop as a way of life (1995)

Yo, Hip Hop is a way of life.
It ain't a fad, it ain't a trend.
Not for those of us who are true to it.
It's reflected in our slang, in our walk,
and in our stance,
in our dress and in our attitude.
Hip Hop has a history, an origin
and a set of principles
including rules and regulations that a lot of these
new kids overlook nowadays.
The music itself acts as a safety valve on society.
If there was no Hip Hop music, there would be much more
chaos in the street than we have now.
It's our way to release tension, to let out the frustration that
young people face in the world today.

Over the years Hip Hop has evolved to represent
what is happening now,
the reality of street life.
Rap is the oral expression of this,
the tool, the literature.
Hip Hop is the lifestyle, the philosophy,
and even the religion if I may.
Just as Jazz has had its own culture,
Rap music has its own culture
which we proudly call Hip Hop.
Although the music and lifestyle
is now propagandaized by the media
and is now exploited by big business,
it will still remain – for some of us –
as the raw essence of life.
Peace.

*Keith Elam, Jez Colin, Willie Mc Neil*

**1** Beschreibt die Bilder, lest die Informationstexte und tauscht euch über eigene Erfahrungen mit Hip-Hop aus.

**2** Hört das „Jazzalude III" (E 7) und verfolgt dabei den englischen Text. Klärt unbekannte Begriffe.

**3** Wählt Kernaussagen aus dem Song aus und bezieht sie auf das Selbstverständnis von Hip-Hop-Künstlern.

E 8

## *Die Anfänge des Hip-Hop in New York*

*Sound-System auf einem Straßenfest in London*

Durch Einwanderer aus Jamaika gelangten Anfang der 1970er-Jahre überdimensionale „Sound Systems" nach New York. Diese waren in der Lage, größere Veranstaltungen zu beschallen und konnten auch transportiert werden. So konnten auf freien Plätzen oder in leerstehenden Fabrikgebäuden selbstorganisierte **Blockparties** stattfinden. **DJs** experimentierten mit Kassettenrekordern, um **Loops** zu erzeugen, und mit Plattenspielern, um sie für **Sampling** und **Scratching** zu benutzen. Über diesen vom DJ neu erschaffenen Beat konnte ein **MC** (Master of Ceremony) den DJ mit Ansagen an das Publikum unterstützen oder auch eigene Botschaften rappen. Auch der Wettstreit mehrerer MCs in Form von Rap-Battles (→ S. 196, 197) entstand. Ende der 1970er-Jahre wurden erste Hip-Hop-Songs aufgenommen und auf Schallplatten verkauft. Damit trat der Rap des MCs in den Vordergrund. Erste berühmte Rap-Künstler waren Sugarhill Gang, Grandmaster Flash und Afrika Bambaataa. Diese Anfangsphase des Hip-Hop wird auch als „**Old School**" bezeichnet.

## *Sampling, die Grundlage der Hip-Hop-Musik*

Mithilfe des Samplings werden aus einem kurzen Stück durch ständiges Wiederholen („loopen") neue Songs erschaffen. Als musikalisches Rohmaterial dienten vor allem Songs der Stilrichtungen **Soul**, **Funk** oder **Disco** von afroamerikanischen Musikern der 1960er- und 1970er-Jahre. Besonders gefragt waren die rhythmischen Funk-Songs des Sängers James Brown. Aber auch Schlagzeug-Passagen aus Songs der deutschen Gruppe Kraftwerk (→ S. 154, 155) wurden verwendet.

## *Planet Rock (1982)*

Ein berühmter Song der Old-School-Ära ist „Planet Rock" von Afrika Bambaataa. Hier werden gleich zwei Elemente aus Songs der deutschen Elektro-Band Kraftwerk genutzt: einerseits der Schlagzeug-Rhythmus aus dem Song „Numbers" und andererseits eine Instrumentalpassage aus dem Song „Trans Europa Express" (→ S. 155). Der Schlagzeug-Rhythmus wird hier allerdings nicht gesampelt, sondern mit einem Drumcomputer eingespielt.

**Bodypercussion zu „Planet Rock"**

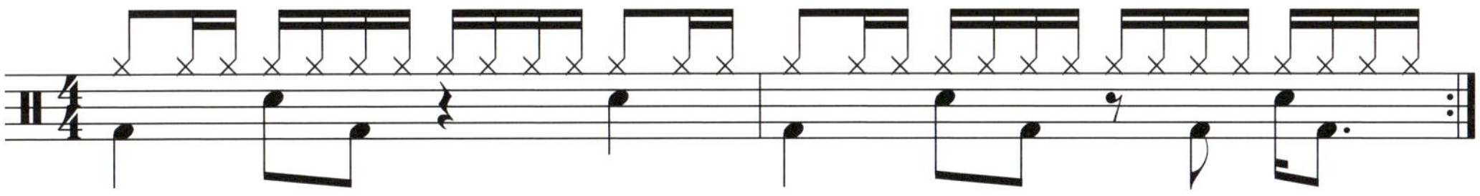

*Arthur Henry Baker, John Robie, Ralf Hütter*

## *Eigenschaften der Rapmusik*

Heute ist Rap, also Sprechgesang über einen Beat, ein weltweit verbreiteter und kommerziell erfolgreicher Musikstil mit kraftvollen Rhythmen (**Beats**) und meist minimalistischen Arrangements. Oft werden Samples[W] verwendet, manchmal wird die Musik auch mit Instrumenten gespielt. Häufig fehlen harmonische Kontraste und Entwicklungen, wie sie in Klassik, Jazz oder vielen Popsongs zu finden sind. Drastische Sprache und verbaler Wettstreit sind typisch für Rap. Während „**Conscious Rap**" von Rappern wie Guru soziale und politische Themen anspricht, will „**Gangsta Rap**" das Leben im „Ghetto" mit seinen vielen auch negativen Begleiterscheinungen provokativ und ohne sozialkritische Botschaft darstellen. Dabei können manche Texte auch gewaltverherrlichend, sexistisch oder homophob sein.

**4** Lest die Informationstexte und erklärt den Begriff Sampling.

**5** Hört den Song „Planet Rock" (E 8) und spielt die Bodypercussion mit selbstgewählten Bewegungsabläufen dazu.

**6** Recherchiert im Internet über die Geschichte des Rap von ca. 1973 bis 2010. Erstellt eine Zeitleiste und teilt sie in die Phasen Old School, New School, Conscious Rap, Gangsta Rap, West Coast / East Coast und South Rap ein.

# Hip-Hop – von der Bronx zur Weltkultur

## Hip-Hop weltweit

Rap wurde in den vergangenen Jahren weltweit und als **Deutschrap** auch in Deutschland kommerziell immer erfolgreicher. Mittlerweile stellt Rap eine dominante Popmusikkultur der Gegenwart dar. An vielen Orten identifizieren sich Musiker nicht nur mit dem Rap, sondern auch mit anderen Elementen der in New York entstandenen Hip-Hop-Kultur. Ob es sich dabei um eine Wertschätzung der Hip-Hop-Kultur oder eine kommerzielle Verwertung handelt, ist nicht immer leicht zu beantworten. Dieser Prozess wird manchmal als „**kulturelle Aneignung**" kritisiert, insbesondere wenn Personen einer gesellschaftlich privilegierten Gruppe Elemente aus der Kultur einer Minderheit oder einer diskriminierten Gruppe übernehmen.

## Hip-Hop und Rap – Phänomene der „Glokalisierung"?

Der Begriff **Glokalisierung** ist eine Wortneuschöpfung aus den Wörtern global und lokal und beschreibt Folgendes: Im Zuge der Globalisierung verbreiten sich Elemente einer Kultur rasant über alle Kontinente, nehmen dabei aber an verschiedenen Orten lokale Besonderheiten wie Sprache oder Instrumente auf. Grundzüge der gemeinsamen Ursprungskultur sind zwar zu erkennen, werden aber nicht einfach kopiert, sondern mit besonderen lokalen Erscheinungsformen angereichert und weiterentwickelt. So werden traditionelle Instrumente oder typische Melodiefloskeln in die Songs eingebaut.

## Mit Hip-Hop um die Welt

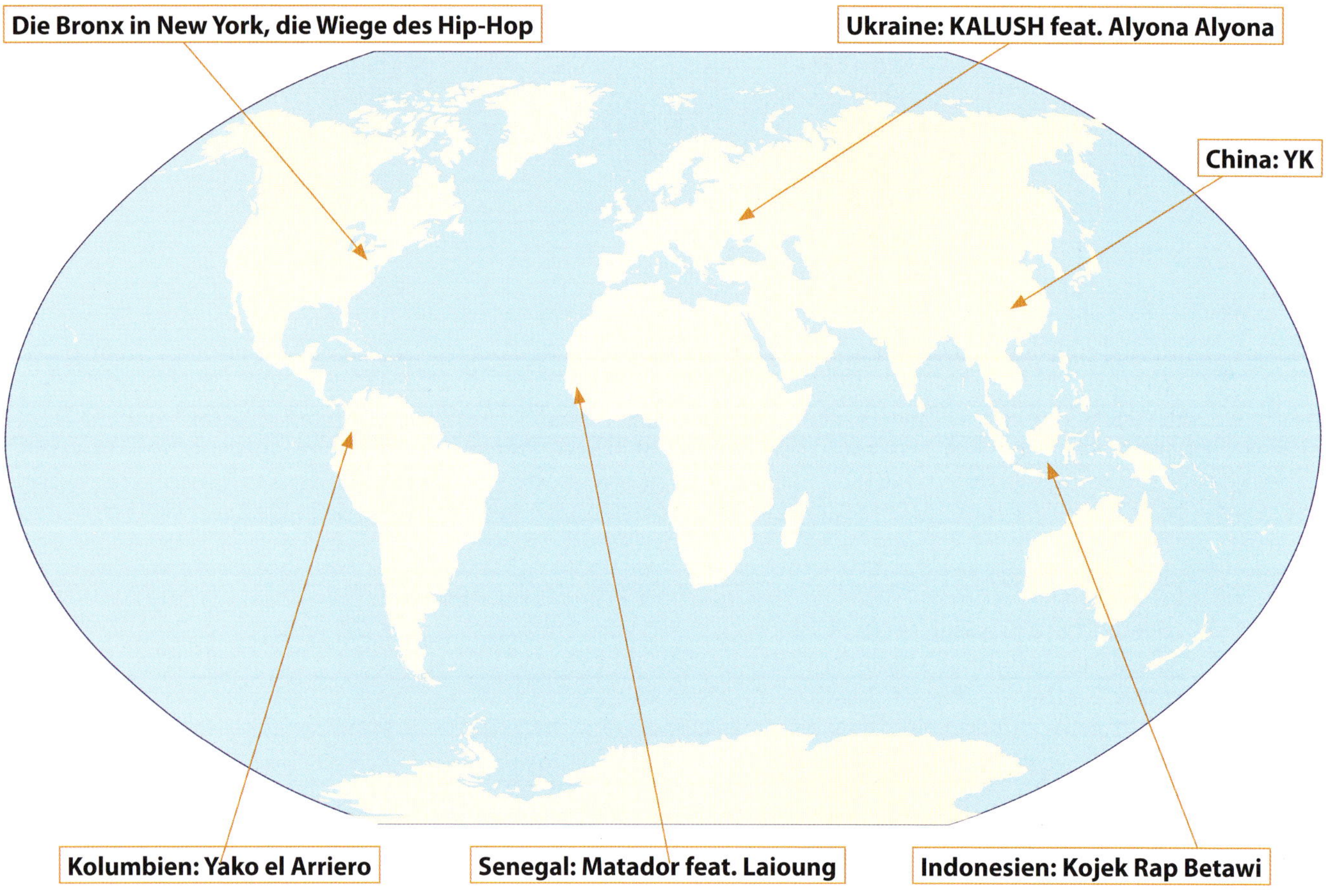


**7** Lest den ersten Informationstext, erklärt den Begriff „kulturelle Aneignung" und diskutiert, welche Bedeutung er im Zusammenhang mit Hip-Hop und Rapmusik hat.

**8** Lest den zweiten Informationstext und erläutert den Begriff „Glokalisierung" anhand von Hip-Hop-Kultur und Rapmusik.

**9** Untersucht verschiedene Rapsongs im Hinblick auf das Phänomen der Glokalisierung: Erläutert, welche Elemente der ursprünglichen, global verbreiteten Hip-Hop-Kultur erkennbar sind und inwiefern die Songs auch lokale Merkmale aufweisen.

**10** Nehmt Bezug auf die Glokalisierung und begründet, warum gerade Rap international so erfolgreich ist.

E 9, 10

## Deutscher Rap über Heimatorte

Um Orte in Song- oder Raptexten zu beschreiben, sollte die Darstellung so lebendig wie möglich sein. Beschreibungen von Farben, auffälligen Gerüchen oder charakteristischen Geräuschen helfen der Hörerin oder dem Hörer, sich in den Ort hineinzufühlen. Auch im Deutschrap ist **Heimat** (→ S. 64, 65) und Lokalpatriotismus ein wiederkehrendes Motiv[W]: Dabei kann die Heimatstadt, ein Stadtviertel oder auch eine bestimmte Straßenecke im Mittelpunkt des Textes stehen. Nicht immer wird der beschriebene Ort positiv dargestellt. Oft werden auch die Schattenseiten und soziale Nöte beschrieben.

**A Berlin**
**Peter Fox: Schwarz zu Blau**

Ich hab 'nen dicken Kopf, ich muss 'nen Saft haben.
Ich hab dringlichen Bock auf Bagdads Backwaren.
Da ist es warm, da geb ich mich meinen Träumen hin
bei Fatima, der süßen Backwarenverkäuferin.

*Pierre Baigorry, David Conen*

**B Hamburg**
**Beginner: City Blues**

Der Grund, warum hier Menschen gern leben,
weil die Leute erst fühlen, dann denken, dann reden.
Und egal, wie es nervt, das ständige Grau, das Sonnenlose,
wir zeigen stets Flagge Rot-Weiß wie Pommessoße.

*Dennis Lisk, Jan P. Eißfeldt*

**C Stuttgart**
**Massive Töne: Mutterstadt**

Willkommen in der Mutterstadt, der Motorstadt am Neckar,
Mekka für Rapper, zu viele meckern. Ich hass' den Banker,
der beim Keplerstraßen-Checker 'n Päckchen Gras sucht,
abends gediegen in Pauls Boutique mit dem Sektglas groovt
und sagt, dass er seine Stadt eigentlich gar nicht mag. Er kenne Wien,
kenne Prag und müsse endlich fliehen und nach Berlin ziehen.

*Max Herre, Wasilios Ntuanoglu, Robert Zemichiel, Jean-Christoph Ritter*

**D Chemnitz**
**Trettmann: Grauer Beton**

Seelenfänger schleichen um den Block und
machen Geschäft mit der Hoffnung.
Fast hinter jeder Tür lauert 'n Abgrund.
Nur damit du weißt, wo ich herkomm'.

*Nicole Schettler,*
*Stefan Richter,*
*Christian Meyerholz, Christoph Erkes*

## Flow im Raptext

Der Flow („Fluss") ist ein entscheidendes Kriterium für einen guten Raptext. Der Flow wird einerseits erreicht, indem Betonungen, Reimwörter und Gleichklänge im Text geschickt angeordnet werden. Andererseits wird er erst durch den rhythmisch sicheren Vortrag des Textes über einen Beat mit einem gleichbleibenden Metrum[W] erzeugt. Raptexte leben oft von einer bildhaften Sprache, die durch Andeutungen und Assoziationen Vergleiche erzeugt. Diese Vergleiche dienen v. a. im Rap-Battle dazu, den Gegner kunstvoll zu diffamieren (→ S. 196). Raptexte bestehen oft aus 8 oder 16 „lines" (Zeilen). Der Refrain wird auch „Hook" genannt und besteht aus einer oder mehreren Zeilen, die die Kernaussage des Songs beinhalten.

## Anregungen für Reime im Raptext

1. Häufig tritt ein Gleichklang mehrerer Silben am Ende der Zeile auf. Der Reim darf „unrein" sein, d. h. ein annähernder Gleichklang in der Aussprache ist ausreichend (Assonanz). Konsonanten können auch abweichen.
2. Mehrere Wörter einer Zeile haben den gleichen Anfangslaut (Alliteration).
3. Reime treten auch als Binnenreime auf oder in seltenen Fällen auch am Anfang der neuen Zeile.
4. Als Binnenreime werden zwei oder mehrere kontrastierende Assonanzen oder Alliterationen verwendet.

## Tipps für das Schreiben von Raptexten

1 Automatisches Schreiben: 3 Minuten lang alles aufschreiben, was einem zum Thema einfällt
2 Ergebnisse in der Gruppe zusammentragen
3 Reimwörter, Wortspiele und Vergleiche sammeln
4 Einzelne Zeilen oder Zeilenpaare schreiben, dabei die Informationen zum Reimen (s. links) berücksichtigen und mit dem Beat ausprobieren
5 Eine Zeile oder ein Zeilenpaar als Hook auswählen
6 Den gesamten Text ausformulieren und mit Beat ausprobieren, ggf. überarbeiten und einüben

**11** Rappt die Texte A bis D über ein gleichbleibendes Metrum (z. B. E 9 oder E 10). Tauscht euch dann darüber aus.

**12** Erläutert die Regeln für Reime im Raptext anhand der Raptexte.

**13** Schreibt zu dem Beat (E 9 oder E 10) einen Raptext über einen euch bekannten Ort. Nutzt dazu die Tipps für das Schreiben von Raptexten.

**14** Präsentiert euch gegenseitig eure Raptexte. Nutzt dafür den Beat E 9 oder E 10.

# Zum Aufbau von Songs

## Wissen kompakt

Volks- und Kunstlieder sind meist in **Strophe** und **Refrain** unterteilt. Dabei geht es um den **Text** des Lieds. Dieser kommt im Refrain mehrfach unverändert vor, wohingegen der Text der Strophe immer verändert wird. In der Popmusik werden jedoch andere, englischsprachige Begriffe für den Aufbau eines Songs verwendet. Sie beziehen sich in erster Linie auf die **musikalische Struktur** und den **Spannungsverlauf** eines Songs und weniger auf den Text. Diese Begriffe helfen auch bei der Songanalyse (→ S. 212).

## *Die Teile eines Songs*

### Das Intro

- Anfang des Songs
- meist nur instrumental

### Der Verse

- kommt mehrfach vor
- Text oft in Reimformen (A – A – B – B oder A – B – A – B)
- musikalisch einfacher aufgebaut als der Chorus, z. B. weniger Instrumente, einfacherer Beat, weniger Spannung

### Der Pre-Chorus

- Übergang von Strophe zu Chorus
- dient zum Aufbau von Spannung vor dem Chorus

### Der Chorus

- kommt mehrfach vor
- wichtigster Teil im Song
- stellt musikalisch die höchste Form der Steigerung dar: volle instrumentale Besetzung, höchste Spannung
- Energie und Lautstärke, größte Emotionen

### Die Bridge

- meist nach der 2. Wiederholung des Chorus
- musikalischer Kontrast zu den anderen Teilen des Songs, z. B. leiser / lauter, höher / tiefer, instrumental

### Das Interlude

- im Gegensatz zur Bridge kein Kontrast zu den anderen Teilen des Songs, sondern Bezug auf Intro oder Outro
- kann auch die Spannung nach dem Chorus abbauen

### Das Outro

- Ende des Songs
- meist nur instrumental

### Die Hook

- Detail, das dazu führt, dass man den Song wiedererkennt, z. B. ein Sound, ein Riff, ein spezieller Akkord, eine Textphrase oder eine Melodielinie
- kann in allen Teilen des Songs vorkommen

## *Beispielsongs aus Pop, Rock und Hip-Hop*

Der Aufbau von vielen Songs aus den verschiedensten Richtungen populärer Musik lässt sich mit den oben genannten Begriffen beschreiben. Hier sind drei Beispiele.

| | | | | | | | |
|---|---|---|---|---|---|---|---|
| **The Beatles: Yellow Submarine (1966)** | Verse 1 | Chorus | Verse 2 | Chorus | Interlude | Verse 3 | Chorus |
| **Red Hot Chilli Peppers: Californication (2000)** | Intro | Verse 1 | Verse 2 | Pre-Chorus | Chorus | Verse 3 | Verse 4 |
| | Pre-Chorus | Chorus | Bridge | Verse 5 | Pre-Chorus | Chorus | |
| **Samra & Capital Bra: Zombie (2019)** | Intro | Pre-Chorus | Chorus | Verse (Samra) | Pre-Chorus | Chorus | Verse (Capital Bra) |
| | Chorus | Outro | | | | | |

E 11 – 14

## *Wie schön du bist, Anfang*

*Text: Sarah Connor, Peter Plate, Ulf Leo Sommer Melodie: Sarah Connor, Peter Plate, Ulf Leo Sommer, Daniel Faust*

**1** Lest euch die Definitionen der Teile eines Songs durch. Zeichnet dann in einem Balkendiagramm den Spannungsverlauf eines Songs ein, der aus folgenden Bestandteilen besteht: Intro – Verse – Pre-Chorus – Chorus – Verse – Chorus – Bridge – Chorus – Outro.

**2** Übertragt die Begriffe der Teile eines Songs auf DIN-A5-Karten. Hört 3 Beispielsongs (E 11 – 13) und haltet währenddessen die jeweils passende Karte hoch.

**3** Hört weitere aktuelle Songs eurer Wahl und Songs verschiedener Genres der Popmusik. Notiert beim Hören den Aufbau der Songs mithilfe der Begriffe.

**4** Betrachtet den Anfang des Notenbilds vom Song „Wie schön du bist" von Sarah Connor. Welchem Aufbau folgt dieser Song? Verwendet Taktangaben und ordnet die korrekten Begriffe der Teile des Songs zu.

**5** Hört „Wie schön du bist" (E 14). Achtet dabei auf den Einsatz der Instrumente, die Dynamik und die vermittelten Emotionen in den einzelnen Abschnitten. Haltet eure Erkenntnisse in einer Songanalyse (→ S. 212) fest.

# Wie Songs entstehen

*Singer-Songwriterin Billie Eilish*

## Wie Billie Eilish mit dem Songwriting begann

Die in jungen Jahren sehr schnell berühmt gewordene Singer-Songwriterin Billie Eilish (geboren 2001 in Los Angeles, Kalifornien) gewann im Januar 2020 mit nur 18 Jahren vier Grammys. Kurze Zeit später stand sie mit ihrem älteren Bruder Finneas sogar auf der großen Bühne bei der Oscar-Verleihung.

Mit ihrem Bruder ist auch der Song „Wish You Were Gay" entstanden, als sie zu Hause in der Garage saßen und einfach zusammen jammten. Wenn Billie Eilish von der Entstehung ihrer Songs erzählt, klingt das sehr einfach. Doch sie wurde bereits im Alter von 12 Jahren von ihrer Mutter im Songwriting unterrichtet. Eine ihrer Aufgaben bestand darin, Dinge aus Serien oder Filmen aufzuschreiben, die sie interessant fand. Denn solche Dinge können zur Inspiration für einen Songtext werden.

Texte und Songs entstehen schließlich nicht aus dem Nirgendwo. Es braucht eine **Inspiration** und ein gewisses Maß an musikalischem Wissen. Andererseits haben sich viele berühmte Songwriter immer auch stark auf ihre **Intuition** verlassen: John Lennon und Paul McCartney von den Beatles z. B. haben schon als Jugendliche Gitarrenakkorde auf eine Art und Weise kombiniert, die damals völlig neu war – ohne wirklich zu wissen, was sie tun. Daraus sind Songs entstanden, die bis heute überall auf der Welt gern angehört und nachgespielt werden. Auch Billie Eilishs erster Song auf der Ukulele war ein Beatles-Song: „I will".

## Es gibt viele Wege, einen Song zu schreiben

Beim Songwriting ist das Entscheidende, einfach mit irgendeinem Song-Element anzufangen und darauf zu vertrauen, dass sich die anderen Elemente dann während des Schreibens ergeben. Manche Songwriter beginnen mit einem **Text**. Andere beginnen mit einer **Melodie** oder einem **Groove**. Wieder andere finden zuerst **Akkorde**, die ihnen gefallen, oder wählen ein bestimmtes **Instrument**. Und im Laufe des **Schreibprozesses**, der kurz oder lang sein kann, wird dann immer klarer, wohin die Reise geht.

Es kann auch passieren, dass ein Element nur ein Element bleibt und daraus kein Song entsteht. Das ist bei kreativen Prozessen etwas ganz Normales: Nicht aus jeder Idee entsteht etwas Großes, und das ist auch gar nicht schlimm. **Qualität** ist beim Songwriting immer wichtiger als Quantität.

### Zwei mögliche Reihenfolgen beim Songwriting

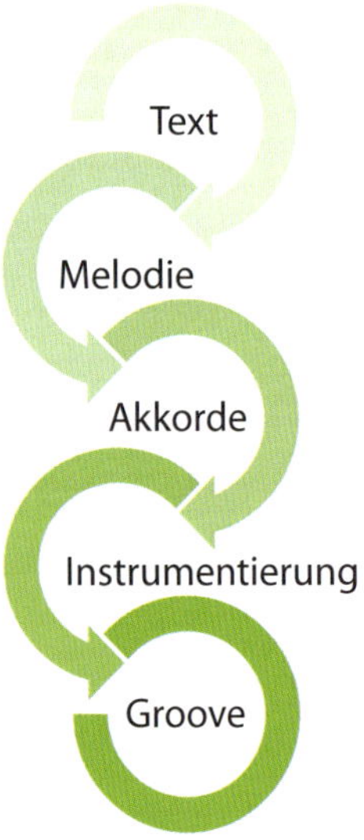


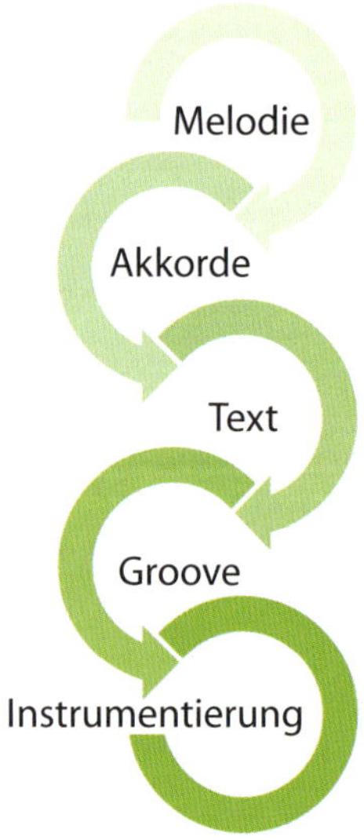


**1** Findet heraus, ob jemand in eurer Klasse einen Songwriter kennt. Oder gibt es vielleicht sogar eine Songwriterin unter euch? Interviewt ihn oder sie zu eigenen Erfahrungen, einen Song zu schreiben.

E 15

## Perspektivwechsel gefällig?

Als Billie Eilish in Serien und Filmen nach Inspiration suchen sollte, versetzte sie sich in einen Charakter aus einer Serie hinein. Sie erzählte eine Episode aus der Perspektive dieses Charakters, und daraus konnte ein Song entstehen.

## Tipps für das Texten

1 Sich im Alltag inspirieren lassen: Beobachten, was sich auf der Straße, im Park oder im Bus abspielt

2 Sich in einem Notizheft alles aufschreiben, was einem in den Sinn kommt

3 Textideen auf das Diktiergerät im Smartphone sprechen, z. B. beim Spazierengehen

4 Erstmal keinen Gedanken daran verschwenden, ob das, was man gerade getextet hat, „gut" ist

5 Zu einem späteren Zeitpunkt an Formulierungen feilen und weniger gutes Material aussortieren

## Hauptsache, es groovt

Im Pop, Jazz oder auch Hiphop benutzen Musiker den Begriff „Groove", wenn sie über rhythmische und metrische Grundmodelle von Songs sprechen. Auch bei den Songs von Billie Eilish ist das Element „Groove" sehr wichtig. Hier wird Groove nicht nur durch die Instrumente und Beats erzeugt, sondern auch die Sängerin groovt beim Singen ihrer Texte.

Das ist im langsamen Song „Wish You Were Gay" sehr gut hörbar. Hier singt Billie Eilish die Achtel- und die Sechzehntelnoten „geshuffelt". Das bedeutet: Bei „I just wanna make you feel okay" betont sie die jeweils erste von zwei Silben stärker als die zweite, z. B. das „I" und das „wa" von „wanna". Im Notenbild ist so etwas nicht zu sehen, aber es wird beim Zuhören deutlich.

Wenn eine Musikerin in einer Bandprobe also sagt: „Lass uns das mal geshuffelt spielen!", dann bedeutet das, dass sie die Achtelnoten mit einer bestimmten Betonung spielen will, die im **Shuffle**[W] üblich ist. Die jeweils erste Achtelnote wird dann ähnlich wie im Swing etwas länger und schwerer gespielt als die zweite – wie viel länger, das spüren die Musiker beim gemeinsamen Spielen. In der musikalischen Fachsprache wird dann von einem **ternären Groove** gesprochen, weil er auf einer Dreiteilung basiert. Das wird so notiert: 

In vielen Rock-Songs werden die Achtel **binär** (zweigeteilt) gespielt. Das heißt: Die Achtel werden gleich lang und mit gleicher Betonung gespielt.

## Der Anfang des Refrains von „Wish You Were Gay"

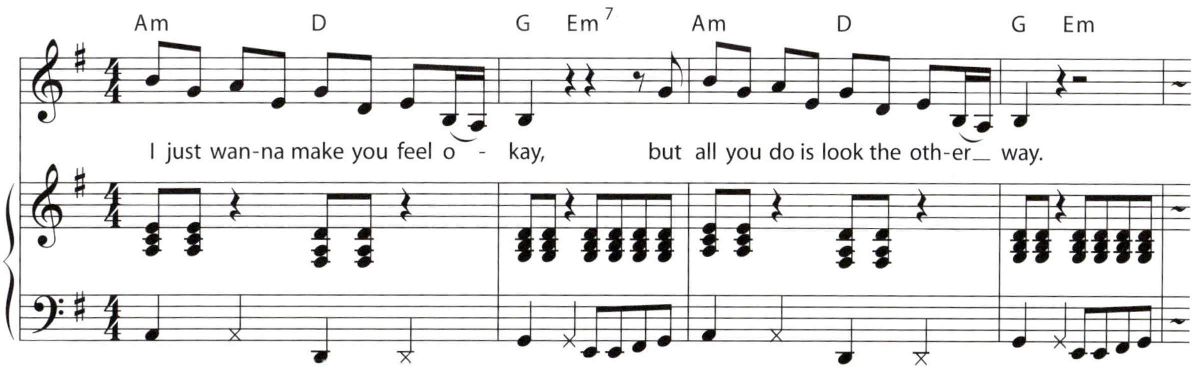


*Text und Melodie: Billie Eilish O'Connell, Finneas Baird O'Connell*

**2** Hört den Anfang von „Wish You Were Gay" (E 15) von Billie Eilish und vollzieht den Shuffle im Gesang nach. Hört die Musik erneut und achtet dann auf die Instrumentierung: In welcher Reihenfolge setzen Akustik-Gitarre, Synthesizer, Bass und Klavier ein?

**3** Übt den Anfang des Refrains von „Wish You Were Gay" im Loop mit Instrumenten eurer Wahl. Findet eine Soundeinstellung auf dem Keyboard, die eurer Meinung nach gut zum diesem Song passt.

**4** Wenn ihr die Akkorde des Refrainanfangs flüssig spielen könnt, findet andere Spielweisen für diese Akkordfolge, z. B. kann zwischen einer Arpeggio[W]-Spielweise und gleichzeitig angeschlagenen Akkorden (siehe Notenbild) gewechselt werden.

# Wie Melodien entstehen

*Dolly Parton*

## Melodien bringen Emotionen zum Ausdruck

Eine in Nordamerika sehr berühmte Musikerin und Songschreiberin, die Billie Eilishs Großmutter sein könnte, ist der **Country-Star** Dolly Parton. Sie kam 1946 als eines von 12 Kindern eines Tabakfarmers im US-Bundesstaat Tennessee zur Welt und bemerkte früh, dass sie ein besonderes Talent dafür besitzt, andere zu unterhalten.

In ihrem bisherigen Leben hat Dolly Parton **etwa 3000 Songs** geschrieben und ihr Vermögen wird heute auf über eine halbe Milliarde Dollar geschätzt. Ihr Lebensmotto ist, daran zu glauben, dass man der Welt etwas „anzubieten" hat. Dieses Motto ist auch beim Songwriting hilfreich: Hier geht es darum, dass man der Welt etwas zu erzählen hat. Doch was könnte man erzählen?

Viele Songs haben etwas mit dem Leben ihrer Songschreiber zu tun. Dolly Partons **erster großer Hit** war **„Jolene"**. Dieser Song richtet sich an eine Frau, die als Bankangestellte in der Stadt arbeitete, in der Dolly und ihr Mann Cal lebten. Die Frau war Single, verliebte sich in Cal und machte ihm schöne Augen. Das inspirierte Dolly Parton dazu, einen Song über die Angst zu schreiben, dass eine andere Frau ihr den Mann wegnehmen könnte. Die Melodie im Refrain von „Jolene" bringt diese Angst, die vermutlich viele Menschen gut kennen, musikalisch zum Ausdruck. Das ist wahrscheinlich der Grund, warum dieser Song seit seiner Entstehung in den 1960er-Jahren etwa 30-mal von anderen gecovert wurde, z. B. von Dolly Partons Patenkind Miley Cyrus oder der deutschen Band „The BossHoss".

## Eine Melodie, die in die Geschichte der Country-Musik eingegangen ist: der Refrain von „Jolene"

*Text und Melodie: Dolly Parton*

**1** Hört den Refrain des Songs „Jolene" in der Version von Miley Cyrus und singt mit. Beschreibt danach, was diese Melodie auszeichnet und bezieht euch dabei auf die Entstehungsgeschichte des Songs. Beschreibt, wie die Melodie nach „Please don't take my man" weitergeht.

**2** Findet euch für eine Partnerarbeit zusammen: Einer spielt die Akkordfolge von „Jolene", der andere probiert aus, den Refrain mit anderen Tönen zu singen.

**3** Erfindet eine neue Melodie für den Refrain, indem ihr in Takt 3 auf Zählzeit 1 den Ton es oder g als Startton verwendet, da diese Töne auch im c-Moll-Akkord enthalten sind. Erfindet von dort aus eure eigene Melodie, in der auf den Zählzeiten 1 und 3 akkordeigene Töne vorkommen.

## Tipps für das Komponieren eigener Melodien

1 Wenn bereits ein Text da ist: Damit beginnen, ihn auf einem Ton zu sprechen und den Tonumfang langsam vergrößern, indem z. B. Nebentöne oder auch kleine Melodie-Läufe hinzukommen

2 Wenn bereits eine Akkordfolge da ist: Die Akkordfolge viele Male **im Loop** spielen, dazu verschiedene Töne ausprobieren und hören, welche davon gut passen

3 Wenn das Komponieren von Melodien in einer Gruppe stattfindet: Eine Akkordfolge im Loop spielen; alle Teammitglieder probieren im Wechsel aus, eigene Melodien zu finden; egal, wie gut jemand singen kann, alle sind mindestens einmal dran

4 Auch beim Singen und Spielen gilt wieder: Erstmal keinen Gedanken daran verschwenden, ob das, was man gerade selbst gesungen oder gespielt hat, „gut" klingt

5 Wenn eine Melodie besonders gut geklungen hat: dies unbedingt sagen und die Melodie von der Person, die sie gesungen hat, direkt wiederholen lassen

6 Das Wichtigste bei allem: **Keine Angst vor „falschen" Tönen** haben, sondern einfach vieles ausprobieren

## Den Kopf abschalten und einfach singen

Wer sich mit Akkorden und Tonleitern gut auskennt, kann sich das Wissen darüber zunutze machen, um Melodien zu komponieren, die zu einer bestimmten Akkordfolge passen. Doch auch wer dieses Wissen nicht hat, kann Melodien erfinden und sich dabei auf die eigene **Intuition** verlassen – so wie z. B. die berühmten Songschreiber Paul McCartney und John Lennon, als sie noch am Anfang ihrer musikalischen Karriere standen.

Auf der nächsten Seite wird der Song „Graue Maus" vorgestellt. Das erste Element dieses Songs war die gesungene Melodie, die unten notiert ist. Sie ist der Songschreiberin beim Fahrradfahren eingefallen, als sie einfach so vor sich gesungen hat.

### Wissen kompakt

„**Loop**" ist der englische Begriff für „Schleife". In der Popmusik werden oft Beats, Basslinien und Akkordfolgen geloopt, also immer wieder wiederholt. „**Scat**" ist die Bezeichnung für improvisiertes Singen auf Silben.

## Die Scat-Melodie der „Grauen Maus"

*Text und Melodie: Daniela Bartels*

**4** Singt die Scat-Melodie der „Grauen Maus" zur CD (E 16) und beschreibt danach die Melodie.

**5** Wenn ihr das nächste Mal mit der Klasse oder im Chor etwas singt, dann achtet darauf, welche Melodien ihr gut findet. Was genau gefällt euch an diesen Melodien?

**6** Schlagt Seite 146, 147 auf und findet heraus, wie Jacob Colliers Songs entstehen.

# Graue Maus – Beobachtungen in einer Bar

## Wie der Song „Graue Maus“ entstand

Die Songschreiberin Daniela Bartels erzählt:

„An einem Samstagabend ging ich mit einem guten Freund in eine Bar in Hamburg, in der sich oft auch berühmte Schauspieler aufhalten. Mein Freund erzählte mir, dass er auch gern nachmittags in diese Bar geht: Er setzt sich dann mit einem Kaffee und einer Zeitung an einen der Tische und beobachtet, was passiert, wenn bekannte Schauspieler in den Raum kommen.

Später am Abend setzten sich tatsächlich eine bekannte Schauspielerin und ein bekannter Romanautor an unseren Nebentisch. Ich konnte auch beobachten, wie das die Atmosphäre im Raum veränderte. Viele Leute sahen oft zu ihnen hinüber, und einige kamen sogar an ihren Tisch, um sich ein Autogramm geben zu lassen. Aus diesem Erlebnis habe ich dann einen Song gemacht.“

*Songschreiberin Daniela Bartels*

## Graue Maus

### Strophe 1

Hm$^{7}$ D$^{add9}$
Du sitzt jeden Tag im gleichen Lokal
Em$^{7}$ A$^{7}$
und hoffst, dass endlich was passiert.
Hm$^{7}$ D$^{add9}$
Die Zeitung dient dir als Versteck deines Visiers,
Em$^{7}$ A$^{7}$
denn ganz unsichtbar bist du nun auch nicht.
Hm$^{7}$ A$^{7}$
Die ander'n jedoch, die schimmern so sehr,
G$^{maj7}$ A$^{7}$
dass du dir wünschst,
G$^{maj7}$ A$^{7}$
nur ein paar ihrer Strahlen zu erhaschen.

### Refrain

Hm$^{7}$ G$^{maj7}$
Du fühlst dich grau und weißt genau,
Em$^{7}$ Fism$^{7}$
dass die ander'n in Rot und Grün und Blau
Hm$^{7}$ G$^{maj7}$
dich schmücken wie einen Pfau, der mitt'n im Radau
Em$^{7}$ Fism$^{7}$
darauf wartet, dass 'ne schöne Frau ihn endlich registriert.

### Strophe 2

Hm$^{7}$ D$^{add9}$
Nun bist du schon hier, im schönsten Bezirk,
Em$^{7}$ A$^{7}$
unter allen, die was auf sich halten.
Hm$^{7}$ D$^{add9}$
Da komm'n sie herein. Oh, welch' schöner Schein,
Em$^{7}$ A$^{7}$
und zieh'n alle Blicke dabei auf sich.
Hm$^{7}$ A$^{7}$
Die ander'n jedoch, die schimmern so sehr,
G$^{maj7}$ A$^{7}$
dass du dir wünschst,
G$^{maj7}$ A$^{7}$
nur ein paar ihrer Strahlen zu erhaschen.

### Refrain

### Bridge

Hm$^{7}$ G$^{maj7}$ Em$^{7}$
Du fühlst dich grau wie 'ne Maus, gehst unter im Strom,
Fism$^{7}$
mit dem du schwimmen wolltest,
Hm$^{7}$ G$^{maj7}$
deine Blätter sind verwelkt. Wer wird dich gießen,
Em$^{7}$ Fis$^{7}$
damit deine Talente sprießen?

*Daniela Bartels*

E 17

## Graue Maus, Refrain

*Text und Melodie: Daniela Bartels*

## Guidelines finden

Eine Guideline ist eine Melodielinie mit möglichst wenig Sprüngen. Sie kann beim Songwriting genutzt werden, um eine Begleitstimme zur Melodiestimme hinzuzufügen. Um eine Guideline zu finden, spielt oder singt man einen Takt lang einen der Akkordtöne und probiert aus, ob der gleiche Ton auch noch zum nächsten Akkord passt. Oft verändert sich die Tonqualität, wenn der Ton liegen bleibt, der Akkord darunter sich jedoch ändert: Es entsteht mehr **Spannung** oder mehr **Entspannung**. Beim Finden von Guidelines ist das Ziel, einen Akkordton so lange klingen zu lassen wie möglich. Beispiel: Im Refrain der „Grauen Maus" bietet sich diese Guideline an: ||: d' | d' | d' | cis' | d' | d' | d' | cis' :|| Andere mögliche Guidelines für diesen Song beginnen auf h oder fis'.

1 Hört den Song „Graue Maus" (E 17) und diskutiert, welche Botschaft er hat.

2 Diskutiert, warum beim Wort „Talente" ein einziges Mal Fis⁷ erscheint, denn vorher kam nur der Akkord Fism⁷ vor.

3 Singt den Song zur CD (E 17) oder begleitet den Gesang selbst. Achtet dabei auf Silbenbetonung und -aussprache.

4 Übt die Klavierbegleitung des Refrains ein und achtet darauf, dass sie leicht klingt und die Zählzeiten 2 und 4 etwas betont werden.

5 Findet eine Guideline zu den Akkorden des Refrains mit einem melodischen Verlauf, der euch gut gefällt. Lasst die Guideline von einem Solo-Instrument mitspielen oder singt sie als Background-Chor mit.

# Songwriting-Werkstatt

*Elton John und Bernie Taupin*

## Songwriting im Team

Elton John und Bernie Taupin sind eines der berühmtesten Songwriting-Teams der Popgeschichte: Bernie Taupin schrieb die Texte und Elton John verwandelte sie in Melodien.

Einer Legende nach lernten sie sich 1967 kennen. Elton John spielte damals einer Plattenfirma vor, die nach neuen Talenten suchte. Er erhielt zwar eine Absage, doch der Angestellte der Plattenfirma gab ihm auch einige Texte mit, die Bernie Taupin kurz zuvor eingesendet hatte. Elton John fand diese Texte sehr inspirierend und kontaktierte den unbekannten Dichter. Die beiden schrieben dann viele Pophits zusammen, waren aber angeblich nie im gleichen Raum, als diese Songs entstanden.

2019 kam die Filmbiografie „Rocketman" über Elton Johns Leben in die Kinos. In einer Szene dieses Films sagt der junge Elton John zu Bernie Taupin, dass ihn seine Texte so stark inspirieren, dass seine Finger auf den Klaviertasten gar nicht schnell genug die musikalischen Ideen umsetzen könnten, die beim Lesen der Zeilen in seinem Kopf entstehen.

## Songwriting im Team: Erfahrungen

Wir haben erstmal viel Zeit damit verbracht, eine gute Inspirationsquelle zu finden. Ja, die längste Phase war die Textsuche für uns, und dann ging es relativ schnell.

*Magdalena*

Wir haben uns manchmal über Messenger-Dienste Melodie-Brocken geschickt. Ich habe dann mal etwas aufgenommen und dann hat Felix das ein paar Stunden später schon in Noten umgeschrieben geschickt. Das war immer sehr hilfreich, weil man sich dann die Silben und den Text nochmal genauer überlegen konnte.

*Willy*

Ich hatte total große Angst, weil ich bisher Songs immer nur allein geschrieben habe, mehr so für mich, und ich habe sie auch anderen gar nicht vorgespielt. Ich habe mich gefragt: ‚Was ist, wenn andere mit meinen Ideen nicht klarkommen? Wie reagiere ich dann darauf?' Ich glaube, wenn ich Ideen habe, dann kann ich mich auch sehr festfahren.

*Felix*

Mit Sebastian zu musizieren hat unfassbar viel Spaß gemacht. Man spielt, man hat irgendwelche Akkorde, und er ist sofort in der Lage zu analysieren: ‚Ah, du spielst gerade den und den Akkord.' Er kann das direkt nachspielen. Das war total beeindruckend.

*David*

Die anderen hatten eine Idee und ich dachte: ‚Oh, irgendwie gefällt mir das gar nicht.' Und dann waren sie aber schon voll dabei und ich wusste nicht: ‚Soll ich das jetzt sagen?' Ich habe einen neuen Synthesizer. Damit habe ich dann rumgespielt und dachte: ‚Ach, ich nehme das jetzt mal auf.' Und dann haben wir gesagt: ‚Jetzt haben wir noch einen weiteren Anfang für einen Song.' Und das war gut, am Anfang so verschiedene Ideen zu haben, finde ich.

*Jonathan*

**1** Schaut euch die Entstehung von Elton Johns und Bernie Taupins Song „Your Song" in dem Kinofilm „Rocketman" an. Sprecht darüber, wie der Songwriting-Prozess hier dargestellt wird.

**2** Sprecht über die Erfahrungen von Magdalena, Willy, Felix, David und Jonathan. Was erfahrt ihr von ihnen über das Songwriting in einer Gruppe?

## *Tipps für das Songwriting im Team*

1 Auf S. 162 zurückblättern und sich in Erinnerung rufen, aus welchen Elementen ein Song besteht
2 Darüber sprechen, welche Fähigkeiten und Talente die Mitglieder ins Team einbringen können
3 Wenn mit einem Text begonnen werden soll: Tipps auf S. 163 anschauen
4 Wenn ein Text schon existiert: Tipps zum Komponieren auf S. 165 anschauen
5 Wenn eine Akkordfolge gebraucht wird: z. B. die Akkorde aus „Wish You Were Gay" auf S. 163 verwenden
6 Wenn eine Meinung von jemandem außerhalb des Teams gebraucht wird: diese Meinung einholen
7 Wenn jemand aus dem Team zu Hause bereits einen ganzen Song geschrieben hat: Wunderbar, freut euch!
8 Immer weiter an dem Song feilen und ihn noch vielfältiger und interessanter gestalten

## *Songwriting und Producing im Internet*

Als Elton John und Bernie Taupin vor etwa 50 Jahren mit dem Songwriting anfingen, gab es noch nicht so viele Möglichkeiten, an einem gemeinsamen Song zu arbeiten, wie heute. Heutzutage hat man die Möglichkeit, über das Internet zusammen an einem Song-Projekt zu arbeiten. Von jedem Ort aus und zu jeder Tageszeit kann man mit anderen am gleichen Song arbeiten und neue Ideen sofort abspeichern – mithilfe eines Computers, Laptops, Tablets oder mit dem Smartphone.

Hierfür gibt es auch Apps, die kostenfrei genutzt werden können. Mithilfe dieser Apps kann man z. B. Melodien einsingen und eigene Beats einspielen. Das Ausschneiden, Kopieren und Einfügen von Song-Elementen funktioniert in diesen Apps oft ganz ähnlich wie in einem Textbearbeitungsprogramm, mit dem man Texte schreibt. Mit ein bisschen Übung und Geduld kann jeder nach dem Prinzip „learning by doing" selbst herausfinden, wie die Arbeit mit einer bestimmten App funktioniert.

In den Apps selbst oder z. B. bei YouTube findet man außerdem Video-Anleitungen, in denen die wichtigsten Funktionen viel genutzter Apps vorgestellt werden. Mit diesen Hilfen kann man direkt loslegen, Melodien und Begleitungen einsingen und einspielen, Beats hinzufügen und mit Effekten arbeiten. Man sollte allerdings ein wenig aufpassen, wenn man gefragt wird, ob man ein „1-month free trial" haben möchte. Das kann bedeuten, dass man einen Effekt einen Monat lang umsonst nutzen darf, danach aber Geld bezahlen muss.

*Spaß im Team haben*

*Allein kreativ werden*

## *Das Wichtigste zum Schluss*

Das Songwriting im Team ist nicht immer so schnell und einfach, wie es im Film „Rocketman" dargestellt wird. Bei der kreativen Arbeit mit anderen kann es auch Schwierigkeiten und Meinungsverschiedenheiten geben. Das ist völlig normal. Wenn man zusammen einen Song schreibt, dann hat jedes Teammitglied eigene Ideen und Vorstellungen. Am besten, man hört sich alle Ideen an und bespricht, an welchen Ideen man zusammen weiterarbeiten will. Das können auch mehrere Ideen zur gleichen Zeit sein. Es ist daher hilfreich, wenn ein Teammitglied den Überblick behält und bei Entscheidungen oder kreativen Diskussionen das letzte Wort hat. Dieses Teammitglied kann auch darauf achten, dass alle gleichermaßen gehört werden und niemand die Arbeit dominiert.

**3** Informiert euch im Internet, welche Apps für Songwriting kostenfrei zur Verfügung stehen. Diskutiert und entscheidet gemeinsam, welche ihr nutzen wollt.

**4** Diskutiert, ob ihr das Songwriting allein oder im Team ausprobieren wollt: Welche Vor- und Nachteile seht ihr in beiden Möglichkeiten?

# Karlheinz Stockhausen – Aufbruch nach 1945

E 18

## Das Jahr 1945: Musikleben zwischen Trümmern und Aufbruch

Während der nationalsozialistischen Diktatur in Deutschland 1933 – 1945 wurde auch das gesamte Musikleben in den Dienst der menschenverachtenden NS-Ideologie gestellt. Erst mit der Befreiung Deutschlands durch die Alliierten wurde das Ausmaß der NS-Herrschaft sichtbar. Diese Geschehnisse ließen auch die Musik nicht unberührt. Propagandalieder und Siegeshymnen brauchte man nun nicht mehr. Komponisten, deren Musik verboten gewesen war, weil sie als „entartet" gegolten hatte, durften wieder schreiben, was sie wollten. Auf der anderen Seite waren Konzertsäle zerstört und Orchester nicht mehr spielfähig, weil es weder Musiker noch Instrumente gab. In dieser Situation entwickelte sich vor allem unter jüngeren Komponisten ein Gefühl des Aufbruchs. Viele suchten nach neuen Wegen des Komponierens und der Klangerzeugung. Insbesondere die US-Militärregierung in Deutschland unterstützte dies, indem sie Jazz und internationale zeitgenössische Musik förderte. So sollte die deutsche Bevölkerung von dem Überlegenheitsdenken der NS-Ideologie abgebracht werden. Das Jahr 1945 gilt deshalb auch als das „Jahr Null" der modernen Musik.

*Das Studio für Elektronische Musik in Köln*

## Karlheinz Stockhausen, ein Pionier der elektronischen Musik

Der Komponist Karlheinz Stockhausen (1928 – 2007) war früh auf sich allein gestellt. In den letzten Kriegsmonaten arbeitete er als 16-Jähriger in einem mobilen Lazarett. Er schloss sein Abitur 1947 ab und verdiente als Unterhaltungsmusiker Geld. So finanzierte er sich auch sein Musikstudium. Gleichzeitig besuchte er die Darmstädter Ferienkurse für Neue Musik, bei denen sich viele junge Komponisten aus verschiedenen Ländern trafen und austauschten. Nach seinem Studiumsabschluss arbeitete Stockhausen im neugegründeten Studio für Elektronische Musik[W] des Westdeutschen Rundfunks (WDR) in Köln. Dort konnte er sich intensiv mit den neuen Möglichkeiten der elektronischen Musik auseinandersetzen. 1963 wurde er Leiter dieses Studios.

## Elektronische Musik

Erstmals im Studio für Elektronische Musik in Köln entwickelte sich in den 1950er-Jahren die rein elektronische Klangerzeugung als völlig neue Möglichkeit, Musik zu komponieren und zu gestalten. Klänge konnten durch elektroakustische Geräte erzeugt und auf Magnettonbändern gespeichert werden. Diesen Vorgang der Klangerzeugung nennt man **elektronische Klangsynthese**. Die Tongeneratoren liefern als Grundmaterial zwei Elemente: den **Sinuston** und das **weiße Rauschen**. Diese Klänge kommen in der Natur nicht vor und können nur künstlich erzeugt werden. Sie sind nicht an ein Tonsystem gebunden. Mithilfe von Filtern und Tongeneratoren kann die Klangfarbe beliebig verändert werden. Auch weitere Verfahren wie das rückwärtige Abspielen und das Mehrspurverfahren wurden genutzt. Mit Werken wie „Studie II" (1954) will Karlheinz Stockhausen zeigen, was durch elektronische Klangerzeugung möglich ist. Um sich in den nahezu unendlichen Möglichkeiten nicht zu verlieren, beschränkt sich Stockhausen in der „Studie II" auf eine bestimmte Anzahl von Sinustongemischen, die nach einem vorgegebenen Muster angeordnet sind.

*Plattencover des Beatles-Albums „Sgt. Pepper's Lonely Hearts Club Band" (1967), oben links Karlheinz Stockhausen*

## Stockhausen und die Popmusik

Komponisten wie Karlheinz Stockhausen lieferten auch wichtige Pionierarbeit für Aufnahmeverfahren und elektronische Klänge in der Popmusik. Stockhausen wurde u. a. für die Beatles ein wichtiges Vorbild und schaffte es bis auf ihr Plattencover von „Sgt. Pepper's Lonely Hearts Club Band" (1967). Auch andere Künstler wie Björk, David Bowie oder Kraftwerk (→ S. 154, 155) ließen sich von Stockhausens Ideen inspirieren.

1. Beschreibt die Lage, in der junge Komponisten wie Stockhausen sich nach Kriegsende 1945 befanden.
2. Diskutiert, warum das Jahr 1945 auch als „Jahr Null" der zeitgenössischen Musik bezeichnet werden kann.
3. Recherchiert weitere biografische Daten zu Karlheinz Stockhausen und erstellt einen Steckbrief.
4. Hört Stockhausens „Studie II" (E 18) und beschreibt euren Höreindruck.
5. Informiert euch über das Studio für Elektronische Musik in Köln und beschreibt, warum dieser Ort für die Entwicklung der Neuen Musik so wichtig war.

## *Zwei Elemente der Elektronische Klangsynthese*

**Sinuston**: einfachster Ton, dargestellt durch den einfachen Schwingungsverlauf auf einer bestimmten Frequenz, der einer mathematischen Sinuskurve ähnelt

**Weißes Rauschen**: komplexestes Klangereignis, bei dem alle Frequenzen (z. B. von 100 bis 20 000 Hz) gleich laut erklingen; durch Herausfiltern bestimmter Frequenzen können hörbare Klänge erzeugt werden

**Darstellung einer Sinuston-Schwingung**

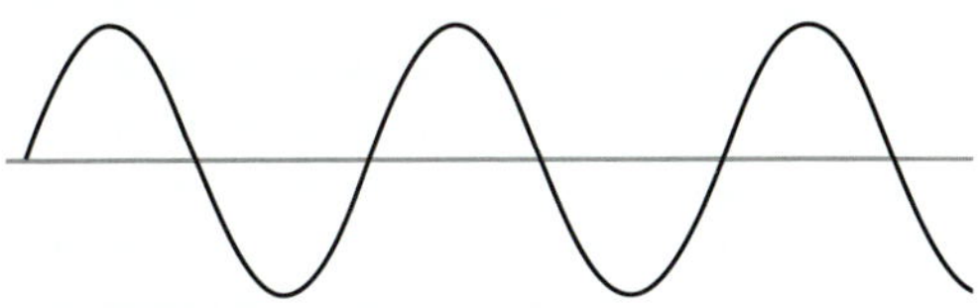

a′ = 440 Hz

## *Ein Sinustongemisch erstellen*

1

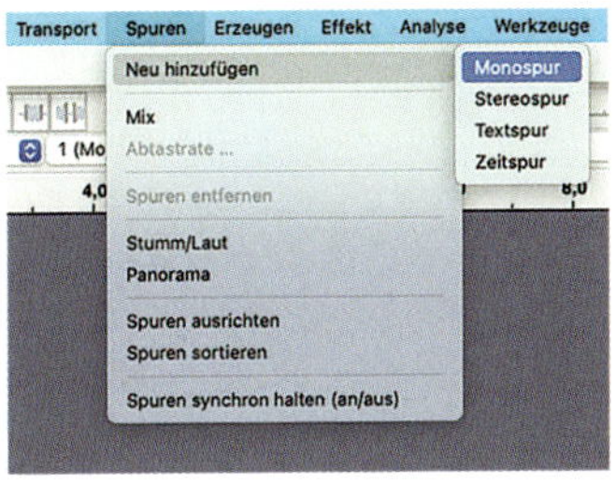


2

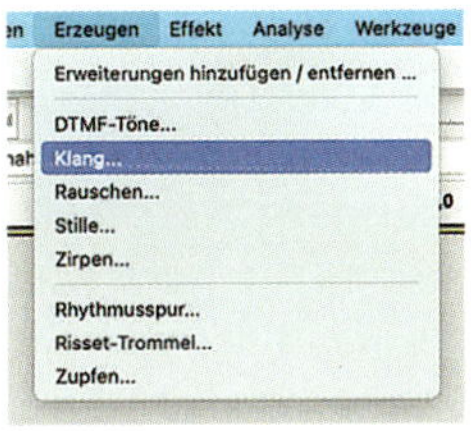


3

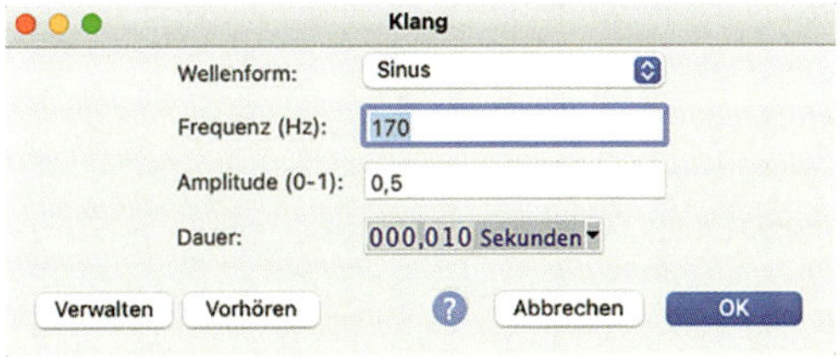


Mit einem Audioprogramm (z. B. Audacity) kann man Sinustöne digital am Computer erzeugen:

1. Man erzeugt drei Tonspuren (Bild 1).
2. Jede Spur wird angeklickt und es wird ein Sinuston eingefügt, indem man unter Einfügen ➞ Klang die Wellenform „Sinus" auswählt (Bild 2 und 3).
3. Man kann Frequenzen zwischen 100 und 500 Hz wählen (Bild 3). Die Abstände zwischen den einzelnen Tönen sollten nach einem bestimmten Muster gewählt werden.
4. Einzelne Töne kann man nachträglich schneiden und verschieben, sodass ein Experimentieren mit unterschiedlichen Längen möglich wird.
5. Auch die Lautstärke der einzelnen Spuren und Töne und deren Anordnung im Stereo-Klangbild lässt sich verändern.

## *Beispiele für Frequenzen dreier Sinustongemische (in Hz)*

| Gemisch 1 | Gemisch 2 | Gemisch 3 |
|---|---|---|
| 110 | 150 | 180 |
| 220 | 300 | 190 |
| 330 | 450 | 200 |

## *Möglichkeiten der Gestaltung von Sinustongemischen*

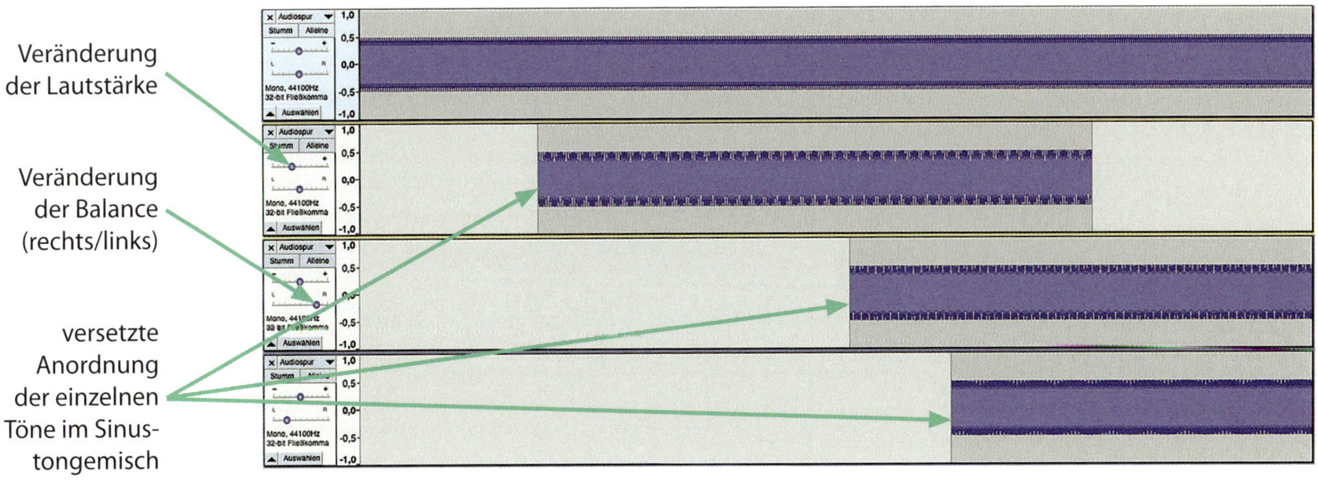


**6** Informiert euch im Internet über das Komponieren mit Frequenzen.

**7** Erzeugt mit einem im Internet kostenlos erhältlichen Audioprogramm (z. B. Audacity) Sinustongemische nach der hier abgebildeten Anleitung.

# Minimal Music

E 19

## Rhythmusstück: Minimal im Fußballstadion

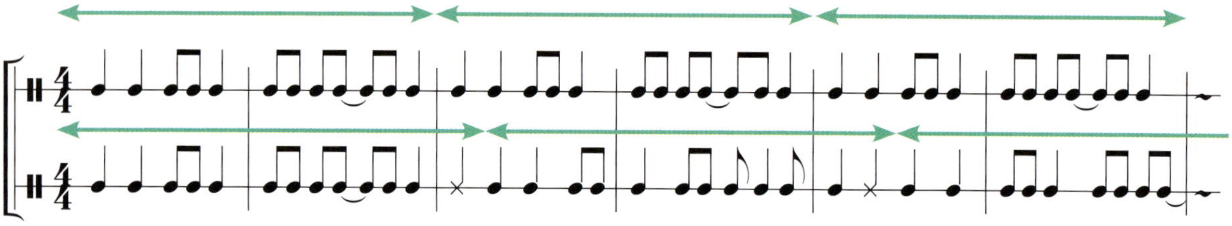

♩= klatschen ♩(x) = leise auf die Brust schlagen

## Neue Musik aus den USA

Was passiert, wenn einzelne Töne und einfache rhythmische, harmonische oder melodische **Patterns** über eine längere Zeit **wiederholt** werden? Wie wirkt es auf die Wahrnehmung, wenn nur ganz allmählich **minimale Veränderungen** des ursprünglichen Patterns stattfinden? Beeinflusst von Jazz, afrikanischer und indischer Musik und Komponisten wie John Cage, gingen junge Komponisten in den frühen 1960er-Jahren in den USA diesen Fragen nach. **Terry Riley**, **Steve Reich** und **Philip Glass** gelten als die wichtigsten Vertreter der Minimal Music. Auch der estnische Komponist Arvo Pärt (➜ S. 86, 87) beschränkt seine Kompositionen auf begrenztes Ausgangsmaterial.

Was zunächst wie musikalische „Grundlagenforschung" wirkte, beeinflusste in den letzten 50 Jahren viele Musikrichtungen. So werden z. B. in der **Filmmusik** (➜ Kap. 5) oft Prinzipien der Minimal Music verwendet. Auch in der **Popmusik**, z. B. bei Hip-Hop, Disco oder Electro, sind **repetitive** (sich wiederholende) **Elemente** erkennbar.

## Steve Reich: Entdeckung der Phasenverschiebung

Steve Reich experimentierte mit einem Loop einer gesprochenen Aufnahme, die er auf zwei Kassettenbändern gleichzeitig abspielte. Nach einigen Wiederholungen merkte er, dass die Aufnahmen nicht mehr synchron liefen: Das Tempo der Kassettenrekorder unterschied sich minimal. Diesen graduellen (allmählichen, schrittweisen) Prozess der Phasenverschiebung nutzte Reich anschließend auch in seinen Kompositionen, wie etwa in „Piano Phase" für 2 Klaviere (1960).

## Simulation der Phasenverschiebung mit einem Audioprogramm

1. In einer ersten Tonspur wird ein kurzer gesprochener Satz aufgenommen (z. B. „Morgen wird es regnen").
2. Diese Aufnahme wird mehrere Male kopiert, sodass sie mindestens 20-mal auf einer Spur direkt hintereinander erklingt.
3. Eine zweite Spur wird erstellt und die gesamte Aufnahme aus Spur 1 wird kopiert.
4. Die Aufnahme in Spur 2 wird markiert und das Tempo um 1 – 2 Prozent geändert (Effekt ➜ Tempo ändern).

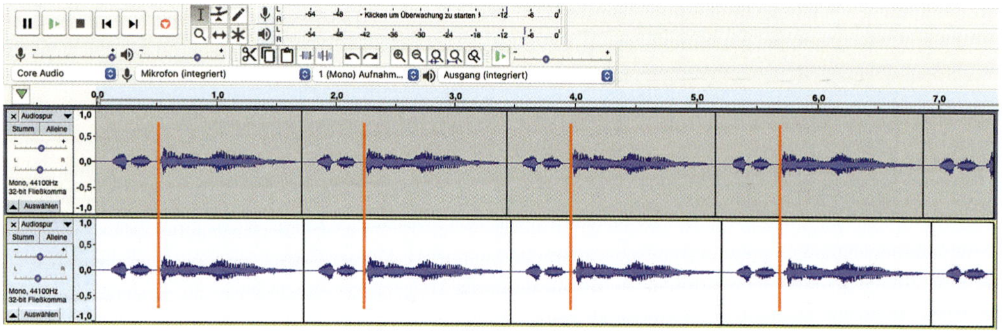


1. Übt das Rhythmusstück ein. Spielt zunächst beide Rhythmen einzeln und teilt euch dann in zwei Gruppen auf. Spielt so lange, bis beide Gruppen wieder synchron spielen. Sprecht über eure Wahrnehmungen.
2. Hört den Beginn des Stücks „Piano Phase" von Steve Reich (E 19) und achtet auf die graduellen Veränderungen.
3. Simuliert den Effekt der Phasenverschiebung mithilfe eines Audioprogramms (z. B. Audacity).
4. Erstellt einen Steckbrief zu dem Komponisten Steve Reich, Terry Riley oder Philip Glass. Recherchiert dazu im Internet und findet auch geeignete Musikbeispiele.

## *Von der „Keimzelle" zur Minimal Music*

Minimal Music kann aus einem kleinen Motiv[W] komponiert werden. Durch verschiedene Techniken gelangt man von dieser Keimzelle zu einem längeren Stück. Charakteristisch für Minimal Music ist, dass die neu hinzukommenden Patterns mindestens 6–8-mal in einer „Schleife" wiederholt werden, bevor neue Veränderungen hinzukommen. Dadurch entsteht der Effekt einer graduellen Veränderung. Wie die Musik von Steve Reich lässt sich eine solche Komposition gut auf Xylofonen, Marimbas oder Keyboards spielen. Zu dem sich ständig wiederholenden Grundpattern treten nach jeder „Schleife" neue, veränderte Patterns hinzu. Dadurch entstehen Gegenstimmen und komplexe Klangstrukturen.

## *Baukasten für Minimal Music*

### Rhythmische Keimzelle

### Tonvorrat

### Grundpattern

## *Veränderungsmöglichkeiten*

### A Noten hinzufügen oder weglassen

Wird das Pattern um je einen Ton verlängert oder verkürzt, verschieben sich die Stimmen. Im Beispiel ist das Pattern der unteren Stimme auf drei Viertelschläge verkürzt.

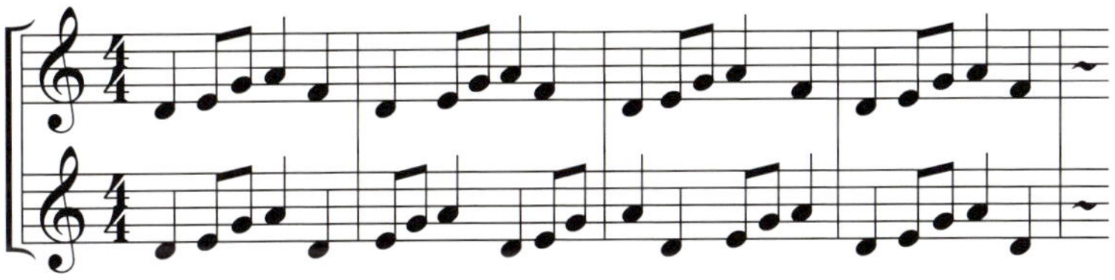

### B Tonhöhe verändern

Ein einzelner Ton im Grundpattern wird verändert.

### C Noten akzentuieren durch Einsatz von Pausen

Einzelne Noten des Patterns können betont werden, z. B. indem in der zweiten Stimme jeweils ein Ton weggelassen wird.

### D Phasenverschiebung

Das Grundpattern wird um eine Viertelnote verschoben.

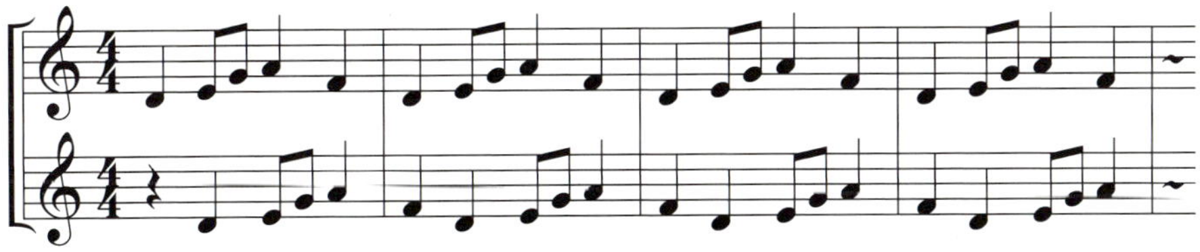

**5** Notiert ein eintaktiges Grundpattern aus der rhythmischen Keimzelle und dem Tonvorrat.

**6** Experimentiert in Partnerarbeit mit den Veränderungsmöglichkeiten A bis D: Person A spielt das Grundpattern, während Person B ein neues Pattern dazu spielt.

**7** Entwickelt eine größere Struktur für mehrere Stimmen: Notiert dafür alle neu aus dem Grundpattern abgeleiteten Patterns und legt einen Ablauf fest.

**8** Erfindet eine neue rhythmische Keimzelle und nutzt für euer Grundpattern den Tonvorrat.

**9** Setzt eure Ideen in größeren Gruppen um.

# Experimentelle Sprachkomposition: The Pool And The Soup

> Die menschliche Stimme ist das älteste Musikinstrument, und die Sprachmelodie [...] die älteste Musik.
>
> *John Paynter*

## Experimentelle Musik[W]

Die Prinzipien Performance, Improvisation, Freiheit und Zufall spielen in der zeitgenössischen Experimentellen Musik[W] eine große Rolle (→ S. 177). In experimentellen Sprachkompositionen und Performances haben nicht nur der Inhalt des Gesprochenen, sondern auch der Klang der Worte und die Musikalität von Sprache eine besondere Bedeutung. Oft haben diese Stücke einen improvisatorischen Charakter: Musik und Klang werden nach vorgegebenen Konzepten oder Regeln von den Ausführenden spontan frei erfunden. Dafür werden oft Hinweise oder Spielregeln vorgegeben, die den Rahmen für die Performance bilden.

## Alessandro Bosetti

Alessandro Bosetti ist ein italienischer Komponist und Klangkünstler. Er beschäftigt sich v. a. mit der Musikalität von Sprache und der menschlichen Stimme als einem ausdrucksstarken Instrument. Sein Stück „The Pool And The Soup" wurde u. a. schon in Berlin, Taiwan und Portugal aufgeführt. Oft dauern die Performances mehrere Stunden.

## The Pool And The Soup

„The Pool And The Soup" ist ein Stück, das auf Sprachimprovisation basiert. Mithilfe der Anweisung „Free Speech" beginnen die Spieler jeweils frei über ein Thema zu sprechen, wie in einem Monolog. Ein Dirigent oder Spielleiter führt mit einer festgelegten Zusammenstellung von Improvisationsregeln durch das Stück. Die Improvisationsregeln werden durch den Spielleiter mit Handzeichen angezeigt. Obwohl das Stück auch mit zwei Spielern aufgeführt werden kann, ist eine Gruppengröße von 8 – 15 Spielern empfehlenswert. Mithilfe der verschiedenen Aktionen können nicht nur einzelne musikalische Parameter[W] verändert werden. Durch Aktionen wie „Loop" werden kleine Fragmente von Sprache hörbar, die der Komponist als „Shapes" (Klangformen) bezeichnet. Ein Plug-In – so werden im Tonstudio zwischengeschaltete Effekte genannt – verändert die Klangfarbe. Da der Klang von Sprache im Vordergrund steht, ist es auch reizvoll, wenn verschiedene Sprachen erklingen.

## Aufbau und Sitzordnung

## Improvisation mit Handzeichen des Spielleiters

Die Sprach-Aktionen in „The Pool And The Soup" werden mit Handzeichen angezeigt und sind so lange gültig, bis ein neues Handzeichen erfolgt. Ausgangspunkt ist immer „Free Speech". Vor jeder Aktion muss der Spielleiter anzeigen, welche Spieler an dieser Aktion beteiligt sind. Dies geschieht durch die Aktion „Pointing". Dann wird ein Handzeichen in Richtung des jeweiligen Spielers gegeben. Es ist also beabsichtigt, dass der Spielleiter mit verschiedenen Aktionen, die auch gleichzeitig stattfinden können, experimentiert. Alle Beteiligten achten auf gegenseitige Aufmerksamkeit und Blickkontakt.

**1** Nehmt Stellung zu dem Zitat von John Paynter.

**2** Informiert euch über das experimentelle Stück „The Pool And The Soup".

## Die Handzeichen

### Für Anfänger

**Pointing**

Mit dem Zeigefinger anzeigen, wer die nächste Aktion ausführt, möglichst mit Blickkontakt

**Free Speech**

Mit der ganzen Hand auf jemanden zeigen: in ganz natürlichem Tonfall über irgendetwas reden, was als erstes in den Sinn kommt, Gedanken schweifen lassen, alternativ beliebige Texte lesen

**Dynamik**

Flache Hand mit Handfläche nach oben hochheben: lauter

flache Hand mit Handfläche nach unten abwärtsführen: leiser

**Tempo**

Daumen hoch: schneller

Daumen runter: langsamer

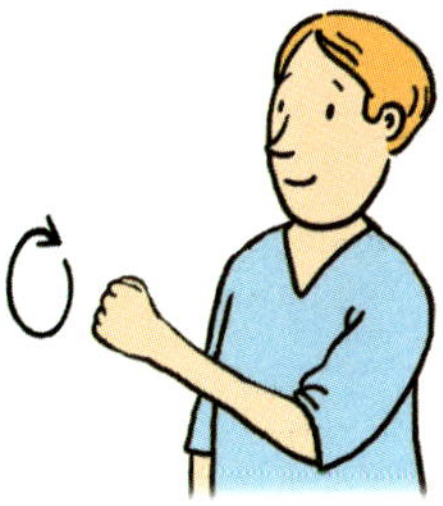

**Stop**

Hand in der Luft zur Faust greifen: Aufhören, was auch immer man gerade tut

### Für Fortgeschrittene

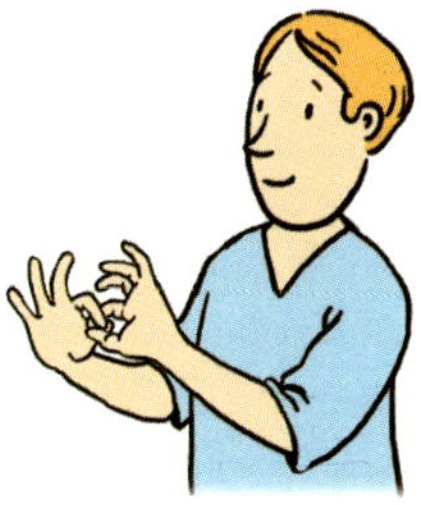

**Lock**

Mit Daumen und Zeigefinger zwei ineinandergreifende Kreise bilden: Unterhaltung zweier Spieler, die mit „Pointing" ausgewählt wurden und die ihre Themen beibehalten

**Loop**

Hände zusammengreifen: ein Fragment dessen, was man zuletzt gesprochen hat, in Endlosschleife wiederholen

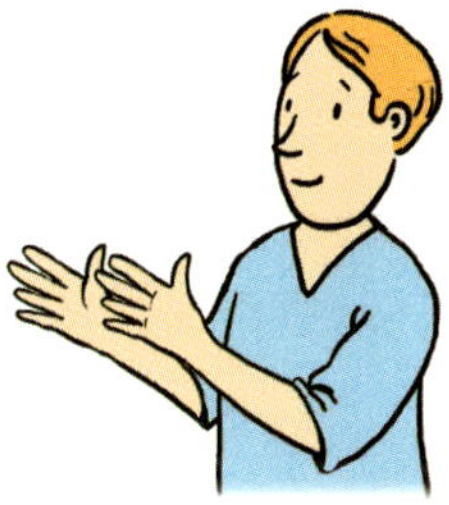

**Loop-Länge**

Länge des Loops mit den Händen anzeigen: Loop verlängern oder verkürzen, auf diese Weise auch Klang- oder Geräuschflächen erzeugen (z. B. „ein Lied, …Lied, … Li, Li, Li, Li …")

**Plug-In**

Hände zum Dach formen: die Stimme beliebig verändern, sodass sie verfremdet klingt (z. B. nasal, quäkig, dumpf)

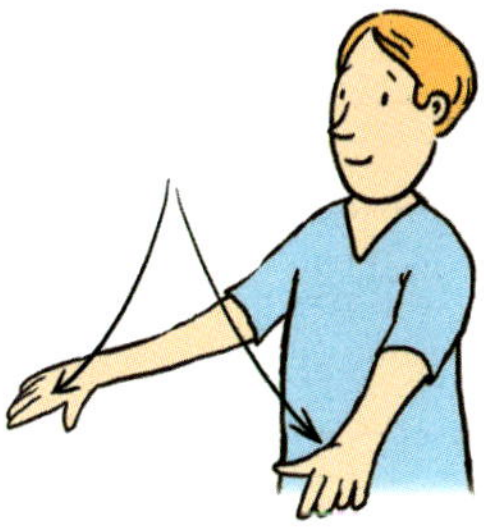

**Aktion beenden**

Lock, Loop oder Plug-In anzeigen und Hände schnell fallen lassen: die jeweilige Sprach-Aktion damit beenden

*Alessandro Bosetti*

**3** Probiert in Gruppen die Anfänger-Handzeichen aus. Wechselt dabei auch den Spielleiter mehrmals. Verwendet statt freier Rede auch vorgefertigte Texte (z. B. Bedienungsanleitung, Kochrezept, Zeitungsartikel).

**4** Überlegt gemeinsam Ideen für einen gelungenen Aufbau eures Stücks.

**5** Schaut euch eine Aufführung des Stücks „The Pool And The Soup" an.

**6** Erweitert eurer Repertoire, indem ihr auch die Handzeichen für Fortgeschrittene nutzt.

**7** Präsentiert euch gegenseitig verschiedene Versionen von „The Pool And The Soup". Besprecht eure Klangwahrnehmungen und lasst dabei sowohl die Perspektive der Spielleiter als auch die der Spieler zu Wort kommen. Nutzt zur Auswertung auch Seite 213.

# Performance Parcours

## Run Time Error – wie lassen sich Klänge verbinden?

Der dänische Komponist Simon Steen-Andersen entwickelt Musik-Performance-Konzepte. In seinem Stück „Run Time Error" dient ein Raum oder sogar ein ganzes Gebäude als „Instrument". Dabei werden auf einem festgelegten Weg verschiedene Klanggeber zum Klingen gebracht. Bestimmte **Spielregeln** setzen der Gestaltung enge Grenzen: Zwischen den einzelnen Klängen und Aktionen muss v. a. ein **Bezug** erkennbar sein. Dadurch ist es notwendig, sich vor der Performance sehr genau und erfindungsreich mit seiner Umgebung auseinanderzusetzen, um den „Parcours" zu planen. Es können Gegenstände, Geräte, Flächen und Architekturelemente betastet, gestrichen oder beklopft werden. Es ist auch möglich, Dinge so zu arrangieren, dass bestimmte Bewegungsabläufe entstehen. Dabei werden die bespielten Gegenstände v. a. im Hinblick auf ihre **Klangeigenschaften** untersucht.

### Spielregeln für „Run Time Error"

- Jeder Klang und jede Aktion müssen einen unmittelbaren Bezug zum vorangegangenen bzw. nachfolgenden Klang haben.
- Es dürfen nur Objekte und Instrumente verwendet werden, die direkt vor Ort sind.
- Jedes Objekt oder Instrument darf nur einmal verwendet werden.

## Die Performance

Der Ausführende wird bei der Performance von jemandem möglichst aus unmittelbarer Nähe gefilmt. Unter idealen Bedingungen kann sogar der Spieler selbst die Klänge aus nächster Nähe z. B. mit der Aufnahmefunktion des Smartphones aufnehmen. Dann ist es allerdings notwendig, Bild- und Tonspur im Anschluss in einem **Videoschnittprogramm** zusammenzuführen und zu finalisieren.

## Beispiel für einen Performance-Parcours

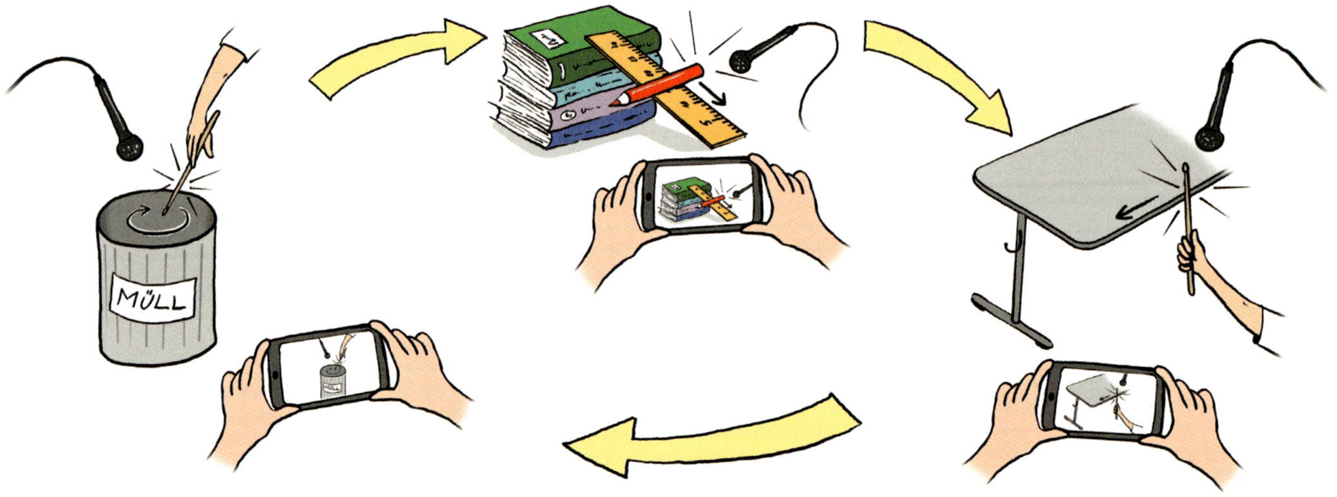


## Hinweise für die kameraführende Person

Die Kamera sollte beim Filmen die musikalischen Aktionen möglichst so einfangen, dass sie gut zu sehen sind. Dieses Vorgehen sollte unbedingt vorher geübt werden. Um für den Film den Effekt einer Endlosschleife zu erzeugen, sollte das Kamerabild am Beginn und am Ende der Performance an genau derselben Stelle „eingefroren" werden. Von diesem Standbild aus können mehrere Kopien des Films aneinandergereiht werden.

**1** Informiert euch über das Stück „Run Time Error" von Simon Steen-Andersen. Schaut dazu auch eine Performance des Stücks an.

**2** Plant eine Performance von „Run Time Error". Legt fest, in welchem Raum oder Gebäude die Performance stattfinden soll. Wählt bis zu sechs feststehende oder bewegliche Gegenstände aus, untersucht sie im Hinblick auf ihre Klangeigenschaften und erstellt ein Konzept für eure Performance. Berücksichtigt dabei auch die Spielregeln.

**3** Führt die Performance durch, indem ihr jeweils in Partnerarbeit (Performer + kameraführende Person) einen Parcours bespielt. Erstellt als Ergebnis einen Film, in dem die Klangereignisse gut hörbar und sichtbar sind.

**4** Stellt euch eure Ergebnisse gegenseitig vor. Wie wurden die Spielregeln umgesetzt?

# Performance Art

Es gibt weder einen leeren Raum noch eine leere Zeit. Es gibt immer etwas zu sehen, etwas zu hören. In der Tat, so sehr wir auch versuchen, eine Stille zu schaffen, wir können es nicht [...] Bis ich sterbe, wird es Klänge geben. Und sie werden nach meinem Tod weitergehen. Man braucht keine Angst um die Zukunft der Musik zu haben.

*Übersetzung: Eva Maria Tralle*

## *Alles kann Kunst sein!*

Performance Art ist eine Kunstform, die **intermedial** ist. Das bedeutet, dass sie mit der Gleichzeitigkeit mehrerer Medien (z. B. Musik, Szene, Film, Tanz, Bild) spielt. Bei der Performance Art ist es wichtig, dass ein Klang nicht nur erklingt, sondern auch die Prozesse der Klangerzeugung sichtbar gemacht werden und Aufmerksamkeit erfahren. Offene Aufführungsanordnungen und Raum für **Improvisation** zeichnen diese Kunstform aus. Damit werden der Zufall und die Abgabe von Kontrolle als ästhetisches Mittel relevant. Ziel ist es also nicht nur, ein künstlerisches Produkt aufzuführen, sondern die Arbeit an diesem künstlerischen Produkt wird selbst zur Aufführung. Damit bricht die Performance Art bewusst mit der Logik der traditionellen Kunstformen, indem sie die Trennung von Künstler, Werk und Publikum infrage stellt. Somit kann in der Performancekunst alles eine künstlerische Darbietung sein, solange nur die Aufmerksamkeit darauf gelenkt wird. Jede alltägliche Situation kann so als eine künstlerische Aufführung inszeniert werden. John Cage sagte einmal, dass auch das Öffnen einer Tür eine künstlerische Aktion sein kann, wenn man es entsprechend „feiert". Bedeutsam ist in der Performance Art das Zusammenspiel aus diesen **vier Grundelementen**: Zeit, Raum, der Körper des Künstlers und die Beziehung zwischen Zuschauern und Künstler. Die Kunstrichtung der Performance Art entwickelte sich in den 1960er-Jahren und zählt zu den wichtigsten Bewegungen der Avantgarde[W].

*John Cage*

If you celebrate it, it's art, if you don't, it isn't.

## Wissen kompakt

Der US-amerikanische Komponist und Künstler **John Cage** (1912 – 1992) gilt als Wegbereiter der Performance Art und der Neuen Musik. Die Uraufführung seines Stücks 4'33" im Jahr 1952 war ein Skandal. Das Stück dauert genau 4 Minuten und 33 Sekunden, in denen ein Pianist auftritt, ohne auch nur einen Ton zu spielen. Es wird auch das „stille Stück" genannt, mit dem Cage die Zuhörerinnen und Zuhörer darauf aufmerksam machen wollte, dass es keinen Unterschied zwischen Stille und Geräusch gibt.

*Charlotte Moorman 1968 bei einer Probe für ein Konzert mit Soundeffekten*

## *Frauen in der Performance Art*

Im Unterschied zu anderen Kunstrichtungen fällt auf, dass in der Performance Art von Anfang an bis heute Frauen in der Mehrzahl sind. Der Fokus auf den Körper bot zu Anfang der Performance Art eine gemeinsame Schnittstelle zur sich zeitgleich entwickelnden Frauenbewegung. Die Cellistin Charlotte Moorman (1933 – 1991) zählt zu einer der ersten Performance-Künstlerinnen, die auch ihren Körper bewusst in ihre Performances einbaute. 1967 wurde sie bei einer Aufführung festgenommen, als sie halb nackt Cello spielte. Der Komponist Edgar Varèse nannte sie die „Jeanne d'Arc der Neuen Musik". Laurie Anderson ist eine zeitgenössische Performance-Künstlerin, deren Multimedia-Performances vor allem durch die Elemente Film und Elektronische Musik[W] bekannt geworden sind.

**1** Stellt für eine Minute Stille im Raum her. Welche Klänge und Geräusche könnt ihr in dieser Stille wahrnehmen?

**2** Tragt aus dem Informationstext die Merkmale der Performance Art zusammen und überlegt euch, wie diese im Stück „Run Time Error" (→ S. 176) abgebildet sind.

**3** Recherchiert im Internet zu Charlotte Moorman und ihren Performances. Diskutiert, warum sie als „Jeanne d'Arc der Neuen Musik" gilt.

**4** Welche Klänge hört oder erzeugt ihr in eurem Alltag, ohne dass ihr sie bewusst als Klänge wahrnehmt? Wählt eine solche klangerzeugende Alltagssituation aus und überlegt, wie ihr diese Situation inszenieren könntet, sodass ihr sie „feiert" und sie so zu einer künstlerischen Aktion wird. Berücksichtigt für eure Umsetzung die Aussagen von John Cage.

# Gesellschaftstanz: Rumba

E 20

## Der Gesellschaftstanz

Gesellschaftstänze dienen in erster Linie der Geselligkeit und dem eigenen Vergnügen, obwohl sie bei Turnieren auch einen wettbewerblichen Charakter haben können. In der Regel sind Gesellschaftstänze Paartänze, die einen festgelegten Grundschritt und Variationen in einem bestimmten Rhythmus und Tempo haben. Zu Beginn des 20. Jahrhunderts wurden zunächst die Standardtänze festgelegt: Wiener Walzer, Langsamer Walzer, Quickstep, Slowfox und Europäischer Tango. In der zweiten Hälfte des 20. Jahrhunderts wurden dann auch die lateinamerikanischen Tänze genormt. Neben diesen lateinamerikanischen Tänzen gibt es noch andere Tänze, die sehr beliebt sind, z. B. der Tango Argentino (→ S. 102, 103), die Salsa oder der Rock 'n' Roll.

*Die Tanzhaltung aus beiden Perspektiven*

## Die Tanzhaltung

Beim Paartanz übernimmt eine Person die Führung und eine folgt. Beide begeben sich in eine Tanzhaltung: Die Führenden heben die linke Hand, in die die Folgenden ihre rechte Hand legen. Die rechte Hand der Führenden liegt auf dem Schulterblatt der Folgenden. Die linke Hand der Folgenden ruht auf der rechten Schulter der Führenden.

## Lateinamerikanische Tänze

Cha-Cha-Cha, Rumba, Samba, Jive und Paso Doble gehören in die Kategorie der lateinamerikanischen Tänze. Dabei ist die Herkunft hier nicht unmittelbar entscheidend für die Zuordnung, denn der Jive stammt z. B. aus Nordamerika und der Paso Doble kommt aus Spanien. Vielmehr ist diesen Tänzen gemeinsam, dass die beiden Tänzer ihre Bewegungen zwar aufeinander abgestimmt haben, aber doch unabhängig voneinander ausführen, z. B. indem sie ihre Figuren abwechselnd tanzen oder sich voneinander trennen.

## Die Rumba

Die Rumba stammt aus Kuba, wo sie ihre Wurzeln in der Son-Clave-basierten Musik hat (→ S. 88, 89). Als Modetanz kam sie über Amerika auch nach Europa, wo sich nach dem Zweiten Weltkrieg zwei unterschiedliche Versionen der Rumba entwickelten. Basis für beide ist aber ein langer Seitwärtsschritt und ein Wiegeschritt.

## Musikalische Merkmale der Rumba

Musik, zu der man gut Rumba tanzen kann, hat etwa 25 Takte pro Minute. Das entspricht 100 bpm. Häufig hört man hier entweder die sogenannte Pop-Clave, den ersten Takt der 3/2-Clave (→ S. 88) oder eine deutliche Betonung der Zählzeiten 1, 3 und 4.

### Musikbeispiele für Rumba

Gloria Estefan: I´m Not Giving You Up
Tina Turner: Golden Eye
Ben E. King: Stand By Me
Take That: How Deep Is Your Love
Berlin: Take My Breath Away
Robbie Williams & Nicole Kidman: Something Stupid

### Pop-Clave

**1** Tauscht euch darüber aus, welche Gesellschaftstänze ihr kennt oder schon einmal getanzt habt.

**2** Hört den Song „Stand By Me“ (E 20) und klatscht erst die Pop-Clave dazu und dann auf die Zählzeiten 1, 3 und 4.

**3** Informiert euch im Internet über aktuelle Musik, zu der Rumba getanzt wird, und stellt sie, wenn möglich, in der nächsten Unterrichtsstunde vor.

E 20

## Rumba-Grundschritt

Der Rumba-Grundschritt besteht aus einem langen Seitwärtsschritt nach rechts und einem Wiegeschritt vorwärts, gefolgt von einem Seitwärtsschritt nach links und einem Wiegeschritt rückwärts. Damit beide gemeinsam den Grundschritt tanzen können, beginnen die Folgenden auf Zz 5.

**Schrittfolge: Square-Rumba, Zählzeit (Zz) 1 – 4**

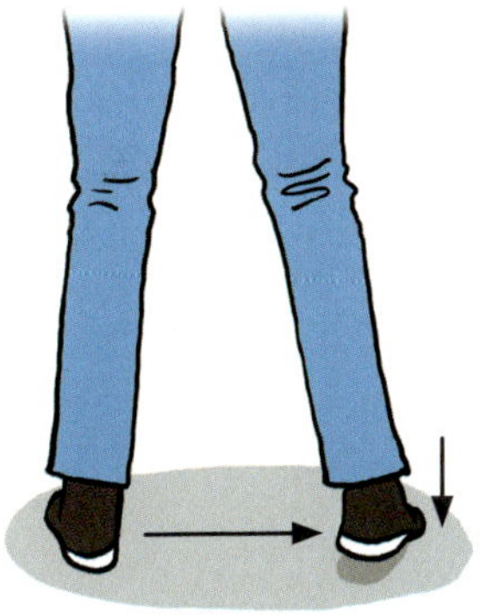

Zz 1
Re belastet
1 Schritt nach re seit
**Seit –**

Zz 2
Pause mit
Gewichtsverlagerung
**wärts**

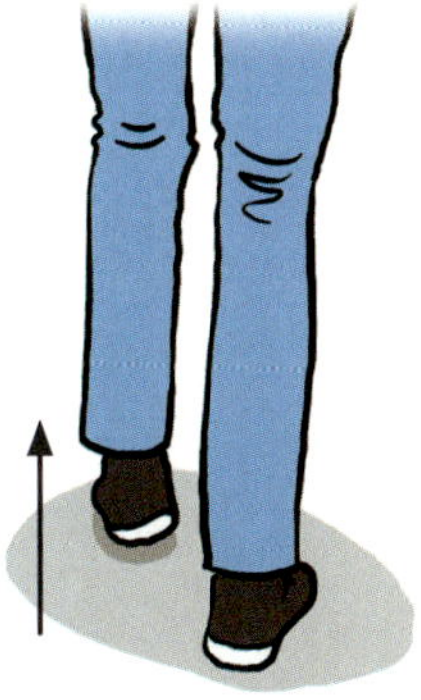

Zz 3
Li belastet
1 Schritt vor
**Wie –**

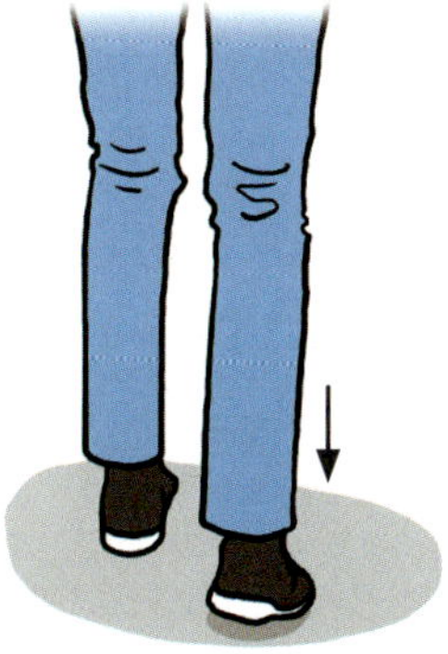

Zz 4
Re belastet
1 Schritt am Platz
**ge**

Zz 5
Li belastet
1 Schritt nach li seit
**Seit –**

Zz 6
Pause mit
Gewichtsverlagerung
**wärts**

Zz 7
Re belastet
1 Schritt zurück
**Wie –**

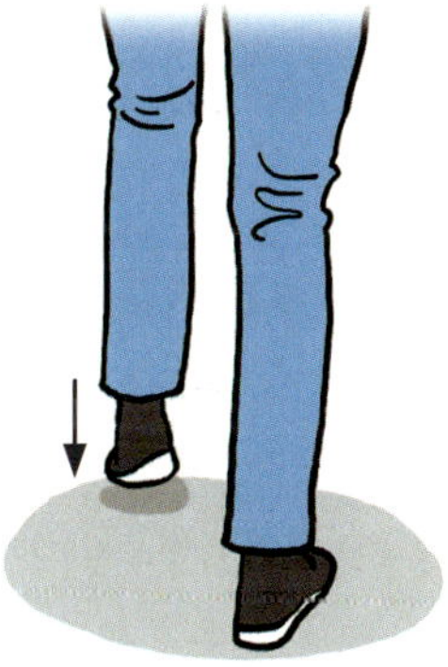

Zz 8
Li belastet
1 Schritt am Platz
**ge**

## Der Tanz der Liebe

Anfangs tanzten Männer auf Kuba die Rumba solistisch und versuchten, sich attraktiv darzustellen, um auf diesem Weg Kontakt zu einer Frau zu finden. Heute hat sich der Tanz weiterentwickelt. Aber von der alten Form hat sich der starke Einsatz der Hüfte erhalten. Und die Rumba ist immer noch bekannt als der „Tanz der Liebe".

**4** Hört den Song „Stand By Me" (E 20) erneut, bewegt euch dazu im Raum und füllt die Pause (Zz 2) mit einer zusätzlichen Bewegung der Hände, einer Begrüßung oder einem anderen akustischen Signal.

**5** Tanzt den Grundschritt in einer Reihe. Achtet besonders auf die Pause (Zz 2).

**6** Bildet Paare und nehmt die Tanzhaltung ein. Tanzt gemeinsam den Grundschritt zur Musik (E 20).

**7** Entwickelt eigene Schritte, die im Rhythmus der Musik (E 20) verlaufen. Denkt daran, dass die Paare sich in lateinamerikanischen Tänzen oft trennen und die gleichen Schritte auch nacheinander tanzen, bevor sie sich wieder zusammenfinden. Stellt eure Ideen vor und bringt sie euch gegenseitig bei.

# Kreistanz: Od lo ahavti dai

Kreistänze haben ihren Ursprung in Volkstänzen und kommen in verschiedenen Kulturen vor. Zunächst wurde bei der Verbreitung von Choreografien akribisch darauf geachtet, dass diese nicht verändert werden. Es entstehen aber inzwischen immer neue Tänze zu alter und aktueller Musik, und auch das Variieren von bekannten Tänzen ist eine gängige Methode geworden. Viele Choreografen sorgen dafür, dass jährlich mehrere hundert Tänze dazukommen, die sich durch Workshops auch in Europa und dem Rest der Welt verbreiten. Eine spezielle Form von Tänzen, bei denen sich die Tänzer auf einer Kreisbahn aufstellen und bewegen, nennt man Kreistanz.

## Die Aufstellung im Kreistanz

## Od lo ahavti dai

„Od lo ahavti dai" ist ein Lied der israelischen Sängerin und Songwriterin Naomi Shemer. Es handelt von dem Wunsch, sein Leben zu leben und es mit all seinen Facetten zu erleben.

*Text und Melodie: Naomi Shemer Übersetzung ins Englische: Theodore Bikel*

E 21

## Der Kreistanz zu „Od lo ahavti dai“

Der Kreistanz zu dem Lied „Od lo ahavti dai“ besteht aus den zwei Formteilen A und B (Refrain), die sich stets abwechseln. Am Schluss wird der B-Teil noch einmal wiederholt.

### Der Mayimschritt

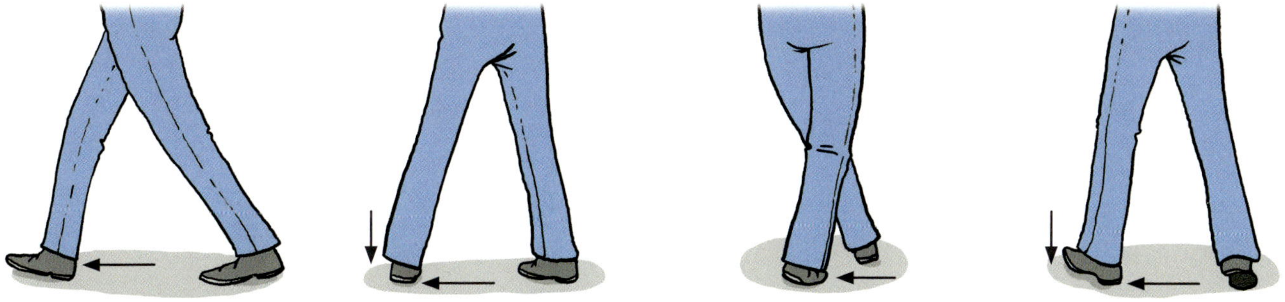

Aufstellung im Stirnkreis mit offener Fassung
Der Tanz beginnt nach einem Intro von 5 ½ Takten, wenn der Sänger zu singen beginnt.

| Zählzeit | Bewegung |
|---|---|
| **A-Teil** | |
| 1–4 | Mayimschritt: Rechts kreuzt vor links – links seit – rechts kreuzt hinter links – links seit |
| 5–8 | Wiederholung des Mayimschritts |
| 1–2 | Wiegeschritt zur Mitte: rechts vor – Belastung zurück auf links, dabei die Hände lösen und die Arme mit den Handflächen nach oben nach vorne führen („geben“) |
| 3–4 | Wiegeschritt rückwärts: rechts rück – Belastung zurück auf links, dabei die Hände zurücknehmen, die Arme zum Körper führen und senken („nehmen“) |
| 5–8 | Wiederholung von Zz 1–4 |
| 2x8 | Alles wiederholen |
| **B-Teil (Refrain)** | |
| 1–4 | 4 Schritte (rechts – links – rechts – links) zur Kreismitte, dabei die Arme von unten nach oben führen, die Finger „flimmern“, der Oberkörper vollzieht die Armbewegung mit und richtet sich zur Mitte hin auf |
| 5–8 | 4 Schritte rückwärts (rechts – links – rechts – links), dabei die Arme senken, der Oberkörper vollzieht die Armbewegung mit und senkt sich wieder |
| 1–4 | In Tanzrichtung (gegen den Uhrzeigersinn): rechts seit – links ran – rechts seit – links ran |
| 5–8 | Ganze Drehung um rechts mit 4 Schritten (rechts – links – rechts – links) |
| 2x8 | Alles wiederholen |

*nach Yankele Levy*

1. Singt das Lied „Od lo ahavti dai“ mit dem englischen Text.
2. Stellt euch in kleineren Gruppen für einen Kreistanz auf. Überlegt, welche Bewegungen allein oder gemeinsam möglich sind. Überlegt auch, wie sich die Kreisaufstellung variieren lässt. Probiert verschiedene Aufstellungen aus. Stellt eure Ergebnisse den anderen Gruppen vor.
3. Singt das Lied erneut und übt den Kreistanz dazu ein. Tanzt ihn auch zur CD (E 21).
4. Überlegt in den Kleingruppen, wie ihr den Tanz variieren könnt. Tragt eure Vorschläge den anderen vor und probiert sie gemeinsam aus.

# Line Dance: Uptown Funk

E 22

Der Song „Uptown Funk" wurde 2014 vom britischen Musikproduzenten Mark Ronson für sein Album „Uptown Special" aufgenommen. Gesungen wird der Song von Bruno Mars. Die Choreografie des Musikvideos von „Uptown Funk" hat viele Menschen dazu inspiriert, zu tanzen und Flashmobs (→ S. 184) zu veranstalten. Der folgende Tanz, der zu „Uptown Funk" getanzt werden kann, ist ein Line Dance, bei dem die Tänzerinnen und Tänzer nebeneinander in einer Reihe gleichzeitig tanzen.

Aufstellung: links belastet, rechts unbelastet

## Seit-tipp-Schritt

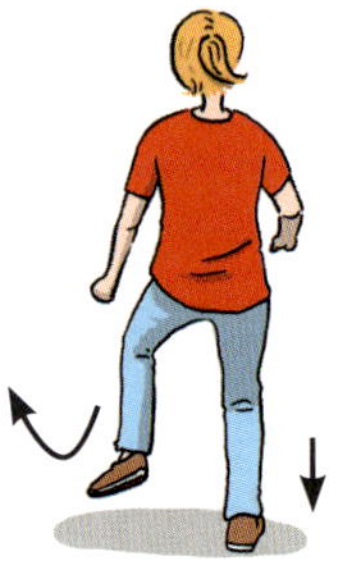

Zz 1 +
Re seit, li tipp
**Rechts – tipp**

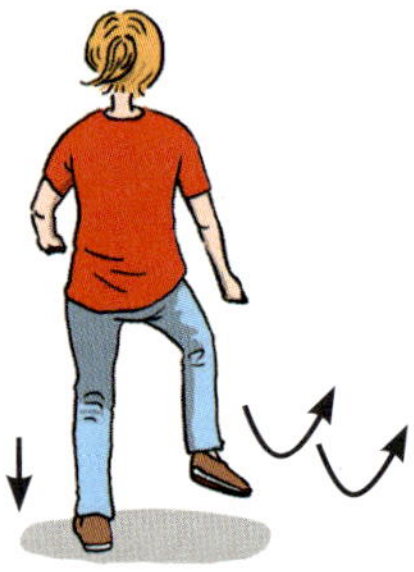

Zz 2 + 3
Li seit, re tipp tipp
**Links – tipp – tipp**

Zz 4 +
Re seit, li tipp
**Rechts – tipp**

## Seit-tipp-Schritt, wechselseitig

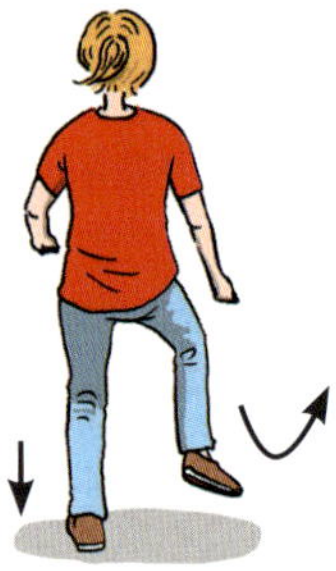

Zz 1 +
Li seit, re tipp
**Links – tipp**

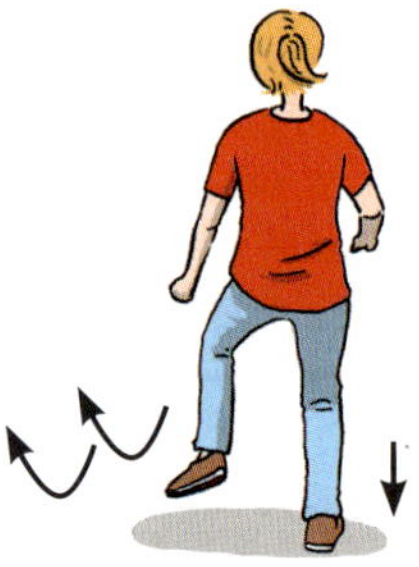

Zz 2 + 3
Re seit, li tipp tipp
**Rechts – tipp – tipp**

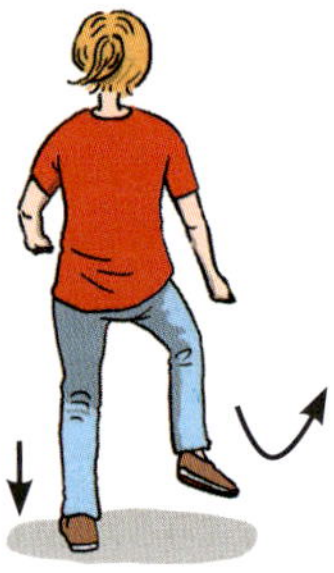

Zz 4 +
Li seit, re tipp
**Links – tipp**

## Vorwärts-Schritt

Zz 1 3
Re vor und re Arm wedelt
**Rechts – wedel**

Zz 2 4
Li vor und re Arm wedelt
**Links – wedel**

## „Stop – wait a minute"-Schritt

Zz 1 2
Re kreuzt vor li, Arme heben
**Stop –**

Zz 3 4
180°-Drehung nach li
**wait a minute**

**1** Hört den Song „Uptown Funk" (E 22) und achtet auf seine Formteile. Hört dann noch einmal das Intro des Songs, klatscht mit und überlegt euch kleine groovy Bewegungen auf der Stelle.

**2** Übt die Tanzschritte zu „Uptown Funk" (E 22) ein. Schaut euch auch ein Tanzvideo an. Lasst zunächst den „Stop – wait a minute"-Schritt aus.

E 22

## *Linksdrehung 180° – Kreuz-rechts-kreuz-links-Schritt (von hinten gezeigt)*

| Zz 1 2 3 4 | Zz 1 | Zz 2 | Zz 3 | Zz 4 |
|---|---|---|---|---|
| 180°-Drehung nach li: re-li-re-li | Re kreuzt vor li und zurück | | Li kreuzt vor re und zurück | |
| **Rechts – links – rechts – links** | **Kreuz – rechts** | | **Kreuz – links** | |

## *Seit-kreuz-seit-tipp-Schritt (von hinten gezeigt)*

| Zz 1 | Zz 2 | Zz 3 | Zz 4 |
|---|---|---|---|
| Re seit | Li kreuzt hinter re | Re seit | Li tipp |
| **Seit** – | **kreuz** – | **seit** – | **tipp** |

## *Links-shake-hüpf-links-tipp-Schritt (von hinten gezeigt)*

| Zz 1 | Zz + | Zz 2 | Zz 2+ | 3 | Zz 4 |
|---|---|---|---|---|---|
| Li tipp | Li Schulter heben, re Schulter senken | Re Schulter heben, ll Schulter senken | mit re hochhüpfen | li seit | re tipp |
| **Links** – | **shake** – | **shake** – | **hüpf** – | **links** – | **tipp** |

**3** Integriert dann den „Stop – wait a minute"-Schritt in euren Tanz. Merkt euch genau, wann die Stelle in der Musik kommt, und übt den Schritt dazu ein. Tanzt danach direkt weiter mit dem Kreuz-Schritt.

**4** Wenn die Melodie des Intro zum zweiten Mal erklingt (E 22), tanzt minimalistisch auf der Stelle. Denkt euch dazu eigene Bewegungen aus.

**5** Tanzt den Line Dance wieder von vorne, wenn der Refrain erklingt.

**6** Wenn der Refrain zum zweiten Mal erklingt, tanzt expressive, freudige, große Bewegungen auf der Stelle.

**7** Denkt euch für den Schluss gemeinsam eine Choreografie aus und übt diese ein.

# Die Stadt als Bühne: Flashmob

„Die Menschen sammeln sich spontan: Dutzende, Hunderte, irgendwo, irgendwann.

Dann stellen sie kurz ein paar skurrile Dinge an und verschwinden wenige Augenblicke später wieder im Nichts.

Sogenannte Flashmobs, die sich weltweit immer häufiger in den Großstädten bilden, sind ein Riesenspaß – mit revolutionärem Potenzial."

*Mario Sixtus, Journalist*

*Symphonic Mob in Berlin 2017*

## Was ist ein Flashmob?

Der Flashmob ist eine Form der Aktionskunst und eine Wortkreation aus den englischen Wörtern „flash" (Blitz) und „mob" (Menschenansammlung). Bei einem Flashmob versammeln sich scheinbar spontan Menschen in der Öffentlichkeit für die Ausübung einer gleichzeitigen und synchronen Aktivität. Dazu eignet sich jeder Ort, wie z. B. Bahnhöfe, Bibliotheken oder öffentliche Plätze einer Stadt, wo zufällige Passanten zu Zuschauern werden können. Die Planungen und Absprachen eines Flashmobs finden im Vorfeld über soziale Netzwerke und mobile Kommunikation statt. Am vereinbarten Ort zur vereinbarten Zeit findet zwischen den Teilnehmenden keine Kommunikation statt, sodass es für die Zuschauer zu einem scheinbar zufälligen und blitzartigen Ereignis mit Event-Charakter kommt. Nach der vereinbarten Aktionsdauer verlieren sich die Teilnehmer dann wieder in der Menge, aus der sie sich für das kurze scheinbar zufällige Ereignis zusammengefunden haben.

## Formen des Flashmobs

Der Symphonic Mob ist eine Art Spontanorchester, das für einen musikalischen Flashmob zusammentrifft. Eine weitere Form des Flashmob ist der sogenannte Smartmob, der durch eine Aktion im öffentlichen Raum politische oder gesellschaftliche Ziele verfolgt. Deshalb gibt es beim Smartmob im Unterschied zum traditionellen Flashmob auch eine mediale Nachbereitung der Aktion.

**1** Lest die Informationstexte und tragt die Merkmale eines Flashmob zusammen.

**2** Schaut euch vor dem Hintergrund der erarbeiteten Merkmale verschiedene Flashmobs im Internet an und tauscht euch darüber aus, welches Merkmal ihr besonders überzeugend umgesetzt findet.

**3** Recherchiert im Internet, ob es einen Symphonic Mob in eurer Stadt gibt.

**4** Plant euren eigenen Flashmob: Überlegt euch eine Aktivität, die im Zentrum steht, einen Ort, an dem der Flashmob stattfindet, und berücksichtigt auch die Merkmale eines Flashmobs.

# Die Straße als Bühne: Straßenmusik

*Vladyslav im Berliner Hauptbahnhof*

## *Interview mit dem Straßenmusiker Vladyslav*

### 1. Seit wann bist du Straßenmusiker und wie bist du dazu gekommen?

Ich mache seit zwei Jahren Straßenmusik, seitdem ich in Berlin lebe. Ich mache aber schon seit meinem achten Lebensjahr Musik. Als Kind habe ich in der Ukraine, wo ich geboren und aufgewachsen bin, mit Akkordeon angefangen. Später habe ich in Kiew Klarinette, Dirigieren und Kunsttherapie studiert. 2019 bin ich nach Deutschland gekommen, weil ich als Klarinettist im Orchester spielen wollte. Als ich aber bemerkt habe, dass es für mich in Deutschland schwierig wird, eine Stelle zu finden, habe ich angefangen, Saxofon zu lernen. Zu Hause konnte ich nicht üben, weil ich damit die Nachbarn gestört hätte. Und als ich gesehen habe, dass Musiker auf der Straße spielen, habe ich mir gedacht, dass es ein guter Platz ist, um Saxofon zu üben. Außerdem ist es eine gute Werbekampagne, denn manchmal werde ich auch angesprochen und für die musikalische Umrahmung auf Hochzeiten und Geburtstagen gebucht. Darüber freue ich mich natürlich ganz besonders.

### 2. Wieviel Geld nimmst du täglich ein? Kannst du von dem Geld leben, das du verdienst?

Die Einnahmen hängen von verschiedenen Faktoren ab. Der Standort und das Wetter spielen eine große Rolle. Bei Regenwetter z. B. verdiene ich nicht so gut und an Standorten, wo viele Touristen sind, verdiene ich besonders gut. Deshalb spiele ich gerne am Alexanderplatz, am Hackeschen Markt oder auch am Brandenburger Tor – dort ist die Akustik sehr gut. Von den Einnahmen kann ich die Miete für mein Zimmer zahlen, Lebensmittel und die Monatskarte für den öffentlichen Nahverkehr.

### 3. Gibt es Regeln, an die du dich halten musst?

Auf der Straße in Berlin darf man an einem Ort nur 30 Minuten spielen, danach muss man den Platz wechseln mit mindestens 200 m Abstand zum vorherigen Spielort. Außerdem gibt es Ruhezeiten zwischen 13:00 und 15:00 Uhr und nach 21:00 Uhr. Für das Musizieren in den U-Bahn-Stationen in Berlin benötigt man eine Genehmigung, die man für 25 Euro kaufen kann und die eine Woche lang gültig ist.

### 4. Wie reagieren die Leute auf deine Musik?

Die Reaktionen sind sehr unterschiedlich. Einige Menschen bedanken sich, klatschen Beifall, schenken mir Schokolade oder einen Kaffee. Ich habe auch schon erlebt, dass Menschen geweint oder getanzt haben. Manche Reaktionen sind auch nicht so schön, z. B. wenn Betrunkene anfangen zu schreien oder wenn mir das Geld aus dem Koffer geklaut wird. Grundsätzlich beobachte ich, dass sich vor allem ältere Leute und Kinder für mein Spiel interessieren. Sie bleiben oft und lange stehen und hören mir zu.

### 5. An welches Erlebnis als Straßenmusiker erinnerst du dich besonders gerne?

Eine Zeitlang spielte ich immer wieder an einem bestimmten Ort auf der Straße und einmal kam eine ältere Dame, hörte mir sehr lange zu und fing an zu weinen. Als ich sie ansprach, um zu erfragen, was passiert sei, erzählte sie mir, dass sie im Haus gegenüber wohne und dass ihrem Mann mein Spielen immer sehr gefallen hätte. Er sei vor ein paar Tagen verstorben. Sie wünschte sich, dass ich auf seiner Beerdigung spielte, was ich dann wirklich tat. Sie war sehr glücklich darüber. Es ist schön zu erleben, dass das Musizieren auf der Straße Menschen so tief berühren kann.

**1** Schaut euch ein Video von Vladyslav an. Beobachtet, an welchen Orten in Berlin er spielt. Wie gefällt euch die Musik?

**2** Sammelt auf der Grundlage des Interviews mit Vladyslav und euren eigenen Erfahrungen mit Straßenmusikern Argumente dafür, dass die Straße eine Bühne ist.

**3** Beobachtet Straßenmusik in eurer Stadt und befragt die Musiker oder Passanten nach ihren Erfahrungen, den öffentlichen Raum als Bühne zu erleben.

# Tosca – ein Opern-Politthriller

E 23 – 25

## *Die Oper „Tosca" – Wie alles beginnt*

Rom im Jahre 1800: Das Experiment der Römischen Republik, aufgebaut nach den Idealen der Französischen Revolution, ist gescheitert. Die verantwortlichen Politiker werden von den antirevolutionären Polizeitruppen des Papstes verfolgt. Cesare Angelotti gelingt jedoch nach seiner Verhaftung die Flucht aus der Engelsburg, dem päpstlichen Gefängnis. Er findet ein Versteck in einer Kirche, bei seinem Freund, dem Kirchenmaler Mario Cavaradossi. An diesem Ort beginnt nun die Oper von Giacomo Puccini (1858 – 1924) um die Sängerin Floria Tosca, die keine der drei Hauptfiguren überleben wird …

*Originalplakat zur Uraufführung von Tosca 1900 in Rom*

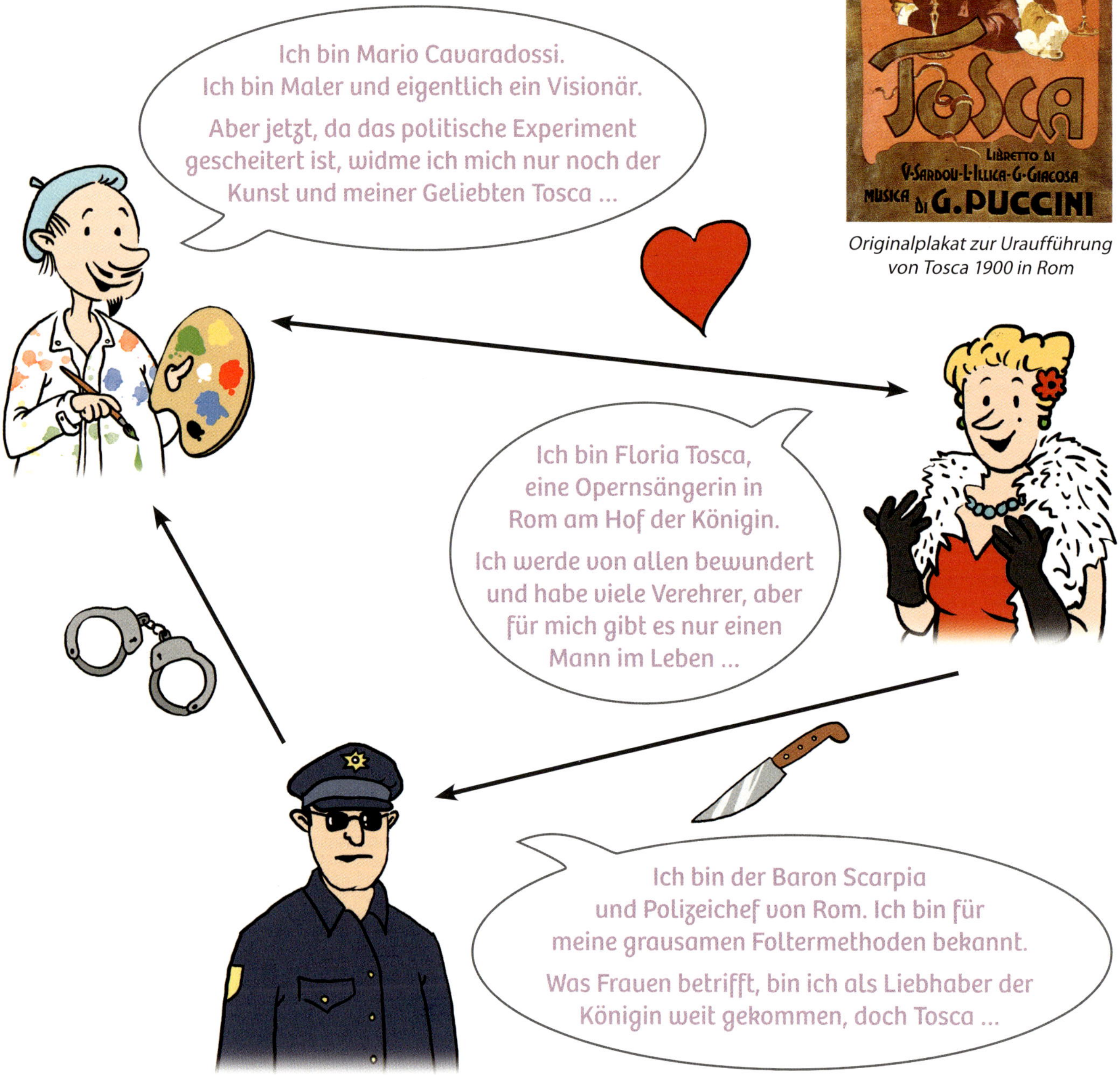


**1** Versetzt euch in eine der drei Rollen Cavaradossi, Tosca oder Scarpia und formuliert einen Satz, den diese Figur zu den jeweils anderen beiden Hauptfiguren sagen könnte.

**2** Ordnet jeder Hauptfigur eins der drei Hörbeispiele zu (E 23 – 25). Begründet eure Zuordnung.

**3** Stellt ausgehend von dem Plakat und der Abbildung der Hauptfiguren Vermutungen an, worum es in der Oper „Tosca" geht und setzt die Texte in den Sprechblasen fort.

## Tosca und die Eifersucht

Als Angelotti aus seinem Versteck in der Kirche hervorkommt, erkennt Mario, dass Angelotti ein alter Freund ist. Gemeinsam planen sie die weitere Flucht Angelottis hinter der verschlossenen Kirchentür. Floria Tosca, die Geliebte Marios, kommt zur Kirche und wundert sich, dass die Tür verschlossen ist, obwohl sie von innen Stimmen hört. Sie ruft Mario, der ihr schließlich die Tür öffnet, und Tosca betritt die Kirche. Als sie das Frauen-Porträt sieht, an dem Mario gerade arbeitet, wird sie erst recht eifersüchtig, weil das Gemälde nicht aussieht wie sie …

*Rudolf Wiegmann: Rom mit Blick auf den Petersdom und die Engelsburg (1834)*

## Auszug aus dem Libretto

**TOSCA** *(ruft zornig von draußen)*
Mario! Mario! Mario!

**CAVARADOSSI** *(öffnet das Tor)*
Hier bin ich ...

**TOSCA** *(tritt wütend ein, schiebt schroff Cavaradossi beiseite, der sie umarmen will, und schaut sich argwöhnisch um)*
Warum ist hier verschlossen? Mit wem sprachst du?

**CAVARADOSSI**
Mit dir!

**TOSCA**
Geflüstert hast du.
…

*Giuseppe Giacosa, Luigi Illica*

## Das Tosca-Motiv[W]

*Giacomo Puccini*

4 Überlegt euch, in welchen Situationen ihr eifersüchtig seid und wie ihr euch dabei fühlt.

5 Geht von dem Libretto-Auszug aus, sucht euch einen Partner und führt den Dialog zwischen Tosca und Mario in der Kirche fort.

6 Übt die 8-taktige Melodie des Tosca-Motivs ein. Präsentiert euren Dialog zwischen Tosca und Mario und spielt das Tosca-Motiv als Ouvertüre dazu. Achtet darauf, dass die Melodie in dem Moment endet, in dem Tosca die Kirche betritt.

7 Findet im Internet eine Inszenierung (→ S. 190) dieser Szene und vergleicht sie mit eurem Dialog.

# Tosca, II. Akt

E 23–26

## Im Polizeipalast

Inzwischen hat die Polizei die Flucht Angelottis bemerkt und ihn zur Fahndung ausgeschrieben. Sie kann zwar nicht Angelotti selbst finden, hat jedoch Mario verhaftet, der als Fluchthelfer Angelottis identifiziert worden ist. Mario wird von Scarpia zur Rede gestellt …

## Folter – Erpressung – Mord

Mario leugnet, etwas von Angelottis Verbleib zu wissen, und wird deswegen von Scarpia gefoltert. Scarpia hat Tosca eingeladen; unter den Folterschreien ihres Geliebten gibt sie schließlich das Versteck Angelottis preis. Mario wird daraufhin zunächst von der Folter erlöst. Dann trifft jedoch die Nachricht über eine politische Wendung ein. Vor Wut darüber will Scarpia Mario hinrichten lassen. Tosca versucht durch ein Abkommen mit Scarpia, Marios Hinrichtung abzuwenden und seine Freiheit zu erwirken: Marios Erschießung soll nur vorgetäuscht werden. Den Preis dafür zahlt Tosca, die sich einverstanden erklärt, sich Scarpia hinzugeben. In dem Moment, in dem Scarpia sie an sich zieht, stößt sie ihm ein Messer in die Brust und tötet ihn.

## Fernorchester und Fernchor

Ein Fernorchester bzw. ein Fernchor ist ein Ensemble, das für das Publikum nicht sichtbar ist und die Szene klanglich aus der Ferne untermalt. Ein Fernchor singt z. B. hinter der Bühne oder in den Gängen des Zuschauerraums. Damit wird ein räumlicher Klangeffekt erzielt, der auf der Bühne oder vom Orchestergraben aus nicht möglich wäre.

**1** Hört die Musik der Szene, in der Scarpia Mario zur Rede stellt (E 26). Welche musikalischen Mittel setzt Giacomo Puccini zur Vertonung der Szene ein?

**2** Tragt alle Informationen, die ihr bisher über die drei Hauptfiguren Tosca, Scarpia und Mario habt, zusammen und erweitert die Aussagen der Figuren von S. 186.

**3** Entscheidet euch für eine der drei Figuren und setzt euch szenisch mit dieser Rolle auseinander: Erarbeitet charakteristische Gangarten sowie stehende und sitzende Haltungen der Rolle.

**4** Sucht aus den drei vorgegebenen Ausrufen denjenigen aus, der am besten zu eurer Rolle passt, und baut ihn in eure szenische Darstellung ein.

**5** Gestaltet in Dreiergruppen ein Standbild, in dem alle drei Rollen vertreten sind. Berücksichtigt neben den erarbeiteten Charakteristika der jeweiligen Rolle auch die Beziehung der Figuren zueinander.

**6** Präsentiert das Standbild zu den drei Hörbeispielen E 23–25 (vgl. S. 186). Beschreibt, wie sich eure Wahrnehmung des Standbilds durch die verschiedenen Hörbeispiele verändert.

# Tosca, III. Akt

E 27

## Das Ende

Die Hinrichtung Marios wird auf der Engelsburg vorbereitet. Er schreibt einen Abschiedsbrief an Tosca. Tosca macht sich auf den Weg zu Mario, um mit ihm die Scheinhinrichtung zu planen. Sie weist ihn an mitzuspielen und erzählt ihm, wie sie danach gemeinsam mit ihm in die Freiheit fliehen will. Aber nach dem Erschießungskommando wird Tosca klar, dass Scarpia sie betrogen hat, denn Mario ist wirklich tot. Zwischenzeitlich ist Scarpias Ermordung entdeckt worden. Als Tosca mit den Rufen „Teuer wirst sein Leben Du bezahlen" verhaftet werden soll, erwidert sie „Mit dem meinen!" und stürzt sich von der Brüstung der Engelsburg.

## Wissen kompakt

### Arie und Rezitativ

Die **Arie** ist ein Sologesangsstück mit instrumentaler Begleitung des Orchesters. Der Begriff kommt von dem ital. Wort „aria" (Luft). In einer Arie werden vor allem Gefühle und Stimmungen transportiert. Typisch für Arien sind ihr lyrischer Charakter, kunstvolle Verzierungen und Wiederholungen in der Melodie und im Text. Demgegenüber ist das **Rezitativ** eine Art Sprechgesang, das die Handlung einer Oper vorantreibt. Nicht nur die Solostimme, sondern auch die Begleitung ist beim Rezitativ schlichter als bei der Arie.

## Übersetzung der Arie „E lucevan le stelle"

Und es leuchteten die Sterne,
und es duftete die Erde,
es schnarrte die Gartentür
und Schritte streiften über den Sand.
Sie trat duftend ein,
sank mir in die Arme.

Oh, süße Küsse, oh, sehnsüchtiges Liebkosen,
während ich bebend den schönen Körper enthüllte!
Für immer ist mein Liebestraum verschwunden.
Die Stunde ist vorbei und ich sterbe verzweifelt!
Und hab das Leben niemals so sehr geliebt!

## E lucevan le stelle, Auszug

Text: Guiseppe Giacosa, Luigi Illica Melodie: Giacomo Puccini

**1** Lest den deutschen Text der Arie „E lucevan le stelle", die Mario singt, und formuliert eine Hörerwartung.

**2** Hört die Arie (E 27) und nennt die beteiligten Instrumente.

**3** Erläutert mithilfe des Partiturausschnitts musikalische Merkmale der Arie. Achtet auf die Melodieführung, die Dynamik und die Agogik[W].

**4** Entwerft eure eigene Inszenierung der Arie, indem ihr ein Musikvideo produziert. Nehmt dafür die Rolle Marios ein und filmt euch gegenseitig, während ihr als Mario einen Brief an Tosca formuliert. Unterlegt die gefilmte Szene mit Musik, die ihr an Marios Stelle in der Situation hören würdet.

# Tosca – ein Inszenierungsvergleich

Tosca-Inszenierung von Alessadro Talevi, 2015, Teatro dell opera di Roma

### Inszenierung

Unter Inszenierung versteht man den Prozess der Gestaltung eines Stücks und dessen öffentliche Darbietung. Die Inszenierung bedient sich äußerer Mittel, um die Aussage eines Stücks wirkungsvoll zu gestalten. So kann eine Inszenierung bestimmte Aspekte eines Werks oder einer Rolle hervorheben oder auch Bezüge zur Gegenwart herstellen. Zu den zentralen Gestaltungsmitteln einer Inszenierung gehören neben dem Bühnenbild und den Kostümen die Bewegung und Interaktion der Akteure im Raum sowie Licht, Ton und Maske. Die Inszenierung ist also eine eigenständige künstlerische Tätigkeit, die ein Regisseur ausübt.

## Aus einer Rezension der „Tosca"-Inszenierung von Andreas Kriegenburg

„Mit übermächtigen Vorbildern und namentlich der Konkurrenz der originalen Schauplätze in Rom muss sich auch jede Inszenierung der ‚Tosca' herumschlagen. Andreas Kriegenburg verzichtet im eindrucksvollen Bühnenbild von Harald Thor auf alle konkreten Ortsbezüge – kein Palazzo Farnese, keine Engelsburg (und folglich auch kein finaler Tosca-Sprung). Stattdessen versucht er das Geschehen durch zeichenhaft überhöhte Räume auf die eigentlichen Handlungsmotive zu konzentrieren. Das gelingt im ersten Aufzug bezwingend, nicht zuletzt dank der beredten Kostüme von Tanja Hofmann. Auch die Video-Überblendung eines mittelalterlichen Madonnenbildes von Antonello da Messina mit einem Kate-Moss-Porträt von Olga Tobrulets geht auf. Im zweiten Akt ist die Bühne dann zeitweise quergeteilt, um die Folterung Cavaradossis […] parallel zur Seelentortur Toscas durch Scarpia zu visualisieren."

*Christian Wildhagen*

Tosca-Inszenierung von Andreas Kriegenburg, 2011, Theater Frankfurt

**1** Vergleicht die Abbildungen der beiden Inszenierungen der Oper „Tosca". Achtet auf das Bühnenbild, die Kostüme und die Beleuchtung.

**2** Informiert euch über die „Tosca"-Inszenierungen und findet heraus, was den Regisseuren bei der jeweiligen Inszenierung wichtig war.

**3** Lest den Auszug aus der Rezension der „Tosca"-Inszenierung von Andreas Kriegenburg und stellt Vermutungen an, was der Regisseur dem Publikum mit seiner Inszenierung vermitteln wollte.

**4** Welche Aspekte der Oper „Tosca" findet ihr heute relevant und wie würdet ihr diese Aspekte als Regisseure inszenieren?

# Oper für alle?!

> Erfolg ist, wenn wir Menschen, die noch nie in der Oper waren, für dieses besondere Genre begeistern können. Wenn diese Menschen sich und ihre Emotionen in den dargebotenen Arien und Duetten wiederfinden und das uns gegenüber auch ausdrücken. […] Ich sehe mich da als Möglichmacher und in der Rolle des Brückenbauers zwischen der Hochkultur und der vielfältigen Stadtgesellschaft.
>
> *Mustafa Akça , Leiter von Opern-Projekten*

> Aufgrund der theaterpolitischen Situation momentan in Deutschland, in der zunehmend Opernhäuser geschlossen werden, weil weniger Menschen in die Oper gehen und sich damit nicht mehr identifizieren, ist es total wichtig, dass man neue Formen und neue Modelle findet, die Hochkultur in die Stadt hineinzubringen und das gemeinsam und zeitgemäß zu leben.
>
> *Thalia Kellermeyer, Leiterin einer Community-Oper*

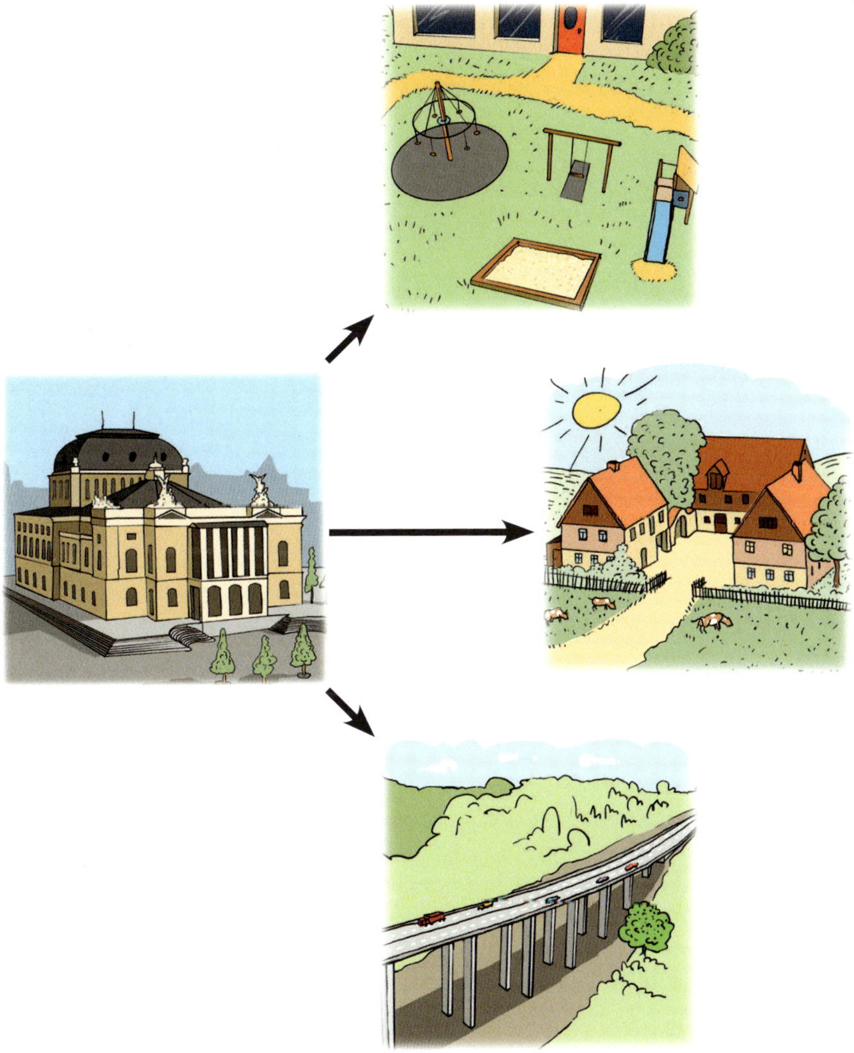

## Oper nur auf der Opernbühne?

Meistens findet Oper in Opernhäusern auf entsprechend technisch ausgestatteten Bühnen statt. Aber es gibt zunehmend Initiativen (z. B. Pop-Up-Opera) und Bewegungen (Community-Oper), die nicht die Menschen ins Opernhaus bringen möchten, sondern die Oper zu den Menschen. Es geht darum, die Oper alltäglicher zu machen, sie also z. B. in der U-Bahn, auf dem Land oder im Supermarkt stattfinden zu lassen. Die Community-Oper möchte, dass die Menschen nicht einfach nur Zuschauer einer Oper sind, sondern sie möchte die Menschen aktiv in die Opernproduktion mit einbeziehen. Die Zuschauer übernehmen also selbst eine Rolle in dem Stück. Oft wird die Musik und die Handlung der Oper auch gemeinsam mit den Teilnehmern der Community-Oper entwickelt. Das Ziel dieser Bewegungen ist es, allen Menschen, unabhängig vom Alter und den finanziellen Möglichkeiten, Oper als eine künstlerische Erfahrung zu ermöglichen.

**1** Überlegt mithilfe der Zitate und vielleicht sogar aufgrund eigener Erfahrungen, vor welchen Herausforderungen die Oper heutzutage steht.

**2** Schaut euch Beispiele an, in denen Oper woanders stattfindet, und vergleicht sie miteinander.

**3** Überlegt euch einen Ort für eine eigene Community-Oper und entwickelt ein Konzept.

# Der Broadway und das Musical

*Der Broadway um 1928*

## Der Broadway und seine Geschichte

Der Broadway ist ein Theaterviertel mit 41 Theatern rund um den Times Square im Stadtteil Manhattan in New York. Bereits Ende des 19. Jahrhunderts wurde am Times Square ein erstes Theater erbaut und es folgten viele weitere Theater-Neugründungen, insbesondere zwischen 1910 und 1930. Zunächst wurden dort vor allem Theaterstücke und Operetten gespielt. Die Shows berücksichtigten zunehmend zeitgenössische Technologien, Elemente des Jazz und zeitgenössische Musikrichtungen. Auch Jazz-Standards (→ S. 137) wurden auf den Bühnen des Broadway bekannt.

Mit dem Musical entwickelte sich eine neue Form des Musiktheaters, die ihre Blütezeit am Broadway zwischen 1930 und 1960 hatte. Ein wichtiger Komponist der Anfangszeit des Musicals war George Gershwin (z. B. „Funny Face" oder „Strike Up The Band"). Bis heute gilt der Broadway als Zentrum der Musicalwelt.

## Broadway an der Ruhr

Für die deutsche Inszenierung des Musicals „Starlight Express" in Bochum wurde 1988 extra eine Halle gebaut, damit die Darsteller auf Rollschuhen auf einer überdimensionierten Bühne fahren können.

*Die Rollschuhbühne von Starlight Express*

*Der Broadway heute*

## Das Musical

Das Musical ist eine populäre Form des Musiktheaters, bei der die drei Elemente Tanz, Musik und Bühnenshow zu einem Gesamtkunstwerk verbunden werden. Typisch für das Musical ist eine aufwendige Ausstattung sowohl beim Bühnenbild als auch bei den Kostümen. Weil die Musicalproduktionen so aufwendig sind, finden die Vorstellungen in speziell ausgestatteten Theaterhäusern statt und werden dort über viele Jahre mit mehreren Vorstellungen pro Tag gezeigt. Damit unterscheidet sich das Musical von einem sogenannten Repertoire-Theater, das verschiedene Stücke auf dem Programm hat, die einmal im Jahr wechseln. So wird z. B. das Musical „Das Phantom der Oper" des Komponisten Sir Andrew Llyod Webber seit 1986 am Broadway gespielt und gilt damit als das erfolgreichste Musical aller Zeiten.

1 Vergleicht die beiden Bilder vom Broadway miteinander. Wo seht ihr Parallelen und was hat sich verändert?

2 Informiert euch im Internet über die aktuellen Shows am Broadway.

3 Recherchiert im Internet über die unterschiedlichen Berufe bei einer Musicalproduktion. Ordnet die einzelnen Berufe den drei Elementen Tanz, Musik und Bühnenshow zu.

4 Recherchiert im Internet, welche Musicalproduktionen aktuell in Deutschland laufen.

# A Chorus Line

## Konkurrenzkampf zwischen Tänzern

In dem Musical „A Chorus Line" geht es um die berufliche Situation von Chor-Tänzern am Broadway in den 1970er-Jahren. Chor-Tänzer sind gut ausgebildete, aber unterbezahlte Darsteller, die meistens in Hintergrundformationen tanzen. In den 1970er-Jahren gab es plötzlich nur noch wenig neue Musical-Produktionen am Broadway, sodass die Arbeitsplätze für Tänzer knapp wurden. „A Chorus Line" handelt von einem Casting für eine Musical-Produktion und bringt so den Konkurrenzkampf unter den Darstellern, der eigentlich hinter der Bühne stattfindet, auf die Bühne. Das Musical „A Chorus Line" lief von seiner Uraufführung am 25. Juli 1975 bis zum 28. April 1990 am Broadway und zählte damit zu einem der erfolgreichsten Broadway-Musicals.

*Tänzer tanzen das Finale „One".*

## Wissen kompakt

**Choreografie**

Während eine Komposition das Konzept eines Musikstücks ist, ist eine Choreografie das Konzept einer tänzerischen Darbietung. Der Choreograf oder die Choreografin ist also die Person, die ein Tanzstück erfindet und gestaltet. Sie ist Autor und Regisseur zugleich.

## Gestaltungstipps für eine Choreografie

1. Formation (z. B. V-Form, Reihe, Schwarm)
2. Schrittfolgen
3. Arm- und Kopfbewegungen (mit Hut)

## „One" – die finale Szene

Am Ende der Geschichte von „Chorus Line", nachdem der Regisseur Zach die Auswahl der engagierten Tänzer bekanntgegeben hat, führt das Ensemble das große Finale „One" auf.

*Marvin Hamlisch Arrangement: Eva Maria Tralle*

**1** Schaut euch die Choreografie des Stücks „One" an und merkt euch drei Elemente, z. B. Schrittfolgen oder Hutbewegungen.

**2** Überlegt euch in Gruppen eine eigene achttaktige Choreografie zur Musik von „One". Baut dabei mindestens ein Element ein, das ihr euch aus der originalen Choreografie gemerkt habt.

**3** Übt das Arrangement von „One" auf Instrumenten ein. Spielt die Musik zu euren Choreografien.

# We Will Rock You

E 28

## Ein Jukebox-Musical

Bei einem Jukebox-Musical existiert die Musik schon vor dem Musical. Sie wird nicht extra für ein Musical komponiert. Stattdessen dienen bereits existierende Songs als Grundlage, um die herum eine Geschichte konstruiert wird. Oft rankt sich die Geschichte dann um die Biografie des Sängers (z. B. „Piaf, je t'aime") oder um den Inhalt eines Songs (z. B. „Mamma Mia!"). Weil bei einem Jukebox-Musical am Anfang die Musik steht, verweist es oft auf ein bestimmtes Musik-Genre. So sind in dem Musical „We Will Rock You" die Hits der Rockband Queen das musikalische Grundgerüst.

## Zur Handlung von „We Will Rock You"

Die Geschichte von „We Will Rock You" spielt in der Zukunft, auf dem Planeten eBay. Das herrschende Unternehmen Global Soft Corporation unter Führung der Vorsitzenden (die Killer Queen) hat dort eine kommerzielle Diktatur errichtet, in der die von dem Unternehmen programmierte Musik jede andere Kultur verdrängt hat. Musikinstrumente und analoge Musikproduktion sind verboten. Eine Gruppe Jugendlicher (die Bohemians) verschwört sich gegen das Regime, weil sie sich einig sind, dass die programmierte Musik, die sie umgibt, keine wahre Musik ist. Sie sind überzeugt davon, dass wahre Musik nur aus Liebe entstehen kann, und feiern sie in dem Song „Crazy Little Thing Called Love".

*Das Dominion Theater in London*

## 12-taktiges Harmonieschema von „Crazy Little Thing Called Love"

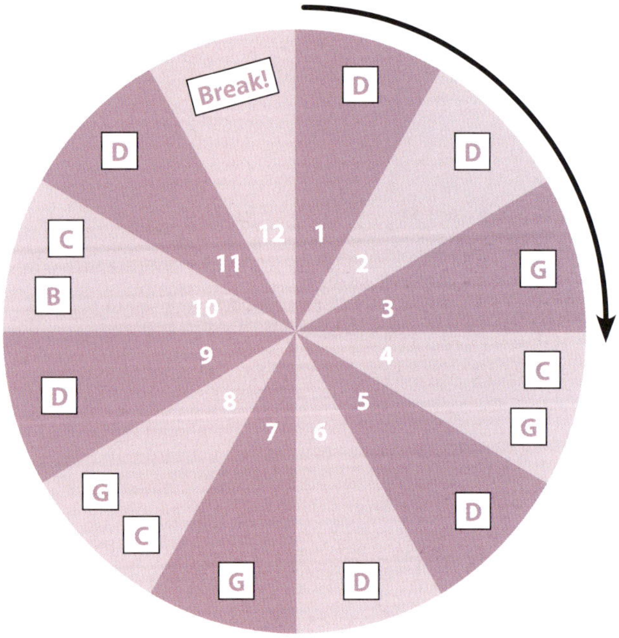


## Queen

Queen ist eine britische Rockband, die sich 1977 gründete. Die ursprüngliche Besetzung mit dem Sänger Freddie Mercury, Brian May (Gitarre), Roger Taylor (Schlagzeug) und John Deacon (Bass) blieb zwei Jahrzehnte bestehen. Zu den bekanntesten Songs der Band zählen „We Are The Champions", „We Will Rock You", „Radio Ga Ga" und „Bohemian Rhapsody". Die ausgefallenen Outfits und speziellen Bühneninszenierungen haben die Konzerte sowie die Band selbst zu einer Legende werden lassen.

*Schallplattencover von Queen*

**1** Stellt euch vor, die Musik, die ihr mögt, wäre plötzlich verboten. Überlegt euch, was euch eure Musik bedeutet, und formuliert daraus Slogans, mit denen ihr gegen ein solches Verbot demonstrieren würdet.

**2** Übt das 12-taktige Harmonieschema von „Crazy Little Thing Called Love" auf einem Akkordinstrument ein oder nutzt zum Spielen der Akkorde eine E-Gitarren-App.

**3** Spielt das Harmonieschema zu jeder Strophe des Songs (E 28) und gestaltet den Soloteil mit Luftgitarre und euren Slogans.

**4** Vergleicht dieses Harmonieschema mit dem Standard-Bluesschema (→ S. 227). Wo treten Abweichungen auf?

Wer Luftgitarre spielt, kann kein Gewehr in der Hand halten.

Brian May

## Fortsetzung der Handlung von „We Will Rock You“

Die Bohemians werden gefangengenommen. Nur Scaramouche und Galileo können entkommen und machen sich die Befreiung der übrigen Bohemians und die Rettung der analogen Musik zur Aufgabe. Bei ihrer Suche treffen sie auf ihren früheren Bibliothekar, der ihnen wertvolle Hinweise gibt: Er erzählt ihnen von der Band Queen, die vorausschauend ihre Musikinstrumente versteckte, damit zukünftige Rebellen diese finden und sie als Waffe gegen die Gleichschaltung der Musik einsetzen. Aus diesen Hinweisen und Galileos Träumen entschlüsseln sie, dass ihr Weg sie zum Wembley Stadion führt, wo sich die letzten Musikinstrumente befinden müssen. Als sie dort zunächst nur Schutt und Asche vorfinden, sind sie enttäuscht. Aber Scaramouche spornt Galileo an, ohne Instrument zu musizieren. Dieser beginnt, den Beat zu stampfen („We Will Rock You“), und plötzlich offenbart sich ihnen eine elektrische Gitarre als größte Freiheitswaffe. Schließlich siegt die Kraft der Rock-Musik über das Regime der Killer Queen, und die Bohemians werden befreit.

Ich weiß noch, wie Freddie mit so einer kompletten Zettelwirtschaft ankam […]; und wie er dann in die Klaviertasten haute […] Er spielte ungefähr so Klavier, wie die meisten anderen mit dem Schlagzeug umgehen würden. Und dieser Song, den er da mitbrachte, hatte noch etliche Lücken. Er sagte, da würde noch etwas Opernhaftes fehlen und so weiter… Die Harmonien hatte er in seinem Kopf ausgearbeitet.

*Brian May erinnert sich an die Entstehung von „Bohemian Rhapsody“.*

## Bohemian Rhapsody

„Bohemian Rhapsody“ ist ein Song von Freddie Mercury, der 1975 auf dem Album "A Night In The Opera" erschien. Die Komposition vereint Elemente aus Oper, Ballade und Hardrock und belegte wiederholt viele Wochen lang die Spitze der britischen Singlecharts. Neben dem rätselhaften Text ranken sich Legenden um die Entstehungsgeschichte des Songs. Sowohl der Song als auch der gleichnamige Film (2018) sind bis heute weltweit erfolgreich.

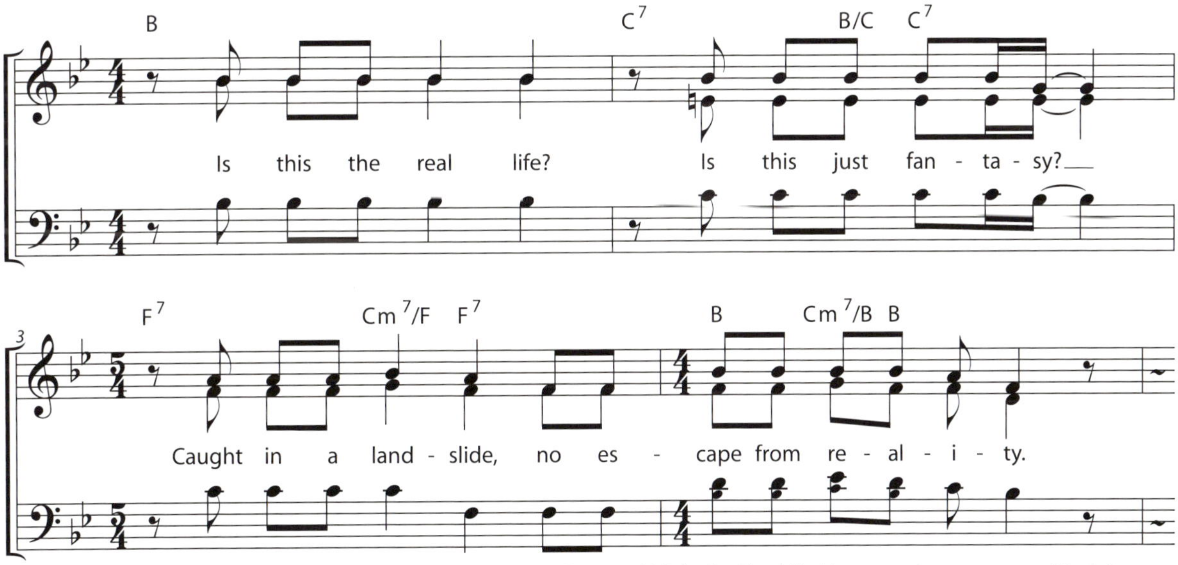


*Text und Melodie: Freddie Mercury Arrangement: Mark Brymer*

**5** Diskutiert vor dem Hintergrund der Handlung des Musicals „We Will Rock You“ die Aussage von Brian May.

**6** Recherchiert das offizielle Musikvideo zum Song „Bohemian Rhapsody“, schaut es euch an und beschreibt, inwiefern ihr den Erfolg des Songs nachvollziehen könnt.

**7** Übt die ersten vier Takte des Chorsatzes von „Bohemian Rhapsody“ ein.

**8** Entwickelt ausgehend von eurer Lieblingsband, eurer Lieblingsmusikerin oder euren Lieblingssongs ein eigenes Jukebox-Musical. Orientiert euch dabei an den folgenden Arbeitsschritten: 1. Erstellt eine Liste an Songs, die ihr in eurem Musical berücksichtigen möchtet. 2. Überlegt euch in Verbindung mit den Songtexten der ausgewählten Songs eine passende Handlung, legt fest, wer die handelnden Personen sind und wie sie zueinander stehen. 3. Ordnet die gewählten Songs den einzelnen Handlungsabschnitten (Szenen) bzw. den handelnden Personen zu.

# Hamilton – ein Hip-Hop-Musical

E 29

*Eminem und Hamilton*

## Battle-Rap im Kabinett

In einer Kabinettsitzung der amerikanischen Regierung unter George Washington kam es 1793 zu einer Auseinandersetzung zwischen Alexander Hamilton und Thomas Jefferson. Sie stritten darüber, wie sich die USA dem revolutionären Frankreich gegenüber verhalten soll. Denn Frankreichs König war hingerichtet worden und mehrere europäische Monarchien hatten sich in einem Koalitionskrieg gegen Frankreich verbündet. Im **Musical „Hamilton"** von Lin-Manuel Miranda ist dieser Streit als ein Battle-Rap in Szene gesetzt. Jefferson möchte Frankreich unterstützen und Hamilton spricht sich für eine neutrale Haltung der USA aus. Schließlich überzeugt Hamilton den Präsidenten, der die Neutralität der Vereinigten Staaten proklamiert.

## Cabinet Battle #2, Auszug

**Jefferson:**

I know that Alexander Hamilton is here
And he would rather not have this debate
I'll remind you that he is not Secretary of State
He knows nothing of loyalty
Smells like new money, dresses like fake royalty
Desperate to rise above his station
Everything he does betrays the ideals of our nation.
Hey, and if ya don't know, now ya know, Mister President

**Washington:**

Thank you, Secretary Jefferson
Secretary Hamilton, your response

**Hamilton:**

You must be out of your Goddamn mind if you think
The President is gonna bring the nation to the brink
Of meddling in the middle of a military mess
A game of chess, where France is Queen- and Kingless
We signed a treaty with a King whose head is now in a basket
Would you like to take it out and ask it
Should we honor our treaty, King Louis' head
Uh do whatever you want, I'm super dead.

*J. C. Olivier, C. Wallace, S. P. Combs, J. Mtume, L.-M. Miranda*

## Who is who?

**George Washington**

erster Präsident der Vereinigten Staaten von Amerika

**Alexander Hamilton**

erster Finanzminister der Vereinigten Staaten

**Thomas Jefferson**

erster Außenminister, erlebte als Gesandter der USA die Revolution in Frankreich

## Die Sprache des Hip-Hop

Der Hip-Hop ist Ende der 1970er-Jahre in den ärmsten Vierteln in den Großstädten der USA entstanden (→ S. 156ff.). Gewalt und Kriminalität waren damals ein fester Bestandteil im Alltagsleben in den Ghettos, von dem die Rapper in ihren Songs erzählen. Entsprechend greifen sie in ihren Texten auf eine harte und derbe Sprache zurück und entwickeln daraus eine eigene Kunstform.

Der Battle-Rap ist eine zentrale Form des Rap, bei der es um das „Dissen" eines Gegners geht. Mit in Reimen vorgetragenen Beleidigungen und Bloßstellungen wird der Kontrahent verbal angegriffen.

Die Rapper nennen sich „MCs", was die Abkürzung für „Master bzw. Mistress of Ceremony" ist.

1. Hört das Musikbeispiel (E 29) und ordnet es einem der beiden Fotos zu. Begründet eure Zuordnung.
2. Schaut Euch die Szene „Cabinet Battle #2" an, lest den oben abgebildeten Auszug aus dem Song „Cabinet Battle #2" und vollzieht die gegensätzlichen politischen Positionen von Hamilton und Jefferson nach.
3. Arbeitet aus dem Auszug von „Cabinet Battle #2" die Elemente des Battle-Rap heraus.

E 30

## Vom Waisenkind zum 10-Dollar-Schein-Porträt

Das Musical „Hamilton" erzählt mit der Lebensgeschichte des amerikanischen Gründervaters Alexander Hamilton die Aufstiegsgeschichte eines Immigranten und die Gründungsgeschichte der USA. Als Waisenkind in der Karibik aufgewachsen, ging Hamilton nach New York und schloss sich dort 1776 Freiheitskämpfern an. Er hatte viele Gegner, darunter auch den späteren amerikanischen Präsidenten Thomas Jefferson. Später fungierte er als rechte Hand von George Washington und wurde 1789 Finanzminister in der ersten unabhängigen Regierung der USA.

## Zum Song „My Shot"

In New York trifft Hamilton als junger Mann in einer Bar auf drei Revolutionäre. Er präsentiert sich ihnen als ein entschlossener Kämpfer für die Ideale der Revolution, der bereit ist, politische Verantwortung zu übernehmen.

## My Shot, Auszug

| | Zählzeit 1 | Zählzeit 2 | Zählzeit 3 | Zählzeit 4 |
|---|---|---|---|---|
| | | | | I'm a |
| 1 | diamond in the | rough, a | shiny piece of | coal, tryna |
| 2 | reach my goal | my power of | speech unim- | peachable. |
| 3 | Only nine- | teen but my | mind is | older. These |
| 4 | New York City | streets get | colder, I | shoulder every |
| 5 | burden, every | disadvantage. | I have learned to | manage, I don't |
| 6 | have a gun to | brandish, I | walk these streets | famished, the |
| 7 | plan is to | fan this | spark into a | flame. But |
| 8 | damn, it's getting | dark, so let me | spell out my | name. |

### My Shot, Begleitpattern

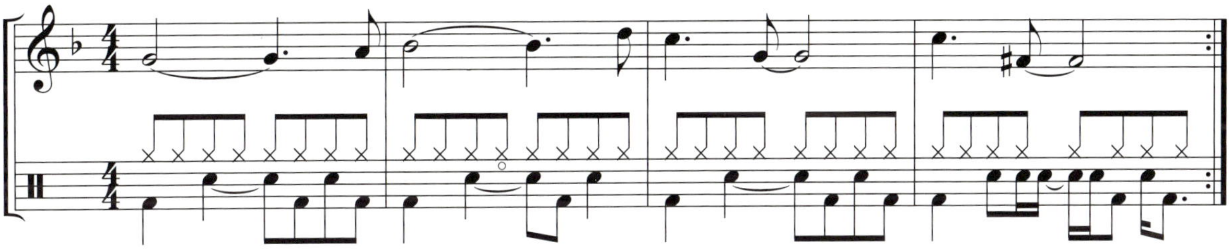

*Text und Melodie: O. Harvey, C. Wallace, L.-M. Miranda, R. Troutman, A. Johnson, K. Muchita   Arrangement: Eva-Maria Tralle*

## Kritikerstimmen zum Musical „Hamilton"

„Hamilton" ist eine Selbstermächtigungsgeste der Stimmlosen, der Übersehenen, der von der Historie Vergessenen. Und für dieses Musical hätte Miranda keine bessere Sprache finden können als den Hip-Hop, der einst einer ganzen Generation eine Stimme schenkte.

*Julian Dörr*

Ein Ensemble, das bis auf einen Darsteller aus People of Colour besteht, singt und tanzt sich durch die Vergangenheit eines Landes, das immer Einwanderungsland war und ist, dessen Geschichtsschreibung People of Colour aber häufig außen vorlässt.

*Lili Hering*

**4** Hört den Song „My Shot" (E 30) und sprecht den Rap-Text mit.

**5** Produziert mithilfe des Notenbilds ein 8-taktiges Begleitpattern (instrumental oder mit einer Sample[W]-basierten Musik App) und rappt den Text dazu.

**6** Was hat Barack Obama wohl damit gemeint, als er über das Musical „Hamilton" sagte: „Eine Show für uns alle, eine Show über uns alle."?

# Die Fuge

## Melodie und Gegenmelodie

In einer Fuge dreht sich alles um das **Soggetto** (Thema). Darunter versteht man einen prägnanten melodischen Einfall, der für allerlei Tricks der kunstvollen Bearbeitung geeignet sein und daher vom Komponisten klug durchdacht werden muss. In der Fuge gibt es keine Unterscheidung zwischen Melodie und Begleitung. Was erklingt, ist entweder Melodie (Soggetto) oder Gegenmelodie (**Kontrapunkt**). In der E-Dur-Fuge von Johann Caspar Ferdinand Fischer aus dem Jahre 1702 sind stellenweise bis zu vier Stimmen gleichzeitig entweder mit dem Soggetto oder mit einem Kontrapunkt zu hören. Das ist selbst für ein geübtes Ohr eine große Herausforderung, vor allem, wenn alles von einem einzigen Instrument, dem Klavier, gespielt wird.

*Paul Klee: Fuge in Rot (1921)*

## Idee und Formgestaltung

Abschnitte, in denen das Soggetto hervortritt und durch die einzelnen Stimmen „wandert", heißen **Durchführungen**. Die Passagen, in denen das Soggetto pausiert, bezeichnet man als **Zwischenspiele**. Die Anzahl der Durchführungen in einer Fuge ist nicht festgelegt und auch nicht leicht zu ermitteln, weil häufig alle Teile fließend ineinander übergehen. Manchmal fehlen die Zwischenspiele, manchmal sind sie in großer Zahl vorhanden und erscheinen länger und sogar einfallsreicher als die Durchführungen.

Der Ehrgeiz eines Komponisten geht dahin, seine Geschicklichkeit und seinen Einfallsreichtum bei der Verarbeitung eines Soggettos in jeder Durchführung neu unter Beweis zu stellen. Dabei kann das Soggetto wie die Melodie eines **Kanons** mit sich selbst begleitet werden Dies nennt man **Engführung**, da die Einsätze der Stimmen unmittelbar nacheinander folgen, sodass das Soggetto in der einen Stimme noch nicht beendet ist, während es bereits in einer anderen Stimme beginnt.

## Der Anfang einer Fuge

Keine Fuge ist wie die andere. Es gibt zwei-, drei-, vier- oder fünfstimmige Fugen mit einem oder mehreren Soggetti. Dennoch verbindet sie alle eine Gemeinsamkeit, nämlich der Anfang. Der Anfang einer Fuge folgt stets demselben Prinzip: Alle Stimmen setzen nacheinander ein. Dabei wird streng auf einen geregelten Abstand der Stimmeinsätze geachtet: Die erste Stimme (**Dux**) stellt das Soggetto in der Grundtonart vor, die zweite Stimme (**Comes**) wiederholt es im Abstand einer Quinte. Das zwingt den Komponisten zu einem Wechsel der Tonart. Die dritte Stimme entspricht dann wieder der ersten und die vierte Stimme der zweiten. Nachdem eine Stimme das Soggetto vorgestellt hat, entwickelt sie einen Kontrapunkt, der zur nächsten Stimme, die mit dem Soggetto einsetzt, passen muss.

E 31

## Ariadne Musica, Nr. 8 – Fuge in E-Dur

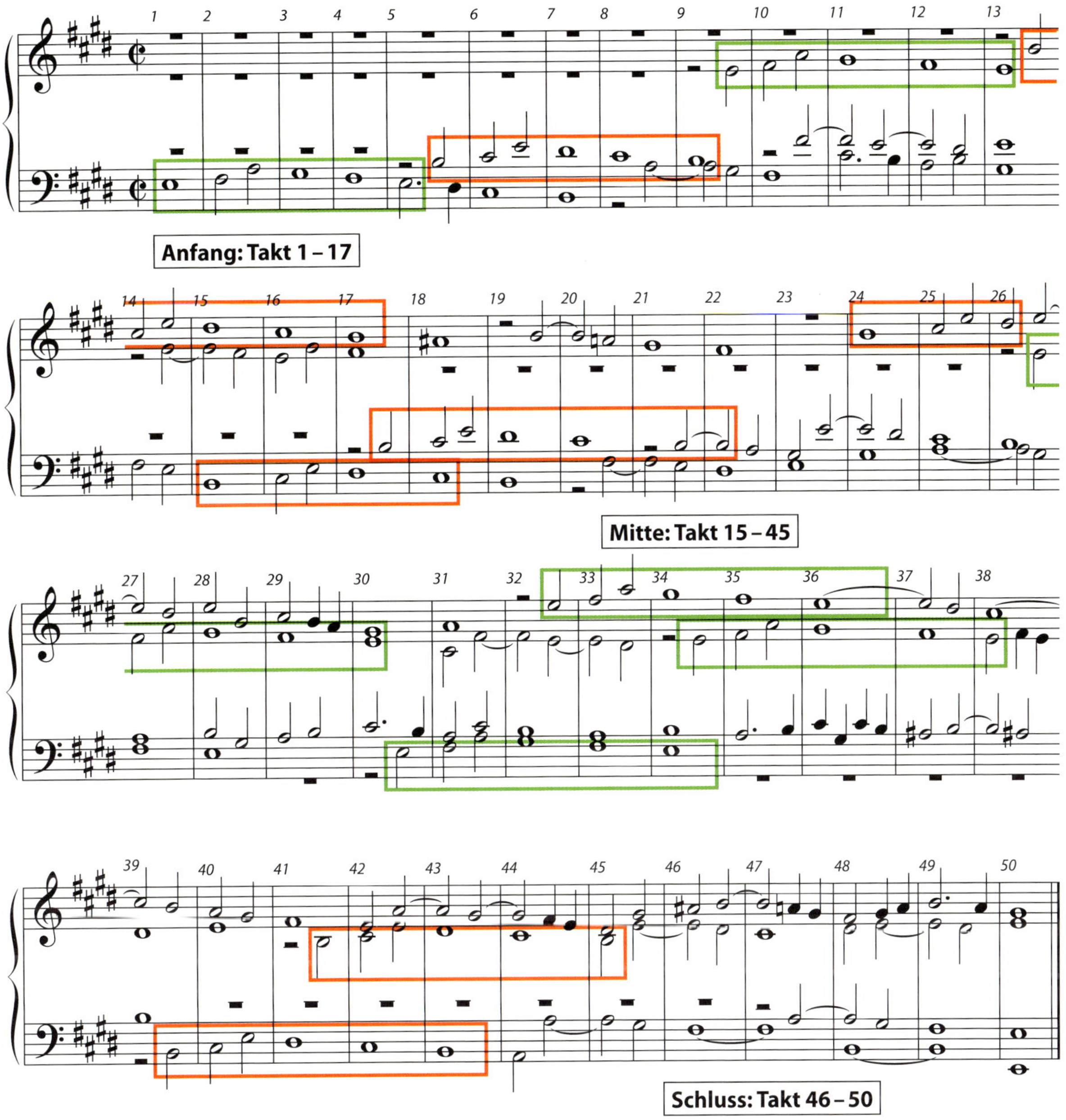


= Dux = Comes

*Johann Caspar Ferdinand Fischer*

**1** Beschreibt Paul Klees Gemälde „Fuge in Rot" und diskutiert, wie diese Darstellung einer Fuge einer Fuge in der Musik entsprechen könnte.

**2** Betrachtet die vierstimmige E-Dur-Fuge von Johann Caspar Ferdinand Fischer und besprecht, wo die einzelnen Stimmen beginnen, wann sie aussetzen und wann sie weitergeführt werden. Nutzt zur Erklärung die Fachbegriffe aus dem Informationstext.

**3** Hört die E-Dur-Fuge (E 31) und verfolgt dabei das farbig markierte Soggetto.

**4** Wählt eine der vier Stimmen aus, hört die E-Dur-Fuge erneut (E 31) und verfolgt beim Hören die ausgewählte Stimme im Notenbild.

**5** Hört die E-Dur-Fuge noch einmal (E 31) und spielt die ausgewählte Stimme auf dem Keyboard mit.

**6** Untersucht den Aufbau der Fuge: An welchen Stellen finden Engführungen statt? Wie viele Durchführungen gibt es insgesamt? Begründet eure Entscheidungen.

# Die Fuge

## Johann Sebastian Bach setzt neue Maßstäbe

Knapp 40 Jahre nach Johann Caspar Ferdinand Fischer komponierte Johann Sebastian Bach im Jahre 1740 die E-Dur-Fuge noch einmal. Tonart, Anzahl der Stimmen und das Soggetto sind identisch. Doch in der Ausgestaltung der Fuge, insbesondere in der Verarbeitung des Soggettos, gibt es deutliche Unterschiede zu Fischer. Auch die Zwischenspiele, in denen das Soggetto pausiert, sind deutlich länger. Damit setzte Bach völlig neue Maßstäbe für das Komponieren von Fugen. In einem seiner berühmtesten Werke, dem „Wohltemperierten Klavier", komponierte Bach Fugen in allen Tonarten.

## Das Wohltemperierte Klavier Teil 2, Fuga 9, Anfang

Johann Sebastian Bach

E 32, 33

## Die „Trickkiste“ der Bachschen Fugentechnik

Bach wandelte das Soggetto in der „Fuga 9“ ab, indem er es vergrößerte (**Augmentation**[W]), verkleinerte (**Diminution**[W]) oder spiegelte (**Umkehrung**[W]). Sowohl bei der Diminution als auch bei der Umkehrung des Soggettos musste Bach dafür Sorge tragen, dass charakteristische Merkmale der Melodie (z. B. die Intervallstruktur und der Rhythmus) erhalten bleiben, damit das Soggetto vom Hörer noch wiedererkannt werden kann. Gleichzeitig kombinierte Bach die Veränderungen des Soggettos in einer Engführung sowohl miteinander als auch mit dem Original-Fugenthema von Fischer. Ein solches Feuerwerk der Fugentechnik konnte oder wollte Fischer zu seiner Zeit noch nicht verwirklichen.

## Das Wohltemperierte Klavier Teil 2, Fuga 9, 5. Durchführung

*Johann Sebastian Bach*

Grundgestalt

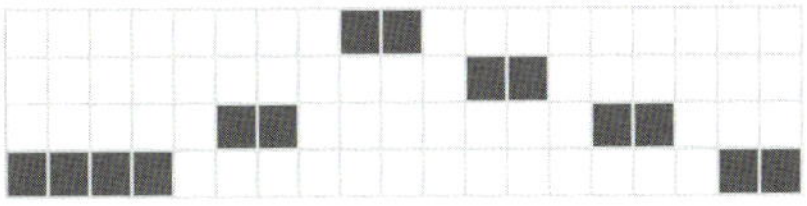

Diminution

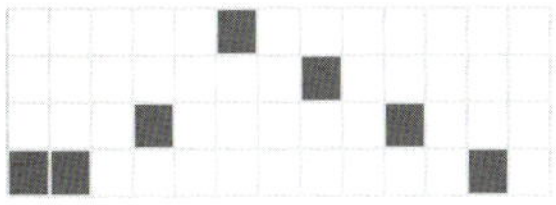

Umkehrung

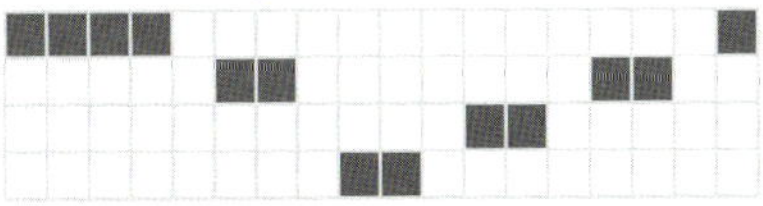

Augmentation

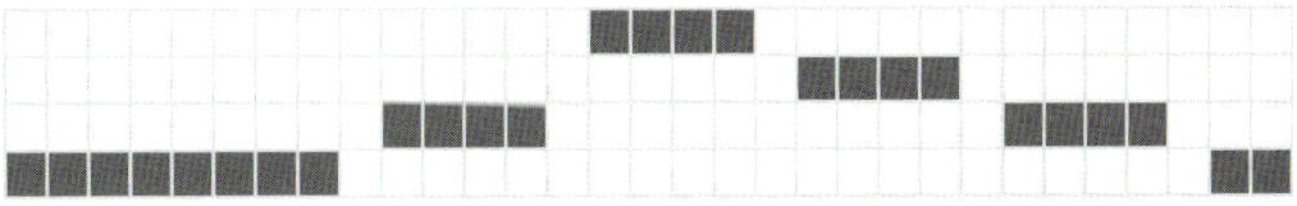

**7** Verfolgt den ersten Dux (grün) und den ersten Comes (rot) am Anfang der Fuga 9 von Johann Sebastian Bach. Hört die Fuga 9 (E 32) und spielt mit einem Partner beide Stimmen am Keyboard oder mit zwei Glockenspielen bis zum Beginn von Takt 6 mit.

**8** Vergleicht die erste Durchführung (Takt 1 – 9) der Fuga 9 von Bach mit dem Beginn der E-Dur-Fuge von Fischer (→ S. 199, Takt 1 – 17).

**9** Hört mehrmals die 5. Durchführung der Fuga 9 von Bach (E 33). Entscheidet, ob es sich bei den blauen und gelben Markierungen im Notenbild um eine Augmentation, Diminution oder Umkehrung des Soggettos handelt. Diskutiert, ob ein solcher Reichtum an Kunstfertigkeit die Freude an Musik vergrößert oder verkleinert.

# Das Charakterstück

E 34

## Was ist ein Charakterstück?

Ein Charakterstück ist ein Instrumentalstück, an dessen Titel man bereits den Inhalt des Stücks erkennen kann. Die Titel von Charakterstücken umschreiben den Ausdruck der Komposition, geben eine bestimmte Stimmung vor und lenken damit die Gedanken des Hörers. Ein Charakterstück zu verstehen heißt also, es beim Hören auf Inhalte zu beziehen.

Dabei müssen die Assoziationen des Hörers mit den inhaltlichen Ideen des Komponisten nicht exakt übereinstimmen. Es geht nicht darum, herauszufinden, welche Absicht der Komponist bei der Wahl seiner Überschrift verfolgte, sondern darum, dass man überhaupt an etwas Konkretes denkt und sich in diese Vorstellung vertieft. Titel und poetische Überschriften sind demnach ein wichtiges Erkennungsmerkmal von Charakterstücken, die häufig auch **lyrische Klavierstücke** genannt werden.

## Was nützen Charakterstücke im Klavierunterricht?

Einer der ersten, die solche Charakterstücke komponierten, war der Mozart-Zeitgenosse Daniel Gottlob Türk (1750 – 1813). Seine „Kleinen Handstücke für angehende Klavierspieler" sind Übungsstücke für den Klavierunterricht und häufig nur 8 Takte lang. Durch die Verwendung von Charakterstücken als Übungsstücke tritt der technische Aspekt des Klavierspiels in den Hintergrund und der Blick wird auf das Verständnis der Musik gerichtet. Inhalt und Ausdruck treten ins Zentrum des Klavierspiel-Lernens.

In dem kurzen Musikstück „Gefühl der Wehmut" geht es darum, den besonderen Ausdruck von Traurigkeit, der in der Überschrift angedeutet wird, richtig einzuschätzen und am Klavier zu gestalten. Gemeint ist hier keine wutschnaubend-lärmende, sondern eine zurückhaltend-stille Traurigkeit. Das Charakterstück soll dementsprechend piano (leise), im Tempo Adagio (langsam) und con tenerezza (mit Zärtlichkeit) gespielt werden.

## Wie wird ein Charakterstück komponiert?

Wie schaffen es die Töne, dass das Musikstück „Gefühl der Wehmut" auf eine bestimmte Art und Weise traurig klingt? Das Stück steht in der Tonart a-Moll. Zusätzlich werden **tonartfremde Töne** wie dis, cis und b verwendet, die eigentlich nicht zur Tonleiter von a-Moll gehören. Dadurch und durch das langsame Tempo Adagio wird die Ausdruckskraft der Musik erheblich gesteigert. Außerdem erklingen in der Melodie **ausdrucksstarke Intervallsprünge** wie Oktave, Septime und Sexte und schmerzhaft-klagende chromatische Linien. Und die betonte Zählzeit im Takt ist an mehreren Stellen durch **Vorhaltsdissonanzen** gekennzeichnet, die teilweise durch die Dynamik (forte) noch besonders hervorgehoben werden, bevor sie sich auf unbetonter Zählzeit auflösen.

## Gefühl der Wehmut

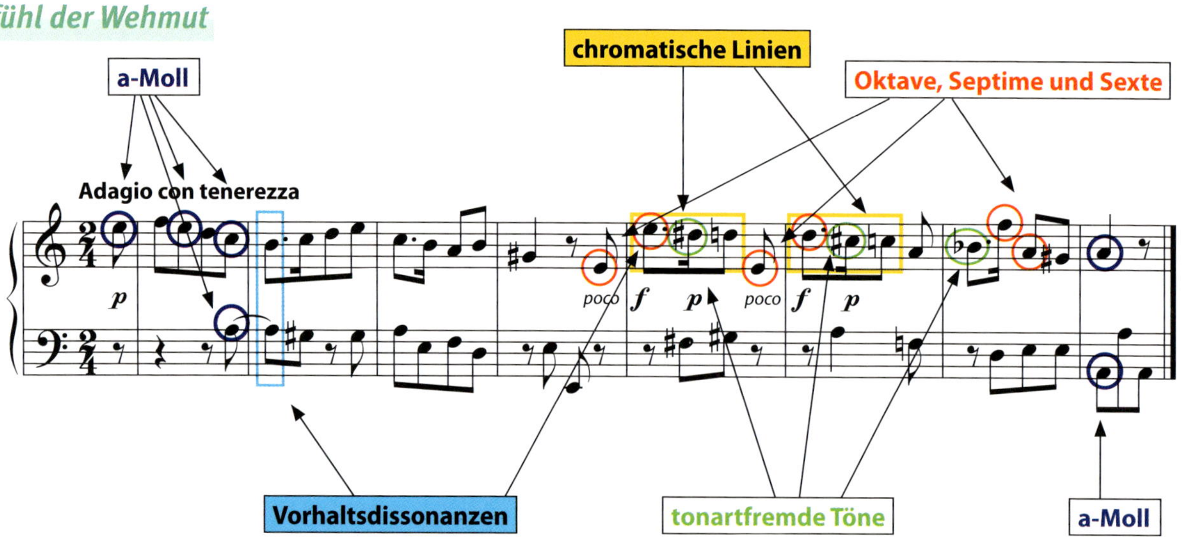


*Daniel Gottlob Türk*

**1** Erstellt eine Mindmap zum Thema „Charakterstück". Nutzt dafür die Informationstexte und deren Überschriften.

**2** Hört „Gefühl der Wehmut" (E 34) und überprüft, ob ihr die Erläuterungen zu diesem Charakterstück verstanden habt: Erklärt euch gegenseitig, was mit „ausdrucksstarken Intervallsprüngen", „chromatischen Linien" und „Vorhaltsdissonanzen" gemeint ist.

E 35 – 37

## Assoziationen durch Charakterstücke

In seinen zwei Sammlungen von Charakterstücken, die Daniel Gottlob Türk 1792 und 1795 herausgab, finden sich weitere Beispiele, in denen die Musik auf Inhalte ausgerichtet ist und das Zusammenwirken musikalischer Einzelheiten dafür sorgt, dass der Hörer zu Assoziationen angeregt wird.

## Überschriften der Charakterstücke

Ich bin so matt und krank

Die Waldhörner und das Echo

Fester, männlicher Charakter

## Drei Charakterstücke

1

2

3

*Daniel Gottlob Türk*

**3** Hört die drei oben genannten Charakterstücke von Daniel Gottlob Türk mehrmals (E 35 – 37) und ordnet die Stücke dann den drei Überschriften zu.

**4** Betrachtet die Notenbilder 1, 2 und 3 und stellt Vermutungen an, welche Überschrift zu welchem Notenbild gehört. Analysiert dann die Notenbilder, indem ihr diejenigen Details herausarbeitet, die für den Zusammenhang von Inhalt und Musik besonders maßgeblich sind.

**5** Tauscht euch über eure Analyseergebnisse aus und erörtert eure Zuordnung von Charakterstück und Überschrift ausführlich.

# Das Charakterstück

Vincent van Gogh: Ochsenkarren (1884)

Geb' Gott dir Lieb zu deinem Pantoffel,
Ehr' jede krüppliche Kartoffel,
Erkenne jedes Dings Gestalt,
Sein Leid und Freud, Ruh und Gewalt,
Und fühle wie die ganze Welt
Der große Himmel zusammenhält.

*Johann Wolfgang Goethe 1774*
*an seinen Freund Johann Heinrich Merck*

## Was versteht man unter „Realismus"?

Realismus ist – wie man an dem Gedicht sieht – schon seit Goethes Zeiten in Gesprächen und Diskussionen über Kunst ein Thema. Dabei geht es darum, dass Kunst nicht nur Dinge zu zeigen hat, die dem „guten Geschmack" entsprechen, sondern z. B. auch Gebrauchsgegenstände und alltägliche Situationen. Der Künstler soll also einen realistischen Blick auf die Welt, auf Gegenstände, Tiere und Menschen haben und in der natürlichen, realistischen Darstellung des Alltags die Schönheit der Welt herausstellen. Künstler wie Vincent van Gogh (1853 – 1890) machten dementsprechend tatsächlich ein Paar alte Schuhe, einen schuftenden Landarbeiter oder – wie auf dem Bild oben zu sehen – einen Ochsenkarren zum Gegenstand künstlerischer Darstellung. Und sie waren davon überzeugt, dass sich auf ihren Bildern nicht nur die Beschwerlichkeit und Mühsal des Alltags, sondern auch das Echte, Wahre und Schöne entdecken lässt.

Ilja Repin: Die Wolgatreidler (1872 – 73)

## Realismus in der Musik: Modest Mussorgskis „Bilder einer Ausstellung"

Die Verfechter des Realismus in der Kunst forderten den Bezug zu ungeschminkter Wirklichkeit und authentischer Erfahrung. Diese Forderung konnten sie ab der Mitte des 19. Jahrhunderts in Europa immer mehr durchsetzen. Auch in der Musik wurde dieser Realismus angestrebt, wie der russische Komponist **Modest Mussorgski** (1839 – 1881) in einem Brief an den Maler Ilja Repin schreibt: „Wie unerschöpfliches Erz ist doch für den, der alles Echte erfassen will, das Leben des russischen Volkes! Das zeigen in Ihrem Bild ‚Die Wolgatreidler' sowohl der Stier, der Ziegenbock und der Hammel als auch die Schindmähre. Die Musiker aber begnügen sich nur mit dem Wechsel der Harmonien und erblicken ihr Gewerbe in der Handhabung technischer Besonderheiten. Wie traurig ist das doch." Mussorgskis Kritik an einer inhaltsleeren Musik entsprach also den Forderungen der Verfechter des Realismus in der Kunst.

In seinem Klavierzyklus „**Bilder einer Ausstellung**" (1874) folgte Mussorgski dem Konzept eines künstlerischen Realismus: Er komponierte in Anlehnung an Zeichnungen des Malers Viktor Hartmann mehrere Charakterstücke für Klavier. Diese Charakterstücke nehmen viele Bezüge zur russischen Folklore und zu Szenen aus der Alltagswelt auf. Diese Alltagsszenen entsprechen nicht dem traditionellen Schönheitsideal, werden aber dennoch vom Künstler des Realismus als darstellungswürdig empfunden.

E 38

## Das Charakterstück „Bydło“

Auch das Charakterstück „Bydło“ (poln. für: Vieh) hatte eine Zeichnung von Viktor Hartmann zur Vorlage. Diese Zeichnung ging jedoch verloren. Das Charakterstück „Bydło“ könnte aber auch nach dem Gemälde „Ochsenkarren“ von Vincent van Gogh komponiert worden sein. Denn das Stück weckt Assoziationen an einen Ochsenkarren, der in kraftvoller, nie erlahmender Geschwindigkeit (sempre moderato) und schwerfällig (pesante) vorantrabt. Wie bei Daniel Gottlob Türk (→ S. 202, 203) sind die Merkmale der Musik also auch hier auf den Inhalt ausgerichtet:

## Bilder einer Ausstellung, Nr. 4 Bydło, Ausschnitt

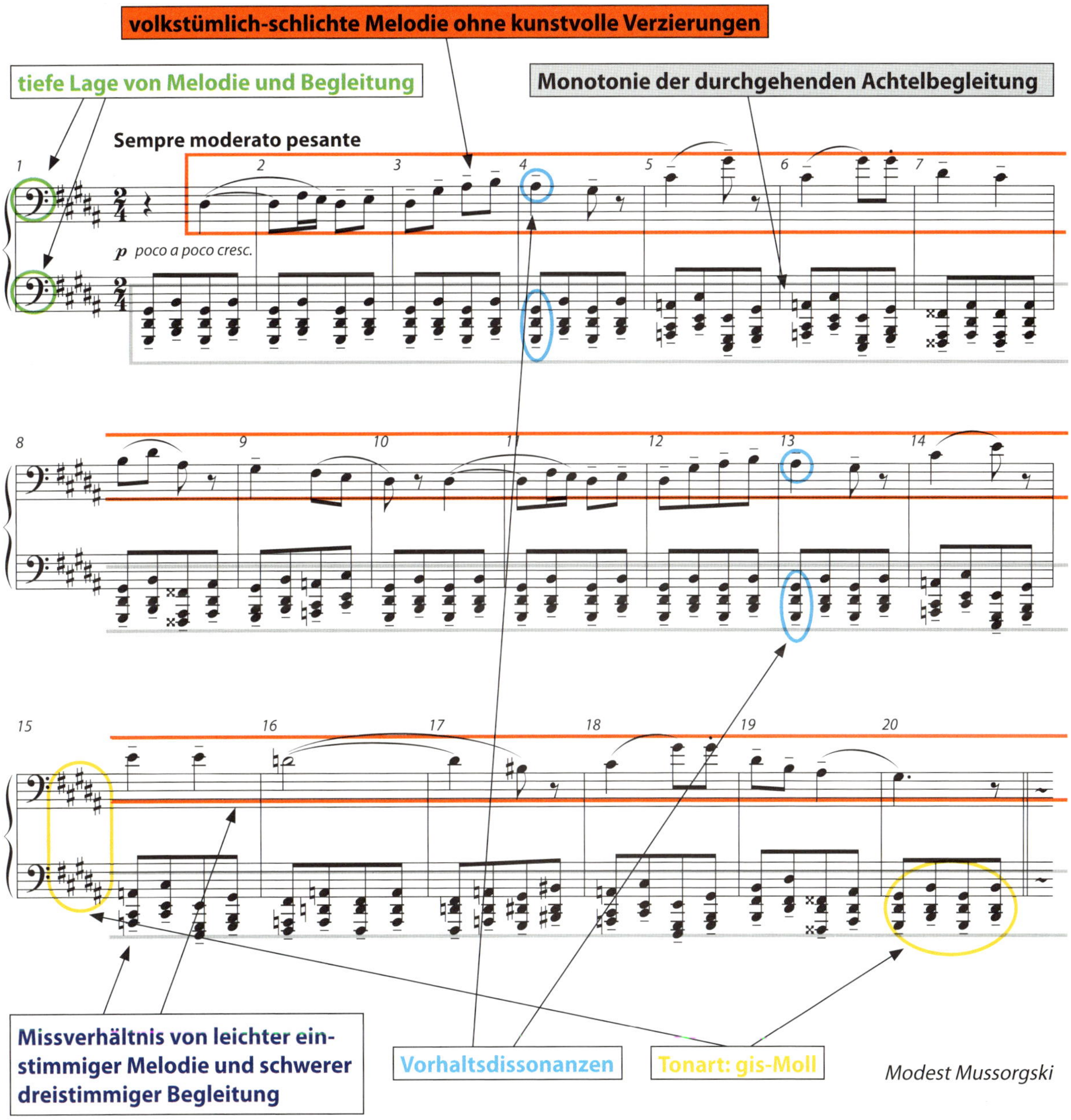


*Modest Mussorgski*

**6** Erklärt euch gegenseitig den Begriff des Realismus in der Kunst und veranschaulicht ihn anhand der Gemälde von Vincent van Gogh und Ilja Repin.

**7** Lest den Informationstext zum Charakterstück „Bydło“ und hört den Ausschnitt aus diesem Charakterstück mehrmals (E 38). Diskutiert anschließend, inwieweit die Musik zum Begriff des Realismus passt.

**8** Betrachtet das Notenbild mit den Analysehinweisen und interpretiert dann den Zusammenhang von Komposition und Inhalt des Charakterstücks „Bydło“. Erörtert, ob und inwieweit eure unterschiedlichen Interpretationsideen treffend sind.

# Thema und Variationen

E 39, 40

## Thema und Variation

In klassischen Kompositionen werden Melodien als Themen[W] komponiert, die den wichtigsten musikalischen Gedanken einer Komposition beinhalten. Ein Thema kann in sogenannten Variationen verändert werden, ohne dass dabei die Ähnlichkeit mit der ursprünglichen Gestalt der Melodie ganz verlorengeht. Der Reiz besteht darin, in den Variationen das Thema wiederentdecken zu können.

Das Thema eines **Variationszyklus** beruht oft auf einer Melodie, die leicht einprägsam, gut nachsingbar und weit verbreitet ist. So war z. B. das Thema des französischen Volkslieds „Ah, vous dirai-je, Maman", zu dem Wolfgang Amadeus Mozart zwölf Variationen schrieb, zu Mozarts Zeiten sehr bekannt. Auch heutzutage hat man die Melodie noch im Ohr, weil sie dem Kinderlied „Morgen kommt der Weihnachtsmann" zugrundeliegt. Die Bearbeitung des Themas in einer Variation beruht darauf, dass die Gerüsttöne der Melodie – das sind in der Regel Halbe Noten oder Viertelnoten auf betonter Zählzeit im Takt – durch kleine Notenwerte ausgeschmückt und umspielt werden. Der Komponist „versteckt" sozusagen das Thema in Ketten aus kleinen Notenwerten. Beim Hören der Variation findet man das Thema aus diesen Ketten aber wieder heraus und kann so den Zusammenhang zwischen Thema und Variation herstellen.

## Figuralvariation und Charaktervariation

Da solche Ketten aus kleinen Notenwerten in Achtel- oder Sechzehntel-Figuren gestaltet sind, nennt man die entsprechenden Variationen auch Figuralvariationen. Die meisten Variationen sind **Figuralvariationen**. Dort aber, wo das Thema nicht nur in kleinen Notenwerten versteckt, sondern auch in seinem Charakter deutlich verändert ist, spricht man von **Charaktervariation**. Der Charakter eines Themas kann vor allem dadurch variiert werden, dass ein anderes **Tongeschlecht** (z. B. Moll statt Dur) gewählt, das Tempo (z. B. Adagio statt Allegro) verändert oder die **Taktart** gewechselt wird (z. B. ¾-Takt statt ⁴⁄₄-Takt). Manchmal reichen aber auch schon weniger Veränderungen, um den Charakter eines Themas zu verfremden.

## Ah, vous dirai-je, maman

Thema

Variation 10

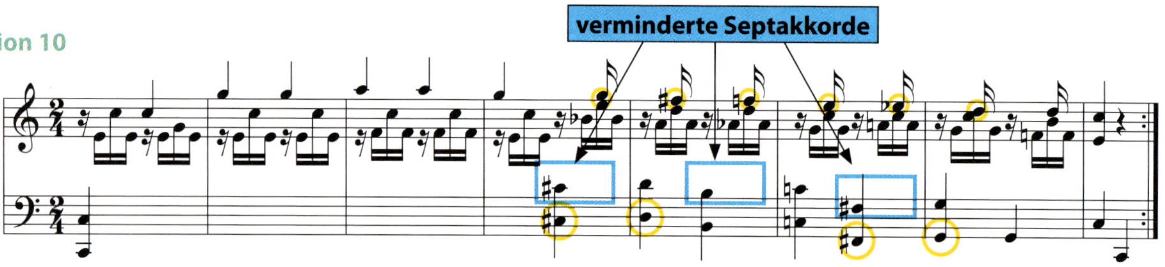


*Wolfgang Amadeus Mozart*

Ob bei Variation 10 von „Ah, vous dirai-je, maman" eine Figuralvariation oder eine Charaktervariation vorliegt, ist nicht so leicht zu entscheiden. Taktart, Tempo und Tonart bleiben gleich und die Sechzehntelbewegung in der Innenstimme hat die Funktion des Ausschmückens, so dass sich der Eindruck einer Figuralvariation einstellt. In den Takten 4 bis 6 werden einige Bass-Töne chromatisch verändert. Außerdem werden die Töne als Oktaven gespielt und erhalten so besonderes Gewicht. Auf diese Weise bekommt die Musik einen leidenschaftlichen Ausdruck, der der fröhlichen Schlichtheit des ursprünglichen Volkslieds stark widerspricht. Verschärft wird dieser Eindruck noch durch den Einsatz der drei **verminderten Septakkorde**, die zu den ausdrucksvollsten musikalischen Stilmitteln der Wiener Klassik zählen. Daher könnte man bei Variation 10 auch von einer Charaktervariation sprechen.

**1** Lest den Informationstext über „Thema und Variation" und arbeitet heraus, welche Höraufgabe dem Publikum, das einen Variationszyklus hört, gestellt wird.

**2** Erklärt euch gegenseitig den Unterschied von Figuralvariation und Charaktervariation. Hört Thema und Variation 10 aus Mozarts „Zwölf Variationen über ‚Ah, vous dirai-je, maman'" (E 39, 40) und begründet, warum die Entscheidung, ob es sich hier um eine Figuralvariation oder Charaktervariation handelt, schwierig ist.

E 39, 41 – 45

Mozart hat in seinen Klaviervariationen über das Volkslied „Ah, vous dirai-je, Maman" eine abwechslungsreiche Mischung aus Figural- und Charaktervariationen gestaltet. Dabei hat er die Melodie nicht nur mit Figuren umspielt, sondern auch **Triller** eingefügt, die **Artikulation** (z. B. staccato, legato) ausgestaltet, **harmoniefremde Töne** hinzugefügt und stellenweise **Tempo**, **Tonart** und **Taktart** verändert.

## Thema und verschiedene Variationen über „Ah, vous dirai-je, Maman"

**Thema**

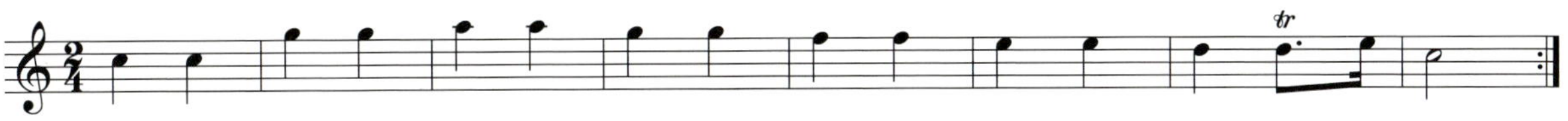

**Variation 1**

**Variation 3**

**Variation 8**

**Variation 11**

**Variation 12**

*Wolfgang Amadeus Mozart*

**3** Hört die verschiedenen Variationen mehrmals (E 41 – 45). Entdeckt ihr das Thema (E 39) in jeder Variation wieder?

**4** Zeigt, dass das Thema tatsächlich in den Variationen versteckt ist, indem ihr die Gerüsttöne der ursprünglichen Melodie aus den Variationen herausarbeitet und benennt.

**5** Wählt eine Variation aus und erörtert, ob es sich um eine Figuralvariation oder eine Charaktervariation handelt. Bringt dabei mehrere Argumente, die euren Standpunkt untermauern, in die Erörterung ein.

# Béla Bartók und die Volksmusik des Balkans

E 46

## *Die Volksmusik des Balkans und insbesondere Rumäniens*

Die Volksmusik des Balkans ist sehr vielfältig und lässt sich nicht einheitlich darstellen. Das liegt einerseits an der Geschichte des Balkans mit seinen vielen verschiedenen Ländern und andererseits an den vielen kulturellen, auch außereuropäischen Einflüssen, von denen die Musik geprägt wurde. Länder wie Albanien, Bulgarien, Serbien, **Rumänien** und die Länder des ehemaligen Jugoslawiens umfassen den geografischen Bereich des Balkans.

Vor allem in Rumänien zeigt sich ein großer musikalischer Reichtum, da das Land in seiner Geschichte stark von Römern, Griechen, Slawen, Osmanen, Ungarn und Deutschen beeinflusst wurde. Alle diese Völker wanderten in und durch Rumänien und hinterließen ihre kulturellen Spuren.

In der Musik Rumäniens zeigt sich dies durch die Fülle an **Rhythmen** und **Tonsystemen**, die dem Mitteleuropäischen oft fremd sind. Deshalb geht auch eine große Faszination von dieser Musik aus, die voller Gefühle und Lebendigkeit ist. Diese Anziehungskraft spürte auch der ungarische Komponist Béla Bartók (1881 – 1945).

## *Der Stampfer, Ausschnitt*

*Béla Bartók Arrangement: Helmut Wegerif*

## Wissen kompakt

### Ungarisches Moll

Tonleitern stellen den Grundvorrat an Tönen für eine Melodie in einer bestimmten Tonart dar. Am häufigsten kommt die Siebentonleiter oder auch diatonische Tonleiter vor. Man kennt sie meist nur in Dur und Moll. Neben diesem reinen oder natürlichen Moll gibt es aber auch noch weitere Formen von Moll. Eine davon ist das sogenannte Ungarische Moll. Hier ist die Halbtonschritt- und Ganztonschrittverteilung etwas anders als bei reinem Moll. Dieses Moll kommt häufig in ungarischer Musik vor, findet sich aber auch in außereuropäischen Kulturen wieder.

**1** Hört das Stück „Der Stampfer" von Béla Bartók (E 46) und spielt anschließend den oben abgebildeten Ausschnitt des Stücks.

**2** Hört das Stück erneut (E 46). Was klingt fremd und was klingt vertraut an der Musik?

**3** Begründet die Besonderheit der Musik mit ihrem geografischen Ursprung.

## *Reines Moll, harmonisches Moll und Ungarisches Moll*

**Reines Moll / Äolisch**

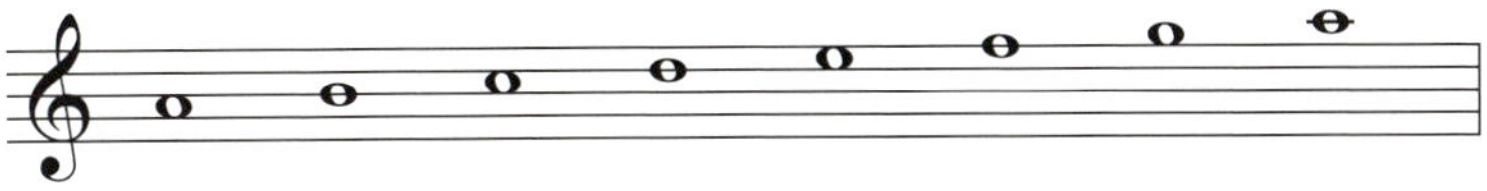

**Harmonisches Moll**

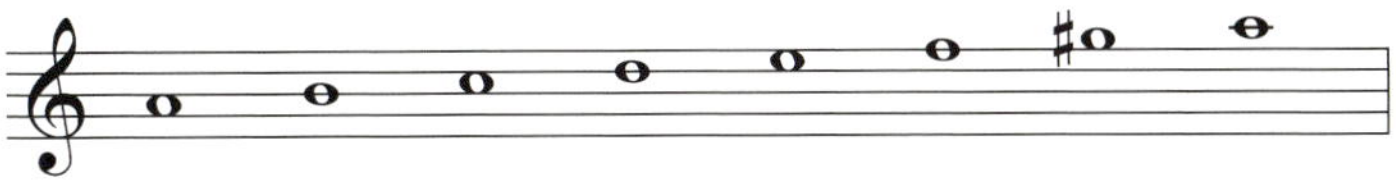

**Ungarisches Moll**

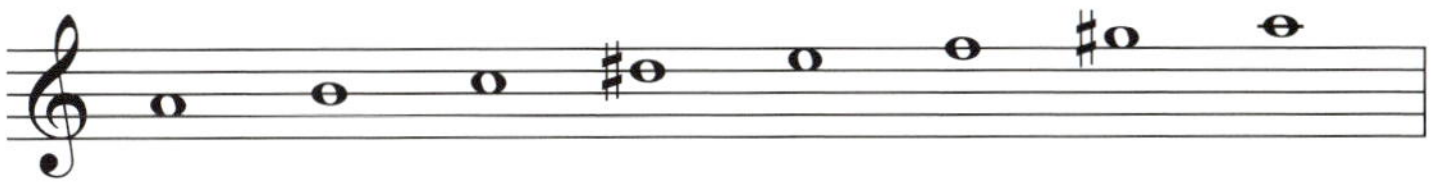

## *Béla Bartók als Musikforscher*

Bartók war nicht nur ein international bedeutender Komponist, sondern hat sich auch in besonderer Weise mit **Musikforschung** beschäftigt. Dafür hat er in den 1920er- und 1930er-Jahren lange Reisen unternommen. Diese führten ihn nicht nur durch sein Heimatland Ungarn, wo er die Volksmusik seines Landes neu entdeckte, sondern auch in umliegende Länder: Vor allem waren es östliche Länder wie Rumänien, die Slowakei, die Ukraine, aber auch der ganze Balkan, die Türkei und der arabische Raum. Viele dieser Reisen unternahm er mit seiner Frau und dem ungarischen Komponisten Zoltán Kodály.

Mit sogenannten **Phonographen** besuchte er vor allem ländliche Gebiete und ließ sich alte Volkslieder von Bauern vorsingen oder vorspielen und zeichnete sie auf. Diese Stücke schrieb er dann in Noten auf. Auf diese Weise hat er ein großes **kulturelles Erbe** retten können. Diese Musik inspirierte ihn auch für seine eigenen Kompositionen.

*Bártok beim Transkribieren von phonographisch aufgenommener Musik*

## *Béla Bartók über die Bedeutung der Volksmusik*

„Es ist offensichtlich, wenn für die nähere oder fernere Zukunft ein Überleben der Volksmusik erhofft werden kann (...), dann ist die künstliche Errichtung von Chinesischen Mauern, zur Trennung des einen Volkes von dem andern, für die Entwicklung der Volksmusik sehr ungünstig. Eine vollkommene Absperrung gegen fremde Einflüsse bedeutet Niedergang: gut assimilierte fremde Anregungen bieten Bereicherungsmöglichkeiten dar."

**4** Bestimmt die Tonschritte zwischen den Stufen der oben dargestellten Moll-Tonleitern und nennt die Unterschiede zwischen den Tonleitern.

**5** Weist die Tonleiter des Ungarischen Moll in der Melodie von „Der Stampfer" von Béla Bartók nach.

**6** Stellt euch vor, ihr wärt Béla Bartók: Schreibt einen Brief an Bartóks Mutter, bei der er als Kind seinen ersten Klavierunterricht hatte. Berichtet in dem Brief von Bartóks Reiseerlebnissen und der Sammlung von Volksmusik.

**7** Gebt Bartóks Aussage über die Bedeutung der Volkmusik in eigenen Worten wieder und bezieht sie auf die heutige Situation einer multikulturellen Gesellschaft.

# Eine Präsentation vorbereiten und durchführen

## Darauf kommt es an

Manchmal ist es Aufgabe im Musikunterricht, selbstständig zu einem Thema zu recherchieren und die Ergebnisse im Unterricht zu präsentieren. Im Vorfeld muss geklärt werden, welchen zeitlichen Umfang die Präsentation haben soll und wie viel Zeit für die Vorbereitung zur Verfügung steht. Bei Gruppenpräsentationen werden die Aufgaben innerhalb der Gruppe verteilt. Damit die Präsentation tatsächlich die Musik in den Mittelpunkt stellt, werden Hörbeispiele in die Präsentation eingebunden.

## Planungsschritte

**Ein Thema festlegen**

- Ein bestimmtes Thema muss eingegrenzt werden. Dafür sollte geklärt werden, was besonders an dem Thema interessiert und welche zeitlichen und inhaltlichen Vorgaben man hat. Dies geschieht am besten in Rücksprache mit der Lehrkraft.
- Allgemeine Themen (z. B. „Hip-Hop") eignen sich häufig nicht, sondern sollten durch konkrete Fragenstellungen ersetzt werden (z. B. „Sampling im Hip Hop – Kunst oder Ideenklau?").

**Eine Recherche durchführen**

- Neben dem Internet sollten auch andere Quellen zur Recherche herangezogen werden.
- Der Besuch einer öffentlichen Bibliothek oder auch der Schulbibliothek ist für eine weitergehende Recherche sehr zu empfehlen. Mit einem Mitgliedsausweis kann man zudem viele Medien auch online nutzen, z. B. E-Books oder Online-Ausgaben von Musikzeitschriften. Bibliotheksmitarbeiter können bei der Recherche helfen.
- Alle recherchierten Materialien sollten in einer Literatur- oder Linkliste gesammelt werden.

**Eine Struktur erarbeiten**

- Die verschiedenen Ergebnisse der Recherche sollten in einer Übersichtsgrafik, z. B. einer Mindmap, festgehalten werden. So behält man einen guten Überblick.
- Nicht immer werden alle Ergebnisse der Recherche ein Teil der Präsentation. Meistens muss eine Auswahl getroffen werden. Für einen schlüssigen Aufbau der Präsentation werden die ausgewählten Inhalte in eine logische und nachvollziehbare Reihenfolge gebracht (→ S. 211).

**Passende Medien auswählen**

- Während der Präsentation sollten die Informationen angemessen visualisiert werden. Dies kann geschehen durch:
  - ein übersichtlich gestaltetes Plakat mit den wichtigsten Fakten und ansprechenden Abbildungen
  - eine Computerpräsentation, die Bilder, Videos, Noten und Zitate zeigt
  - ein Handout für die Zuhörenden mit zentralen Inhalten des Vortrags
  - einen musikalischen Vortrag auf einem Instrument oder mit der Stimme
- In jedem Fall sollten Hörbeispiele eingebunden werden. Das Funktionieren der Technik muss vor der Präsentation unbedingt getestet werden (→ S. 211).

**Stichpunkte anfertigen und üben**

- Auf Karteikarten kann nun in Stichpunkten notiert werden, was während der Präsentation gesagt werden soll.
- Das freie Sprechen sollte vor der Präsentation mehrfach geübt werden. Es bietet sich an, dabei die Zeit zu messen (z. B. mit dem Timer des Smartphones), um sicherzustellen, dass die Vorgaben eingehalten werden.
- Auch das Feedback von Familienmitgliedern oder Freunden kann hilfreich sein, um die Präsentation weiter zu verbessern und um sicherer zu werden.

**Die Präsentation halten**

- Direkt vor der Präsentation muss genug Zeit sein, um alles vorzubereiten. Eine Checkliste ist dafür hilfreich (→ S. 211).
- Während des Vortrags sollte man möglichst frei sprechen, den Blickkontakt zu den Zuhörenden immer wieder suchen und laut und deutlich sprechen.
- Wenn die Zuhörenden am Ende der Präsentation Fragen stellen sollen, kann man mögliche Fragen schon vorher durchdenken.
- Oft geben Lehrende und Zuhörende im Anschluss auch ein schriftliches oder mündliches Feedback, was gelungen ist und was beim nächsten Mal noch verbessert werden könnte.

## Umgang mit Hörbeispielen

Um ein Thema anschaulich zu präsentieren, braucht es passende Hörbeispiele. Diese müssen gut vorbereitet sein. Man sollte also vorab klären, welcher Ausschnitt gespielt wird und was an dem Hörbeispiel gezeigt werden kann.

### 1. Vorbereitung

Sobald das Präsentationsthema eingegrenzt wurde, können dazu passende Hörbeispiele gesucht werden. Während der Präsentation bleibt oft nicht genug Zeit, um ein Musikstück in gesamter Länge abzuspielen. Für die Zuhörer genügt aber meist ein kurzer Eindruck der Musik. Manchmal sind auch mehrere Hörbeispiele sinnvoll. Der jeweilige Ausschnitt wird mit genauer Zeitangabe festgelegt und notiert.

### 2. Einbindung in die Präsentation

Liegt das Musikstück als Audiodatei vor, kann der Ausschnitt mit einer entsprechenden App oder Software gekürzt und in die Präsentation eingefügt werden. Auch der Link zu einem Stream auf einer Videoplattform kann in die Präsentation kopiert werden. Dabei ist es möglich, den genauen Abspielzeitpunkt festzulegen. Elegant wirkt es immer, wenn die Lautstärke des Hörbeispiels zu Beginn eingeblendet und am Ende ausgeblendet wird.

### 3. Höraufträge

Damit sich die Zuhörenden von der Musik nicht nur „berieseln" lassen, sind Höraufträge sinnvoll, z. B.:

Skizziert einen groben Melodieverlauf.

Notiert, welche Instrumente im Intro zu hören sind.

Hebt die Hand, wenn das Solo beginnt.

## Aufbau einer Präsentation

### 1. Einleitung

Zunächst sollte die Aufmerksamkeit der Zuhörenden geweckt werden. Deshalb darf der Anfang einer Präsentation gerne lustig, originell, spannend oder auch überraschend sein. Auch eine selbst gestaltete Performance (Tanz, Gesang, Instrument) ist ein guter Ausgangspunkt.

### 2. Hauptteil

Im Hauptteil der Präsentation werden die Schwerpunkte des behandelten Themas ausführlich dargestellt. Wichtige Aspekte werden mit Hörbeispielen, aber auch mit Bildern oder Grafiken verbunden. Wichtige musikalische Begriffe, die den Zuhörenden vermutlich unbekannt sind, werden erklärt. Der Hauptteil der Präsentation sollte in 2 bis 4 Unterthemen gegliedert sein. Gegenstand des Hauptteils kann z. B. die Analyse eines Songs sein (→ S. 212).

### 3. Schluss

Zum Abschluss erfolgt eine Zusammenfassung, Einordnung oder Bewertung der Inhalte. Abschließend werden die wichtigsten Ergebnisse zusammengefasst. Man kann auch auf Elemente aus der Einleitung zurückgreifen, um einen thematischen Bogen zu schließen.
Im Anschluss sollte eine Feedback-Runde erfolgen, um auf Verständnisfragen zu antworten und Einschätzungen zu erhalten.

## Checkliste: Bereit für die Präsentation?

- Verbindung zwischen Computer und Präsentationsfläche funktioniert
- Audio-Verbindung zum Hörbeispiel funktioniert (kabelgebunden oder drahtlos)
- Zusätzliche Materialien liegen bereit (z. B. Musikinstrumente)
- Aufzeichnungen liegen bereit (z. B. Karteikarten mit Stichpunkten)
- eigener Standort im Raum ist festgelegt (können alle Zuhörenden die Präsentationsfläche sehen?)
- ins Publikum schauen
- deutlich, lebendig und nicht zu schnell sprechen

**1** Erstellt eine Übersicht mit konkreten Themen zu eurem aktuellen Musikunterricht. Teilt euch in Gruppen auf und wählt eines dieser Themen für eine Präsentation aus.

**2** Bereitet eure Präsentation anhand der Planungsschritte auf S. 210 vor.

**3** Besprecht vor eurer Präsentation euren Medieneinsatz mit einer anderen Gruppe. Gebt euch gegenseitig Feedback, wie ihr am besten ein Plakat, einen Beamer, Musikbeispiele oder Noten in eure Präsentation mit einbezieht.

**4** Führt eure Präsentation durch und lasst euch ein wohlwollendes und zugleich kritisches Feedback geben.

# Songs und Lieder analysieren

## Aspekte der Analyse

Ein Song oder ein Lied kann sowohl Gegenstand eines Kurzreferats als auch Thema für eine umfangreiche Präsentation (→ S. 210, 211) sein. Die wesentlichen Aspekte – also Informationen zu Titel oder Thema, Interpret oder Komponist, Wirkung und Gefühlen, zur musikalischen Gestaltung und Epoche oder Stilrichtung – sollten dabei immer zur Sprache kommen. Bei Gruppenarbeiten können die verschiedenen Aspekte auf die Gruppenmitglieder verteilt werden. Als Alternative bietet sich an, dass jedes Gruppenmitglied jeweils einen Song ein und desselben Künstlers übernimmt. Oder es werden verschiedene Versionen eines Songs (Coverversionen) untersucht.

### Wissen kompakt

Volks- und Kunstlieder werden als „**Lied**" bezeichnet. In der Popmusik spricht man dagegen von einem „**Song**". Dabei kommt es nicht darauf an, ob das Musikstück auf Englisch, Deutsch oder in einer anderen Sprache gesungen wird.

## Das Analyse-Schema

Mithilfe des folgenden Schemas und der Leitfragen zu den unterschiedlichen Aspekten lassen sich Informationen zu einem Lied oder Song gut strukturieren. Im inneren Kreis befinden sich die Leitfragen zu den Basisinformationen. Je nach Umfang und Schwerpunkt der Analyse können die weiterführenden Leitfragen aus dem Außenkreis berücksichtigt werden.

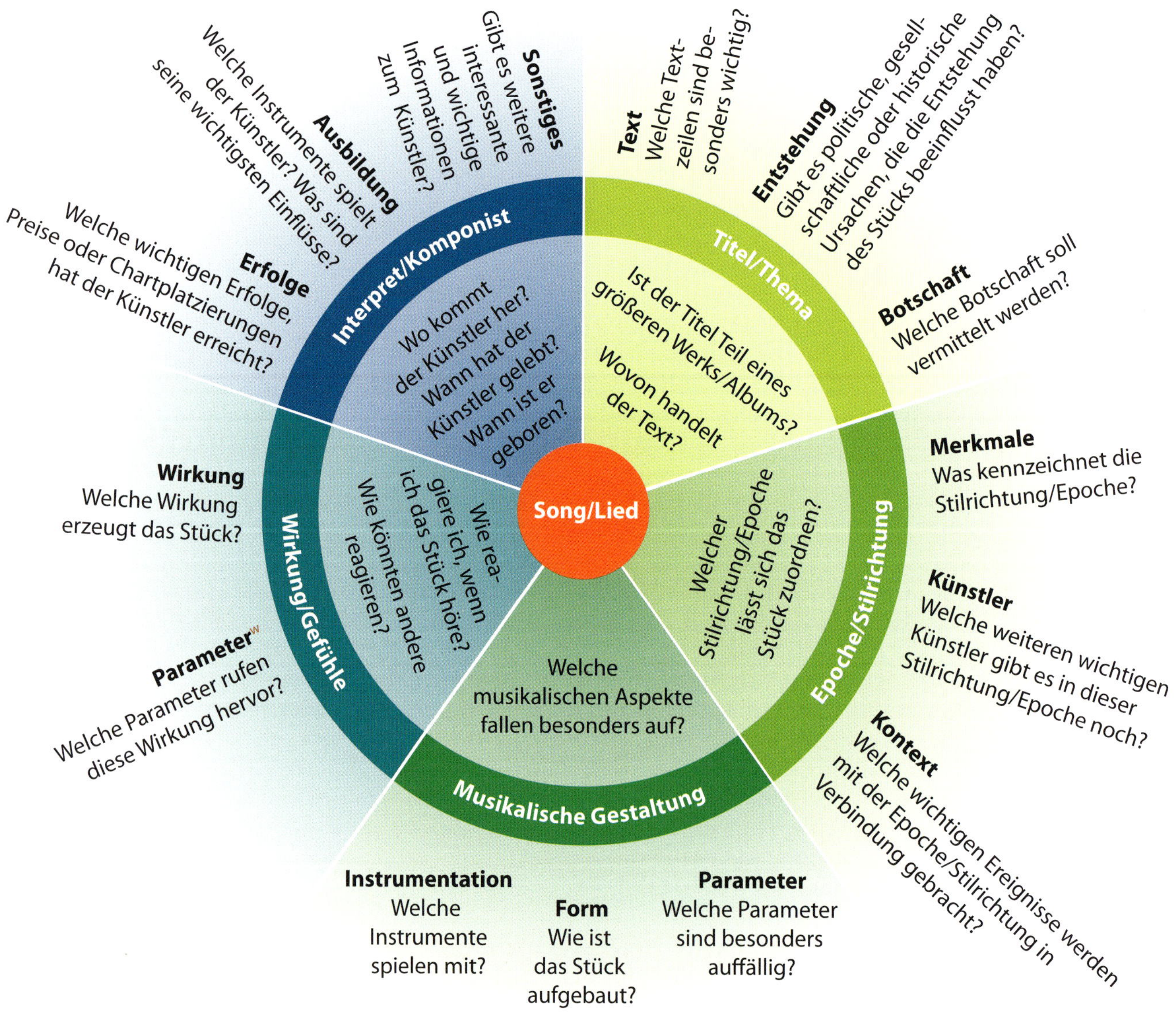


1. Wählt einen Song oder ein Lied aus diesem Buch aus und nutzt das Schema für eine aspektreiche Analyse.
2. Stellt euch eure Arbeitsergebnisse gegenseitig vor und wählt dafür eine geeignete Präsentationsform (→ S. 210, 211).

# Rückmeldungen geben

Beim Klassenmusizieren geht es um das gemeinsame Erleben von Musik und um die Freude daran. Nach einer Aufführung ist es sinnvoll, über das Gespielte zu **reflektieren**. Dies kann gelingen, indem man selbst kritisch nachdenkt oder aufmerksame Zuhörende eine wertschätzende Rückmeldung geben. Dabei ist es wichtig, den Muszierenden **Lob** auszusprechen und ihnen gleichzeitig **konkrete Verbesserungsvorschläge** zu unterbreiten. Folgende Tabelle kann dafür einen Ausgangspunkt darstellen. Die Stellen [. . .] können individuell z. B. mit Namen oder Hinweisen gefüllt werden.

| |  |  |  |
|---|---|---|---|
| **Disziplin** = gutes Verhalten | Da sich alle gut konzentriert und an keiner Stelle gestört haben, kann die Disziplin als sehr gut beurteilt werden. Besonders vorbildlich haben sich heute [...] verhalten. | Die Disziplin ist etwas verbesserungswürdig, da sich [...] noch besser konzentrieren müssten und an einigen Stellen gestört haben. [...] haben sich heute jedoch vorbildlich verhalten. | Leider können wir heute mit der Disziplin noch nicht zufrieden sein. Besonders [...] müssen sich besser konzentrieren und dürfen nicht so oft stören. Nur [...] haben sich teilweise vorbildlich verhalten. |
| **Instrumentalspiel** = korrektes Spielen | Alle fühlen sich sicher im Umgang mit ihrem Instrument. [...] haben ihr Instrument außerordentlich gut gespielt, besonders an den Stellen, als sie [...] spielten. | Manche müssen noch weiter das Spielen der Instrumente üben. Das betrifft [...], da sie noch Schwierigkeiten bei [...] hatten. [...] gehen schon souverän mit ihrem Instrument um. | Schwierigkeiten beim Umgang mit den Instrumenten haben [...]. Deshalb müssen wir unbedingt weiter das richtige Spielen der Instrumente üben. Teilweise sicher fühlen sich nur [...]. |
| **Metrum**[W] = gutes Rhythmusgefühl | Dank der hohen Konzentration ist es gelungen, das Musikstück in einem konstanten Metrum zu präsentieren. Besonders [...] haben die Gruppe dabei unterstützt. | Das Stück wurde überwiegend in einem gleichmäßigen Metrum präsentiert. Verbessern können sich [...], indem sie genauer auf die anderen hören. Rhythmisch konstant haben [...] gespielt. | Es gab kein erkennbares Metrum im Stück. Nicht im Grundschlag haben z. B. [...] gespielt. Alle müssen noch besser aufeinander hören. Teilweise zusammen haben nur [...] gespielt. |
| **Dynamik**[W] = angemessene Lautstärke | Die Lautstärke war durchweg angemessen und man konnte klar die einzelnen Instrumente, z. B. [...], hören. Es gab sowohl leise als auch lautere Stellen, was gut zu [...] gepasst hat. | An einigen Stellen waren [...] deutlich zu laut. An anderen Stellen konnte man [...] kaum hören. Die Lautstärke muss also etwas differenzierter eingesetzt werden. Angemessen haben aber [...] gespielt. | Die Musik war durchweg zu laut / zu leise. Das lag vor allem an [...]. Leider konnte man [...] nicht hören. Man kann also noch nicht von einem Musikstück sprechen, eher von einer Geräuschkulisse. Teilweise angemessen haben [...] gespielt. |
| **musikalischer Ausdruck** = überzeugende Gestaltung | Die Umsetzung des Musikstücks hat bei mir Emotionen wie [. . .] geweckt. Die Musizierenden haben es gemeinsam geschafft, die Ideen / Gefühle von [. . .] auszudrücken, was auch bei den Zuhörenden ankam. | Die Stellen [. . .] des Stücks waren in Bezug auf den musikalischen Ausdruck überzeugend, denn es wurden Ideen / Gefühle wie [. . .] bei den Zuhörenden geweckt. An den Stellen [. . .] ist dies jedoch noch nicht gelungen. Man könnte dort besser [. . .] spielen. | Die Gestaltung des Stücks war noch nicht überzeugend. Die Ideen / Gefühle von [. . .] kamen kaum bei den Zuhörenden an. Um dies zu erreichen, könnte man an den Stellen [. . .] [. . .] spielen. Beim Spielen könnte man z. B. an [. . .] denken. |
| **Gesamturteil** = abschließende Bewertung | Das Musikstück wurde sehr überzeugend vorgetragen. Das liegt vor allem an [...]. Sehr lobenswert sind auch die Ideen von [...]. Ihr könnt stolz auf dieses Ergebnis sein! | Besonders gelungen an diesem Musikstück sind folgende Aspekte: [...]. Verbesserungsbedarf gibt es jedoch hinsichtlich [...]. Im Großen und Ganzen ist das Ergebnis aber zufriedenstellend. | Folgende Aspekte sollten unbedingt verbessert werden: [...]. Zwar ist es [...] gelungen, das Musikstück teilweise angemessen vorzutragen. Letztlich muss aber noch weiter geübt werden. |

**1** Überlegt gemeinsam, wie eine Rückmeldung für euch formuliert sein sollte, damit ihr sie annehmen könnt. Erstellt eine Liste mit mindestens 5 Merkmalen.

**2** Teilt die Klasse in Gruppen auf und spielt euch gegenseitig ein im Unterricht erarbeitetes Musikstück vor. Konzentriert euch als Zuhörende auf genau einen Aspekt in der oben stehenden Tabelle und gebt den Musizierenden dazu eine konkrete und ausführliche Rückmeldung.

**3** Erarbeitet Formulierungen für Rückmeldungen für einen weiteren musikalischen Aspekt wie in der Tabelle. Wendet diesen beim Auswerten des Klassenmusizierens an und reflektiert, ob die Rückmeldungen hilfreich sind.

# Musikgruppen anleiten und eigenständig proben

## Alle tragen zum musikalischen Ergebnis bei

Wenn Menschen in einer Gruppe Musik machen, dann gibt es eigentlich immer eine Person, die die **musikalische Leitung** übernimmt. Sie ist diejenige, die den anderen konzentriert zuhört. Sie lobt, wenn etwas gut klingt. Sie weist auch darauf hin, wenn die Spielenden noch nicht harmonisch, dynamisch oder rhythmisch zusammengefunden haben. Sie gibt **Tipps**, übt **Kritik** und macht **Vorschläge** für die musikalische Gestaltung. Im Musikunterricht wird diese Aufgabe wohl meistens von einer Musiklehrkraft übernommen.

Dabei haben doch eigentlich alle am Musikunterricht Beteiligten Augen und Ohren, mit denen sie Dinge wahrnehmen können. Das bedeutet, dass allen beim Proben Dinge auffallen können, an denen die Gruppe arbeiten und die sie besser machen kann. Das gemeinsame Musikmachen wird vielfältiger, wenn die **Leitung** einer Gruppe phasenweise **wechselt**. Schließlich fallen verschiedenen Menschen verschiedene Dinge auf. Wenn in einer Gruppe offen darüber gesprochen wird und die Ideen verschiedener Mitglieder ausprobiert werden, dann werden auch die musikalischen Ergebnisse vielfältiger.

*Ein nordamerikanischer Schulchor bei der Probe*

## Die Rolle der musikalischen Leitung

Im professionellen Kulturbereich wird manchen Orchesterdirigenten nachgesagt, sie seien **diktatorisch** und würden alle musikalischen Entscheidungen im Alleingang treffen. Wenn das der Fall ist, sind die Orchestermitglieder nicht viel mehr als Ausführende, die einfach das tun, was die Orchesterleitung ihnen sagt. Die **Verantwortung** für das musikalische Ergebnis liegt dann in erster Linie bei der Leitung.

Doch im klassischen Orchesterbetrieb gibt es mittlerweile auch Dirigenten, die den Musizierenden mehr **Raum für eigene Gestaltung** geben möchten. Der berühmte Dirigent Andris Nelsons hat in einem Interview einmal gesagt, dass einige seiner Kollegen sich als **Kapitän eines Schiffes** sehen. Er selbst hat seine Arbeit hingegen mit der Aufgabe einer **Hebamme** verglichen, weil er anderen Menschen lediglich dabei hilft, Musik in die Welt zu bringen. Diese verschiedenen Vergleiche zeigen, dass eine musikalische Leitungspersönlichkeit entscheiden kann, welche **Rolle** sie einnehmen möchte.

## Auf dem Chefsessel Platz nehmen

Die Person, die eine Musikgruppe leitet, nimmt meistens die Rolle des Chefs ein. Diese Rolle kann ganz unterschiedlich ausgefüllt werden. Daher ist es sinnvoll, sich zu überlegen, was für eine Art von Chef man sein möchte, wenn man mit anderen Musik macht.

Manche Chefs konzentrieren sich nur auf die Dinge, die „nicht laufen", und es fällt ihnen schwer, die Dinge zu sehen, die schon gut laufen. Sie sind eher **defizitorientiert** und haben Schwierigkeiten, anderen gegenüber auszudrücken, was sie gut machen.

Andere Chefs konzentrieren sich stärker auf die **Potenziale** ihrer Mitarbeitenden. Ihnen sind **positive Rückmeldungen** an die Mitarbeitenden wichtig, weil diese sich darüber freuen. Das kann sie motivieren, dauerhaft Energie in ihre Arbeit zu stecken und ihr Bestes zu geben. Der Wille, auf Dauer Energie in die musikalische Arbeit zu investieren, ist wichtig, weil nur so qualitativ hochwertige Ergebnisse erreicht werden können.

**1** Schaut euch das Foto eines nordamerikanischen Schulchors an und beschreibt es. Sprecht darüber, wie dieser Chor auf euch wirkt.

**2** Überlegt gemeinsam, welche Verantwortung die musikalische Leitung in eurer Gruppe übernehmen soll und welche Verantwortung die anderen Musizierenden übernehmen.

**3** Sprecht darüber, wie sich ein Diktator, ein Kapitän und eine Hebamme anderen Menschen gegenüber verhalten und wofür genau sie verantwortlich sind.

## Tipps für die Anleitung von Musikgruppen

1 Schwerpunkte für die Probe setzen: durch **eigenes Ausprobieren** bereits zu Hause herausfinden, welche Stellen im Musikstück schwierig sind und daher in der Probe vermutlich mehrmals gespielt und geübt werden müssen

2 Eins nach dem anderen: immer nur **eine Sache** sagen, die die Gruppe besser machen kann, und direkt danach der Gruppe die Möglichkeit geben, diese eine Sache besser zu machen

3 Schwierige Stellen im Musikstück **spielerisch üben**: aus musikalisch schwierigen Stellen ein Spiel machen und sie auf diese Weise immer wieder wiederholen, z. B. als „**Spaß-Battle**" zwischen zwei Gruppen, die sich gegenüberstehen und anschauen

4 Den **Körper einbeziehen**: bei rhythmischen Schwierigkeiten etwas mit dem ganzen Körper tun, damit alle gemeinsam **den Puls spüren** durch Bewegungen oder Schrittfolgen (im 4/4-Takt z. B.: „Rechter Fuß Schritt nach vorn, linker auf der Stelle, rechter Fuß Schritt zurück, linker auf der Stelle")

5 Überlegen, welche **Aufstellung oder Sitzordnung** sinnvoll ist: darüber nachdenken, welche Spielenden in der Mitte der Gruppe positioniert werden sollten, weil ihre Stimme besonders wichtig ist, oder welche Spielenden so stehen oder sitzen sollten, dass sie einander gut sehen und hören können

6 Die Bereitschaft haben, **vom Probenplan abzuweichen**: Wenn das Zuhören ergibt, dass andere oder neue Schwerpunkte für die Probe gesetzt werden sollten, dann vom ursprünglichen Plan abweichen und ein wenig **spontan** sein

7 **Räume für Vorschläge und Ideen** geben: bereits vor der Probe überlegen, welche Fragen man der Gruppe stellen kann, um ihre Ideen zur Gestaltung zu erfahren

8 Während der Probe den anderen **gut zuhören**: genau verfolgen, welche Stellen im Musikstück die Gruppe auf Anhieb sehr gut meistert und an welchen Stellen unvorhergesehene Schwierigkeiten auftauchen

9 Das Wichtigste zum Schluss: die Gruppenmitglieder **freundlich** anschauen ☺

## Gemeinsam musikalische Ideen entwickeln

Musikalische Ergebnisse sind besonders interessant, wenn eine Gruppe beim Proben **eigene musikalische Ideen** entwickelt hat. Schließlich ist es eher langweilig, die musikalischen Ideen und die Interpretationen anderer einfach nur zu kopieren. Doch wie entstehen Ideen für eine eigene Interpretation?

Beim Singen von Liedtexten z. B. bietet es sich an, gemeinsam über die Texte zu sprechen. Wenn sie nicht auf Deutsch sind, ist der erste Schritt, jede Zeile gemeinsam zu übersetzen. Dabei wird allen Gruppenmitgliedern klarer, was sie eigentlich singen. Was könnte es z. B. bedeuten, wenn der Sänger von Coldplay im Song „Clocks" (→ S. 16, 17) „Shoot an apple off my head" und „A tiger's waiting to be tamed" singt? Es ist spannend, während einer Probe über solche Fragen zu sprechen.

Interessant ist auch, von den anderen zu erfahren, was sie persönlich mit einer bestimmten Liedzeile verbinden und welche **inneren Bilder** bei ihnen entstehen. Aus diesen Bildern und den **Gefühlen**, die damit verbunden sind, kann sich eine musikalische Gestaltung entwickeln. Es erfordert natürlich ein wenig **Mut**, in einer Gruppe über diese persönlichen Dinge zu sprechen. Darum ist es wichtig, das behutsam zu tun, den anderen nicht ins Wort zu fallen und darauf zu achten, dass persönliche Äußerungen mit Respekt behandelt werden.

*Verliebte Tiger*

**4** Überlegt gemeinsam, ob ihr Menschen kennt, die regelmäßig Gruppen anleiten. Fragt sie, ob sie zu einem Interview mit euch bereit sind, in dem sie über ihre Form der Leitung erzählen. Überlegt vor dem Gespräch genau, welche Fragen ihr ihnen stellen wollt. Lasst euch durch die oben aufgelisteten Tipps anregen.

**5** Überlegt, welche Form der Rückmeldung ihr als leitende Person und als Gruppenmitglied anderen geben und von ihnen erhalten möchtet.

# Akkorde auf der Gitarre spielen

## Grundlagen

### Die Bestandteile einer Gitarre

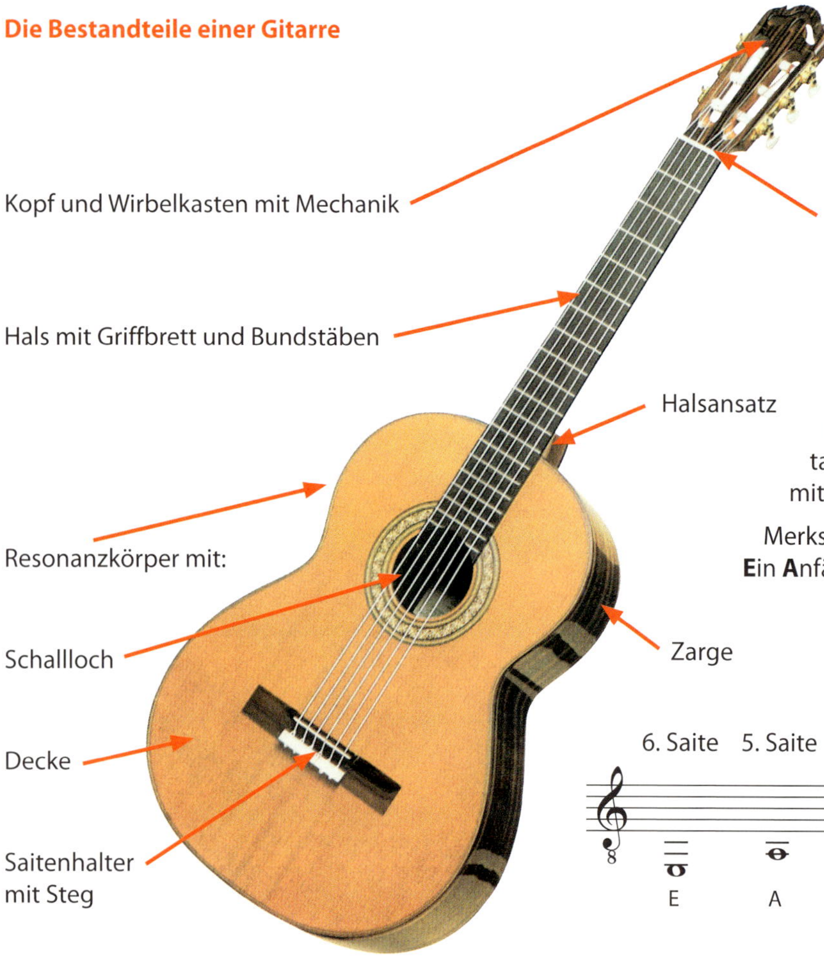


### Zu den Gitarrensaiten

Die Gitarre hat sechs Saiten, die auf die Töne E, A, d, g, h und e' gestimmt sind. Die Saiten werden oft auch mit einer eingekreisten Zahl dargestellt: ⑥ = tiefe **E**-Saite, ⑤ = tiefe **A**-Saite, ④ = **d**-Saite, ③ = **g**-Saite, ② = **h**-Saite, ① = hohe **e'**-Saite. In Gitarrennoten steht unter dem Violinschlüssel immer die Zahl 8. Das liegt daran, dass die Gitarre eine Oktave (also 8 Tonstufen) höher notiert wird, als sie tatsächlich klingt. Man nennt diesen Schlüssel mit der 8 auch „oktavierten Violinschlüssel".

Merksatz für die Lage der Saiten von tief nach hoch: **E**in **A**nfänger **d**er **G**itarre **h**at **E**ifer.

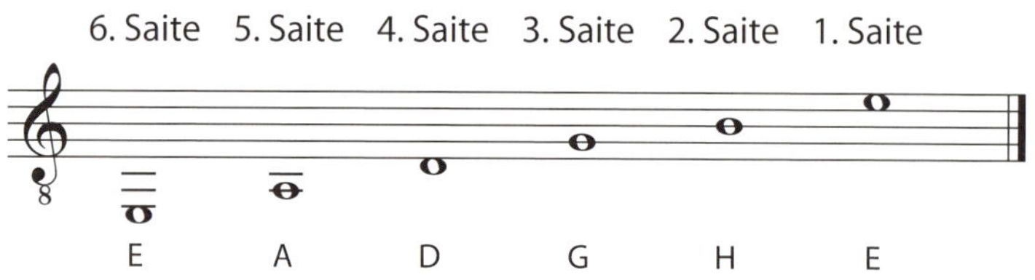


### Das Stimmen der Gitarre

Vor jedem Musizieren sollte die Gitarre gestimmt werden. Für das Stimmen verwendet man am einfachsten ein Stimmgerät. Diese Art des Stimmens nennt man auch „absolute Stimmung".

Tipp: Im Internet findet man mittlerweile auch kostenlose Software und Apps zum Stimmen der Gitarre. Falls ein digitales Stimmgerät angeschafft werden soll, ist darauf zu achten, dass die Einstellung „Piezo" möglich ist. Damit kann man die Gitarre auch in einer lauten Umgebung stimmen, wenn man das Stimmgerät direkt an den Kopf der Gitarre klemmt.

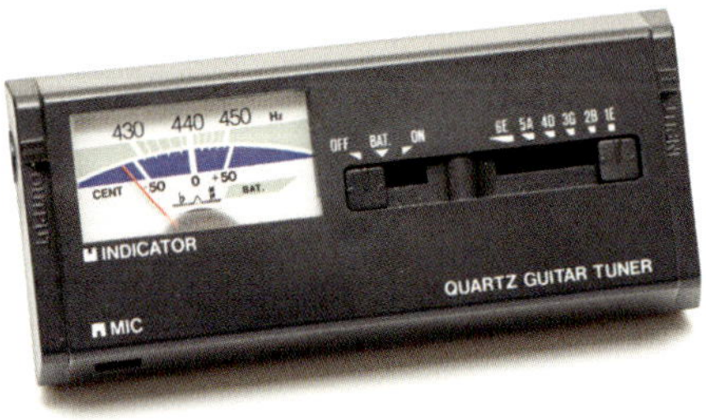

*Gitarrenstimmgerät*

## Akkordsymbole auf die Gitarre übertragen

Um Songs oder Lieder mit der Gitarre begleiten zu können, befinden sich über den Melodien häufig die entsprechenden Akkordsymbole (→ S. 226). Diese Akkordsymbole sind mit Fingersätzen für die Greifhand versehen. Bei den Leersaiten stehen die Zeichen X oder 0. Steht über der Saite ein X, darf diese Saite nicht anschlagen werden. Eine 0 bedeutet, dass man die entsprechende Saite ohne Abgreifen der linken Hand anschlagen soll.

### Bezeichnungen für die linke Hand

1 = Zeigefinger
2 = Mittelfinger
3 = Ringfinger
4 = kleiner Finger

Mit den Akkorden in G-Dur lassen sich Four-Chord-Songs[W] auf der Gitarre am leichtesten spielen.

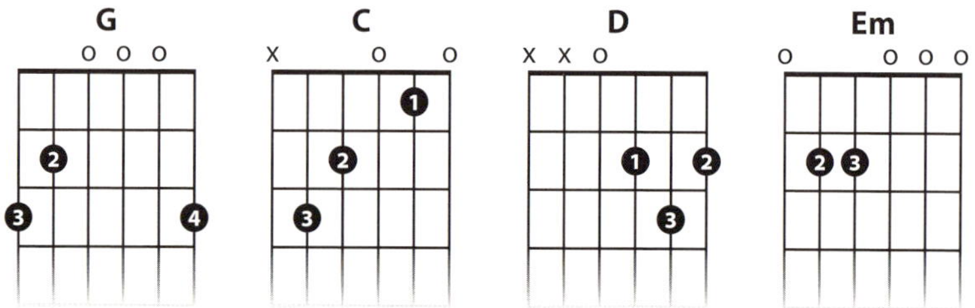

## Begleitanschläge

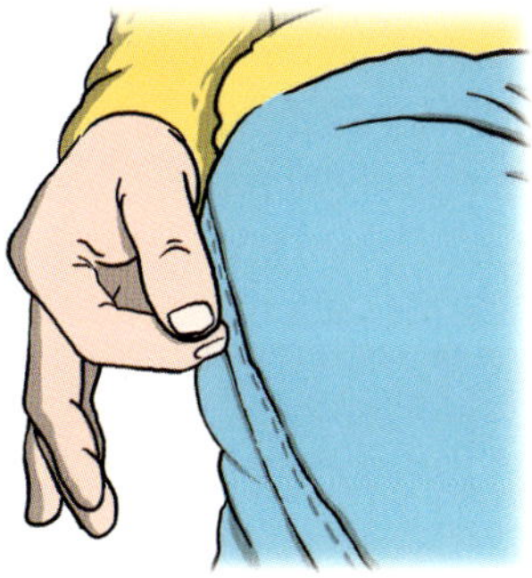

Songs oder Lieder lassen sich auf unterschiedliche Art und Weise begleiten. Man unterscheidet zwischen Strumming- und Pickingbegleitungen.

### Strumminganschläge

Beim Strumming werden alle auf der Grifftabelle angezeigten Saiten mit einem Plektrum oder mit aneinandergelegtem Daumen und Zeigefinger in unterschiedlichen Kombinationen auf- und abwärts geschlagen. Es empfiehlt sich, die verschiedenen Strumminganschläge zunächst an einer Hosennaht am rechten Oberschenkel zu üben.

3 Beispiele für Strumminganschläge:

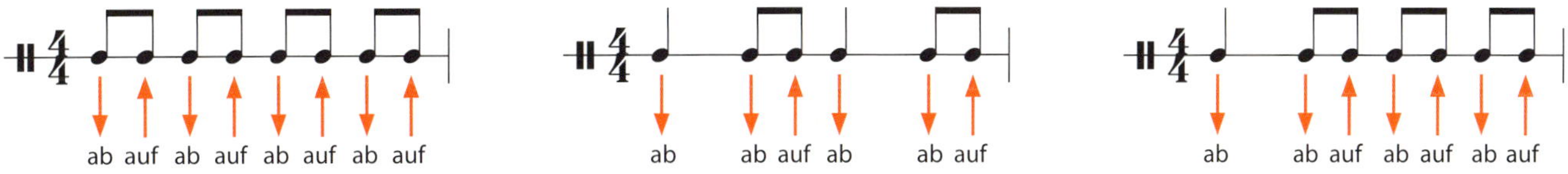


### Pickinganschläge

Beim Picking werden die Saiten einzeln mit den Fingern gezupft oder mit einem Plektrum angeschlagen. Am besten beginnt man zunächst, mit den Fingern zu zupfen. Später kann man das Picking auch mit einem Plektrum ausführen. Das Spielen mit einem Plektrum erfordert eine gewisse Geschicklichkeit, um die richtigen Saiten zu treffen. Durch das Auflegen des Mittel-, Ring- und kleinen Fingers der rechten Hand auf der Gitarrendecke kann man die Führung des Plektrums besser kontrollieren. Pickinganschläge werden häufig in Tabulaturschrift notiert.

**Bezeichnungen für die rechte Hand**

D = Daumen
Z = Zeigefinger
M = Mittelfinger
R = Ringfinger

Pickinganschläge des G-Dur-Akkords in häufig vorkommenden Taktarten:

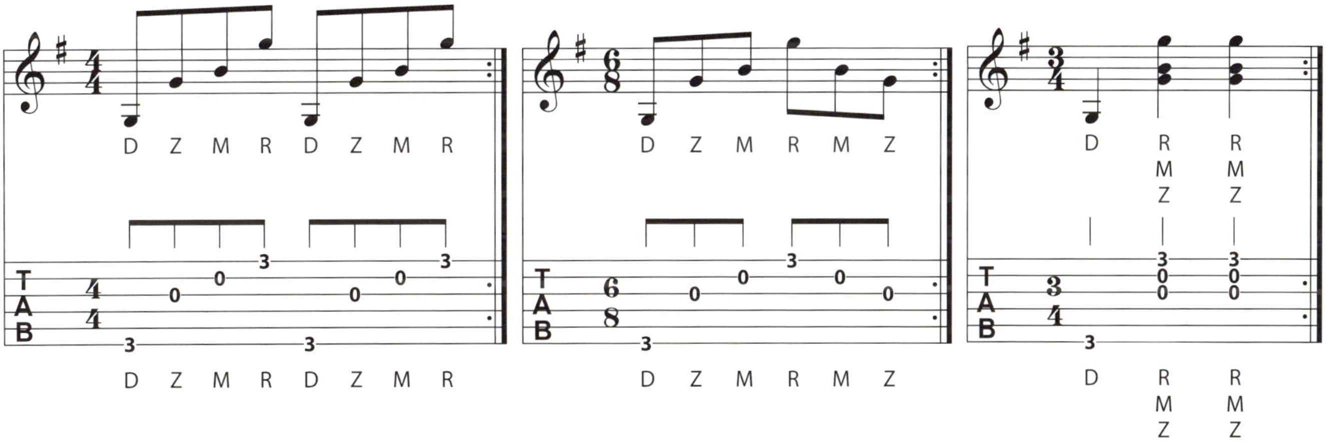


**1** Macht euch mit den Bestandteilen und Saiten einer Gitarre vertraut und stimmt sie mit einem Stimmgerät.

**2** Übt in Partnerarbeit das Greifen der Akkorde G – C – D – Em auf einer Gitarre, wobei der eine von euch die Akkorde benennt und der andere die genannten Akkorde auf der Gitarre greift. Anschließend wird gewechselt: Wer vorher nur beobachtet hat, greift jetzt die Akkorde, und der andere kontrolliert und hilft.

**3** Überprüft den Klang der gegriffenen Akkorde. Spielt dabei jede Saite einzeln und hört, ob die Saite auch klingt. Korrigiert die Stellung der Finger bei den Saiten, die unsauber klingen. Greift die Saiten immer möglichst dicht an den Bundstäben.

**4** Übt gemeinsam die drei Beispiele für Strumminganschläge. Sprecht dabei im Rhythmus die Bewegungsrichtungen „ab" und „auf" mit.

**5** Erfindet eigene Strumminganschläge in unterschiedlichen Taktarten.

**6** Spielt die Pickinganschläge auf der Gitarre: Übt zuerst mit Leersaiten, bevor ihr Akkorde dazu greift. Achtet dabei darauf, dass der Daumen immer den Grundton spielt. Der Basston befindet sich bei einem C-Dur-Akkord auf der 5. Saite, bei einem D-Dur-Akkord auf der 4. Saite und bei einem e-Moll-Akkord auf der 6. Saite.

# Töne auf dem E-Bass spielen

## Grundlagen

Die vier Saitennamen des E-Bass entsprechen den vier tiefen Saiten der Konzertgitarre wie auch der E-Gitarre: E – A – D – G. Beim E-Bass sind sie allerdings eine Oktave tiefer gestimmt. Gespielt werden kann der E-Bass mit dem Daumen, mit Zeige- und Mittelfinger oder mit einem Plektrum. Für schnelle Tonfolgen empfiehlt es sich, mit **Wechselschlag** (Zeige- und Mittelfinger im Wechsel) oder mit einem Plektrum zu spielen.

Die **Slap-Technik** ist eine besondere Spieltechnik auf dem E-Bass, bei der mit dem Daumen auf die entsprechende Saite geschlagen wird. Kombiniert wird diese Spielweise mit der **Pull-Technik**, wobei die Saite mit dem Zeigefinger angerissen wird. Slap- und Pull-Technik erfordern ein gutes Rhythmusgefühl und längere Spielerfahrung.

*Ein Musiker spielt im Wechselschlag auf einem E-Bass.*

### Vergleich der Saitennamen von E-Bass und E-Gitarre

### Notation der Leersaiten eines E-Bass

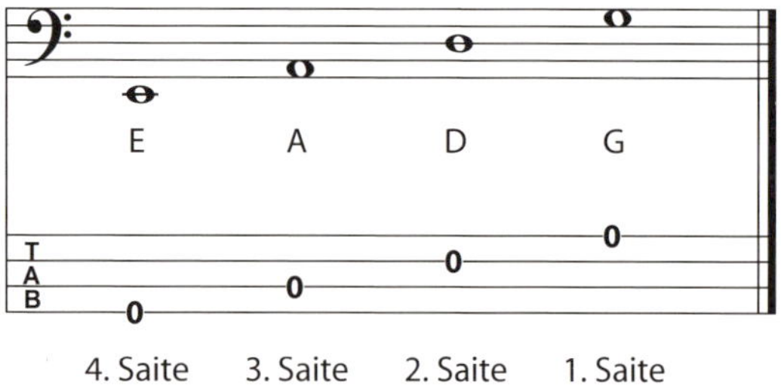


### Notation der unteren vier Leersaiten einer Gitarre

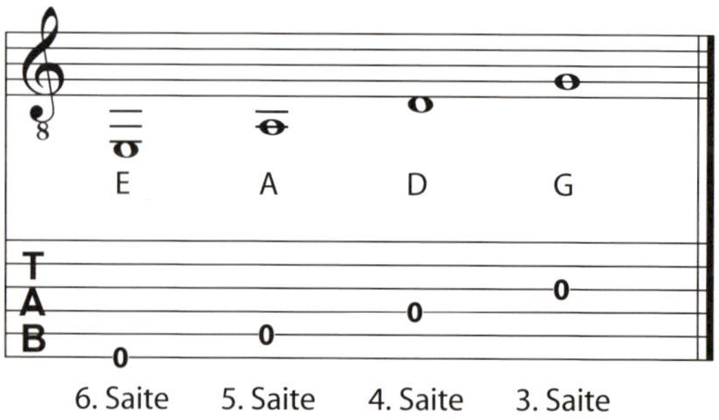


**1** Vergleicht den Klang der Leersaiten eines E-Bass mit dem Klang der unteren tiefen Saiten einer Gitarre.

**2** Spielt auf einem E-Bass und probiert verschiedene Spieltechniken aus.

**3** Seht euch ein Video mit einem E-Bass-Spieler an. Welche Anschlagtechniken kommen wann zur Anwendung?

## Bausteine für das Spiel auf einem E-Bass

Das Spielen von Leersaiten verursacht häufig ein Nachklingen, da die Kontrolle der Tonlängen nur schwer möglich ist. Daher sollten die Leersaiten beim Spielen auf einem E-Bass möglichst vermieden werden.

### Rhythmisierte Grundtonbegleitung

Die rhythmisierte Grundtonbegleitung ist die einfachste Form des Bassspiels. Hier wird sie in der erweiterten Kadenz in G-Dur angewendet, ist aber auch leicht auf andere Tonarten übertragbar, wenn man sich die entsprechenden Lagen der Töne einprägt (s. u. in den Boxen).

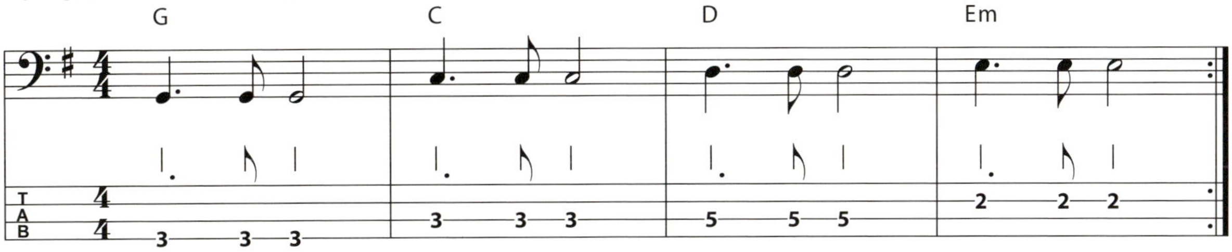


### Wechselbass

Beim Wechselbassspiel spricht man auch von einem Quintbass: Man spielt den Grundton und die Quinte oder den 5. Ton der entsprechenden Tonleiter nach unten oktaviert.

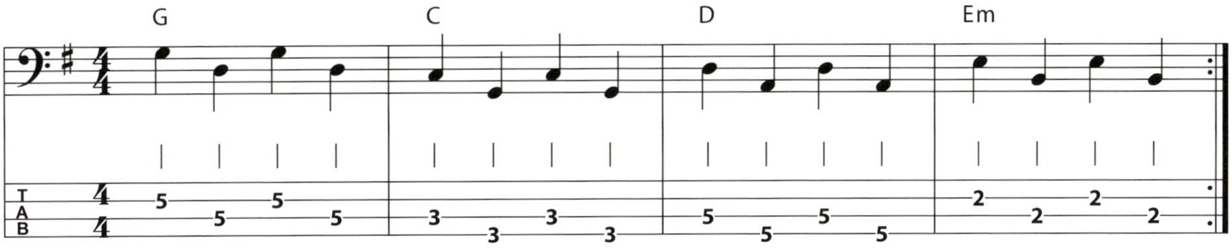


### Typische Blues- und Rock 'n' Roll-Begleitskalen

Die Töne können auch in sogenannten **Boxen** dargestellt werden.

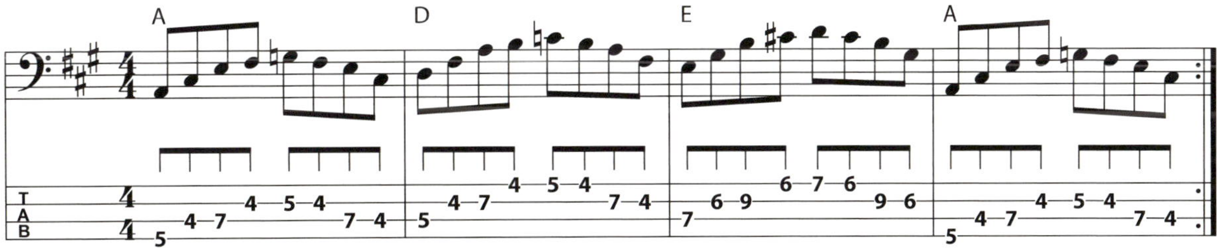


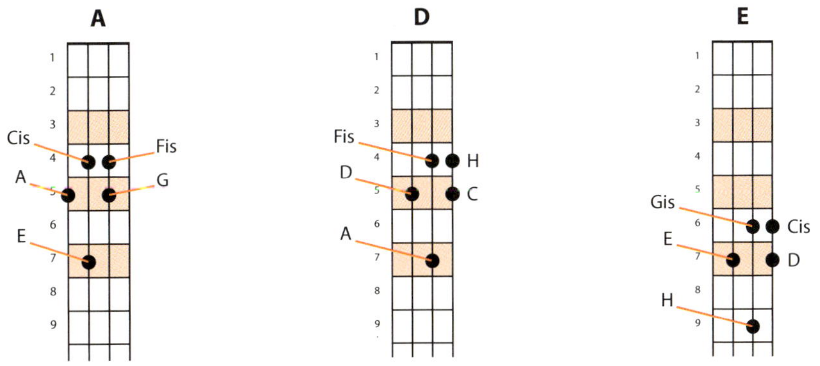


4 Spielt die Grundtonbegleitung und den Wechselbass mit und ohne Leersaiten. Vergleicht die Klangqualität.

5 Übt die Töne der G-Dur-Kadenz ein. Spielt diese Begleitung dann auch in anderen Tonarten.

6 Prägt euch die Lage der Töne der Blues-Begleitskala in A-Dur ein und übertragt das Griffbild auf die Kadenz in G-Dur. Spielt dafür alle abgebildeten Tonlagen zwei Bünde tiefer.

# Akkorde auf dem Keyboard spielen

## Wissen kompakt

Mithilfe von **Akkorden** können unterschiedlichste Lieder und Songs begleitet werden. Meist bestehen Akkorde aus 3 Tönen, die gleichzeitig gespielt werden. Man unterscheidet Dur- und Moll-Akkorde. In der **Grundstellung**[W] eines Dur-Akkords beträgt der Abstand zwischen den unteren beiden Tönen 4 **Halbtonschritte** (HTS) und zwischen den oberen beiden Tönen 3 Halbtonschritte. Bei Moll-Akkorden ist es umgekehrt. Der untere Ton der Grundstellung bestimmt immer den Namen des Akkords.

**Dur-Akkorde**

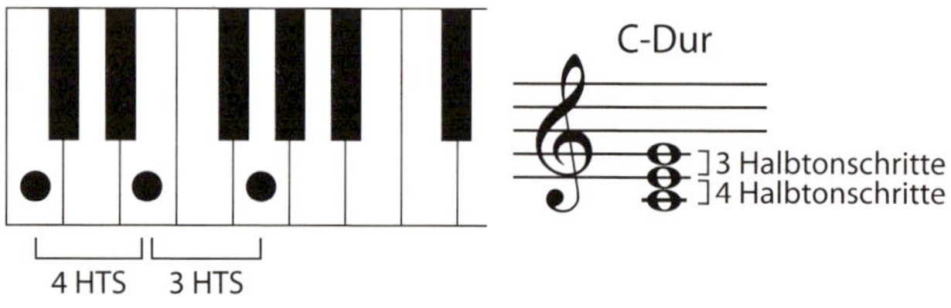


**Moll-Akkorde**

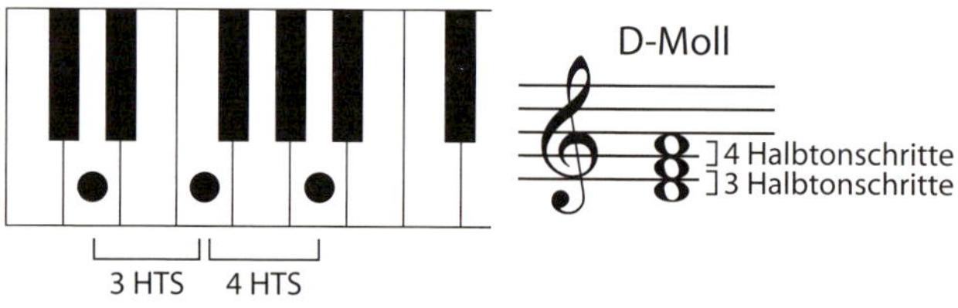


## Schritt 1: Akkorde in der Grundstellung spielen

a) Zuerst werden die Töne der **linken Hand** auf dem Keyboard erarbeitet. In diesem Beispiel dauert jeder Ton 4 Zählzeiten und die 4 Töne heißen c, g, a und f.

b) Nun ist die **rechte Hand** dran. Die übereinanderliegenden Töne werden gleichzeitig gespielt. Im ersten Takt bedeutet das: der Daumen spielt $c^1$, der Mittelfinger $e^1$ und der kleine Finger $g^1$. Die farbigen Markierungen auf der unten abgebildeten Tastatur zeigen die Position der Töne an.

c) Nun kann das komplette 4-taktige Akkordschema mit beiden Händen gespielt werden.

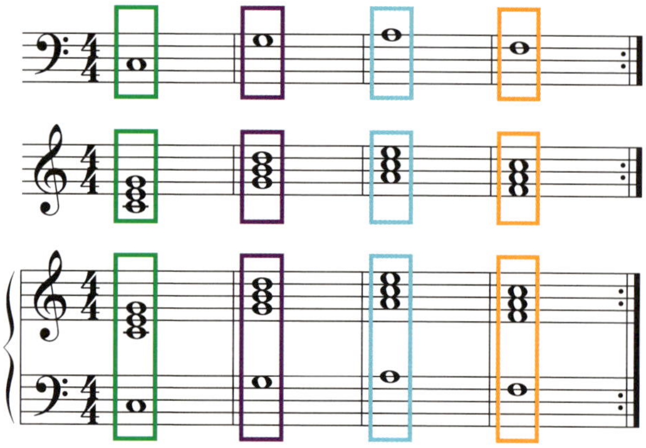

**Position der Töne für Schritt 1**

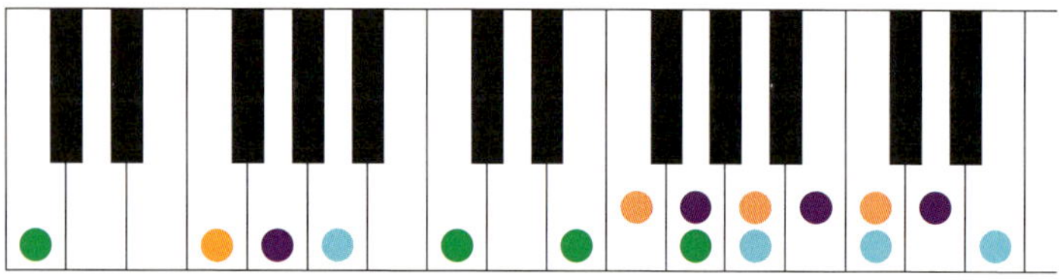

**Handhaltung beim 1. Akkord**

## Schritt 2: Umkehrungen von Akkorden spielen

Mithilfe der Umkehrungen der Akkorde aus Schritt 1 können die Sprünge zwischen den Tönen verkleinert werden. Die Akkorde und Töne bleiben gleich, aber nun muss die rechte Hand nicht mehr so weit springen. Die linke Hand spielt das Gleiche wie in Schritt 1.

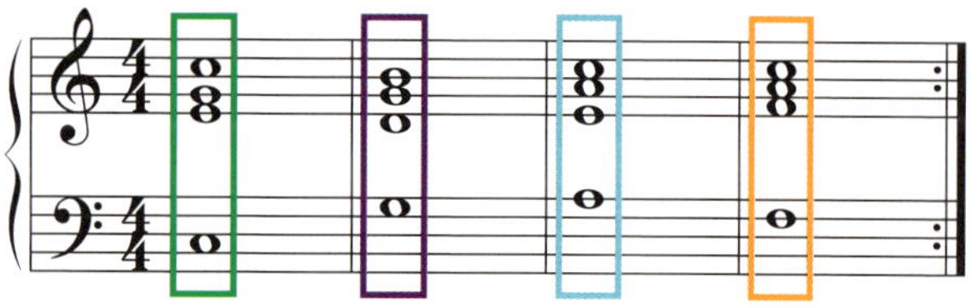

**Position der Töne für Schritt 2**

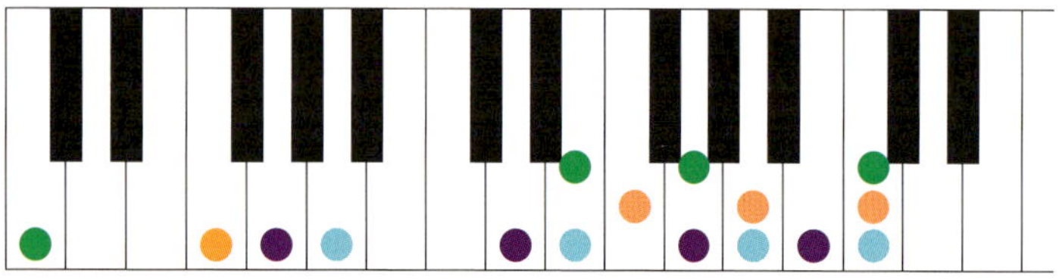

**Zu schwierig?**

Fällt das Spielen mit beiden Händen noch schwer, kann man die linke und rechte Hand auch auf zwei Personen aufteilen: Person A spielt dann die Basstöne (linke Hand), Person B die Akkorde (rechte Hand). Meist gelingt dies auch zusammen an einem Keyboard.

## Schritt 3: Verschiedene Rhythmuspatterns spielen

Im letzten Schritt kann das Akkordschema rhythmisch interessanter gestaltet werden. Hier sieht man 3 Rhythmuspatterns. Die Angabe der Zählzeiten hilft bei der korrekten Umsetzung der Notenwerte. Mit diesen Patterns kann man eine Vielzahl von **Popsongs begleiten**. Spielt man nun eines der drei Patterns zu einem Song mit, muss man nur noch mithilfe der **Transpose-Funktion** des Keyboards das Pattern in die richtige Tonart transponieren. Beispiele für Songs, zu denen die Patterns funktionieren:

- Pictures of You (The Last Goodnight)
  Transpose +2
- If I Were a Boy (Beyoncé)
  Transpose +6, Beginn in Takt 3
- No Woman No Cry (Bob Marley)
  Transpose +1
- Kids (MTMG)
  Transpose -3, Beginn in Takt 3
- Girls Like You (Maroon 5)
  Transpose 0
- Someone You Loved (Lewis Capaldi)
  Transpose +1
- Savage Love (Jason Derulo)
  Transpose +3, Beginn in Takt 3

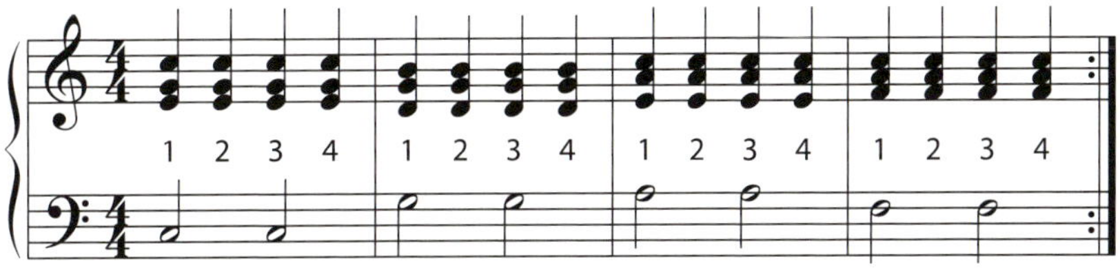

## Weitere Begleitpatterns

Mit diesen beiden teilweise anspruchsvolleren Akkordfolgen lassen sich auch Songs aus diesem Buch begleiten. Zu beachten sind hier neben den Notenwerten auch die Vorzeichen und Versetzungszeichen. Am besten lassen sich diese Patterns zu zweit auf dem Keyboard spielen.

Gangsta's Paradise
(→ S. 7)

Chan Chan
(→ S. 8)

**1** Lest den Wissen-kompakt-Text und bestimmt die Namen der vier Akkorde in Schritt 1.

**2** Erarbeitet euch selbstständig das 4-taktige Pattern, indem ihr die Schritte 1 und 2 auf dem Keyboard übt.

**3** Spielt eines der Patterns aus Schritt 3 zu den aufgelisteten Songs, die ihr im Internet findet.

**4** Probiert verschiedene Sounds auf dem Keyboard zu den Akkordschemata aus Schritt 3 aus.

**5** Findet noch weitere Songs, zu denen das 4-taktige Akkordschema aus Schritt 1 bis 3 passt, und spielt es dazu oder entwickelt eigene Rhythmen für das Akkordschema aus Schritt 1 bis 3.

**6** Ordnet die zwei weiteren Begleitpatterns auf dieser Seite den beiden Musikstücken aus dem Schülerbuch zu.

**7** Musiziert einen der Songs aus Schritt 3 in einer Gruppe, indem ein Teil der Gruppe eines der Begleitpatterns spielt und der andere Teil der Gruppe die Melodie singt oder sie auf einem anderen Instrument spielt.

# Lexikon

Hier findest du Erklärungen von schwierigen Wörtern oder Fachbegriffen, die im Schülerbuch mit **W** gekennzeichnet sind.

| | |
|---|---|
| **a cappella** | Chorgesang ohne Instrumentalbegleitung |
| **Agogik** | Modifizierung des Tempos innerhalb eines Musikstücks |
| **Arpeggio** | Akkordbrechung, d. h. die Töne eines Akkords erklingen nicht gleichzeitig, sondern nacheinander (nach Art der Harfe) |
| **Atonalität** | musikalisches Prinzip, das nicht harmonischen und funktionalen Regeln folgt |
| **Augmentation** | Vergrößerung / Verdopplung der Notenwerte eines Soggettos (Themas) |
| **Avantgarde** | Kunst und Musik des 20. Jahrhunderts, die mit der Tradition in Kunst und Musik brechen |
| **Biograf** | Verfasser der Beschreibung eines Lebenswegs |
| **Call and Response** | Ruf-und-Antwort-Prinzip, bei dem ein Instrument etwas vorgibt und ein anderes Instrument antwortet; ursprünglich beim Blues auftretend |
| **Dezime** | Intervall von zehn Tonstufen in der diatonischen Tonleiter (Oktave + Terz) |
| **Diminution** | Verkleinerung / Halbierung der Notenwerte eines Soggettos (Themas) |
| **Dominantseptakkord** | Septimenakkord auf der 5. Stufe einer Tonskala, bestehend aus Grundton, Terz, Quinte und kleiner Septime; hat die Funktion einer Schlussbildung, wenn auf ihn ein Akkord der 1. Stufe folgt |
| **Dur-Moll-Tonalität** | Musik, die sich auf ein tonales Zentrum (Tonika) bezieht und einer bestimmten Dur- oder Moll-Tonart zuordnen lässt |
| **Elektronische Musik** | technisch erzeugte Klänge mit Computern |
| **Experimentelle Musik** | neuartige Musikströmung des 20. Jahrhunderts in Verbindung mit Klangexperimenten |
| **Fortspinnung** | Weiterentwicklung einer musikalischen Idee, z. B. Sequenzierung |
| **Four-Chord-Song** | Song, bei dem sich die vier Akkorde einer Kadenz (I-V-VI-IV) fortlaufend wiederholen |
| **Ganzschluss** | Verbindung zwischen Dominante und Tonika (z. B. G-Dur – C-Dur) |
| **Grundstellung** | Aufbau eines Akkords, der vom Grundton als tiefstem Ton ausgeht |
| **Intonation** | Feinabstimmung der Tonhöhe innerhalb einer Instrumenten- oder Gesangsgruppe |
| **Klangrede** | zur Zeit des 18. Jahrhunderts Bezeichnung für eine bestimmte Komposition (z. B. eine Sonate), um deutlich zu machen, dass Musik als Sprache aufgefasst wird und wie eine Rede gegliedert ist |
| **Kondensatormikrofon** | Mikrofon, das für Studioaufnahmen verwendet wird, in der Signalverarbeitung empfindlicher reagiert und eine Stromversorgung (→ Phantomspeisung) benötigt |
| **Lyrisches Ich** | erzählende Person eines Songtextes, die dem Zuhörenden ihre Gefühle und ihre Stimmung mitteilt |
| **Malletinstrumente** | Stabspiele wie Xylofon, Glockenspiel und Vibrafon |
| **Metrik / Metrum** | Taktordnung bestehend aus betonten und unbetonten Zählzeiten des Grundschlags |
| **Mikrofon** | elektoakustischer Wandler, der Schallwellen in elektrische Signale umwandelt |

| | |
|---|---|
| **Minimoog** | einstimmiger analoger Synthesizer, benannt nach seinem Erbauer Robert Moog |
| **Motiv** | kleinstes Element einer Komposition oder musikalischen Idee |
| **Musique concrète** | elektroakustische Musik, die aus konkreten bearbeiteten Klängen besteht |
| **Oratorium** | Musikgattung, in der Texte mit geistlichem Inhalt gesungen und von einem Orchester begleitet werden |
| **Orgel-Register** | klanglich gleichartige Pfeifen in einer Orgel |
| **Ostinato/ostinat** | rhythmische, melodische oder harmonische Figur, die sich ständig wiederholt |
| **Overdub** | Tonaufnahme, die einer bestehenden Aufnahme hinzugefügt wird |
| **Parameter** | Rhythmus, Dynamik, Form, Melodie, Instrumentierung, Artikulation |
| **Phantomspeisung** | Stromversorgung von → Kondensatormikrofonen |
| **Pitchbending** | stufenlose Tonhöhenveränderung mit einem → Pitch Wheel |
| **Pitch Wheel** | Bedienungselement bei elektronischen Tasteninstrumenten zur stufenlosen Tonhöhenveränderung |
| **Sample** | Klang- oder Tonfolge, die in einem neuen musikalischem Zusammenhang eingesetzt wird |
| **Sequenzierung** | mehrfache Wiederholung eines Motivs, einer Ton- oder Akkordfolge auf einer benachbarten höheren oder tieferen Tonstufe |
| **Serenade** | höfische Musik im 18. und 19. Jahrhundert, die zur Nacht gespielt wurde |
| **Sextole** | Gruppe von 6 Noten gleicher Form, die den Wert von 4 Noten hat; doppelte Triole |
| **Shuffle** | tenärer Rhythmus, der im Blues und Jazz vorkommt |
| **Soundkarte** | Hardware eines Computers, das analoge Audiosignale in digitale Audiosignale umwandelt |
| **SSD-Festplatte** | Abkürzung für Solid-State-Drive-Festplatte, eine Festplatte ohne bewegliche Teile |
| **Umkehrung** | Spiegelung des Soggettos (Themas) an einer horizontalen Achse, sodass melodische Aufwärtsbewegungen zu Abwärtsbewegungen werden und umgekehrt |
| **unisono** | tonhöhenidentisch |
| **Vocoder** | elektronisches Gerät zur Ersetzung oder Veränderung einer Gesangsstimme |
| **Zwölftontechnik** | Ordnungsprinzip der atonalen Musik, bei der alle zwölf Töne der chromatischen Tonleiter aufeinander bezogen werden |

# Notenschrift

## Die Oktavlagen auf der Klaviatur und deren Entsprechung im Notensystem

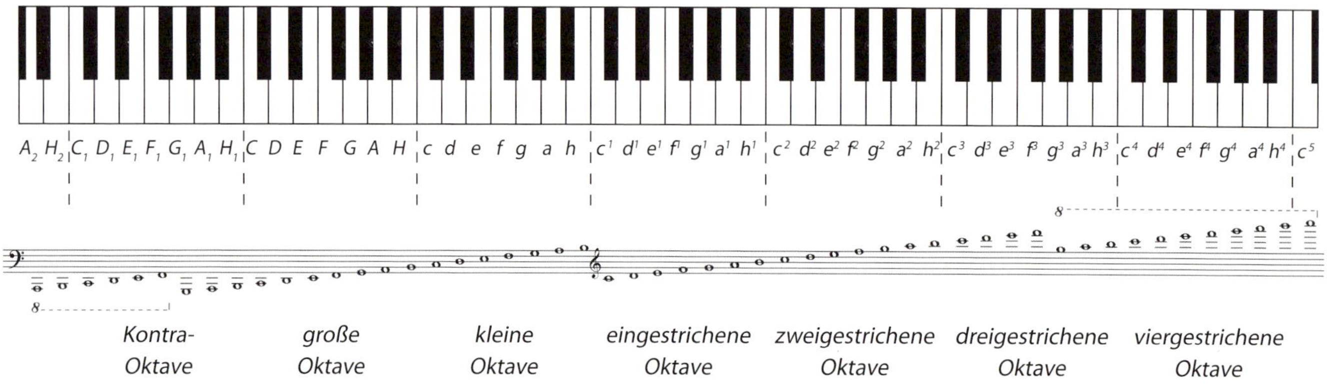


## Die Partitur

Eine Partitur dient dazu, alle Stimmen eines Musikstücks parallel verfolgen zu können. Vor allem Dirigentinnen und Dirigenten verwenden Partituren, um den Instrumentengruppen Einsätze zu geben und Tempo-, Dynamik- und Artikulationsveränderungen anzuzeigen. Viele dieser musikalischen Vorgaben und Parameter sind in dem folgenden Ausschnitt der Orchesterpartitur der „Moldau" (→ S. 36ff.) zu sehen.

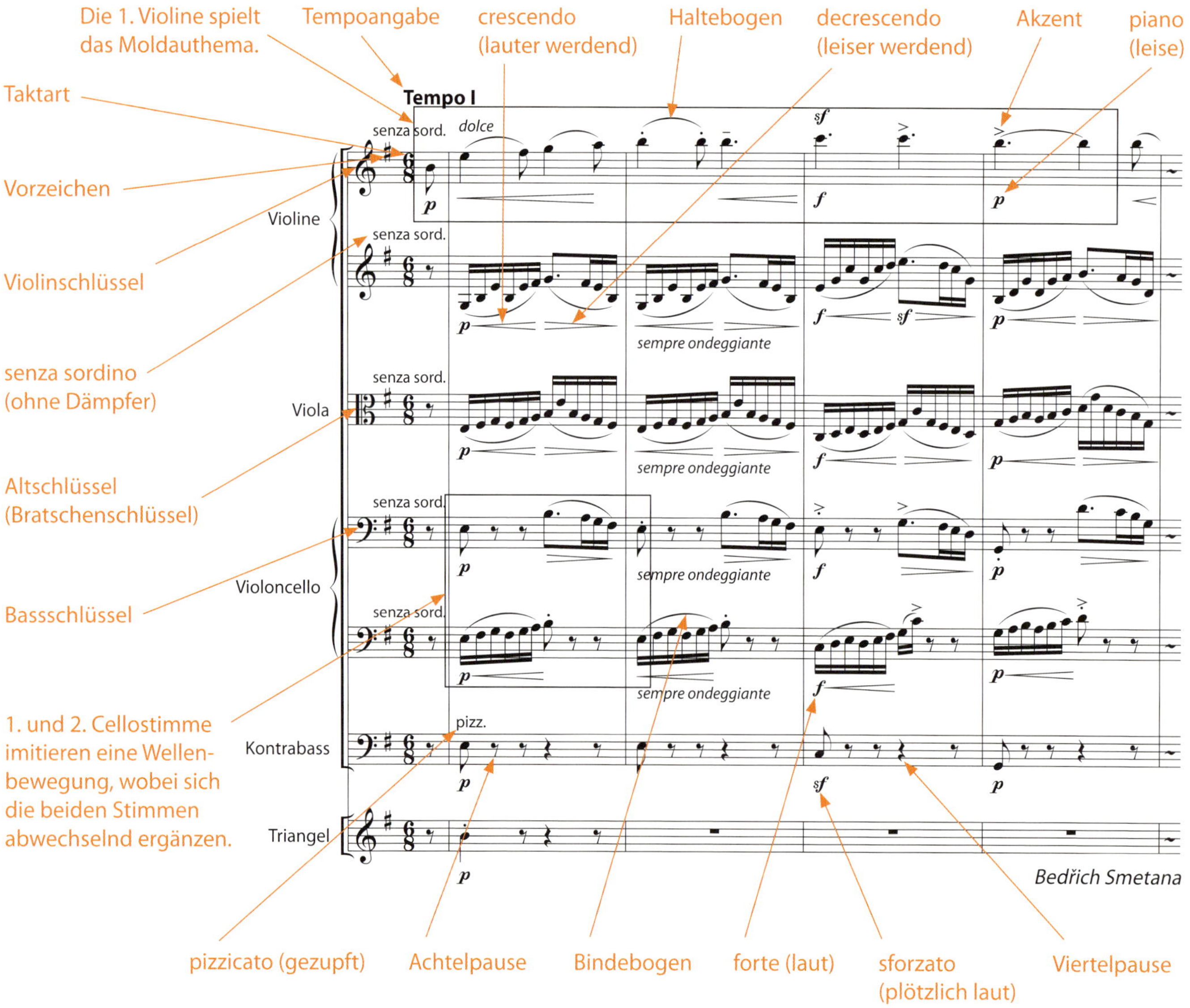


Beispiele für weitere Partituren: S. 31, 36, 37, 87, 189

# Tonarten und Vorzeichen

## Der Quintenzirkel

Der Quintenzirkel veranschaulicht die **Quintverwandtschaft** der Tonarten: Die Grundtöne aller Tonarten sind im Abstand einer reinen Quinte abgebildet. Oben in der Mitte beginnend, stehen im Uhrzeigersinn des Quintenzirkels alle Tonarten mit #-Vorzeichen (# = Erhöhung um einen Halbtonschritt). Gegen den Uhrzeigersinn stehen alle Tonarten mit ♭-Vorzeichen (♭ = Erniedrigung um einen Halbtonschritt).

Am unteren Ende des Quintenzirkels überschneiden sich die #-Tonarten mit den ♭-Tonarten. Man spricht hier von einer enharmonischen Verwechslung, da die Tonarten Ges-Dur und Fis-Dur unterschiedliche Vorzeichen haben, aber klanglich identisch sind.

Im Außenkreis des Quintenzirkels stehen die **Dur-Tonarten**, im Innenkreis die **Moll-Parallelen** der Dur-Tonarten. Jede Dur-Tonart hat eine parallele Moll-Tonart. Der Grundton einer Moll-Tonart liegt jeweils eine kleine Terz unter dem Grundton der Dur-Tonart. Die verwandten Dur- und Moll-Tonarten haben jeweils die gleichen Vorzeichen.

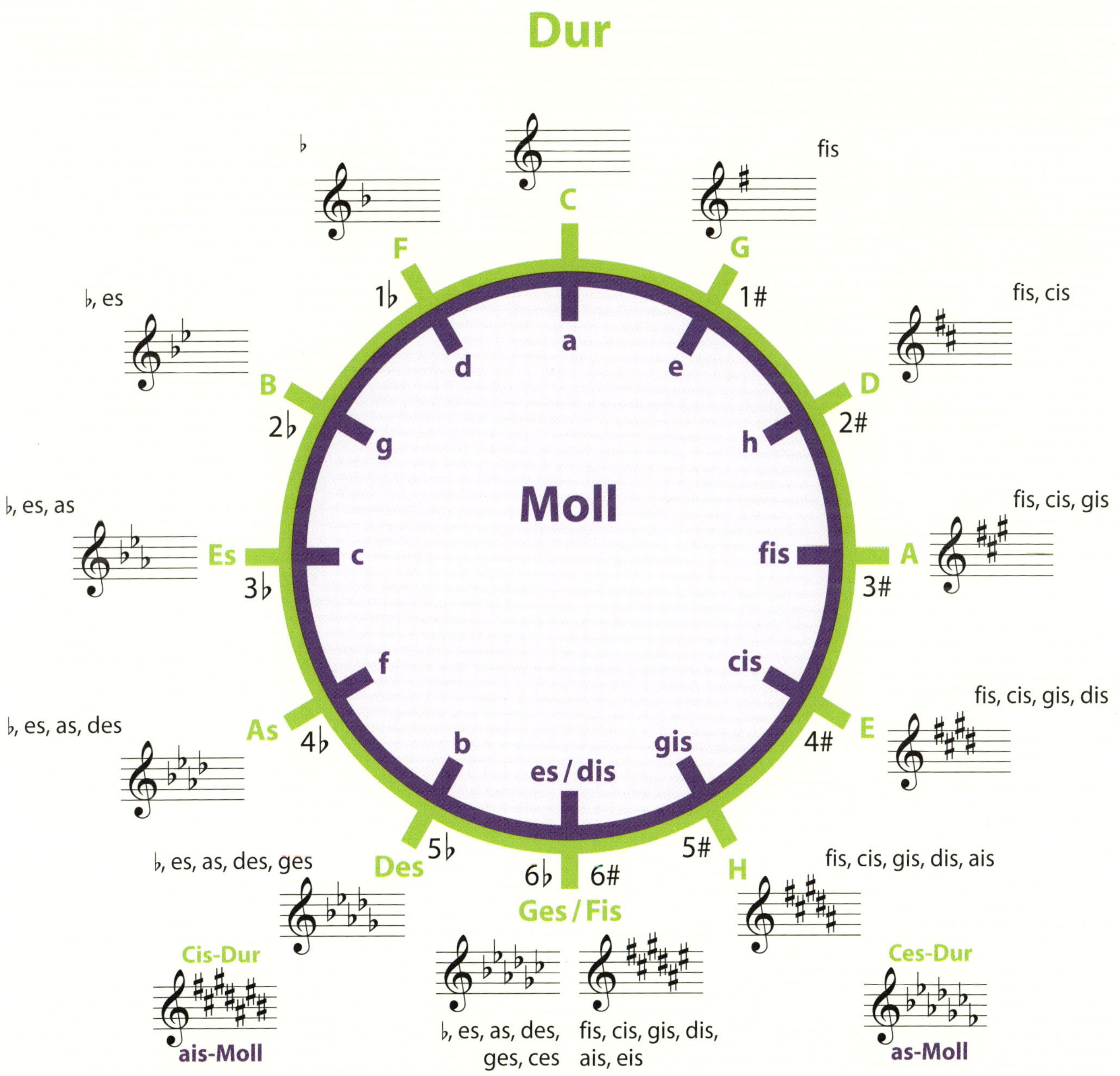

# Akkordsymbole

In der Blues-, Jazz- und Popmusik werden Akkordsymbole und Stufensymbole verwendet, um Harmonien kompakt und schnell lesbar darzustellen. Mithilfe des sogenannten Leadsheets, also der Melodie und den darüberstehenden Akkordsymbolen, ist es möglich, Songs für unterschiedliche Besetzungen spielbar zu machen. Dabei wird die Art der Umsetzung der jeweiligen Akkordsymbole den Musikern überlassen: Diese entscheiden individuell und häufig spontan über das Voicing (verwendete Akkordtöne), die Bassbegleitung und den Rhythmus. Gerade im Jazz gibt es viele verschiedene Möglichkeiten, Akkorde darzustellen. Im Folgenden sind die gängigsten abgebildet.

## Bestandteile, Bezeichnungen und Darstellungen von Akkorden

Es gibt vier verschiedene Arten von Dreiklängen (Harmonien, bei denen zwei Terzen übereinandergeschichtet werden). Diese werden durch die folgenden Bezeichnungen beschrieben:

| Terzschichtung vom Grundton aufwärts | Akkordbezeichnung | Bestandteile des Akkordsymbols | Akkordsymbol in C | Töne in C | Darstellung im Notensystem |
|---|---|---|---|---|---|
| große Terz + kleine Terz | Durdreiklang | Grundton | C | c, e, g |  |
| kleine Terz + große Terz | Molldreiklang | Grundton + m | Cm | c, es, g |  |
| kleine Terz + kleine Terz | verminderter Dreiklang | Grundton + ° | C° | c, es, ges |  |
| große Terz + große Terz | übermäßiger Dreiklang | Grundton + $^{\#5}$ | $C^{\#5}$ | c, e, gis |  |

Ist der Grundton mit einem ♭- oder #-Vorzeichen versehen, dann wird ein $^{\flat}$ bzw. ein $^{\#}$ hinter den Grundton geschrieben. Für Es-Dur z. B. schreibt man $E^{\flat}$. Des Weiteren wird der Ton h international und daher auch in der gängigen Jazz-Akkordschrift als ♭ bezeichnet und das deutsche B heißt B-Flat, also $B^{\flat}$.

Meistens werden Dreiklänge im Blues, Jazz und Pop durch weitere Töne zu spannungsreicheren Akkorden ergänzt. Eine der häufigsten und wichtigsten Zusatznoten ist dabei die kleine oder große Septime des Akkords. Die kleine Septime wird durch den Zusatz $^{7}$ abgekürzt, die große Septime durch $^{maj7}$ oder $^{\Delta 7}$. Alle weiteren Zusätze, wie z. B. Nonen, stehen immer nach der Septime.

## Jazzakkorde ausschreiben und spielen

Im Folgenden wird am Beispiel des Akkords $F^{maj7}$ gezeigt, wie man aus Akkordsymbolen Noten schreiben oder diese direkt spielen kann.

**Schritt 1:**
Der Grundton F wird als tiefster Ton in den Bassschlüssel geschrieben.

**Schritt 2:**
Terz und Quinte über dem Grundton werden notiert. F-Dur-Dreiklang → große Terz a, reine Quinte c

**Schritt 3:**
Die Zusatztöne werden bestimmt und notiert. maj7 → große Septime e

**Schritt 4:**
Die Reihenfolge der Töne kann unterschiedlich sein, da es verschiedene Umkehrungen gibt. Spielt man mehrere Akkorde hintereinander, sollte man die Stimmführung beachten.

# Stufentheorie

Da Akkorde miteinander in Verbindung stehen, kann man diese auch als Stufen darstellen. Das hat die Vorteile, dass man die Beziehungen der Akkorde zueinander einfacher sehen kann und dass der Song damit schneller in anderen Tonarten gespielt werden kann. Jeder Ton einer Tonleiter in Dur oder Moll ist der Grundton einer Stufe. Über diesen Tönen werden mit leitereigenen Tönen (den Tönen der Tonleiter) Vierklänge durch das Übereinanderschichten von Terzen gebildet. Auf diese Weise entstehen Akkorde, die man als Stufenakkorde bezeichnet und gemäß den Stufen mit römischen Ziffern beschriftet. Im Folgenden sind die Stufenakkorde in C-Dur und a-Moll dargestellt.

## Stufenakkorde in C-Dur

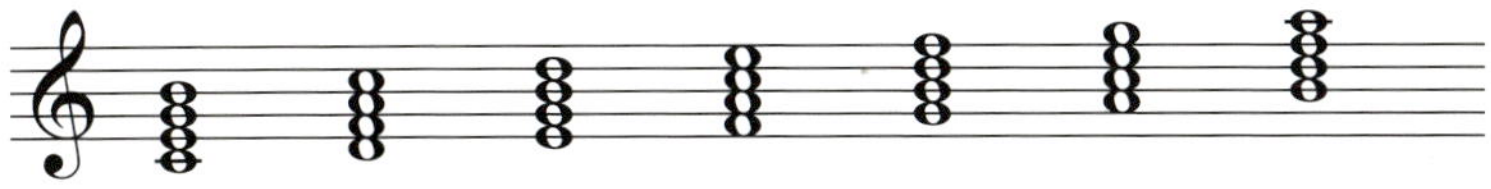


Für die Stufenakkorde auf den Stufen I, IV, V und VI sind auch folgende Bezeichnungen üblich:

I = Tonika
IV = Subdominante
V = Dominante
VI = Tonikaparallele

## Stufenakkorde in a-Moll

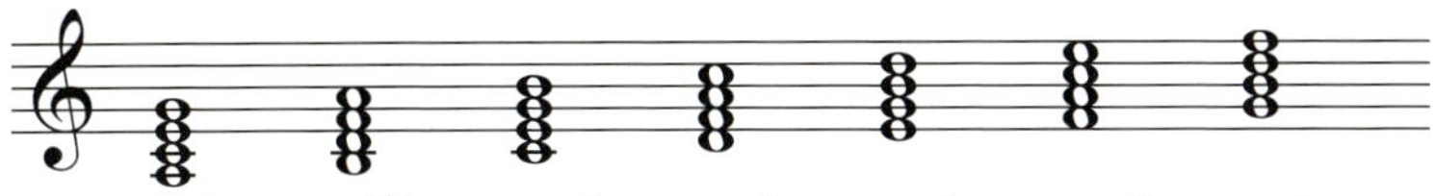


## Akkordfolgen

Akkordfolgen sind, ähnlich wie Kadenzen, Abfolgen von Akkorden. Im Jazz gibt es dabei besonders typische Aneinanderreihungen verschiedener Stufen, die auch charakteristisch für verschiedene Genres sind. In diesen Akkordfolgen findet man V-I-Verbindungen (→ S. 142). Im Folgenden sind einige besonders häufig vorkommende Akkordfolgen in enger Stimmführung dargestellt.

### Bluesform / Bluesschema

Die standardisierte Bluesform hat die folgende 12-taktige Akkordfolge (Beispiel in C):

| | | | |
|---|---|---|---|
| I | I oder IV | I | I$^{7}$ |
| IV | IV | I | I$^{7}$ |
| V | V oder IV | I | I oder V$^{7}$ |

| | | | |
|---|---|---|---|
| C | C oder F | C | C$^{7}$ |
| F | F | C | C$^{7}$ |
| G | G oder F | C | C oder G$^{7}$ |

Oft nutzen Musiker die Bluesform als Grundgerüst, um beim Spielen davon abzuweichen. Daher gibt es zwar viele verschiedene, aber dennoch ähnliche Blues-Akkordfolgen.

### V-VI-I Blues Turnaround

### II-V-I Verbindung

in Dur: IIm$^{7}$ V$^{7}$ I$^{maj7}$

in Moll: IIm$^{7\flat5}$ V$^{7}$ Im$^{7}$

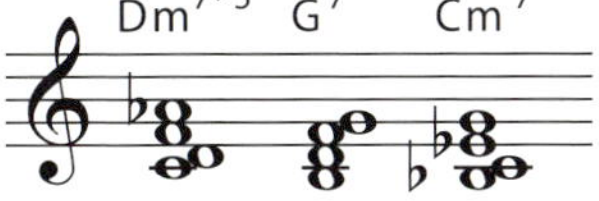


### I-VIm-IIm-V Turnaround (1625)

I$^{maj7}$ VIm$^{7}$ IIm$^{7}$ V$^{7}$ → I$^{maj7}$

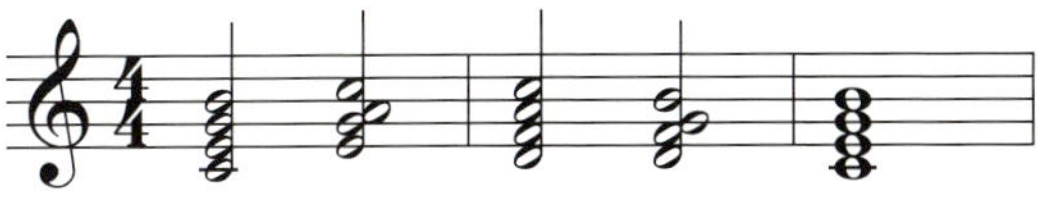


Diese Akkordfolge wird z. B. am Ende eines Stücks verwendet, da sie zur ersten Stufe in der Wiederholung hinleitet.

### Erweiterte Harmonisierung für das Leadsheet von „Fly Me To The Moon"

A

4/4 | Am$^{7}$ | Dm$^{7}$ | G$^{7}$ | C$^{maj7}$ |
| F$^{maj7}$ | Hm$^{7b5}$ | E$^{7}$ | Am$^{7}$ A$^{7}$ |
| Dm$^{7}$ | G$^{7}$ | C$^{maj7}$ F$^{7}$ | Em$^{7}$ A$^{7}$ |
| Dm$^{7}$ | G$^{7}$ | C$^{maj7}$ | Hm$^{7b5}$ E$^{7}$ |

B

4/4 | Am$^{7}$ | Dm$^{7}$ | G$^{7}$ | C$^{maj7}$ |
| F$^{maj7}$ | Hm$^{7b5}$ | E$^{7}$ | Am$^{7}$ A$^{7}$ |
| Dm$^{7}$ | G$^{7}$ | Em$^{7}$ | A$^{7}$ |
| Dm$^{7}$ | G$^{7}$ | C$^{maj7}$ | Hm$^{7b5}$ E$^{7}$ |

# Musikepochen

Musikalische Epochen sind Zeiträume, die im Nachhinein von Musikwissenschaftlern benannt werden. Innerhalb dieser Zeiträume ähneln sich musikalische Merkmale, Kompositionstechniken und Aufführungsarten. Dabei bieten die Zeiträume aber immer nur eine grobe Einordnung und keine klare Abgrenzung. Daher findet man auch immer wieder verschiedene Jahreszahlen für einzelne Epochen. Der Übergang von einer Epoche in die andere ist also immer fließend: Man findet z. B. in den späteren Jahren der Klassik auch musikalische Merkmale der frühen Romantik. Genauso trifft man bestimmte Gattungen, die für eine Epoche typisch sind, auch in anderen Epochen an. Außerdem umfassen die Epochen der Musikgeschichte andere Zeiträume als die Epochen in der Literatur oder in der Kunst, obwohl die Epochenmerkmale meist gleich sind. Im Folgenden sind musikalische Beispiele, die jeweils prägend für eine bestimmte Musikepoche waren, aufgeführt.

**Gattungen:**

Gregorianischer Choral (einstimmiger, liturgischer Gesang in der Kirche), Minnesang (Liebeslieder bei Hofe)

**Merkmale / Besonderheiten:**

Kirchentonarten, erste Mehrstimmigkeit, Entstehung der Grundlagen für die heutige Notenschrift

*Buch mit gregorianischen Chorälen*

*Spielmänner*

**Persönlichkeiten:**

Guido von Arezzo, Hildegard von Bingen, Walther von der Vogelweide

**Gattungen:**

Motetten, Madrigale, volkstümliche Lieder, Sologesang

**Merkmale / Besonderheiten:**

der Mensch steht mehr im Mittelpunkt, polyfone und komplexere Mehrstimmigkeit entsteht

**Persönlichkeiten:**

Josquin Desprez, Orlando di Lasso, Giovanni Palestrina

*Orlando di Lasso*

*Noten von Orlando di Lasso*

**Gattungen:**

Oper, Concerto grosso, Solokonzerte, Präludium, Fuge, Oratorium

**Merkmale / Besonderheiten:**

Polyfonie, Arie und Rezitativ als Teile der Oper, Basso Continuo

**Persönlichkeiten:**

Johann Sebastian Bach, Georg Friedrich Händel, Claudio Monteverdi, Heinrich Schütz, Antonio Vivaldi

*Johann Sebastian Bach*

*Konzert an einem Fürstenhof*

| **Mittelalter** | **Renaissance** | **Barock** | **(Wiener) Klassik** |
|---|---|---|---|
| ca. 500 n. Chr. | ca. 1500 n. Chr. | ca. 1600 n. Chr. | ca. 1750 n. Chr. |

Karl der Große – Reformation – Dreißigjähriger Krieg

**Gattungen:**

Sonate, Sinfonie, Streichquartett, Oper, Solokonzert, Singspiel

**Merkmale / Besonderheiten:**

Sonatenhauptsatzform als vollendete Form, Melodie in der Oberstimme, Polythematik, gegensätzliche musikalische Themen, freie weltliche Künstler sind nicht mehr vom Hof oder der Kirche abhängig, Wiener Schule, Oper und Singspiel erstmals auch auf Deutsch, klassische Orchesterbesetzung, das Hammerklavier ermöglicht mehr Dynamik

**Persönlichkeiten:**

Carl Philipp Emanuel Bach, Ludwig van Beethoven, Joseph Haydn, Wolfgang Amadeus Mozart

*Ludwig van Beethoven*

*Streichquartett*

**Gattungen:**

verschiedene weltliche Gattungen, vor allem Klavier- und Orchestermusik

*Noten von Béla Bartók*

**Merkmale / Besonderheiten:**

viele Klangfarben, Akkorde mit Zusatztönen, Ganztonleiter, Pentatonik, Kontrastreichtum, Dissonanzen, Atonalität, Anlehnung an alte Gattungen und Formen, trotzdem Bruch mit vielen Traditionen und Regeln, Expressionismus, Impressionismus, Neue (Zweite) Wiener Schule, Zwölftonmusik, verschiedene Stile, wenig Gemeinsamkeiten

**Persönlichkeiten:**

Béla Bartók, Alban Berg, Claude Debussy, Paul Hindemith, Sergej Prokofjew, Maurice Ravel, Arnold Schönberg, Dimitri Schostakowitsch, Richard Strauss, Igor Strawinsky, Anton Webern

*Alban Berg*

**Gattungen:**

Kunstlied, sinfonische Dichtung, Romantische Oper, Klavierlied, virtuose Konzerte, Charakterstücke

**Merkmale / Besonderheiten:**

gefühlsorientierte, leidenschaftliche, emotionale und heroische Musik, Ausdruck steht über der Form, Hinwendung zur Natur, Mystik und Leidenschaft, größere Orchesterbesetzungen, Klangmalerei, dynamische Vielfalt, viel Virtuosität, komplexere Harmonien, Klavier ist Modeinstrument

**Persönlichkeiten:**

Johannes Brahms, Anton Bruckner, Frédéric Chopin, Edvard Grieg, Fanny Hensel, Franz Liszt, Felix Mendelssohn-Bartholdy, Clara Schuman, Robert Schumann, Peter Iljitsch Tschaikowsky, Richard Wagner, Franz Schubert, Guiseppe Verdi

*Clara und Robert Schumann*

*Edvard Grieg*

**Gattungen:**

es gibt keine Grenzen, viele freie Formen

**Merkmale / Besonderheiten:**

viele moderne und technische Einflüsse, Reproduzierbarkeit und ständige Verfügbarkeit von Musik, Filmmusik, Hollywood-Sound, populäre Musikformen, Samples, Geräusche, Minimal Music, Klangflächen

*Tonband-Aufnahmegerät*

**Persönlichkeiten:**

Pierre Boulez, John Cage, Sofia Gubaidulina, György Ligeti, Steve Reich, Karlheinz Stockhausen

*John Cage*

**Romantik** | **Moderne** | **Neue Musik**

ca. 1830 n. Chr. – Franz. Revolution

Märzrevolution

ca. 1890 n. Chr.

Erster Weltkrieg

Zweiter Weltkrieg

ca. 1945 n. Chr.

# Rock- und Popmusik

Seit 1950 waren die technischen Möglichkeiten zur Speicherung und Übertragung von Musik so weit fortgeschritten, dass Musik zum alltäglichen Genussmittel wurde. Auch durch große Festivals, Konzerte, Tourneen und das aufkommende Fernsehen wurde Musik immer zugänglicher. Für ganze Generationen von Menschen waren Bands oder Sängerinnen und Sänger prägend und entwickelten eine eigene Kultur. Ob in den 1960er-Jahren mit der Hippie-Kultur oder in den 2010er-Jahren mit Lady Gaga's „Little Monsters" – die Fans sind ein wichtiger Bestandteil der verschiedenen Musiken. Die einzelnen Musikrichtungen dauern dabei meist über Jahrzehnte an, werden verändert, neu interpretiert oder werden in immer neuen Songs gecovert.

Der **Rock 'n' Roll** ist eine Musikrichtung und Jugendkultur, die sich in den 1950er-Jahren in Amerika entwickelte. Die Musik gilt als Mischung aus Rhythm & Blues, Country und Blues.

**Musikalische Kennzeichen:** hohes Tempo, blues-artiger kehlig-rauer Gesang, sich wiederholende Riffs im 4/4-Takt, Basslinie aus dem Boogie-Woogie, Verwendung der E-Gitarre

**Persönlichkeiten und Bands:** Chuck Berry, Buddy Holly, Elvis Presley

*Elvis Presley*

Der **Soul** entwickelte sich Ende der 1950er-Jahre aus Rhythm & Blues, Jazz und Gospel. Die musikalische Entwicklung dieser afroamerikanischen Unterhaltungsmusik hing sehr mit der US-amerikanischen Bürgerrechtsbewegung gegen Rassentrennung und für Gleichberechtigung zusammen.

*Aretha Franklin*

**Musikalische Kennzeichen:** emotionaler, persönlicher Gesang, viele Verzierungen der Melodielinie, gelegentlich Streicher und Bläser, E-Piano, jazzige Akkorde, erweiterte Band

**Persönlichkeiten und Bands:** James Brown, Ray Charles, Aretha Franklin, Wilson Pickett

*The Beatles*

Der **Beat** ist die britische Weiterentwicklung des Rock 'n' Roll in den 1960er-Jahren. Der Begriff steht für den auf Gitarrenspiel basierenden Pop-Rock von Beatbands.

**Musikalische Kennzeichen:** mehrstimmiger Gruppengesang, zwei E-Gitarren (Lead- und Rhythmusgitarre), Verwendung eines E-Basses (Bassgitarre), zwei- oder dreiteilige Liedform

**Persönlichkeiten und Bands:** The Beach Boys, The Beatles, The Rolling Stones, The Who, The Monkees

Der **Reggae** kommt ursprünglich aus Jamaika, wo er Ende der 1960er-Jahre als eine Mischung aus traditioneller afrikanischer und karibischer Musik und dem Rhythm & Blues entstand. Von dort aus verbreitete er sich in der ganzen Welt.

**Musikalische Kennzeichen:** Offbeat-Phrasierung, häufige Wiederholung der zentralen Textaussagen, gleichbleibende musikalische Passagen, komplexer Rhythmus, auffällige 2/4-Betonung, einfache Harmonik

**Persönlichkeiten und Bands:** Bob Marley, Desmond Dekker, Rita Marley, Peter Tosh

*Bob Marley*

**Hip-Hop** entstand in den 1970er-Jahren in amerikanischen Ghettos. Zu Beginn wurden auf zwei oder mehr Plattenspielern Breakbeats aneinandergereiht. Sampling und Rap gehören seitdem fast immer zum unverwechselbaren DJ-Sound.

**Musikalische Kennzeichen:** Scratching, Sampling, Rap, Elektronische Beats, Cutting (Übergang zwischen zwei Liedern), Backspinning (Zurückziehen/-drehen einer Schallplatte)

**Persönlichkeiten und Bands:** Grandmaster Flash, Tupac Shakur, Antilopen Gang, Cro, Dr. Dre, Eko Fresh, Lil' Kim, Kendrick Lamar, Lil Nas X, Nicki Minaj, Snoop Dog, Queen Latifah

*DJ-Pult*

*Eko Fresh*

*Techno-Rave*

*Avicii*

**Elektronische Tanzmusik** (EDM, Abk. für Electronic Dance Music) kam in den 1980er-Jahren auf. Sie beschreibt verschiedene tanzbare, elektronisch erzeugte Arten von Musik.

**Musikalische Kennzeichen:** alle Klänge außer dem Gesang sind elektronisch erzeugt, basiert meist auf sich wiederholenden Arrangements, leichte Veränderungen der Patterns, tranceartige Wirkung

**Persönlichkeiten und Bands:** Kraftwerk, Avicii, Alison, Daft Punk, Wonderlang, The Chainsmokers, David Guetta, Marusha, Martin Garrix, Rezz

Der **Rock** ist bereits in den 1960er-Jahren aus einer Mischung von Rock 'n' Roll, Beat und Blues entstanden. In den letzten Jahrzehnten entwickelten sich viele Subgenres, die meistens parallel zu einer neuen Jugendkultur aufkamen. Dazu gehören u. a. (Heavy) Metal, Grunge, Indie, Hardrock, Alternative und Deutschrock.

**Musikalische Kennzeichen:** feste Rockband-Besetzung mit Gesang, Gitarren, E-Bass, Schlagzeug und ggf. Keyboard, Blues-Melodik, Power-Chords, elektrische Verstärkung und Verzerrung, instrumentale Soloimprovisation

**Persönlichkeiten und Bands:** Coldplay, Nirvana, The Strokes, Mando Diao, The White Stripes, Franz Ferdinand, Linkin Park, Limp Bizkit, System of a Down, Slipknot

*Coldplay*

*Billie Eilish*

Die 2000er- und 2010er-Jahre waren mehr durch bestimmte **Sängerinnen und Sänger der Popmusik** geprägt als durch Musikstile. Fernsehshows brachten gecastete Stars und Bands hervor. Außerdem waren Deutschpop und Deutschrap sehr beliebt.

**Musikalische Kennzeichen:** einfache Harmonik, nachsingbare diatonische Melodie, klassischer Liedaufbau aus Verse und Chorus, melodiebetonter Gesang

**Persönlichkeiten und Bands:** Ariana Grande, Dua Lipa, Billie Eilish, Jennifer Lopez, Lady Gaga, Silbermond, Tokio Hotel, Marc Forster, Lena Meyer-Landrut

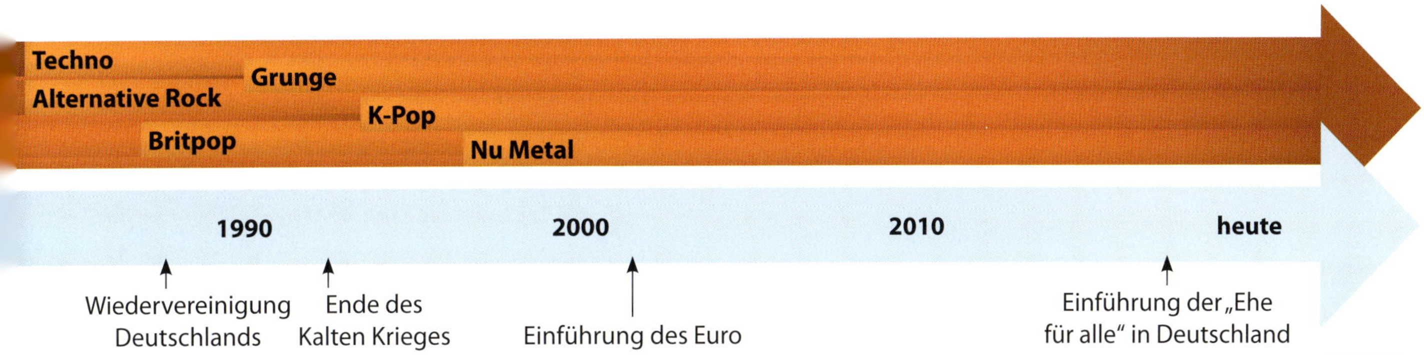

# Ensembleformen

Im Verlauf der musikgeschichtlichen Entwicklung entstanden verschiedene Arten musikalischer Besetzungen. Einige davon haben sich als Standard etabliert, andere kommen nur bei bestimmten Werken zum Einsatz. Im Folgenden werden die gängigsten Besetzungsformen vorgestellt. Sie sind nach vier Kategorien sortiert: Kammermusikalische Ensembles, Orchester, Vokalensembles und populäre Ensembles seit 1900.

## Kammermusikalische Ensembles

Kammermusik meint kleine Besetzungen mit maximal 25 Musikerinnen und Musikern. Es gibt solistische Formen der Kammermusik und Duette mit zwei Melodieinstrumenten oder einem Melodieinstrument und einem Begleitinstrument. Weitere kammermusikalische Formen sind Sextett (sechs Instrumente), Septett (sieben Instrumente), Oktett (acht Instrumente) und Nonett (neun Instrumente). Außerdem gibt es die folgenden Standardformationen:

### Trio

**Streichtrio:**
Violine, Viola, Cello

**Klaviertrio:**
Violine, Cello, Klavier

**Bläsertrio:**
Flöte oder Oboe, Klarinette, Fagott

*Streichquartett*

### Quartett

**Streichquartett:**
2 Violinen, Viola, Cello

**Klavierquartett:**
Violine, Viola, Cello, Klavier

**Bläserquartett:**
Flöte, Oboe, Klarinette, Fagott

### Quintett

**Streichquintett:**
2 Violinen, 2 Violas, Cello

**Klavierquintett:**
2 Violinen, Viola, Cello, Klavier

**Bläserquintett:**
Flöte, Oboe, Klarinette, Horn, Fagott

## Orchester

### Barockorchester (Vorläufer des Sinfonieorchesters)

Besetzung mit 10 bis 25 Instrumenten: mehrfach besetzte Streicher, einzelne andere Instrumente, Cembalo oder Orgel

### Standardbesetzung eines romantischen Sinfonieorchesters

**Streicher:**
12 bis 16 erste Violinen
10 bis 14 zweite Violinen
8 bis 12 Violas
8 bis 10 Celli
6 bis 8 Kontrabässe

**Blechbläser:**
6 Hörner
4 Trompeten
4 Posaunen
1 (Bass-)Tuba

**Holzbläser:**
3 Flöten
1 Piccoloflöte
3 Oboen
1 Englischhorn
3 Klarinetten
1 Bassklarinette
3 Fagotte
1 Kontrafagott

**Schlaginstrumente:**
vom jeweiligen Werk abhängig, mehrere Instrumente werden von einer Person gespielt

*Großes romantisches Sinfonieorchester*

### Weitere Orchesterformen

Neben dem großen Sinfonieorchester gibt es auch Orchesterformen, bei denen sich die Besetzung an den Stimmgruppen oder dem Verwendungszweck orientiert. Beispiele hierfür sind das **Blasorchester**, das **Streichorchester** oder das **Filmmusikorchester**. Bei allen Orchesterbesetzungen gibt es je nach Werk, Epoche und / oder Komponist unterschiedliche Vorgaben. Von 26 bis über 100 Musikerinnen und Musikern ist alles möglich.

## Vokalensembles

Vokalensembles sind Gesangsgruppen mit einer festen Besetzung. Diese Ensembles können klassische oder populäre Musik vortragen. Dabei singen sie entweder a cappella oder begleitet. Sie werden solistisch oder als Background eingesetzt.

### A-cappella-Chor

unbegleiteter Chor mit verschiedenen Stimmen, meist werden Leadgesang, Harmonie und Rhythmus gesungen

### Vokalquartett

1 Sopran, 1 Alt, 1 Tenor, 1 Bass

*A-cappella-Chor*

### Konzertchor

großer klassischer Chor aus mehreren Sopran-, Alt-, Tenor- und Bassstimmen

### Jazzchor/Popchor/Musicalchor

populäre Chorbesetzung mit Klavier- oder Bandbegleitung

## Populäre Ensembles seit 1900

Seit der Entwicklung der Blues- und Jazzmusik sind viele neue Ensembleformationen entstanden. Im Blues und Jazz wurden zunächst Saxofone, Blechblasinstrumente und Rhythmusinstrumente verwendet. Später kamen mit Verstärkertechnik, E-Gitarren, E-Bässen und Synthesizern viele Möglichkeiten dazu.

### Jazztrio

1 Klavier
1 Bass
1 Schlagzeug

Auch andere Instrumente sind möglich.

### Jazz-Combo

Eine Gruppe aus vier bis acht Jazzmusikern, bestehend aus:

Melodieinstrumenten
Gesang (optional)
1 Klavier
1 (E-)Bass
1 Schlagzeug

*Jazz-Combo*

*Big Band*

### Big Band

2 Altsaxofone
2 Tenorsaxofone
1 Baritonsaxofon
4 Trompeten
3 Posaunen
1 Bassposaune
1 Klavier
1 (E-)Bass
1 Schlagzeug

### Soulband

Gesang
Backgroundgesang / Chor (optional)
1 Saxofon
1 Trompete
1 Posaune
1 Klavier/Keyboard
1 (E-)Bass
1 Schlagzeug

### Rockband

Eine Gruppe aus mindestens 4, aber meist 5 Musikern:

Gesang
1 Lead-E-Gitarre
1 Rhythmus-E-Gitarre
1 Keyboard
1 E-Bass
1 Schlagzeug

*Rockband*

### Power Trio

Kleine Rockband:

1 E-Gitarre
1 E-Bass
1 Schlagzeug

Meist ist der Gitarrist oder Bassist auch Sänger.

# Personenregister

# Quellenverzeichnisse

## Quellenverzeichnis der Lieder und Musikstücke

Seite
4 My Friend, Rechtsnachfolge Albert Camus
6 Row your boat (6/8-Takt und 5/4-Takt), aus England
7 Gangsta's Paradise, 1995 by Black-Bull-Music Inc. / Boo Daddy Music / Jobete Music / Large Variety Music / Madcastle Music / WB Music Corp., NEUE WELT MUSIKVERLAG GMBH, Hamburg, Universal Music Publ. GmbH, Berlin, EMI Music Publishing (Germany GmbH) Hamburg
8 Chan Chan, Universal MGB Autores Asociados, Musik Edition Discoton GmbH, Berlin
9 Flaschenkanon (Limo, Schorle oder Saft), Helbling Verlag, Esslingen
11 Fly me to the moon, Hampshire House Publ. Comp., Essex MusikVertrieb GmbH, Hamburg
14 / 15 Sealed with a kiss, 1960 (renew. 1988) by Warner Chappell Music Inc. USA, Für D / GUS / Osteuropäische Länder: Chappell & Co. GmbH & Co. KG, Hamburg
16 / 17 Clocks, Universal Music Publishing MGB Ltd. / Musik Edition Discoton GmbH, Berlin
18 / 19 Auf uns, Bou Publishing / Kasettendeck Edition bei BMG Rights Management GmbH, Berlin
20 The Hanging Tree, A Lion Music / B Lion Music / Universal / MCA Music Publishing GmbH, Berlin, WC Music Corp. / Neue Welt Musikverlag GmbH, Hamburg, The Lumineers / Kobalt Music Publishing Ltd., London / Printrechte Hal Leonard Europe GmbH
22 Come on, let's play a melody!, Mildenberger Verlag GmbH, Offenburg
24 / 25 Here comes the sun, 1969 by Harrisong Ltd. (The Bicycle Music Company / Concord Music GmbH, Berlin)
26 / 27 Apologize, Midnite Miracle Music / Velvet Hammer Music, Sony / ATV Music Publishing (Germany) GmbH, Berlin
28 / 29, 31 L'Autunno, 3. Satz, Eulenburg Ltd. 1982, London
30 L'Autunno Sonnett, Wilhelm Fink Verlag in der Brill Deutschland GmbH
32 Bläser-Divertimento Nr. 4 in F-Dur, Bärenreiter Verlag, Kassel
34 / 35 Sinfonie in A-Dur, 1. Satz, G. Ricordi & C. Editori, Milano
36 / 37 Die Moldau, Eulenburg Ltd., Mainz
59 The Imperial March, Walt Disney Music Company / Neue Welt Musikverlag GmbH, Hamburg / Universal Music Publishing GmbH, Berlin
61 Classroom Thrill, Mildenberger Verlag GmbH, Offenburg
62 Hit the road Jack, 1961 Tangerine Music Corp., AME Musikverlag Edward Kassner GmbH, Inzlingen
64 Auf den Bergen, Edition Peters, Leipzig
65 Das Land, in dem ich leben will, Reimkultur GmbH Co. KG, Hamburg
66 Nocturne Nr. 19, Breitkopf & Härtel, Leipzig; Nocturne, Impulsive Music / Almo-Music Corp., Rondor Musikverlag GmbH, Berlin
68 Der Neugierige, C. F. Peters, Frankfurt u.a.
69 Can't help falling in love, Cherry River Music / Gladys Music, BMG Rights Management GmbH, Berlin, Edition Nolesto, Rolf Budde Musikverlag GmbH, Berlin
71 A million dreams, TCF Music Publishing Inc. / EMI Music Publishing Germany GmbH, Hamburg, Breathelike Music / Pick in a Binch / Kobalt Music Publishing Ltd., London, Printrechte Hal Leonard Europe GmbH
72 Carinhoso, Mangione Filhos & Cia Ltda., Rio de Janeiro
73 4. Sinfonie, 2. Satz, Breitkopf & Härtel, Wiesbaden
74 Der Tod und das Mädchen, Breitkopf & Härtel, Leipzig
75 Am Tag als Conny Kramer starb (The night they drove old Dixie down), by WB Music Corp. / Canaan Music Inc., D / CH / GUS / Osteuropäische Länder: NEUE WELT MUSIKVERLAG GMBH, Hamburg; Chicago, Edition 10 vor 10 / Edition From Here To Fame, Arabella Musikverlag GmbH, Berlin
76 Ging heut' morgen übers Feld, Wiener Philharmonischer Verlag, Wien
78 10. Prélude, Durand et Cie 1910, Paris
79 Arabesque, Edition Peters 1969, Frankfurt
80 5. Sinfonie, 1. Satz, Breitkopf & Härtel, Leipzig
80 / 81 Klaviersonate op. 1, G. Henle-Verlag Urtext 2006, Berlin
83 Streichquartett Nr. 2 op. 10, Belmont-Music Publ. Universal Edition A.G., Wien; Oh, du lieber Augustin, volkstümlich
84 Volumina, C.F. Peters Musikverlag, Leipzig
86 Stille und Umkehr, Schott Music GmbH & Co. KG, Mainz
87 Fratres, Universal Edition AG, Wien
89 La musica cubana, Mawi Edition, ENJA RECORDS Matthias Winckelmann GmbH, München, BMG Rights Management GmbH, Berlin
91 Fog el nachal, volkstümlich
93 Jankele, Helbling Verlag, Esslingen
95 Jindo Arirang, volkstümlich
97 Jangdan-Rhythmen, traditionell
100 Mo Li Hua, traditionell
101 Der Hirtenknabe mit seiner kleinen Flöte, Schott Music GmbH & Co. KG, Mainz
102 A la gran muñeca, Melos Ediciones Musicales S. A. / BMG Rights Management GmbH, Berlin
105 Piensa por mi todos los dias, volkstümlich
107 Ibyeolga, traditionell
108 2. Sinfonie in H-Dur, 2. Satz (An den Oktober), Musikverlag Hans Sikorski, Hamburg
109 7. Sinfonie, Musikverlag Hans Sikorski, Hamburg
110 / 111 Fall der Fälle, Grönland Musikverlag, Berlin
112 Gute Freunde (Soldaten sind vorbeimarschiert), Rechte beim Urheber
113 Glaubensfragen, Rechtsnachfolge Gerulf Pannach
114 / 115 Stolpersteine, Kitschkrieg Edition / BMG Rights Management GmbH, Berlin, La Chunga Music Publishing GmbH
117 – 119 War Requiem, Boosey & Hawkes.Bote & Bock, Berlin
120 Lied des Bären, überliefert
121 Geistertanz, Short Bull, Überlieferung: Nathalie Curtis-Burlin
137 Take the „a"-train, Tempo Music, Edition Trumpf, Rimsting; Days of wine and roses, Neue Welt Musikverlag GmbH, Hamburg
139 Bluesforastranger, Theo Hartmann 2020, Berlin
142 Autumn leaves, 1947 by Editions Enoch & Cie. Paris, 1950 by Editions Marbot GmbH, Hamburg
143 Giant steps, Jowcol-Music Inc., Universal Music Publ. GmbH, Berlin
147 Flintstones Theme, Anihambar Music Company / Barbera Hamma Productions Inc., Chappell Musikverlag GmbH, Hamburg
149 City of stars, Lion Music / Breathelike Music / Justin Hurwitz Music / Pick in a Pinch Music / WB Music Corp. / Warner-Tamerlane Publishing Co. / Neue Welt Musikverlag GmbH, Hamburg
151 The end of a summer, Julia Hülsmann
153 Seven nation army, Peppermint Stripe Music, Universal / MCA Music Publishing GmbH, Berlin
154 / 155 Trans Europa Express, Kling-Klang Music bei Sony Music Publishing GmbH, Berlin
156 Jazzalude III (Hip Hop as a way of live), Hey Wooley Music / Depth Charge Music / BMG Blue / BMG Rights Management GmbH, Berlin, Ill Kid Music / Sony / ATV Music Publishing (Germany) GmbH, Berlin
157 Planet Rock, Shakin Baker Music Inc. / Downtown Music Germany GmbH bei Budde Music Publishing GmbH, T Girl Music LLC / Neue Welt Musikverlag GmbH, Hamburg, Kling Klang Musik GmbH bei Sony / ATV Music Publishing (Germany) GmbH, Berlin
159 Schwarz zu blau, BMG Rights Management GmbH, Berlin / Fixx & Foxy Publ. Pierre Krajewski / Hanseatic Musikverlag GmbH & Co. KG, Hamburg; City Blues, Arabella Musikverlag GmbH, Berlin, Edition Vaul Spaeth / Hanseatic Musikverlag GmbH & Co. KG, Hamburg; Mutterstadt, Edition Fourplay / Edition From Here To Fame / Arabella Musikverlag GmbH, Berlin; Grauer Beton, Kitschkrieg Edition / BMG Rights Management GmbH, Berlin
161 Wie schön du bist, Miss Cee Publishing GmbH bei Sony / ATV Music Publishing (Germany) GmbH, Berlin / Partitur Musikverlag GbR / Sony / ATV Music Publishing Allegro (Germeny) Edition bei Sony / ATV Music Publishing (Germany) GmbH, Berlin
163 Wish you were gay, Universal Music Corporation / DRUP / Universal Music Publishing GmbH, Berlin, Last Frontier / Kobalt Music Publishing Ltd., London, Printrechte Hal Leonard Europe GmbH
164 Jolene, by Velvet Apple Music / Printrechte Hal Leonard Europe GmbH
165 – 167 Graue Maus, Daniela Bartels
174 / 175 The pool and the soup, Alessandro Bosetti
180 Od lo ahavti dai, Rechte beim Urheber
187, 189 Tosca, murashev.com/opera/Tosca_libretto_German, imlsp.org
193 One, The Bicycle Music Company / Concord Music GmbH, Berlin, Chappell Morris Ltd. / Chappell & Co. GmbH & Co. KG, Hamburg
195 Bohemian Rhapsody, Queen Music Ltd., D / A / CH / Osteurop. Länder: EMI Music Publishing, Germany GmbH, Hamburg
196 / 197 Hamilton, Jumping Bean Songs LLC / Sony / ATV Music Publishing (Germany) GmbH, Berlin, Justin Combs Publishing / Big Poppa Music / EMI Music Publishing Germany GmbH, Hamburg, Mtume Music / Kobalt Music Publishing Ltd., London / Printrechte Hal Leonard Europe GmbH, 5000 Broadway Music / Neue Welt Musikverlag GmbH, Hamburg, Twelve and under Music / Edition Cloud 9 Music bei Budde Music Publishing GmbH
199 Ariadne Musica Nr. 8 Fuge in E-Dur, Edition Breitkopf 8407, Wiesbaden
200 / 201 Fuga 9, G. Henle Verlag, München
202 Gefühl der Wehmut, 1970 Kassel

203 Ich bin so matt und krank, Die Waldhörner und das Echo, Fester, männlicher Charakter, 1970 Kassel
205 Bilder einer Ausstellung, Nr. 4 Bydło, Edition Peters, Frankfurt
206/207 Ah, vous dirai-je, Maman, G. Henle Verlag, München
208 Der Stampfer, Universal-Edition 1918, Wien, Leipzig
224 Die Moldau, Museum Bedicha Smetany, Statni Nakladatelstvi, Krasne Literatury, Hudby a Umeni, Prag

## Quellenverzeichnis der Texte und Grafiken

S. 18: Andreas Bourani im Interview mit Silke Müller: Ich hab ein Foto mit allen Spielern, https://www.stern.de/kultur/auf-der-hollywoodschaukel-mit----andreas-bourani--ich-hab-ein-foto-mit-allen-spielern--3931750.html; S. 39: Bedřich Smetana: Hohes Wasser…, in: Vorwort von Milan Pospisil in der Partiturausgabe „Bedrich Smetana, Ma Vlast - No. 2 Vltava", Verlag Eulenburg Ltd., Mainz 1999; S. 77: Ein Musikkritiker über Gustav Mahlers 3. Sinfonie: Für sowas …, in: Klaus Konjetzky: Literarisches Staccato mit Gustav Mahler, in: Renate Ulm (Hrsg.): Gustav Mahlers Symphonien, Bärenreiter Verlag, Kassel 2018; Gustav Mahler: Ich erlebe …, in: Hans Heinrich Eggebrecht: Die Musik Gustav Mahlers, Wilhelmshafen 2003, zit. nach: J Kilian (Hrsg.): Natalie Bauer-Lechner. Erinnerungen an Gustav Mahler, E. P. Tal & Co., Leipzig u.a. 1923; Gustav Mahler: Muss man …, in: Hans Heinrich Eggebrecht: Die Musik Gustav Mahlers, Wilhelmshafen 2003, zit. nach: Gustav Mahler, Briefe, hrsg. von Alma Maria Mahler, Paul Zsolnay Verlag, Berlin u.a. 1924; ein Zeitzeuge Gustav Mahlers: Sein Körper …, in: Ernst Décsey: Mahler als Dirigent, in: Walter Kühn und Hans Lebede (Hrsg.): Von Musikern und Musik, Freytag Verlag, Leipzig, 1926; Gustav Mahler: Was Ihr …, in: Jens Malte Fischer: Gustav Mahler – der fremde Vertraute, dtv Verlagsgesellschaft, München 2010; Gustav Mahler: mit allen …, in: Jens Malte Fischer: Gustav Mahler – der fremde Vertraute, München 2010, zit. nach: J Kilian (Hrsg.): Natalie Bauer-Lechner – Erinnerungen an Gustav Mahler, E. P. Tal & Co., Leipzig u.a. 1923; S. 79: Claude Debussy 1904: Man muß …, in: La Revue bleue, 2. April 1904, zit. nach: François Lesure: Claude Debussy. Sämtliche Schriften und Interviews zur Musik, Reclam Verlag, Stuttgart 2010; Claude Debussy 1910: Wagner verkündet …, in: Léon Vallas (Hrsg.): Revue musicale de Lyon, 8. Januar 1911, zit. nach: François Lesure: Claude Debussy. Sämtliche Schriften und Interviews zur Musik, Reclam Verlag, Stuttgart 2010; S. 80: Theodor W. Adorno: übernimmt die …, in: Theodor W. Adorno: Alban Berg. Meister des kleinsten Übergangs, Verlag Elisabeth Lafite, Wien 1968; S. 82: Arnold Schönberg: Kunst ist …, in: Arnold Schönberg: Harmonielehre, Universal Edition, Berlin 1966; Ernst Stadler: Form ist Wollust, in: Kurt Pinthus: Menschheitsdämmerung, Ernst Rowohlt Verlag, Hamburg 1955; S. 85: György Ligeti im Interview mit Josef Häusler: wenn ich …, in: Ove Nordwall: György Ligeti., B. Schott's Söhne, Mainz 1971; S. 86: Arvo Pärt: Tintinnabulation ist …, in: Paul Hillier: Arvo Pärt, Oxford University Press, Oxford 1996, übersetzt v. Jossif Schmidt; S. 108: Bernd Feuchtner: Der Sozialistische …, in: Dimitri Schostakowitsch – und Kunst geknebelt von der groben Macht, Metzler Verlag, Stuttgart 2002; S. 109: In der Prawda 1936: Von der…, in: Bernd Feuchtner: Dimitri Schostakowitsch – und Kunst geknebelt von der groben Macht, Metzler Verlag, Stuttgart 2002; Krzysztof Meyer: Da das …, in: Schostakowitsch. Sein Leben, sein Werk, seine Zeit, Schott Verlag, Mainz 1998; S. 111: Herbert Grönemeyer: Es geht …, in: http://www.letzte-version.de/forum/showthread.php?t=9848; S. 112: Bildungsplan für Kindergarten: https://docplayer.org/158120090-Bildungs-und-erziehungsplan-fuer-den-kindergarten.html; S. 113: Gelöbnis: https://www.bpb.de/gesellschaft/bildung/zukunft-bildung/230382/wie-der-sozialistische-staat-die-bildungseinrichtungen-praegte; S. 125: John Williams: So vieles …, in: https://beruhmte-zitate.de/zitate/1937321-john-williams-so-much-of-what-we-do-is-ephemeral-and-quickly-for/, übersetzt v. Daniela Bartels; S. 127: Bühnenplan, in: Norbert Pawera, Mikrofon-Praxis, Franzis Verlag, München 1993; S. 133: BTS und Paul McCartney in: https://metro.co.uk/2019/09/25/paul-mccartney-army-beatle-applauds-btss-rendition-hey-jude-10803824/; Jiye Kim: https://time.com/5912998/bts-army/; S. 135: Sarah Wolfgang im Interview: https://www.wnycstudios.org/podcasts/radiolab/articles/kpoparazzi; S. 146: Jacob Collier im Interview mit Jan Tengeler: https://www.deutschlandfunk.de/britischer-musiker-jacob-collier-auf-der-buehne-gibt-es.807.de.html?dram:article_id=356564; S. 152: Lo-Fi-Manifest, in: https://www.deutschlandfunk.de/interaktion-und-spontanitaet.807.de.html?dram:article_id=269198; S. 174: John Paynter: Die menschliche …, in: John Paynter / Peter Aston: Klang und Ausdruck. Modelle einer schöpferischen Schulmusikpraxis, Wien 1972, zit. nach: Stefan Jäger: Experimentelle Musik in der Sekundarstufe, Wißner Verlag, Augsburg 2015; S. 181: Choreografie des Kreistanzes: nach Yankele Levy, Zilverdraad 2, Syncoop Verlag; S. 184: Mario Sixtus: Die Menschen …, in: Flash Mobs. Wenn dir plötzlich Hunderte applaudieren, https://www.spiegel.de/netzwelt/web/flash-mobs-wenn-dir-ploetzlich-hunderte-applaudieren-a-258913.html; S. 190: Christian Wildhagen: Mit übermächtigen …, in: „Tosca" in Frankfurt. Puccini, der Fortschrittliche, https://www.faz.net/aktuell/feuilleton/buehne-und-konzert/tosca-in-frankfurt-puccini-der-fortschrittliche-1581584-p2.html; S. 191: Mustafa Akça im Interview mit Alexandra Hahn: Erfolg ist …, in: Der Möglichmacher, https://www.rat-kulturelle-bildung.de/newsrrom/aktuelles/artikel/detail/der-moeglichmacher-interview-mit-mustafa-akca; S. 191: Thalia Kellermeyer im Interview mit Carla Bihl: Aufgrund der …, in: Eine Oper in der Straßenbahn: So will diese Gruppe die Grenzen des herkömmlichen Opernbetriebs sprengen, https://fudder.de/eine-oper-in-der-strassenbahn-so-will-diese-gruppe-die-grenzen-des-herkoemmlichen-opernbetriebs-spre--156902358.html; S. 195: Brian May: Wer Luftgitarre …, zit. nach: dpa, Meister der Luftgitarre, https://www.fr.de/panorama/meister-luftgitarre-11320259.html; S. 195: Brian May: Ich weiß …, zit. nach Martin Chilton: „Bohemian Rhapsody": Die Geschichte des Klassikers, für den Queen alle Regeln brachen, https://www.udiscover-music.de/platten/bohemian-rhapsody-die-geschichte-des-klassikers-fur-den-queen-alle-regeln-brachen; S. 197: Julian Dörr: „Hamilton" ist …, in: Rekord-Musical: Wie der „Hamilton"-Hype die USA verändert, https://www.sueddeutsche.de/kultur/hip-hop-rekord-musical-wie-der-hamilton-hype-die-usa-veraendert-1.3026494; S. 197: Lili Hering: Ein Ensemble …, in: Rapbattles um Repräsentation, https://www.zeit.de/kultur/film/2020-07/hamilton-musical-verfilmung-disney-plus; S. 197: Barack Obama: Eine Show …, zit. nach Julian Dörr, Rekord-Musical: Wie der „Hamilton"-Hype die USA verändert, https://www.sueddeutsche.de/kultur/hip-hop-rekord-musical-wie-der-hamilton-hype-die-usa-veraendert-1.3026494; S. 204: Johann Wolfgang Goethe an Johann Heinrich Merck: Geb' Gott …, in: Werner Hofmann: Grundlagen der modernen Kunst, Kröner Verlag, Stuttgart 1987; Modest Mussorgski an Ilja Repin: Wie unerschöpfliches …in: Christoph Flamm: Modest Mussorgski. Bilder einer Ausstellung, Bärenreiter Verlag, Kassel 2016; S. 209: Béla Bartók über die Bedeutung der Volksmusik: Es ist …, in: Willi Reich (Hrsg.): Béla Bartók, Benno Schwabe & Co. Verlag, Basel/Stuttgart 1958; S. 214: Interview mit Andris Nelsons: Jürgen Kalwa, Hebamme für Musik, https://www.deutschlandfunkkultur.de/neubesetzung-hebamme-fuer-musik.1013.de.html?dram:article_id=294964

## Quellenverzeichnis der Bilder und Fotos

Umschlag: Kontrabaß um 1840 © Erik Bogr – akg-images; Blackboard © Stillfx – stock.adobe.com; Kontrabassbogen © venusangel – stock.adobe.com; S. 4: Paar © Olga Steshova – stock.adobe.com; S. 12: Lady Gaga © mauritius images / Alamy / Bob Daemmrich; AnnenMayKantereit © picture alliance / Geisler-Fotopress; Prince © mauritius images / Alamy / ZUMA; Billie Eilish © mauritius images / Alamy / Andy Gallagher; Adele © mauritius images / Alamy / Matt Crossick; Sam Smith © mauritius images / Alamy / Denise Maxwell; S. 16: Coldplay © Raph_PH – wikimediacommons; S. 20: Jennifer Lawrence Stars as „Katniss Everdeen" © agefoto.com; S. 26: OneRepublic © mauritius images / Alamy / Sven Hoogerhuis; Timbaland © mauritius images / Alamy / Image Press Agency; S. 36: Ferdinand Engelmüller – Moldau © wikimediacommons; S. 39: Český Krumlov Moldau © wikimediacommons; Egon Schiele – Krumauer Landschaft © Sotheby's / akg-images; Smetana © akg-images / Universal Images Group / Sovfoto / UIG; Egon Schiele © wikimediacommons; S. 40: Midi Kabel © Luminis – stock.adobe.com; S. 41: Studio Mikrophon © GrashAlex – shutterstock.com; S. 42ff.: Screenshots © Cubase; S. 46ff.: Screenshots © MuseScore; S. 51: Caspar David Friedrich Abend © wikimediacommons; Spitzweg © wikimediacommons; Kandinsky Composition © wikimediacommons; S. 52: Varietétheater Wintergarten Berlin © Lebrecht Music – Alamy – mauritius images; Penny Arcade © wikimediacommons; Nickelodeon © Granger Historical Picture Archive / Alamy Stock Photo; S. 53: Electric Palace © mauritius-images; The Great Train Robbery © mauritius images / Peregrine / Alamy; The Kid © wikimediacommons; S. 54: Kinetoskop © mauritius images / World Book Inc.; Jazz Singer © wikimediacommons; King Kong Poster © mauritius images / Alamy / Archive PL; S. 55: Love me tender © mauritius images / Alamy / Pictorial Press; The Bodyguard © mauritius images / Alamy / Moviestore Collection; S. 56: Die Welle © mauritius images / Alamy / Rat Pack Filmproduktion; S. 57: Foley Room at the Sound Design Campus © wikimediacommons; S. 58: Spider Man © imago images / Prod.DB; Der große Diktator © mauritius images / Alamy / JJ; Maurice Benichou © mauritius images / Alamy / Entertainment Pictures; S. 59: Anakin Skyalker © mauritius images / Memento / Image courtesy; Darth Vader © mauritius images / Alamy; LUCASFILMS /Ronald Grant Archive / Mary Evans; S. 60: Wilder Westen © Moviestore Collection Ltd / Alamy Stock Photo; S. 62: Ray Charles © mauritius images / Alamy / Pictorial Press; S. 63: Ray © mauritius images / Alamy / A7A collection; Pitch Perfect © Entertainment Pictures / Alamy Stock Photo; Filmplakat Score © goldposter.com; S. 64 Caspar David Friedrich Wanderer © wikimediacommons; Edvard Grieg © AF archive / Alamy Stock Photo; S. 65: Bodo Wartke © Reimkultur Musikverlag GbR / Fotografin: Nele Martensen; S. 66: Die Sternennacht © mauritius images / Alamy / Martin Shields; S. 67: Diskothek © BasilT / Alamy Stock Photo; Tanz auf dem Vulkan © United Archives GmbH / Alamy Stock Photo; BeeGees © mauritius images / Alamy / razorpix; Die Prinzen © mauritius images / Alamy; Mecano © mauritius images / Alamy / Luis Gutierrez / NortePhoto.com; Bruno Mars © The Photo Access / Alamy Stock Photo; S. 68: Die schöne Müllerin © Kupferstichkabinett der Akademie der bildenden Künste Wien; S. 69: Blue Hawaii © akg-images Editorial Use only;

# Quellenverzeichnisse

S. 70: Tschaikowsky © Lebrecht Music & Arts / Alamy Stock Foto; Nussknacker Ballet © mauritius images / Alamy / Antony Nettle; Mäusekönig © mauritius images / Alamy / Antony Nettle; Nussknacker Weihnachtsabend © mauritius images / Alamy / Antony Nettle; S. 71: Taylor Barnum © mauritius images / Alamy / GL Archive; Showman © Allstar Picture Library Ltd. / Alamy Stock Photo; The Greatest Showman © mauritius images / Alamy; S. 72: Marisa Monte © mauritius images / Alamy / Néstor J. Beremblum; S. 73: Tchaikovsky Museum Klein Russland Tchaikovsky Museum Klin Russland © wrangel – istockphoto; S. 75: Jimmy Hendrix © Philippe Gras / Alamy Stock Photo; Janis Joplin © mauritius images / Alamy / Moviestore Collection; Kurt Coban © Trinity Mirror / Mirrorpix / Alamy Stock Photo; Amy Winehouse © mauritius images / Alamy / Geoffrey Robinson; Juliane Werding © United Archives GmbH / Alamy Stock Photo; Clueso © mauritius images / Alamy / PACIFIC PRESS; S. 76: Gustav Mahler © mauritius images / Science Source; S. 77: Otto Böhler – Gustav Mahler © public domain sourced / access rights from VTR / Alamy Stock Photo; S. 78: Kathedrale von Reims © akg-images; Claude Monet – Kathedrale von Rouen © wikimediacommons; S. 79: Fries met arabesken ornamentele © wikimediacommons; S. 80: Alban Berg © wikimediacommons; S. 82: Kandinsky Improvisation Klamm © Shim Harno / Alamy Stock Foto; S. 85: György Ligeti 1992 © akg-images / Niklaus Stauss; S. 86: Der Stier © akg-images / Album / VEGAP © Sucesión Pablo Picasso / Prisma; S. 88: Occidente © wikimediacommons; Tres cubano © Frenciscobcn – wikimediacommons; S. 90: Detail Moschee Hassan II Casaclanca © shutterstock.com; S. 91: Oud © nayefhammouri – stock.adobe.com; S. 92: Klezmorim 1925 © wikimediacommons; Klezmer Musik im Galicia Jewish Museum Krakau © Jörg Reitmaier – wikimediacommons; S. 94: Gayageumspielerin © mauritius images / Alamy / Tibor Bognar / Photononstop; S. 96: KoreanMusic-Janggu © m-louis – wikimediacommons; S. 97: Folk Village Korea © wikimediacommons; S. 99: Susana Seivane © FIL_2009_-_Susana_Seivane_2.JPG: XIIIfromTOKYO-derivative work: Braracaugustana – wikimediacommons; Atanasov mit Freunden (Kaba Gaida) © Kostadin Atanasov; Atanasov (Dschura Gaida) © Kostadin Atanasov; S. 100: Jasminblüte © Ollga P – stock.adobe.com; S. 101: Oxherding Nr. 6 © mauritius images / Alamy / The Picture Art Collection; S. 102: Tangotänzer © Nora Mazzini – iStock.com; S. 103: Männer tanzen Tango © Leaf | Dreamstime.com; Bandoneon © anyalvanova – iStock.com; S. 104: Flamenco © robertharding / Alamy Stock Photo; S. 105: Rosalia © ZUMA Press, Inc. / Alamy Stock Photo; S. 106: Pansori-Sängerin © wikimediacommons; S. 107: SsingSsing © wikimediacommons; S. 108: Shostakovich jung © mauritius images / Universal Art Archive / Alamy – mauritius images; S. 109: Shostakovich mit Helm © mauritius images; S. 110: Herbert Grönemeyer © picture alliance / dpa; S. 112: Pioniertreffen Dresden © Lupus in Saxonia 2019 – wikimediacommons; S. 113: Grenzregimekarte © wikimediacommons; Emblem „Schwerter zu Pflugscharen" © wikimediacommons; S. 114: Gunter Demnig © wikimediacommons; Stolpersteine © mauritius images / imageBROKER / Alamy Stock Photo; S. 115: Trettmann © wikimediacommons; S. 116: Coventry Cathedral © wikimediacommons; Zerstörte Gebäude in Coventry © wikimediacommons; Gedächtniskirche Berlin © wikimediacommons; Benjamin Britten © mauritius images / Alamy / Historic Collection; S. 118: Schützengraben 1. Weltkrieg © wikimediacommons; S. 120: Frances Densmore Mountain Chief © Library of Congress caption: Piegan Indian, Mountain Chief, listening to recording with ethnologist Frances Densmore, 2/9/1916/Harris & Ewing – wikimediacommons; Blütenstand Glycyrrhizy glabra © Pharaoh han – wikimediacommons; S. 121: Sioux Ghost Dance © mauritius images / VTR / Alamy; S. 122: Veronika Giesen © Saad Hamza; S. 123: Bergische Symphoniker © Foto: Emil Zander; S. 124: Olaf Taranczewski © Foto: Benedikt Stehle; Tonstudio © yanyong – istock.com; S. 125: Olaf Taranczewski bei der Arbeit © Foto: Benedikt Stehle; S. 126: Bühne einer Großveranstaltung © 2013 Pavel L Photo and Video / shutterstock.com; S. 127: Thorsten Schmidt © sound of event.de; S. 128: Hochzeitssängerin © susi@fotoakrobaten.de; Hochzeitssängerin © susi@fotoakrobaten.de; S. 129: unbekannte Frau tritt auf © iStock.com; S. 130: Mit Smartphone im Bett © clipdealer.de; Joggerin © iStock.com; S. 132: BTS © picture alliance / dpa / HPIC / Moreforms; S. 133: Beatles © mauritius images / Alamy / Pictorial Press; BTS © maginechina Limited / Alamy Stock Photo; Fans Konzert BTS © picture alliance / YONHAPNEWS AGENCY; S. 134: Lautsprecher Südkorea © apicture alliance / Yonhap; Big Bang © picture alliance / AP Photo; S. 135: Blackpink © Imaginechina Limited / Alamy Stock Foto; S. 136: Dave Brubeck © mauritius images / Alamy / Archive PL; S. 137: Konzert in U-Bahn © mauritius images / Alamy / MTA; Henry Mancini © mauritius images / Alamy / Pictorial Press; S. 139: Theo Hartmann im Tonstudio © Theo Hartmann; S. 140: Watermelon Man © Heritage Images / Heritage Art / akg-images; Sit-in-Proteste © picture alliance / AP Photo; S. 141: Herbie Hancock © mauritius images / Alamy / ZUMA Press; Mango Santamaria © picture alliance / KEYSTONE; S. 143: John Coltrane © mauritius images / Alamy / Pictorial Press; S. 144: Saxofone © Chris Schmidt – iStock.com; Trompeten © Furtseff – iStock.com; Schlagzeug © iStock.com; S. 145: Joe King Oliver © mauritius images / Science Source / New York Public Library; Louis Armstrong © AF archive / Alamy Stock Photo; Ella Fitzgerald © mauritius images / Alamy; RIAS Tanzorchester © United Archives GmbH / Alamy Stock Photo; Lianne La Havas © mauritius images / imageBROKER / Oliver Gutfleisch; Tower of Power © mauritius images / Alamy / Kim M. Leland; S. 146: Jacob Collier © mauritius images / Alamy / PACIFIC PRESS; S. 149: La La Land © Pictorial Press Ltd / Alamy Stock Photo; S. 150: Elbjazz © mauritius images / Alamy / Zoonar / Bernd Keller; Rundfunk Big Band © mauritius images / Alamy / lalei; Roger Cicero © mauritius images / Alamy / Madeleine Ratz; Jazzwerkstatt Peitz © mauritius images / Alamy / Lothar Steiner; Till Brönner © mauritius images / imageBROKER / Oliver Gutfleisch; Karte Deutschland © Christian Pauschert – stock.adobe.com; S. 151: Lee Konitz © mauritius images / Alamy / ZUMA; Andreas Schmidt © Mehmet Dedeoglu „dedepress"; Julia Hülsmann © Dovile Sermokas; S. 152: Beatles im Tonstudio © PictureLux / The Hollywood Archive / Alamy Stock Foto; S. 153: The White Stripes © Fabio Venn – wikimediacommons; S. 154: Kraftwerk-Konzert © mauritius images / Alamy / Daniele Baldi; Minimoog-Synthesizer © mauritius images / Alamy / SBS Eclectic Images; S. 156: DJ mit Plattenspieler © Joshua Sweeney / Alamy Stock Photo; Hip-Hop-Konzert © wikimediacommons; Breakdance © wikimediacommons; Graffiiti-Künstlerin © wikimediacommons; S. 157: Sound-System Straßenfest © mauritius images / Alamy / Mark Kerrison; S. 158: Weltkarte © wikimediacommons; S. 162: Billie Eilish © Roberto Finizio / Alamy Stock Foto; S. 164: Dolly Parton © 2015 Kathy Hutchins / shutterstock.com; S. 166: Daniela Bartels © Kathrin Holighaus; S. 167: Junge spielt Saxofon © Donna Ellen Coleman – shutterstock.com; S. 168: Elton John und Bernie Taupin © mauritius images / Alamy; S. 169: Teenager © iStock.com; Mädchen mit Gitarre © Sura Nualpradid – stock.adobe.com; S. 170: Tonstudio © wikimediacommons; Plattencover Beatles © mauritius images / Alamy / Frank Nowikowski; S. 171: Screenshots © audacityteam.org; S. 172: Screenshot © audacityteam.org; S. 177: John Cage © Granger Historical Picture Archive / Alamy Stock Photo; Charlotte Moorman © Trinity Mirror / Mirrorpix / Alamy Stock Photo; S. 184: Symphonic Mob © Adrian Schulz; S. 185: Vladyslav mit Saxofon © Vitalii Oleinichenko; S. 186: Originalplakat Tosca © wikimediacommons; S. 187: Rudolf Wiegmann: Rom © wikimediacommons; S. 190: Alessadro Talevi Tosca © Yasuko Kageyama – Opera Roma; TOSCA _Spielzeit 2010-11 © Monika Rittershaus – Oper Frankfurt; S. 192: Broadway früher © akg-images; Starlight Express © imago images / Eventpress; Broadway heute © schalkm – iStock.com; S. 193: Chorus Line © mauritius images / Alamy / Donald Cooper; S. 194: Dominian Theater London © mauritius images / Alamy / John McKenna; Plattencover Queen © Photo 12 / Alamy Stock Photo; S. 195: Brian May © mauritius images / Alamy / Pictorial Press; Freddy Mercury © mauritius images / Alamy / Roger Bamber; S. 196: Eminem © AF archive / Alamy Stock Photo; Szene aus Musical Hamilton © picture alliance / picture alliance / AP / Invision; Portrait George Washington © wikimediacommons; Portrait Alexander Hamilton © wikimediacommons; Portrait Thomas Jefferson © wikimediaccommons; S. 197: Flagge USA © ac2000 – Adobe Stock; 10-Dolllar-Schein © Steve Stock / Alamy Stock Photo; S. 198: Die rote Fuge von Paul Klee © akg-images; S. 204: Vincent van Gogh – charette de boeuf © wikimediacommons; Ilja Repin: Die Wolgatreidler © wikimediacommons; S. 209: Béla Bartók © akg-images / De Agostini Picture Lib. / A. Dagli Orti; S. 214: Schulchor © 123rf.com; S. 215: Tiger © 123rf.com; S. 216: Gitarre © Karlheinz Arian Kolster, Titisee-Neustadt; Gitarrenstimmgerät © mauritius images / Alamy / Isolated Products (Jhn Boud); S. 218: Jerry Jemmott © wikimediacommons; E-Bass © Christie\'s Images – Bridgeman Images; E-Gitarre © Patrick Roddelkopf, Berlin; S. 228: Gregoreanisches Gesangbuch © mauritius images / age fotostock; Spielmänner © wikimediacommons; Orlando di Lasso © Granger Historical Picture Archive / Alamy Stock Photo; Noten Orlando di Lasso © World History Archive / Alamy Stock Photo; Johann Sebastian Bach © wikimediacommons; Konzert am Fürstenhof © akg-images; S. 229: Ludwig van Beethoven © mauritius images / Alamy / GL Archive; Streichquartett © Karlheinz Arian Kolster, Titisee-Neustadt; Noten Béla Bartók © Lebrecht Music – mauritius.com; Alban Berg © Granger Historical Picture Archive / Alamy Stock Photo; Clara und Robert Schumann © mauritius iamges / United; Edvard Grieg © mauritius images / Alamy; Tonbandgerät © mauritius images / Alamy / ronstik; John Cage © Granger Historical Picture Archive / Alamy Stock Photo; S. 230: Elvis Presley © mauritius images / Alamy / Phillip Harrington; Aretha Franklin © mauritius images / Alamy / marka; Beatles © mauritius images / Alamy / Alpha Historica; Bob Marley © mauritius images / Alamy / Pictorial Press; S. 231: DJ Pult © mauritius images / Alamy / Alessandro Lucca; Eko Fresh © Lipstar & Frederic Lippe – wikimediacommons; Techno Rave © mauritius images / Alamy / Fotograferen.net; Avicii © mauritius images / Alamy / Fotografnet; Coldplay © mauritius images / Alamy / Andrea Raffin; Billie Eilish © mauritius images / Alamy / Andy Gallagher; S. 232: Streichquartett © Kunz Wolfgang / Alamy Stock Photo; Orchester © mauritius images / Alamy / Peter Bennett; S. 233: A-cappella-Chor Wise Guys Tanzbrunnen 2011 © wikimediacommons; Jazz-Combo © mauritius images / Alamy / Robert Holmes; Big Band © mauritius images / Alamy / laleiM; Rockband Scorpions @ mauritius images / Alamy

Trotz umfangreicher Bemühungen ist es in manchen Fällen nicht gelungen, die Rechteinhaber ausfindig zu machen. Der Verlag ist hier für die entsprechenden Hinweise dankbar. Berechtigte Ansprüche werden selbstverständlich im Rahmen der üblichen Vereinbarungen abgegolten.

## *Musikalische Parameter*

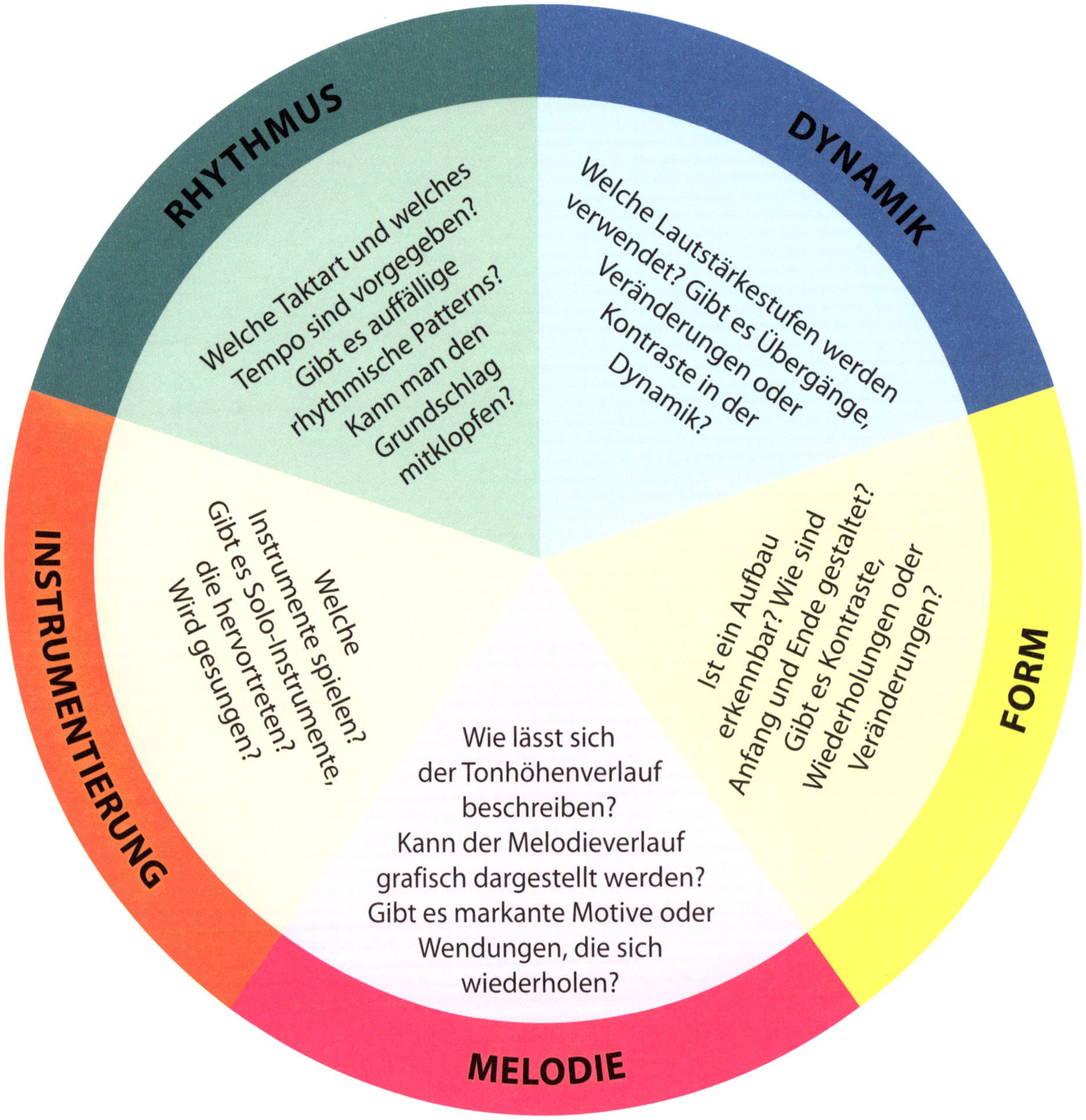


## Artikulation

| Notation | Italienischer Begriff | Bedeutung für das Musizieren |
|---|---|---|
| 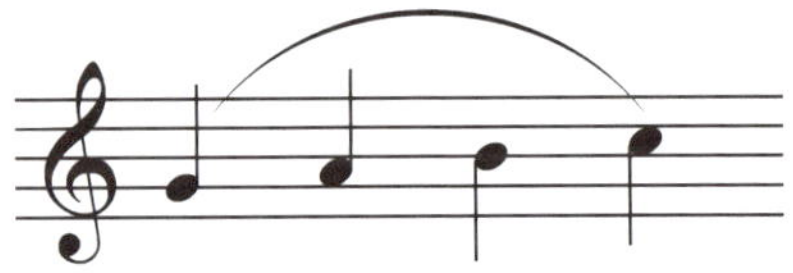 | legato | Noten werden gebunden und möglichst ohne hörbare Übergänge gespielt. |
| 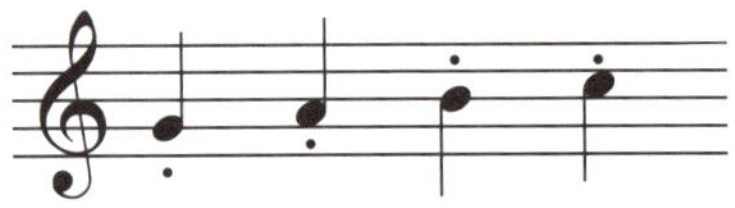 | staccato | Noten werden kurz und deutlich voneinander getrennt gespielt. |
|  | Akzent | Noten werden betont gespielt. |